高齢者援助における
相談面接の
理論と実際

第2版

渡部律子 著

医歯薬出版株式会社

This book was originally published in Japanese
under the title of :

KOREISHA ENJO-NIOKERU SODANMENSETSU-NO RIRON-TO JISSAI
(Theory and Practice of Direct
Intervention with the Elderly
for Helping Professionals)

(Greene) WATANABE, Ritsuko
   Professor
   Faculty of Integrated Arts and Social Sciences
   Japan Women's University

© 1999   1st ed.,   © 2011   2nd ed.

ISHIYAKU PUBLISHERS, INC.
   7-10, Honkomagome 1 chome, Bunkyo-ku,
   Tokyo 113-8612, Japan

第2版 発刊にあたって

　早いもので，1999年に本書の初版が出てから10年以上の歳月が経ちました．本書を発刊したとき，実践家の人々にこの本が本当に役に立つだろうか，という不安をもっていたのですが，私の当初の予想とは異なり，読者の皆様からは勇気づけられるような感想をたくさんいただくことができました．しかし，この12年間に，高齢者援助の仕事にたずさわる人々にとって，さまざまな変化がおこり，初版では触れることができなかった内容に言及する必要性が出てきました．

　この12年間に日本の高齢者援助を取り巻く環境は大きく変化しました．2000年には公的介護保険が始まり，介護支援専門員という新たな資格ができ，より多くの方が高齢者援助にたずさわるようになりました．この公的介護保険は2011年版には2度の改定を経ており，介護予防ケアマネジメントや地域包括支援センターといった，新たな制度や組織をつくりだしてきました．このような変化のなかで，介護支援専門員の方々の研修にかかわらせていただきながら，援助職者が直面している新しい課題もみえてきました．公的介護保険ができた当初からケアマネジメントの仕事を対人援助職として位置づけ，一所懸命クライアントとかかわってきた人々が，疲れ切って職場を離れていく現実も，まのあたりにしてきました．

　今回の改訂第2版では，初版の8章「専門の援助職者としての向上」を削除し，新たに8章「援助職者の「燃えつき」を防ぐためには」から9章「高齢者介護の現実」，10章「ケアマネジメント」までを書き加えました．これらの章では，高齢者援助にたずさわる人々が，「相談面接」の力をつけることだけでは乗り越えていくことができない課題があることを認識し，そのような課題に直面したとき問題対処に役立つだろうと思われる，理論や調査結果を盛り込みました．対人援助職者がよい仕事をするために，相談援助面接の力をつけることの必要性は言うまでもありませんが，自分自身がどのようなシステムのなかで仕事をし，そのシステムがどんなふうに自分自身の実践にかかわっているかを見極める力も必要になってきます．クライアントに対して実施する「アセスメント」と同時に，援助職者として自分自身が置かれている状況の「アセスメント」をも適切に行わなければ，相談援助面接の力は十分に生かしきれないと考えます．また，対人援助職者が自分の仕事の知識基盤がどこにあるかを，しっかりと理解しておく必要性を強く感じ，燃えつき，ソーシャルサポート，スーパーヴィジョン，ケアマネジメントなどに関する理論とともに，これまでの私の研究結果か

ら，わかってきたこともご紹介しています．理論や研究というと，実践家の人にはとっつきにくく思われるかもしれません．しかし，これらは実践に深くかかわっているので，ご自分の経験と結びつけながら読んでいただきたいと思います．

　改訂第2版では，あえて1章から7章までの変更を最小限に抑えました．初版が出版されてから制度が変わったこともあり，その制度の変化を反映させたほうがよいのかという思いもあったのですが，相談面接の基本は制度によって変化することはないため，あえて制度の変化にかかわりなくもとのままの事例を使用しました．本来，相談面接で実施するべき基本は，制度が変わっていってもそのたびにぐらつくものであってはなりません．クライアントとしっかりと向き合い，適切な援助関係を形成し，アセスメントを行うという基本は変わりません．そのうえで支援計画を立てるさいに，制度が提供してくれるサービスとの関連性を考え，援助職者ができること，できないことを，援助職者個人の可能性と限界を考えていくのが望ましいやりかただと考えます．8章から10章での変更の詳細は続く「はじめに」（1頁）で説明いたします．

　本改訂第2版がみなさまにとってお役に立つことを願っています．

2011年4月10日

日本女子大学人間社会学部教授
渡部律子

目　次

第 2 版 発刊にあたって …………… iii

はじめに

- なぜ私は援助職を選んだのか？ ……………………………………………………… 1
- 私の「青い鳥」………………………………………………………………………… 2
- 他者に対する援助が「小さな親切，大きなお世話」にならないために ………… 3
- 面接技術は学習できる ………………………………………………………………… 5
- 本書の全体構成について ……………………………………………………………… 6

1 章　援助職者の基礎を形成する視点
──援助行動のモチベーションと基本的姿勢

1. 人はなぜ人を助けようとするのか？──「想像力」と「共感的感情の認知力」………… 9
2. 職業としての援助──「意志的」職業選択と「偶然的」職業選択 ………………… 10
3. 援助の専門家に要求される基本的姿勢と職業選択の動機の明確化の関係
   ──価値観，倫理観，情緒的客観性 ……………………………………………… 11
- 援助職者の価値観 …………………………………………………………………… 11
- 援助職者の守るべき倫理 …………………………………………………………… 16
- 援助職者の情緒的客観性 …………………………………………………………… 18
4. ふたたび援助職者にとっての職業選択の動機 ……………………………………… 19
   まとめ ……………………………………………………………………………… 25

2 章　援助関係を形成するもの──援助すること・されること

1. 援助関係とは ………………………………………………………………………… 29
- 援助されるとは？　被援助者の気持ちを理解すること ………………………… 29
2. 援助関係形成にかかわるプロの援助職者としての態度
   ──バイステックの援助関係形成のための 7 原則再考 ………………………… 31
- バイステックによる援助関係形成における 7 原則 ……………………………… 32

3．ソーシャルサポート理論の応用―援助職者とクライアントとのあいだに「援助関係」が形成されれば何が起こり得るのか …………………… 40
● サポートの主観的評価 ……………………………………………………… 41
　［6つのサポートの機能］ ………………………………………………… 42
　　(1) 自己評価サポート ………………………………………………… 42
　　(2) 地位のサポート …………………………………………………… 42
　　(3) 情報のサポート …………………………………………………… 43
　　(4) 道具的サポート …………………………………………………… 50
　　(5) 社会的コンパニオン ……………………………………………… 50
　　(6) モチベーションのサポート ……………………………………… 50
　［サポート機能以外の側面］ ……………………………………………… 51
　　(1) サポーターの種類 ………………………………………………… 51
　　(2) サポートをしてくれる人の種類とサポート機能との関連 …… 51
　　(3) サポートの交換・歴史的経緯 …………………………………… 52
　　(4) ストレスに対処しようとしている人の問題の解決度合いとサポート ……… 53
　　(5) ネガティブソーシャルサポート ………………………………… 54
　［援助職者にとってソーシャルサポート研究結果がもつ意味］ …… 54
　まとめ ………………………………………………………………………… 56

3章　アセスメント
―要援護者がおかれている状況の総合的な理解

1．アセスメントの重要性 ……………………………………………………… 57
2．個人の歴史と現在の問題との関連を理解するための個人アセスメント …… 58
● アセスメントとは何か …………………………………………………… 59
● アセスメント実践の構成要素 …………………………………………… 59
　［実施に要求される援助職者の知識と技術］ …………………………… 59
● 一般アセスメントに必要なクライアントのデータ …………………… 62
　［アセスメント項目とその解説］ ………………………………………… 63
　［クライアントから得たデータの整理］ ………………………………… 69
3．家族というシステムのアセスメント ……………………………………… 71
● この家族は何の問題を抱えているか …………………………………… 72
● 家族のあいだにはどのような規則があるか …………………………… 72

- 家族システムと外界とのかかわり ……………………………………………… 72
- 家庭内の境界とサブシステム ……………………………………………… 73
- 家族パワー保持者 ……………………………………………………………… 73
  [家族力動理解と援助方法との関連] ……………………………………… 73
  [アセスメント面接を実施するさいの注意事項] ………………………… 74
  まとめ ……………………………………………………………………… 74

4章　相談面接業務の全プロセス

1. 典型的な流れ――インテーク，アセスメント，援助のゴール設定と援助計画づくり，援助計画の実施，評価，終結 ……………………………… 77
2. アセスメント面接 ……………………………………………………… 81
3. 援助計画作成 …………………………………………………………… 83
4. 事例を使った援助過程の理解 ………………………………………… 85
- 援助過程理解のための事例 ……………………………………………… 86
  [アセスメント] ………………………………………………………… 89
  [山本さんおよび村岡さんの面接の様子] …………………………… 95
  (1) 面接に入るまでのやりとり ……………………………………… 95
  (2) 面接の実際 ………………………………………………………… 96
  [援助のゴールと援助計画] …………………………………………… 114
  [援助関係，アセスメントの重要性] ………………………………… 115
  [短期ゴール・長期ゴール・具体的な援助方法] …………………… 115
  [具体的な援助法：公的介護保険との関連において] ……………… 116
  [計画実施，援助効果のチェック] …………………………………… 117
  まとめ ……………………………………………………………… 118

5章　面接における言語技術

1. 日常生活での会話：話し手と聞き手とのあいだに成立する会話の種類――一方通行対双方通行 ……………………………………………… 121
2. 面接における言語技術 ………………………………………………… 124
- クライアントの話に耳を傾けること …………………………………… 124

- ●相手を理解しようとして真剣に人の話を聴くこと ……………………………… 126
  - ［言語以外（非言語）の表現］ ………………………………………………… 126
  - ［言語表現］ ……………………………………………………………………… 129
- ●言語反応の３つの種類分け ……………………………………………………… 131
  - （1）中立的発言 ………………………………………………………………… 131
  - （2）傾聴反応 …………………………………………………………………… 131
  - （3）積極的な言語介入 ………………………………………………………… 133
  - ［感情の反射，質問，要約に関して］ ………………………………………… 136
- ●事例を通してみる相談面接を構成する言語技術 ……………………………… 138
  - （1）聴く ………………………………………………………………………… 139
  - （2）問題を明確にしていく …………………………………………………… 140
- ●面接で気をつけるべき事柄とそこで使用される言語・非言語技術のまとめ ……… 143
  - ［クライアントの態度や言葉を読み取る］ …………………………………… 143
  - ［面接の流れに関して］ ………………………………………………………… 143
  - まとめ …………………………………………………………………………… 148

6章 相談面接の実際：インテーク面接の実際

1. 面接に必要な基礎知識の実践における応用 ……………………………………… 149
2. 面接の進行と相談員の思考：電話による初回面接の流れと留意点
   ―段階を追った面接応答練習：援助職者の思考プロセスの再現 ………… 150
- ●クライアントの話を正確にとらえる …………………………………………… 150
- ●インテーク面接のポイント ……………………………………………………… 156
3. 問題面接から学ぶ …………………………………………………………………… 157
- ●自分の所属機関における役割に関して ………………………………………… 158
- ●「情報収集」と「クライアントの気持ちの理解」のバランス ………………… 163
- ●情報提供 …………………………………………………………………………… 168
- ●アセスメントの意味に関して …………………………………………………… 170
  - まとめ …………………………………………………………………………… 173

7章 高齢者を対象とする援助職の意味
―クライアントが高齢者の職場で仕事をすることとは

1. 高齢者のイメージ 175
2. だれが高齢者を対象とした援助の仕事を選択するのか
　　―アメリカの社会福祉系大学院生たちの高齢者福祉職に対する考えかた 177
- 調査の背景 177
- 調査対象者と方法 178
　　［調査に含まれた質問と回答］ 178
　　［調査の結果］ 179
3. 高齢者施設で働く若い職員は何を考えているのか
　　―日本の高齢者施設職員の調査から 183
4. 認知症の高齢者とともに仕事をしていくさいのストレスとその解決に関する要因
　　―アメリカのナーシングホームにおける職業満足度に関する調査結果 185
- 認知症高齢者施設の職員が直面する問題 186
- スタッフの職業満足度あるいは燃えつきに関係すると思われる要因 186
　　［これまでの研究より抽出された要因］ 186
　　(1) ソーシャルサポート 186
　　(2) 高齢者を好きであるかどうか 187
　　(3) 専門知識 187
　　(4) 職種の違い 187
　　(5) 個人の問題処理の仕方 188
　　(6)と(7) 収入と年齢 188
- 職業満足度の調査 188
　　［調査対象者］ 188
　　［職業満足度とそれに関連する要因の測定の仕方］ 190
　　［調査の結果］ 190
　　まとめ 192

8章　援助職者の「燃えつき」を防ぐためには
——燃えつき，ソーシャルサポート，スーパービジョン，組織分析の視点を通じて考える

1. 対人援助者はなぜ燃えつきやすい？——研究結果のレビュー ………………………… 195
- 1987年に出版された研究から ……………………………………………………………… 197
  - [対人援助職者要因] …………………………………………………………………… 198
  - [サービスを提供する組織の要因] …………………………………………………… 198
  - [クライアント要因] …………………………………………………………………… 199
- 1900年代に出版された研究から …………………………………………………………… 201
- 2000年代に出版された研究から …………………………………………………………… 202

2. 自立した援助職者になるためには，どのようなサポートがあればよいのか？
　　——スーパービジョン ……………………………………………………………………… 204
- スーパービジョンのゴールとそのゴールを達成するために必要な機能 ……………… 204
- スーパーバイザーとは？ …………………………………………………………………… 207
  - [管理的機能] …………………………………………………………………………… 209
  - [教育的機能] …………………………………………………………………………… 210
  - [支持的機能] …………………………………………………………………………… 210
- どうやって援助職者としての力を判断する？ …………………………………………… 211
  - Ⅰ．「専門職としての人間関係」を形成・維持していく能力 ……………………… 213
  - Ⅱ．ソーシャルワークプロセスに必要な知識と技術 ……………………………… 213
  - Ⅲ．専門職として適切な特質と態度を保持 ………………………………………… 213

3. 所属している組織の全体的な理解
　　——燃えつきを防ぎ，より大きな視野から仕事を見つめるために ……………………… 214
- 組織理解と分析——自分のおかれている状況を整理する ……………………………… 214
  - [組織のなかの自分] …………………………………………………………………… 214
  - [組織分析] ……………………………………………………………………………… 215
  - まとめ …………………………………………………………………………………… 219

9章 高齢者介護の現実
―アンケート調査と処遇困難事例からみる介護職員の課題とその課題解決法

1. アンケートデータからみる特別養護老人ホーム介護職員の現状と課題
　　―「燃えつき（バーンアウト）」「上司・先輩，同僚からのサポート」 …………… 222
- 介護職員はどのくらい疲れているのか？―燃えつきを測定した尺度 ………… 223
- 介護職員はどの程度先輩・上司，同僚からサポートしてもらっているのか？ ……… 228
- 「燃えつき」の予測要因：重回帰分析 ………………………………………… 230
2. 事例検討会を使った施設における処遇困難事例へのアプローチ ……………… 232
- 事例検討会の背景 ……………………………………………………………… 232
- 介護職にソーシャルワークの知識や技術がどう役立つのか ………………… 233
- 事例検討会の意義 ……………………………………………………………… 233
- 日常業務でぶつかる問題の解決と事例検討会の関連 ………………………… 239
- 事例の概要 ……………………………………………………………………… 240
- アセスメントをもとにした相談援助の方向性 ………………………………… 244
- クライアントとのやりとり …………………………………………………… 244
　まとめ …………………………………………………………………………… 252

10章 ケアマネジメント

1. ケアマネジメントとは本来，だれに対して何をすることを意図して
　　始められたのか？ …………………………………………………………… 256
- ケアマネジメント登場の背景 ………………………………………………… 256
- ケアマネジメントモデル ……………………………………………………… 257
- ソーシャルワーク，ケアマネジメント，ケアマネジャーの役割の関係 …… 260
- ケアマネジャーがよく直面する課題 ………………………………………… 264
- 理想的なケアマネジメントとは ……………………………………………… 265
2. ケアマネジャーの燃えつきとストレス―アンケート調査の分析を通して ……… 268
- 調査の背景とサンプル ………………………………………………………… 268
- 使用された尺度 ………………………………………………………………… 268
- 結果 …………………………………………………………………………… 271

- 燃えつきを予測するストレス ·· 272
- アンケート調査結果からみえる課題 ·· 274
  - まとめ ·· 275

付録資料 ·· 277
あとがき ·· 281

その他の目次

図3-1	アセスメントを構成する3つの要素とおのおのの要素に必要な技術	60
図3-2	エコマップ（ビジュアルアセスメントツール）	70
図4-1	モデルとしての援助過程：インテーク・アセスメント，援助ゴールと援助計画の作成・援助実施・援助の効果測定	78
図4-2	家族構成図（ジェノグラム）	99
図7-1	老人施設新任研修会参加者が考える仕事に必要な知識（総回答数＝385）	184
図9-1	上司サポートの平均値（N＝491）	230
図9-2	同僚サポート平均値（N＝491）	230
図9-3	援助で問題に遭遇した場合の解決方法のプロセス	239
図9-4	利用者の一日の生活	241

表1-1	援助の専門家に要求される基本的姿勢	11
表1-2	価値観の異なるクライアントに出会ったときの問題解決のプロセス	15
表1-3	あなたはどのタイプ？ 自分の職業選択の動機を知るために	19
表1-4	援助の仕事をする人たちに必要とされる6つの資質とその評価表	26
表2-1	ある電話相談の例	30
表2-2	ソーシャルサポートの機能別6分類とそれらのサポートを提供するのに必要な技術	43
表4-1	インテーク面接で援助職者が達成すべき4つのポイント	79
表4-2	3つの可能なインテーク面接の終了の例	81
表4-3	山本さんに関する基本的なデータ	98
表4-4	山本さんの課題	116
表5-1	聞き手の話し手に対する反応の種類とその会話のもたらし得る効果	124
表5-2	面接における言語反応のバラエティー	129
表7-1	家族・児童，保健・精神衛生，高齢者の3種類のクライアントの専攻学生たちの「自分の専攻コース」の専攻理由	181

表 7-2	「高齢者福祉」以外を専攻した学生たちの想像した高齢者福祉学生の専攻理由の平均点と，自分の専攻理由の平均点の比較（N = 117）	182
表 7-3	高齢者施設新任研修参加者が考える仕事に必要な知識（複数回答合計 385 回答項目）	183
表 7-4	ダットワイラーの内的コントロール指標	189
表 7-5	ナーシングホームの職員の職業満足度に影響を与える要因（重回帰分析の結果）	191
表 8-1	Courage と Williams による「燃えつき」に影響を与える 3 要因の整理	197
表 8-2	スーパービジョンのゴール・スーパーバイザーが果たす 3 つの機能とその機能を最大限に発揮する方法	208
表 8-3	援助職者に必要な姿勢・知識・技術	212
表 8-4	組織分析でカバーすべき項目一覧	216
表 9-1	基本属性別燃えつきの 3 つの下位尺度得点	226
表 9-2	情緒的消耗感，脱人格化，個人的達成感の 3 つの情緒的消耗感の下位尺度を従属変数とした重回帰分析の結果（N = 425）	230
表 9-3	処遇困難事例検討会のゴール	232
表 9-4	クライアントの問題を理解するための必要不可欠な情報	236
表 9-5	クライアントの問題を理解するための情報	242
表 10-1	理想的なケアマネジメント実践の特徴	266
表 10-2	バーンアウト（燃えつき）尺度の因子分析結果	269
表 10-3	ストレス尺度の因子負荷量（39 項目）	270
表 10-4	バーンアウト得点	272
表 10-5	ストレス得点	273
表 10-6	バーンアウトを目的変数，ストレス因子を説明変数とした重回帰分析結果	274
表 10-7	バーンアウトとストレスの関係	274

研究ノート 2-1	より援助したい人とそうでない人	37
研究ノート 2-2	効果的なサポートの時間的変化—適切な機能・サポーターが変化していくことを示した研究例	53
研究ノート 5-1	面接で避けたい 15 の応答パターン	145
研究ノート 7-1	高齢者に対する態度の変化に関連する要因	180
研究ノート 10-1	ケアマネジメントと 4 つのジレンマ	264

演習 1-1	7 つの動機別援助職タイプとそれぞれの仕事上の留意点	20
演習 2-1	自分が他人に助けを求めたときを振り返る	31
演習 2-2	情報サポートの機能	48

演習 2-3	サポートのもつ複数の側面の分析	55
演習 4-1	電話によるインテーク	87
演習 4-2A	山本さんのアセスメント面接の準備	89
演習 4-2B	山本さんの訪問面接における応答	96
演習 5-1	傾聴とは	126
演習 5-2	非言語表現の影響の理解	128
演習 6-1	インテーク面接応答（パート1）	150
演習 6-2	インテーク面接応答（パート2）	154
演習 6-3	入院相談対応	158
演習 6-4	問題探し	171
演習 7-1	職業満足度に関連する要因	186
演習 8-1	本章を読み始める前に考えていただきたいこと	195
演習 8-3	自分の働く組織の力と構造，そして組織内での自分の立場を理解する	218
演習 8-4	組織を理解するための質問項目	218
演習 9-1	介護職者の現状に関する演習	221
演習 9-2	介護職者の燃えつきに関する演習	224
演習 9-3	以下の(A)と(B)の「上司・先輩サポート尺度」にお答えください	229
演習 9-4	事例を読んで何が本当に問題なのか，どんな情報がさらに必要なのかを考える	246
演習 9-4 の回答例	演習の質問に関して，次のような答えができると考えられます	248
演習 10-1	ケアマネジメントとは？	256
演習 10-2	ケアマネジメントとは？	261

事例 1-1	老親扶養に関する価値観をめぐる問題	14
事例 1-2	死生観に関する価値観をめぐる問題	14
事例 1-3	秘密保持の倫理観をめぐる問題	17
事例 1-4	「情緒的客観性」に関して	18
事例 2-1	情報サポートの例	44
事例 3-1	アセスメントの重要性	57
事例 4-1	電話による初回面接	86
事例 8-1	所属組織要因の6つの構成要素	199
事例 8-2	クライアント要因の5つの構成要素	200
事例 9-1	認知症の進行にともない，生活意欲の低下をみせる88歳女性	240
事例 10-1	サービス提供者主導モデルによるケアマネジメント例	258
事例 10-2	ケアマネジメント実践をソーシャルワーカーの役割からみる	261

エピソード 1-1	愛情表現とは？	13
エピソード 6-1		158
エピソード 6-2		160
エピソード 6-3	エピソード 6-1 と 6-2 のやり直し	161
エピソード 6-4		163
エピソード 6-5		165
エピソード 6-6		168
エピソード 6-7		170
エピソード 8-1		204
エピソード 8-2		205

会話例 5-1		122
会話例 5-2		123
会話例 5-3（前半）		138
会話例 5-3（後半）		141
会話例 6-1	電話によるインテークでの相談員とクライアントの第一声	150
会話例 6-2	その後のやりとり—1	152
会話例 6-3	その後のやりとり—2	155
会話例 6-4	その後のやりとり—3	156

応答例 6-1		172
応答例 6-2		172

はじめに

なぜ私は援助職を選んだのか？

　1995年に13年間のアメリカでの学業と教育生活に終止符をうって日本に戻ってまもないころ，私は本書の基礎となる原稿を書いていました．その当時，優れた援助のプロフェッショナル（以下，プロと略）の方と話をする機会がありました．
その方の仕事のエピソードを聞いていると，「援助職者」として必要なポイントを非常にきっちりと押さえていらっしゃることがわかりました．
　いったいこの人はどこで，このような教育を受けられたのだろうか？という好奇心にかられた私は，その質問をぶつけてみました．すると，その方は「援助」とはまったく関係のない大学の学部を卒業していらっしゃることがわかりました．そこで，この会話をきっかけとして，私たちは，「援助職にいちばん大切なのは資質なのか」というテーマで話し合いを始めました．
　この話をしてから，私は自分がなぜこの「社会福祉」という援助職を選んだのか，そして，どのようにして必要な知識や技術を身につけてきたのか，ということに思いをめぐらせました．また，臨床の場だけでなく，教育の現場に入り，社会福祉の援助技術を教えるに至った経過も振り返り始めました．このときすでに，本書の1章を書き始めており，そのなかに援助職選択の動機に関する内容をぜひ織り込みたいと思っていました．そして，この援助職の方との話し合いがきっかけとなって，本章が私にとってだけでなく多くの援助職の方にとっても，大切なテーマではないかと思い始めました．
　私がなぜこの仕事を選び，今も続けているのかを書き出すと，序章（はじめに）があまりにも長くなり過ぎるので，詳しく説明することは控え，本書のテーマに関することだけを簡単に説明したいと思います．
　私が社会福祉を専攻し実習を始めたころ，実習先の先生やその他の優れた援助職者をみながらいつも考えていたのは，「どうすれば○○先生のような援助職者になれるのだろうか．○○先生のようになれる方法を知りたい」ということでした．そして仕事に行きづまったときには，「優れた援助職者というのは，どうも生まれついてもった資質によるのかもしれない」と考えて，落ち込んだこともよくありました．

私の「青い鳥」

　実際，私が自分を磨くために出席した事例研究会などでは，その思いをさらに強くすることが多々ありました．「やはり，この道では系統立った学習法などというものはないのかな，一に資質，二に経験を積むしかないのかな」という結論に落ち着き始めていました．そう思う一方で，援助職者として，より効率的に自己を磨いていく「方法論」がどこかにあるかもしれない，という期待もあり，30歳間近になって「合理主義」の国，そして「方法主義」の国であるといわれるアメリカへの留学を決意しました．

　アメリカに行ってみて驚いたのは，「援助の技術」を「系統立てて教える」方法があったこと，そして，そこで教えられていることは，私の周囲にいた日本の優れた実践家たちが行っていたことだった，という事実の発見でした．私の「青い鳥」は本当は私の身近にいたのですが，それが「青い鳥」だということを，「青い鳥」自身が知らなかったために，私もそれに気づかなかったのです．日本で，ほとんど同じような実践をしているにもかかわらず，その実践に名前がなかったり，系統的に説明されていなかったり，あるいは理論化されていなかったりということを，その後何回も経験しました．

　アメリカの大学院の授業に出席していて，「〇〇論」や，「〇〇実践モデル」というものが記述されているむずかしい本を読みながら，「あれ，これは私もやっていた」などと思うことがたびたびでした．しかし，私は自分がやっていたことをそのように文章化したこともなかったし，ひとつのまとまりとして考えてもこなかったのです．

　このような私の経験を，うまく言語表現してくれた日本人がいました．その方は，品質管理の専門家でした．品質管理は日本の企業で実践され，その成果がアメリカのみならず世界各国で高く評価されたのですが，このような歴史的背景にもかかわらず，この分野の理論化ではアメリカが先行していたのです．

　その方は，「実践という点では日本のほうがはるかに優れていることがたくさんあるんですよ．でも，そのような実践を分析して理論化し，今度はどのようにするとその理論の実践ができるのかを導き出すのはアメリカ人のほうがうまいんですよ」といわれました．この方の言葉は，私が社会福祉の援助理論や技術をアメリカで学習しながら，何度も経験したことをぴったりと言い当てていました．

　ここで私が言いたいのは，理論化や方法論化にたけているアメリカ人が優秀だとか，実践を通して最善の方法を作り出していく日本人が優秀だとかいうことではありません．優れた実践を行っている日本の援助職の方たちが，自分の実践を体系化させ，それを理論や方法論として記述していくことができれば，あとに続く人たちにとっても，すばらしい学習材料ができるのではないかと？　ということなのです．

　「知識」をもっていることだけでは，よい実践はもちろんできません．しかし「知識」があれば自分の実践の問題点が何かをつきとめやすくなり，問題にぶつかったとき，そこにとどまるのではなく，さらに前進していけると思うのです．仕事での問題をある一定の枠組みに照らし合わせて，なぜそれが問題なのかを考えること，つまり客観的な分析の枠組みをもつことは，援助の仕事の向上に必要不可欠なことだと思われます．

　アメリカ式の方法論を「あまりに機械的だ」と非難する人もいます．この非難にはたしかに真理が潜んでいます．しかし一方で，枠組みのない学習方法にも問題はあるように思われます．

他者に対する援助が「小さな親切，大きなお世話」にならないために

　社会福祉の仕事，あるいは援助の仕事全般で働いている人に対して，多くの人はあるイメージを抱いているようです．それは「やさしい，親切，同情心が強い，世話好き，感受性が豊か，人と話をするのが好き」などに集約されます．たしかにこれらの要素が，援助の仕事をする人に求められていることは事実です．しかし，専門的に他者を援助していく場合には，単なる「やさしさ」「同情心の強さ」だけではない，より中立的な客観的な判断力に基づいた「クライアント（援助を依頼してくる人＝被援助者．以下，このようによぶ）」とのかかわりが必要になってくるのです．援助の仕事が目指すところは，「クライアントのもつ力を最大限に生かして，クライアントのもつ特性に即した形で，クライアントの問題の解決を目指す」ことといえるかもしれません．

　ここに，脳梗塞の後遺症で日常生活に支障をきたしている72歳の男性が，10人いたと仮定してください．その人たちの家族構成はそっくりで，成長した子どもたちは同じように遠距離に住んでおり，現在は68歳の妻との二人暮らしだとします．さてみなさんは，この10人のクライアントに対して，まったく同じ援助の目標を立て，まったく同じサービスの提供をするでしょうか．

　この10人のクライアントは同じ症状を抱えていても，その症状に対する感じかた，取り組みかたが違うはずです．それぞれの人が異なる力をもっています．ある人はそれまで出会った数多くの困難から「強靱さ」を身につけており，もうすでに「リハビリテーション」を心待ちにしているかもしれません．一方，ある人は，それまで体の丈夫さを誇りにして生きてきたために，この「身体に障害をもつ」という事実に直面して，完全にうちひしがれているかもしれません．このような特性や強さといった本人のもつ力に加えて，家族がもつ力，そして本人が暮らしている環境が提供してくれる医療・生活援助サービスといった地域の力も違ってくるでしょう．

　これらの点は，本書で論じていく「アセスメント」とよばれるクライアントのおかれている状況を理解するさいに考慮すべきことの一部ですが，このような「個人のもつ個別の状況を見極め」，そのうえで「その個人に最適のサービスを提供する」のが専門的な援助なのです．この専門的な援助を実践するためには，クライアントのおかれている状況，クライアントの考え・感情・行動などを理解するための「面接技術」が必要不可欠になります．たとえどんなに細かくアセスメントで知るべき事項を網羅した「クライアント理解のための一覧表」というものがあっても，その内容を「どのようにしてクライアントから教えてもらうか」，そしてまた，「本当の情報を教えてもらえるか」と「クライアントにとって最も大切なことを理解させてもらえるか」は，援助職者の力量にかかってくるのです．

　みなさんにもきっとご経験があると思いますが，病院の受付で事務的に症状を尋ねられたと想像してください．どのような気持ちがするでしょうか．

　人が他人に情報を提供するというのは，そう簡単なことではありません．ましてやその情報が家族関係や自分の抱く複雑な感情などをも含んでいればなおさらです．情報を尋ねる援助職者が信頼に値する人でなければ，クライアントは「本当に意味のある」情報を教えてはくれないでしょう．プロフェッショナルとアマチュア

の援助を区別するものは，この専門的な「面接」ができるかどうかにかかっている，といっても過言ではありません．

本書の大きなテーマは，この援助のための相談面接の理論と実際をより深く理解していくことです．援助のための面接は，単なる技術習得だけでできるものではありません．専門家としての面接を行うためには，心理学や社会学領域などにおける知識とともに，専門職として身につけておくべき「倫理」「価値観」が必要です．これらの一部には，援助をするときに第一に考えるのはクライアントにとって何がよいことか（援助職者にとってではありません）という「クライアントの福利優先」というものや，クライアントから聞いたことを決して口外しない「秘密保持の原則」というものなどがあります．

よく，他人のために何かを行ったあとで，「あの人のためを思ってやったのに，まったく感謝してくれない．何て恩知らずな人なのだ」という不満をもらす人に出会います．このような場合，よく聞いてみると，お手伝いをした当人はそのことをしてほしいと望んでいたかどうかを確認せずに，「きっとこれは相手にとってよいであろう」というふうに想像して何かをしている場合があります．このような援助は，ひょっとしたらお世話してもらった当人にとっては，「小さな親切，大きなお世話」だったのかもしれません．

これが専門の援助職としての資質を身につけた援助職者であれば，必ず相手にとって何が本当に必要なのかという，クライアントの「ニーズ」（必要としているもの，こと）を面接のなかで明確にしてから，クライアントとの共通認識を得て行動に移します．そしてそれが「クライアントの福利優先」ということです．クライアントと十分な信頼関係ができていれば，たとえ提供したサービスが役に立っていないということが明らかになっても，その時点で話ができます．援助職者は「クライアントから感謝の言葉」を得るために仕事をしているのではありません．結果としてそうなることはあるでしょうが，プロとしての仕事は，自分とクライアントとの間の面接から得た情報をもとにした，つまりクライアントと援助職者の双方が参加して行っているサービス提供です．そこで「何をしたいか」を最終的に決定するのは，クライアント自身なのです．

高齢者がクライアントである場合，また自分のしたいことを表現することがよしとされない文化では，なじみにくいかもしれないのですが，援助職者が尊重すべきルールとして，「自己決定（クライアントが決める）の原則」というものがあります．このルールに従えば，「相手が自分のしたことを感謝してくれない」という反応は正しくなくなります．もしきちんとアセスメントを行い，そこで立てた援助計画の結果提供されるサービスに，クライアントが不満をもっているならば，そこで援助職者がなすべきことは「どこにこの不満の原因があるのだろうか」ということを考えていくことです．

その原因は，ひょっとしたら「ある時点でクライアントが決定したことが今ではうまく機能しなくなっている」ことにあるかもしれません．また「あるサービスがクライアントの予想とは違ったものであった」ことにあるかもしれません．クライアントが不満を訴えたとき，プロの援助職者はその不満を，個人的なレベルで自分への批判ととったり自分をなぐさめてしまわず，不満の原因を考えていき，原因がわかればそれを変えていくことが必要なのです．つまり援助職者は，問題を分析し，その解決方法を考えるという点では「科学者」かもしれません．

援助の中核である面接では，援助職者は，クライアントの気持ちを理解できる「感性」が必

要であると同時に，クライアントの語ることの意味，それぞれの関連性を理解し分析できる「知性」も，フルに回転させることになります．

面接技術は学習できる

　私がアメリカの社会福祉系の大学院で援助技術を教え始めたとき，自分のなかで，「面接の技術などが授業で教えられるのだろうか？」という疑問がありました．演習方法が豊富に盛り込まれた教科書を使っても，やはりむずかしい部分は残りました．ほとんど毎週，ロールプレイとよばれる模擬面接を行い，その様子をビデオにとり，設定された学習目標にどれだけ近づけているかを，学生同士が評価し合った表をチェックして，フィードバックを返していくという教授方法を続けました．

　最初のロールプレイのときには，援助職役をしながらまったく一言もしゃべることができず，クライアント役の人の話をただ聞いているだけの学生，またその逆でクライアントにすぐさま説教を始める学生などがいて，この先どうなるのか，とてつもなく不安になりました．しかしこの学生たちは，自己評価表，ビデオ撮りしたロールプレイに対する自己フィードバックや私との話し合いなどを通じて，自分の長所と短所に気づき，それらを考慮に入れて自分なりの努力を始めたのです．[注1]

　面接技術は学習できる，という確信をこのような経験を通してもつことができました．これから本書のなかで私がみなさんにお伝えしていきたいのは，そのような私の確信のもとをつくってくれた援助職に必要な基礎的知識です．

　日本が高齢社会となったことにより，急激に援助職の分野で仕事をする人が増え，多くの人が現場に出ていくために勉強をしています．そんな状況のなかで，第一線で仕事をしている方たちの研修会に講師として参加させていただく機会が多くなりました．そのような折に，みなさんがどのような内容の実践理論や技術を求めていられるか，また残念ながらそれらに触れる機会が少なかった，ということを知ることができました．しかしながら研修の時間は短く，あれもこれもみなさんにお伝えしたいと思いながら，実際の研修会では盛り込めない内容がたくさんありました．そこで本書では，実践家，そして現在勉強中の学生の方が，高齢者援助の現場で仕事をしていくのにぜひ知ってほしいと思うことを，言い換えれば，もし私にたくさんの時間が与えられれば研修会でこのような内容をお伝えしたかった，と考えたことを盛り込んだつもりです．すでに本書の内容のいくらかは，実際の研修の場所で講義や演習の形で実践し，その時々にみなさんからのフィードバックをいただいてきました．そのフィードバックをも織り込み，内容を改良してきたつもりです．

　本書は，言葉づかいはできるだけわかりやすいものにしてありますが，その内容は，私がアメリカの社会福祉系の大学院で，修士課程の学生たちに教えてきたものとほとんど変わりはありません．援助職にある人，また援助職を志す人にとって，自分の職業を支えている理論や知識を学ぶことは必要不可欠です．本書ではこのことをふまえながら，必要に応じて理論の紹介も行い，みなさんに習得していただきたい知識を盛り込んでいます．さらにそれらが単なる知識として終わらないように，可能なところでは演習問題の形を使い，みなさんご自身に考えていただく部分をできるだけたくさん設けてあり

注1）この教授法に関しては，グリーン・渡部律子（1995）の「ロールプレーと三段階フィードバックの組み合わせによる社会福祉援助面接技術教育の試み：アメリカのMSWプログラムの事例を通して」日本社会福祉実践理論学会研究紀要第3号を参照のこと．

ます．また興味のある方のために「研究ノート」という名前で，ところどころにその領域での興味ある研究の結果やまとめをしてあります．また知識の整理や今後の実践での利用に便利なように，知識の整理やアセスメント項目のリスト，事例の書きかたなどを表形式にしてまとめてあります．

本書は，おもに高齢者援助の仕事を実践している方，あるいは今後その仕事をしていくために勉強している学生の方たちを対象にして書かれてあります．そのため，事例やたとえの部分には，高齢者がぶつかりがちな出来事を使ってあります．しかし援助面接の基本を考えれば，高齢者を対象として仕事をする方のみでなく，より広い援助職の方がお読みくださっても十分に仕事で生かしていただけると思います．

本書の全体構成について

上記のような目的を念頭におき，本書は10章で構成されています．

1章では，援助の基本に立ち返り，援助職者の基礎をつくっているといえる「視点」を振り返ります．援助の仕事では，援助職者のもつ価値観や倫理観といった単なる知識や技術を超えた部分までが関与してきます．そのため，専門家となるためには，自分自身のよって立つところを明確にし，そのうえで専門家としての姿勢を学んでいかなければならなくなります．そこで，1章の1節では，まず人はなぜ人を助けようとするのか，という問いかけで始め，一般の援助行動の動機に関する研究なども紹介しながら，援助の基礎をつくる「想像力」「共感的感情」について説明を加えていきます．2節では，さらに一般的な援助行動から専門職としての援助行動に発展させ，なぜ援助職を選択したのかという援助職選択の動機に関して論じます．3節では，この職業選択の動機とも深い関連をもってくる，援助の専門家に要求される基本的な態度である，(1) 援助者の価値観，(2) 援助者の守るべき倫理，(3) 援助者の情緒的客観性，を紹介しながら，援助職者がぶつかりがちなこれら3つの基本的態度にかかわる問題を提示し，実践家としてどのようにこれらの問題に対処していけるかを考えていきます．最後の4節では，前3節をまとめることを意図し，再度援助職者にとっての職業選択の動機を取り上げ，私が経験を通じて考え出した7つの援助職者のタイプ分けを紹介し，それぞれのタイプにおけるプラス面とマイナス面の両方を分析しながら，いかにして異なるタイプの専門家たちが，自らのプラス面を生かしつつマイナス面を修正していけるかについても言及しています．そして最後に，実践家や実践家を目指す人たちの仕事上の指標となるべく，援助の仕事をする人たちに必要とされる6つの資質を紹介し，それらの資質をみなさんがご自身でチェックできるように，チェックリストをつけました．

2章では，「援助関係を形成するもの―援助すること・されること」という題で，援助の仕事の中核をなすといっても過言ではない「援助関係」について説明を加えています．多くの場合「援助関係」というと，言語に置き換えて説明することがむずかしいもの，あるいは知識や技術としては学習しがたいものととらえられてきました．もちろんこれには真実が含まれていますが，本書では「援助関係」と一般によばれているものがどのような要素から成り立ち，クライアントの問題解決にどのような働きをするのかをみていくことを意図しています．その意図のために，1節では，被援助者の立場から「援助関係」の意義を探ります．2節では，日本の社会福祉現場の人々にはなじみが深いわりには，相談面接実践との結び付きや技術としての

奥行きの深さが十分に行き渡っていない，バイステックの援助関係形成のための7原則を，高齢者援助の立場から事例を交えて再考していきます．3節では，角度を変えて，援助関係がなぜクライアントの変化に役立つのかを，「ソーシャルサポート理論」とよばれる考えかたから考察していきます．援助職者が「援助」という名のもとにクライアントに提供していくものをこのソーシャルサポートに置き換え，クライアントの問題の性質，あるいはその時々のニーズの優先順位などにより，援助職者が提供するサポートの中心や重みづけが変わることを理解することで，援助の仕事の複層性を理解していきます．さらにこの節では研究ノートとして，この「ソーシャルサポート」研究の歴史的流れも紹介しています．

3章では，相談面接で非常に重要な位置を占める「アセスメント」について論じていきます．まず1節と2節では，アセスメントとは何か，アセスメントと呼び習わされているものが，実際にはどんな構成要素でできているのか，そして一般のアセスメント面接では，クライアントに関してどのような情報を得ることが必要か，というアセスメントにおけるチェックポイントを具体的にみていきながら，総合的にアセスメントを行うことの意味を再確認します．3節では，アセスメントの対象を個人から家族に移し，高齢者の相談面接で必要不可欠な家族の理解の仕方について解説を加えます．

4章は，「相談面接業務の全プロセス」を一連の流れとして事例を使いながら説明していきます．1節では，インテークとは何か，2節ではアセスメントとは何か，3節では，援助計画とは何かをそれぞれのプロセスでのキーポイントに触れつつ説明をしていきます．そして，4節では，事例を使ってこれらのプロセスが実際にどのように進んでいくのかをみていきます．

5章は，「面接における言語技術」編です．面接の中核となる言語によるコミュニケーションを取り上げます．まず1節では，日常生活におけるコミュニケーションを例に取り上げ，話し手と聞き手の関係性のありかたからコミュニケーションを分類していきます．2節では，専門援助関係における面接で使用される非言語および言語でのコミュニケーションの効果について述べ，聞くことのむずかしさ，聞きかたによって変化する情報量についても言及します．そして，複数の臨床家や研究者たちが著書のなかで述べてきた面接での言語表現のバラエティーを再整理し，4つのカテゴリーに分類して説明を加えています．またとくに，それらの言語表現のなかでより詳しい説明が必要であると思われた「感情の反射」「質問」「要約」に関しては，さらにどのようにしてそれらの技術を学んでいけるかをも含めて解説しています．

6章は，実際の面接がどのような形で進んでいくかを「インテーク面接」に焦点をあてて多くの事例をあげながら紹介しています．まず1節では，面接の進行中に相談員が頭のなかでどのようなことを考え，判断し，クライアントに応答していくかという，「相談員の思考の流れ」に関して簡単に説明をしています．そして2節では，「問題面接から学ぶ」と題して，相談員とクライアント双方の心の動きを含めた短いやりとりをいくつか紹介して，それぞれのやりとりの失敗から，面接で重要な学習ポイントを抽出しています．

7章は，「高齢者を対象とする援助職の意味」と題して，高齢者が対象となることで，私たちがとくに注意を要する点について，実際に私が実施した調査研究の結果を交えながら論じています．まず1節では，一般の高齢者のイメージがどのようなものであるかを，2節では援助職者のあいだで高齢者福祉の実践がどのように と

らえられているのかを，3節では老人施設で働く若い職員たちの考えを，そして最後の4節では，認知症の高齢者の援助に携わっている人々にとっての職業満足度に関係する要因とは何か，を順次紹介していきます．

8章では，対人援助職者が問題に出会いその解決策を見つけ出すことができずに疲れ，その結果離職することをくいとめるために必要な知識を取り上げました．1節では，演習も交えながら，対人援助職のどのような要素が燃えつきを引き起こしやすいのか，を考えていきます．これまで集積されてきた燃えつきに関する研究を年代順に紹介し，その結果を整理します．次にこの燃えつきを防ぐ働きをするといわれているソーシャルサポートとスーパーヴィジョンについて，その理論とともに，実践で理論がどう応用できるかをエピソードや事例を交えて解説をします．2節では，自分が所属している組織と自分の仕事を客観的に分析するための枠組みを紹介します．実践の仕事でも，必ず，自分の仕事をより広い視点から理解しておくことが必要です．この章で紹介した考え方の枠組みをご自分の仕事に当てはめて考えて見ることで，問題の整理をし，何が必要なのか，を考えていただければと思います．

9章は，介護職に焦点をあて，その課題と課題を明らかにしながら，解決策を考えるひとつの方法を紹介していきます．1節では，特別養護老人ホームの介護職員はどの程度燃えつき状態にあるのか，また，年齢，性別，勤続年数，といった個人の特性と上司・先輩，同僚からのサポートがどの程度燃えつきを緩和することができるのか，を実際のデータの分析からみていきます．2節では，特別養護老人ホームで実施した事例検討会を紹介します．介護職員の抱える課題の解決のひとつの方法とし，このような事例検討会の実践を考えていただくきっかけができればと考えます．

10章は，ケアマネジメントに焦点をあてていきます．初版でもこの内容を3章で取り上げたのですが，これを独立させ，公的介護保険との関連性を考慮したケアマネジメント理解を深めることを意図しました．2000年に公的介護保険が施行されてから10年以上の年月が過ぎ，ケアマネジャーという名称は一般の人の間でもなじみの深いものになりつつある現在，残念ながら，ケアマネジメントとは何を意味するのかが，正しく認知されていないように思われます．基本が押さえられることなく年月が経過したために，制度改定のたびに実践家の間に混乱が生じたように感じます．そこで，ケアマネジメントに関わる人々が，仕事の検証をする際に役立つであろうと思われる，ケアマネジメントの基礎理論・モデル，課題などを，まず押さえてから，現状をみていきます．1節では，ケアマネジメントの複数のモデルを紹介し，ケアマネジメントのバラエティーをみていきます．さらに，昨今よくケアマネジメント研修の中で，その言葉が使われながら，やはり本来の意味がきちんと押さえられていない感が否めないソーシャルワークとの関連は何なのか，を考えていきます．架空ではありますが事例を使って，理論が実践と結びつけやすいように工夫してみました．そして，2節では，日本におけるケアマネジャーの現状を明らかにし，今後の課題を知るために，私が実践した燃えつきとストレスに関するアンケート調査の分析を加えました．ケアマネジャーは，どの程度燃えつきているのか，またどのような種類のストレスを抱えているのか，どんな種類のストレスが燃えつきにつながりやすいのか，をみていきます．

1章 援助職者の基礎を形成する視点

——援助行動のモチベーションと基本的姿勢

❶ 人はなぜ人を助けようとするのか？
——「想像力」と「共感的感情の認知力」

　町を歩いていると道に迷ったらしく，キョロキョロと周囲を見回している人がいると仮定してみましょう．この人を見たときあなたはどうするでしょうか．「助けが必要だろう」と思い，その人に近づいて道案内を申し出るでしょうか．それとも「自分で何とかするだろう」と思ってそのまま立ち去るでしょうか？

　みなさんが施設の介護士・指導員，在宅介護支援センターのワーカー，ホームヘルパー，行政の福祉担当者，ソーシャルワーカー，理学療法士（PT）・作業療法士（OT），保健師，看護師といったような仕事に就いており，常日頃，人の援助をすることに慣れていらっしゃるならば，上の例の道案内をすぐさま申し出るかもしれません．しかし，なかにはそうでない人もいるでしょう．

　本書では，これから援助職者に必要な面接の知識や技術を論じていくのですが，まずそのいちばん基本的な問いかけとして，なぜ私たちは人が困っているのをみると助けたいと思うのだろうか？　ということを理論的に考えていきた

いと思います．また，同じように困っている人を見ても，相手を助けたいと思い行動する人と，そうでない人が出てくるのはどうしてだろうか？ということに関しても，考えていきたいと思います．

　援助の「技術」には，それを支える「知識」が必要です．とくにこれから私たちが学んでいく内容が，「対人援助」に関するものであるからには，「なぜ人は人を援助するのか」というテーマから始めるのが適切なように思われます．

　そこでまずこのテーマを考えるにあたって，ある研究を紹介しながら「援助活動の動機」についてみていきましょう．

　社会心理学者であるコークら（Coke, Batson, McDavis, 1978)[1]は，なぜ援助が起こるかという援助の動機について実験研究を行いました[注1]．この実験に先立ち，コークらは「人は苦境にある人を認識したとき，共感的な感情を

注1) 文献2で紹介されたコークらの研究の翻訳を参考にしてあります．

もつ（ここで用いられている「共感」という言葉は、あとに出てくるさらに専門的な「共感」とは少々異なった意味で用いられている）。そしてその共感的感情によって、被援助者の必要としているものを満たそうという動機が起こり、これが援助活動につながる」という仮説を立て、これを実証しました。つまりコークらは、①相手の苦境を認識する→②共感的感情がわき起こる、という流れがあって、初めて人は援助活動に至るとしたのです。

それは、ある人が他人の苦境を認識したとしても、そこで共感的感情がわき起こらなければ援助には至らないということです。つまり困っている人を助けるという決心には、「被援助者の立場を想像することができる力」と、そこから生まれた気持ちを「共感的感情として正しく認めることができる力」の2つの条件が必要だといえるでしょう。

 職業としての援助
── 「意志的」職業選択と「偶然的」職業選択

では、他者の援助を職業として選択した人たちは、何らかの理由で「他者の痛みをより想像しやすく」かつ「共感的感情が強かった」ために、援助職を選択したのでしょうか。もちろんこれらの力は、援助職者に望まれる資質の大切な一部分です。職業選択の動機として、本人のもっている資質が、その職業の要求しているものと合致していることは重要なことです。

しかしみなさんもよくおわかりのように、現実には職業は自分の資質との適合だけでは選べないこともあります。たとえば「なぜあなたはこの職業を選んだのですか？」と聞かれたら、いったいどれぐらいの人が間髪入れずに、明確な回答をすることができるでしょうか？

学校の先生を例にあげて考えてみると、「小学校の時、とてもやさしく接してくれた先生がいて、その人に対する尊敬やあこがれから大人になったら必ず先生になると心に誓い、専門の勉強をして今に至ったのです」とはっきり答える人もいれば、「自分の学校時代でよい先生にめぐり会ったことがなかったため、非常に不幸な思いをしました。そのような経験をする子どもたちが少しでも少なくなるように、自分はすばらしい教師になろうと心に決め先生になったのです」と、答える人もいるかもしれません。

この人たちは動機はまったく異なるものの、先生になりたいという理由は非常に明確です。しかし世の中は、このように自分が現在の職業を選択した理由を明確に述べられる人ばかりではありません。人によっては、本当は数学者になりたかったのだけれども自分の限界を感じてしまい、その道を断念しなければならなくなり、仕方なく先生になったという人もいるかもしれません。つまり、職業選択の動機には、「意志的」なものと「偶然的」なものの2種類があるということになります。

❸ 援助の専門家に要求される基本的姿勢と職業選択の動機の明確化の関係
―価値観，倫理観，情緒的客観性

　援助職というのは人間関係の専門職でもあります．人を援助するさいに最も重要なことは人間理解であり，それは人との関係を通じて相手に伝えなければなりません．このような使命をもつ仕事を選んだからには，「意志的」に選択した人はなぜその仕事を選んだのかをしっかりと認識し，また「偶然的」にこの仕事を選んだ人は，この仕事に対する自分の態度や考えかたを明らかにする必要が出てきます．いずれにしても「自分を正しく認識する」ことが要求されるのがこの援助職なのです．

　コミアーら (Cormier & Cormier, 1991)[3] は，その著書のなかで職業として他人の相談にあたるカウンセラー，ソーシャルワーカーたちに要求される3つの基本的姿勢を示しました．それは表1-1に示すように，① 自分の価値観を認識し，相手にそれを押し付けない，② 援助職としての倫理観を守る，③ 情緒的な客観性を保つ，でした．これらのすべては，私たちが自分自身を正確に理解することではじめて保つことができる姿勢だといえるでしょう．

　以下にこれら3つの基本的姿勢について，例を交えながら説明していきます．

● 援助職者の価値観

　私たちは毎日の生活で新しい出来事や人に出会うたびに何らかの形で，好きだとか嫌いだとかいう反応をしています．もちろん多くの人に好まれる人がいたり，その逆で多くの人に疎まれる人がいたりしますが，それ以外にもとくに「あの人とは気が合う」と感じる相手をもっているのではないでしょうか．このような反応は，私たちがもっている「好み」や「尊重している考えかた」などが，ある対象に向けられ，その対象を判断した結果にほかなりません．価値観というのは簡単にいえば，このような「好み」などで表わされるもので，「私たちが大切だと思っていること」または「好みの行動や考えかた」といえます．そしてこの私たちのもっ

表1-1　援助の専門家に要求される基本的姿勢[3]

(出典：Cormier & Cormier, 1991)

	基本的姿勢	具体的内容
1	援助者の価値観をクライアントに押し付けない	価値観とは，われわれが大切だと思っていること，好み，尊重など
2	倫理観を守る	クライアントの福利優先，秘密保持の原則，役割の二重性の気づき，クライアントの権利尊重，適切な機関への紹介
3	情緒的客観性を保つ	クライアントに近づき過ぎない，あるいは距離をとり過ぎないなど，専門家としての適切な距離を保つ

ている「価値観」は，援助の仕事のなかでもかなり重要な役割を占めてきます．プロとして常に中立的な立場からクライアントと接したいと思っていても，気がつくとあるクライアントにはより親切にしていたりすることがあります．

では，いったいどのようなことが私たちの価値観の形成に関係しているのでしょうか．そしてどうすれば自分の価値観に左右されにくくなるのでしょうか．

価値観には自らが意識して選択したものもあれば，成長する過程で知らないあいだに自分のものとなっていることもよくあります．前者の例をあげれば，「自然を大切にして生活することの意義」に共鳴した人が「自然保護」に価値をおくといったことでしょう．もしこの自然保護の考えかたが極端になれば，この人は自動車に乗る人を「自然破壊者」と見なし，好きになれないかもしれません．後者の例では，親の考えかたや生活の仕方といった「家庭内の文化」ともよべるものがあるかもしれません．言葉づかい，身だしなみ，他人とのかかわりのもちかた，金銭感覚，家族間の愛情の表現の仕方などは，ある人にとって「当然」と思われることが，ほかの人にとってはそうでないこともままあります．

「人に迷惑をかけることはよくないことだ」という信念をもって，子どもにもそれを徹底させてきた家庭で育った人は，やはり極端な例ですが，自分を犠牲にしてでもほかの人に迷惑をかけないことにエネルギーをそそぐかもしれません．このような考えかたをする人が，「自分のしたいことをすることが最も大切」として育てられた人と出会うと，一種のカルチャーショックとでもよべるものにぶつかるでしょう．しかしこの価値観の違いによって必ずしもおたがいを嫌いになるとは限りませんし，ときによってはそれが魅力と感じられることがあるかもしれません．

私たちは，日常生活のなかで出会う人々が自分と非常に異なる価値観をもっている場合，「あの人とは合わないから」などといって関係をもたない選択もできます．また関係をもたないわけにはいかなくても，おたがいの違いを話題にしないような付き合いかたをすることもできるでしょう．しかし人間関係のプロである援助職にある人にとっては，このような形で相手との関係をもつわけにはいかないことが多くあります．

人間関係のプロであるということは，日常生活とは異なった「治療的な人間関係」を作り上げることです．「治療的な人間関係」というのは，その人とのかかわり自体が相手を癒す力をもつことを意味します．その人に話を聞いてもらって，あるいはその人が一緒にいてくれることで安定し，安心できると思ってもらえることです．

このような関係の根底には，相手を信頼できるという確信が必要でしょう．信頼していない人に，自分が困っていることを包み隠さず話す気持ちになれる人は少ないでしょう．また，信頼できない人に自分の問題を話したあとで「癒された」と思って気持ちが軽くなる人もほとんどいないでしょう．そして相手から信頼される人は，自らの価値観をきっちりと理解し，それによって他者に対する判断を歪めない努力をする人ともいうことができます．

援助職者が自分の価値観を明確にしていること，またクライアントの価値観がどこにあるのかを理解しようという姿勢が，援助に大きな違いをもたらしてきます．このことをよりわかりやすく説明するために下のエピソードを読んでみてください．

エピソード1-1　● 愛情表現とは？

　今年32歳になる松下さんは，ホームヘルパーとしての仕事を始めて6か月になります．郊外のサラリーマンの家に生まれ，現在もサラリーマンの妻です．自分の育ってきた家では，母親は毎日きれいに掃除をして，子どもたちにも洗濯したての糊のきいた洋服を着せていました．松下さんも自分の母親と同様に清潔な家と衣服，そして栄養のバランスのとれた食事を心がけています．松下さんにとっては，そうすることは家族への愛情の表現でした．

　昔，忙しく働いているお母さんに「一緒に遊んでほしい」とねだった松下さんに，お母さんは「お母さんが忙しくしてるのは，あなたたちに少しでもおいしいものを食べさせてあげよう，きれいに洗濯した洋服を着せてあげようと思うからなんだよ」と答えていました．

　さて，この松下さんが最近担当となった家族は，糖尿病で失明し，かつ足の不自由な67歳の母親と，42歳になる長女の二人暮らしの家庭でした．家の中に入ってみて松下さんがまず驚いたのは，その散らかりようでした．家の中は整理整頓とはほど遠く，母親の主たる介護者といわれている長女が準備する食事はまさに一汁一菜でした．

　私たちの価値観を理解する最もよい方法は，まず日々の生活のなかで自分の反応に注意を払うことです．どのような行動や考えかたを気持ちよく受け入れられたり，受け入れられないかを認識し，プロの目で自分の反応を見直す訓練を重ねることで自分を磨いていくことができます．また自分の仕事の特徴から，職場で出合いがちな価値感の問題を想定して，それらを自分で見直していくという方法もあります．ここでは，上のエピソードを使っておのおののもつ価値感が引き起こす自動反応とその反応の再考をしてみましょう．

　みなさんは，このクライアントの家に入ったとき，いったい何を思われるでしょうか．松下さんと同じような暮らしかたをしてきた人であれば，「だらしない生活の仕方．何てひどい娘だろう．母親に対する愛情なんかまったくない」と判断してしまい，この娘さんに好意を抱きにくくなり，会話の端々にそのことが出てしまうかもしれません．

　ここでこのような判断のもとになっているのは，松下さんが価値をおいていること，言い換えれば松下さんが好ましく思っている生活の仕方です．この家の散らかりようが娘さんのだらしなさを表現し，食事の内容が母親への愛情の欠如を示しているのかどうかの判断の基準は，松下さんの価値をもとにしています．しかし実際にこのような判断が正しいのかどうかは，クライアントとその長女の側からの見方を理解しなければわからないはずです．

　この家族は貧しく日々の生活に精一杯で，家の整理整頓などは二の次であったかもしれません．あるいは，家を清潔にし栄養のバランスのとれた食事をすることが重要だ，ということを学ぶ機会がなかったのかもしれません．もしそのような理由で現在の状態になっているのであれば，松下さんの結論である「愛情のない娘」というのは，見当外れになるようです．

　このような例はほかにいくつも考えられると思いますが，以下に高齢者のクライアントを担当する人が経験しがちな問題から，「扶養問題」「死生観」の2つを取り出して，架空の事例を

つくってみました．みなさんがこのようなクライアントの担当であれば，どのように感じ行動されるか考えてみてください．

事例1-1：老親扶養に関する価値観をめぐる問題

> 鈴木さんは現在45歳，ある老人ホームで仕事をしています．両親は高齢ですが，昔から「できるだけ自分たちだけで生活をする．子どもには迷惑をかけたくない」といって，倹約をしながら暮らしてきました．今もあちこち体に不調はあるものの，何とか毎日人に頼ることなく生活しています．鈴木さんはそんな両親を尊敬し，自分もあのように老いていきたいと常々考えていました．
>
> ところが最近ホームに入所してこられた木下さんという65歳の女性は，ほかの入所者たちと折り合いがわるく問題を起こしがちです．その木下さんが鈴木さんの担当するクライアントとなりました．
>
> 木下さんの持論は，「子どもはどのような犠牲を払ってでも親の面倒をみるべきだ」というもので，ときおり訪ねてくる子どもさんに対して，非常に冷たい態度をとり，自分が老人ホームに入っていることを怒っています．ことあるごとに鈴木さんにも「あんたの親はどうしているの？まさか老人ホームに入れるつもりじゃないでしょうね」といい続けています．
>
> ここしばらく鈴木さんは，木下さんと話をするのが苦痛に感じられ，必要な話以外には木下さんとのコンタクトを避けている自分に気がついています．

さて，この事例にある木下さんと鈴木さんのもっている価値観がどのようなものか，みなさんにもおわかりになったことと思います．二人はまったく相反する考えかたをしています．そしてこのような状況で，鈴木さんは苦しんでいます．いったい，プロの援助職者としてはこのような価値観の違いをもちながら，どのようにしてクライアントを受け入れていけるのでしょうか．このような問題の解決策についてお話しする前に，もうひとつの事例を読んで考えてみてください．

事例1-2：死生観に関する価値観をめぐる問題

> 本多さんは今年大学を卒業して，在宅介護支援センターで仕事を始めました．毎日，新しい仕事を覚えるのに忙しい日々を送っています．新人であるにもかかわらず，クライアントの心情の理解もはやく，かなり順調なすべりだしをしました．ところが昨日の電話の相談では，いつものように相手を思いやって話を聞くということがまったくできませんでした．それどころか自分が非常に不安な気持ちになって，どうしてよいのかわかりませんでした．
>
> 本多さんは，自殺を悪として心の底から絶対に認めていません．ところが昨日，本多さんが相談をうけたクライアントは，父親の介護の疲れを長々と語ったあとで「自殺」を考えたこと

があると話しました．「お父さんを殺して自分も死のうかと思うことが何回もありました」とも話しました．

この**事例 1-2** の本多さんも，**事例 1-1** の鈴木さんと同じくクライアントとの価値観の違いのために，クライアントと話をすることがつらくなっています．これが日常生活で起こったことなら，二人とも相手との交渉を断つなり適当に相づちをうって，その場を逃れるなりすることで問題を解決することができるかもしれません．ではプロの援助職者としては，どのようにしてこのような問題を解決することができるのでしょうか？　プロの援助職者は，クライアントと同じ価値観をもたなければならないのでしょうか？

まずプロの援助職として最も大切なのは，上記の2つの事例のような状況におかれたとき，つまりクライアントと話すことが苦痛になったり，クライアントと話したあと落ち込んだり，あるいはクライアントに必要以上の感情移入をしているようなとき，その事実を認識して「これはいったい何だろうか？」と立ち止まって考える習慣を身につけることです．

表 1-2 は私自身がこのような問題にぶつかったとき使用している，自分を振り返って考えるためのものです．一連の質問を左の欄に，そしてそれらの質問に対する答えを右の欄に書くようにしてあります．

みなさんがこの表を使用して自分とクライアントの価値観の違いを発表したならば，そのあとの仕事は表の質問項目の5番目に対する答えを探し出すことです．これはクライアントとの会話を通じて行われることになります．もしこの段階で援助職者が，「私は，このクライアントとは異なる考えかたをしている．そして，私はクライアントの考えかたを受け入れがたいと感じている．価値観の違う人と話をするのがむ

表1-2　価値観の異なるクライアントに出会ったときの問題解決のプロセス

	自分自身に対する質問	答え
1	私はこのクライアントに対して，いつもと違った反応をしているか？	
2	その反応は何か？そこで，私がクライアントに対していだいている感情は何か？	
3	このクライアントの価値観はいったい何か？	
4	同じような事柄に対して，私がもっている価値観は何か？	
5	クライアントが，このような価値観をもつに至った理由を理解できるか？	
6	このクライアントと自分の価値観の違いを乗り越えていくために，どのようなことができると思うか？	
7	どうしてもこのクライアントの価値観を，受け入れられないときにはどうするか？	

ずかしいのは，人間として自然な反応だ．今の段階で自分が受け入れられない考えかたを，受け入れているふりをすることはやめよう．でも私は援助のプロだから自分とは異なる考えかたをする人とも話し合って，相手がなぜそのような考えかたをするようになったのかを知る努力は必要だ．無理をせずクライアントと話をしてみよう」というように考え，クライアントと会話をもつことができれば，そこに解決策が生まれてくると思います．

　クライアントとの価値観の違いを乗り越えて援助活動をしていくために，私たちができることはいろいろあると思います．自分が今までのような固定した価値観から自由になることもそのひとつです．そのためには自分をクライアントのおかれている立場にいったんおいてみて，そこでもう一度自分の価値観を問い直してみることです．しかしそれでもクライアントの価値観が非常に受け入れがたいものであれば，クライアントと正直に話し合うことで問題解決の糸口がつかめるかもしれません．

　事例1-1の鈴木さんが，木下さんとじっくり話し合い木下さんの価値感をかなり理解できてきたにもかかわらず，会うたびに同じことをいわれて，木下さんを避けたくなる自分の気持ちに気づいたと仮定してみましょう．このような場合，鈴木さんにできることは，木下さんと話をしながらそのことをうまく伝えることでしょう．

　「木下さんとお話をしていると少しずつ，なぜ子どもさんに対して腹を立てているかがわかってきたような気がします．私と木下さんは考えかたが違うけれど，それは私と木下さんが違った環境で育ったからでしょうね．もっと木下さんのことがよくわかるようになりたいと思います．でも毎日木下さんに私の親のことをいわれると私も困ってしまうんです．あ，またいわれるかなって思って，木下さんと顔を合わせるのがつらいときがあるんですよ」と正直に話すことができるかもしれません．もしこのような会話を，非難がましくなくクライアントとできるならば，援助職者とクライアントとのあいだの信頼関係がさらに強くなります．

●援助職者の守るべき倫理

　弁護士，医師などの専門職には，その職業独自の守るべき倫理があります．では援助の専門家として，私たちが守るべき倫理にはどのようなものがあるのでしょうか．表1-1（11頁）の2に，援助職者として最低守るべき5つの倫理をあげています．

　<u>第1の倫理は，クライアントの福利を何にもまして優先すること</u>です．クライアントにとって何がいちばんよいのかを考えることです．専門職といわれる人々は，自分たちがクライアントよりも知識があるために，いつのまにかクライアントの意見や考え方を聞くことなく，専門家としての判断をしがちです．そしてそのような日々のうちに，自分の判断を受け入れるクライアントを「よいクライアント」とよび，そうでないクライアントを「反抗的なクライアント」あるいは「わるいクライアント」と区別するようになります．しかしここで忘れてはならないのは，そのような専門家の判断や決定に従って日々それを実行するのは，ほかならぬクライアントなのです．プロの援助職者は「自分にとってよいことや楽なこと」ではなく，「クライアントにとって最もよいこと」を優先しなければならないのです．

　<u>第2の倫理は，秘密保持の原則</u>です．クライアントがあなたに話したことは，いくつかの例外を除いては他の人には話しません．その例外のひとつはスーパービジョン（自分の臨床事例をスーパーバイザーに話し，自分の臨床技術を

高めるとともに，クライアントにとって最も適した処遇計画をつくること）ですが，このさいにもクライアントが話したことは，その場以外には持ち出されることはありません．そしてクライアントについて語るのは，「クライアントにより適切な援助を行うという明確な目的」があるときのみなのです．むずかしい問題を抱えたクライアントを担当し，くたくたに疲れた日，仕事が終わり電車に乗ると，なんと同僚の一人がいるではありませんか．だれにも話をする時間がなかったあなたは，同僚に声をかけ早速今日の仕事，クライアントのことを話し始めました．さてこれはプロの仕事でしょうか．気持ちは理解できるものの，決してしてはならない行為です．たとえあなたの同僚が「今日のクライアントはどうだった」と問いかけてきても，「気にかけてくれてありがとう．でもこれはほら，仕事上の秘密だから，職場のカンファレンスのときにでも話すね」といわなければなりません．

この「秘密保持の原則」が守られるからこそ，クライアントは私たちに，他の人には話さないような事柄も話してくれるのです．この秘密保持の原則は，人の相談にのることを専門にするカウンセラー，ソーシャルワーカー，心理療法家などがそのトレーニングのプロセスの非常にはやい時期に「絶対守るべき倫理」として学習します．

この原則は，職場の援助職以外の人に理解してもらうのがかなりむずかしいこともあるものです．この原則を職場の他の職種の人に理解してもらう努力をしなければ，あなたは「秘密主義で，協調性のない同僚」というそしりをうける可能性もあるでしょう．私も実際自分の職場で他の職種の人からクライアントを紹介され，そのあとでこの原則を説明するのに苦労した覚えがあります．

次の事例は，職場でよく出合う「秘密保持の原則」をめぐるジレンマに関するものです．ここではとくに解答はつけませんが，あなたならどのように対処するか考えてみてください．

事例 1-3：秘密保持の倫理観をめぐる問題

> あなたは一般病院のソーシャルワーカーとして仕事をしています．ある日，入院患者である鈴木さんが「折り入って相談がある」といってあなたの部屋を訪れ，自分の家族間の問題を話しました．そして鈴木さんは，「この話は絶対に他の人にはしないでくださいね．ワーカーさんだけにいうことなのです」といって帰りました．後日，あなたは病院の事務長からよばれ，「鈴木さんがあなたに何か話していたようだけれど，いったいどんな話だったの？」と尋ねられました．

<u>第3の倫理</u>は，**役割の二重性**です．みなさんは援助職者であるとともに病院の管理職であるかもしれませんし，教育指導的な役割などももっていらっしゃるかもしれません．このように，役割を二重にもつことで援助がしづらくなったときには，その「援助」の役割を他の適切な人に頼む必要が出てきます．

<u>第4の倫理</u>は，**クライアントの権利の尊重**です．クライアントは自分で自分の生きかたを決定する権利があります．私たちがベストだと思う問題の解決方法を，クライアントが否定する権利もあるのです．

日本で過去，血友病患者の多くの人々が血液製剤によるHIVに感染し社会問題となりました．そのさいの新聞記事で，ある患者さんが非加熱製剤の問題を知り，担当の医師に「非加熱製剤を使わないでほしい」と頼んだところ，担当医が「患者には医者を変える権利はあるが，治療法を選択する権利はない」といわれたとありました．医学という専門分野での患者の権利のとらえかたには，いまここで話しているのとは異なる部分があるのかもしれません．しかしこの医師の言葉は，私の述べているクライアントの権利の尊重とは相反するものです．たとえクライアントの身体機能が衰えていても経済状態がよくなくても，クライアントはみな同じ権利をもっています．そのことを私たちは常に忘れてはなりません．

<u>第5の倫理は，必要に応じてクライアントに最も適切な機関への紹介を行うことです</u>．私たちがプロの援助職者であるということは，自分の機関で扱える問題をもつクライアントだけにサービスを行うのではありません．相談の電話があって自分のところで扱える問題ではないと判断した場合には，より適切な機関が他にあれば紹介することが必要です．また，いったん自分の機関のクライアントであった人が，どうしてもその機関あるいは担当の援助職者との折り合いがわるく，ことが進展していかないということが判明したとき，「もう勝手にすればいいでしょ」とほうってしまうのはプロの仕事ではありません．

私たちは，クライアントを適切な機関に紹介し，クライアントにとって最もよい結果となることを目的としているのです．このことは言うはやすく行うは難しだと思います．私たちは自分の仕事だけで精一杯かもしれません．また，自分の所属機関や自分と合わなかったクライアントに対してそれ以上のサービスをするなど，行いがたいことなのかもしれません．しかしプロの援助職者は，日常的な自分のプライドを仕事に持ち込まないものです．

● 援助職者の情緒的客観性

まず次の事例を読んでみてください．

事例1-4：「情緒的客観性」に関して

> 老人保健施設で働いている岡田さんのお母さんは，最近84歳で亡くなりました．岡田さんは，お母さんにしてあげたいことがたくさんありながらしてあげることができず，そのことが非常に悔やまれてなりませんでした．最近，岡田さんは，今までよりももっと施設入所の人と費やす時間が多くなりました．同僚たちも岡田さんの最近の変化に気づいている様子です．
>
> 岡田さんは，とくに山本さんと過ごす時間が多くなっているようです．岡田さんは気がついていないのですが，山本さんは年齢的に岡田さんのお母さんと近く，ずっと以前「母にちょっと似ているみたい」と思ったこともあります．

職場と私生活とのあいだで，自分自身のありかたを変えるのはたやすいことではありません．家を出る前に家族とけんかしたなら，職場でも何となくいらいらして，仕事にも影響を及ぼすことがよくあります．

プロの援助職者に要求される情緒的客観性と

は，クライアントに接するときに自分自身の抱えている問題や自分の価値感にとらわれず，クライアントのことをみる力です．

ではこの事例の岡田さんは，現在の職場でクライアントとの関係に客観性をもっているでしょうか．答えは「いいえ」です．なぜなら岡田さんは，自分のなかにある母親に対する気持ちを職場に持ち込んでいるからです．情緒的客観性を失ったままクライアントに接しています．援助職者が情緒的客観性を保つということは，自分の私的な生活で起こっていること，それらの自分への影響にも常に敏感でなければなりません．クライアントに必要以上にのめり込まず，かつ距離をとり過ぎないことが大切です．

 ## ふたたび援助職者にとっての職業選択の動機

さて，本章の始めで，援助のプロであるからにはなぜこの仕事についたか，あるいは続けているのかを明確にすることが必要だというお話をしました．そのなかで，援助の専門家の基本姿勢に関連してくる価値観，倫理観，そして情緒的客観性に関する問題について述べてきました．これら3つのことがらはすべて，私たちの個人的な生きかたや信条などと深くかかわっていることが明らかになったと思います．つまり，職業選択の動機を明らかにする必要があるのは，援助職者に必要とされる基本的姿勢が，私的で個人的な生活と切り離すことがむずかしいからです．

そこで職業選択の動機をみなさんに少し考えていただくために，私がつくった援助職者のタイプを表1-3に示します．ここでは，高齢者

表1-3　あなたはどのタイプ？　自分の職業選択の動機を知るために

これらのタイプは，私が勝手に名づけたもので，まだ実証研究などされていないものですが，みなさんがどのタイプにあてはまるかを考えてみてください	
①世直しタイプ	正義感が強く，いま，社会で行われている老人福祉のありかたを変えなければならないと信じ，それを援助職に就くことで実践しようとする
②マザーテレサタイプ	宗教的な理由などで，人は他人に奉仕すべきであると考える
③恩返しタイプ	自分の母親が在宅介護を受け，非常によいホームヘルパーに担当してもらい，そのときの感謝が仕事に結び付いた
④経験利用タイプ	自分自身が老親を介護して大変な思いをしながらも満足のいく介護ができたので，その経験を利用して他者を援助しようとする
⑤補償タイプ	④とまったく同じ条件であったが，満足のいく介護ができなかったため，自分の親の代わりに他の老人の介護をすることで，できなかった部分を補いたいとする
⑥プラス志向タイプ	おじいちゃんあるいはおばあちゃんが自分をかわいがってくれた，などの理由で老人が好き．そこで，老人といつもふれ合っていられる職場がよいということで選ぶ
⑦ネガティブタイプ	自分の人生は暗く，自分は価値のない人間だと信じているために，幸せそうな人がたくさんいるところで働くのはいやだという遠因で福祉職を選んだ

援助職についている人々がその職業を選んだであろう理由を想定し、それらを7つのタイプに分けてみましたが、それぞれのタイプは仕事を進めていくうえで、プラス面とマイナス面が出てくる可能性があります。援助の仕事は単にある知識や技術の習得だけでやっていけるものではないことはすでにお話ししましたが、このような理由のために、援助職者が自分の価値観をよく理解し、常に自分がクライアントに対して、プロとして「クライアントの利益」を第一にして行動できるかどうか、を問い続けることが必要になります。

演習1-1 ● 7つの動機別援助職タイプとそれぞれの仕事上の留意点

> この表の7つのタイプは、ある特徴をやや誇張してあり、不自然なところもあるとは思いますが、一度これらの7つのタイプの援助職者を想像してみてください。そしてそれぞれが、いったいどのような点で気をつけて仕事をしていかなければならないか、みなさんの考えを書き出してみてください。

さて、すべてのタイプが想像できたでしょうか。では、この7つのタイプの人々が気をつける必要が出てくるかもしれない点について考えてみましょう。

① 世直しタイプ

正義感の強さという点では、クライアントがおかれている環境の劣悪さや制度の不備を、「仕方がない」といってあきらめない「強さ」という長所をもっています。このような強さはクライアントの立場を代弁し、クライアントにとってよりよい資源を探し出すまでは適当なところで妥協しないなどという、まさに「クライアントの利益を優先した代理人」として援助職者が機能するのに役立つでしょう。一方、このような強い正義感や強い信念が、マイナスに働く可能性があります。それは、このようなタイプの援助職者の人が自分が正しいと思う生きかたや問題の解決方法が、クライアントの選択した生きかたや問題の解決方法と異なってくるときでしょう。「なぜあの人は正しい道を選ばないのだろう」「どうしてこんなによいサービスがあるのにサービスを拒否するのか」などと、ときとして悩み、クライアントに自分の信じることを押し付けてしまうことがあります。面接の場面でなら、ついついクライアントに説教をしたり道徳を説いたりするかもしれません。また、このタイプの援助職者がクライアントのおかれている立場に共感し、そのようなクライアントの状況を作り出した社会、制度、家族などに腹立ち、それを仕事のうえで解決するのではなく個人的な怒りにとどめてしまうと、クライアントのみでなく自分を無力感に陥らせてしまう結果になるかもしれません。

② マザーテレサタイプ

援助関係の仕事をする人によくみられます。人が困っているのをみると、自然に何かをしてしまっているというタイプの人です。このような人が援助職を選択したさいの強みは、「自然な共感」というものを身につけていることでしょう。人間のつらさ、苦しさ、怒り、悲しみ、といった感情の理解力に優れた人たちは、おそらくこのような力を急に身につけたわけではなく、職業に就く前にもうすでにこのような共感性を発達させていたのでしょう。もしこの

共感を家族関係の問題などの自分自身のつらい経験を通して身につけたものであるならば，このタイプの人はまず自分自身の問題に向き合って，自分なりにその問題の解決をしておかなければなりません．もし，自分の家族が常に不幸であり自分もそうであったために自分は「人を幸せにすることによってのみ生きる価値がある」と考えているならば，このような考えかたがクライアントをも幸せにできるかどうかを考えなければなりません．援助職者が意識しようがしまいが，本人の考えかたはクライアントとの応答に自ずと現われてきます．クライアントの権利を尊重して行う援助の仕事をする援助職者が，自分自身の権利を守ることができなければ，その姿勢はクライアントにも伝わるでしょう．専門の援助職者は，クライアントが自立し力をつけていくことを支援します．クライアントに一方的に何かを与える「慈善」をしているのではありません．不適切な同情や慰めの表現は，「コミュニケーションを妨げる」(Hepworth & Larsen, 1993)[4] 結果になります．

③　恩返しタイプ

このタイプの強さは，自分が援助されるという経験をもち，それに意味を見い出していることでしょう．援助の仕事をする人で，ときとして人の援助を受けたことがない人，あるいは人に援助を求めることが苦手な人がいます．このような人はとても幸せで問題をもったことがなかった人か，あるいはどんなことでも自分で解決していく人かでしょう．人に頼らずに生きていくということは多くの人にとってプライドになります．しかしながら，人に援助される人の気持ちを理解できないことは援助職者にとってはマイナスになります．だれでもひとつやふたつの問題や悩みを抱えています．その悩みをだれかに打ち明ける前のつらさや，不安，そして，信頼できる人に問題を打ち明け理解しても

らえたときの喜びを知っておくことは重要です．自分が受けた援助のお返しをしたい，という動機で援助の仕事に入っていく人にはこのような経験をした強みがあります．つまり援助される人の気持ちをより理解しやすくなります．ただし，このタイプで援助職に入ってきた人がプロとしての知識・技術・態度を十分に習得しないで個人的な感謝と経験のレベルで仕事を続けようとすれば，もちろんそこで問題にぶつかる可能性が出てきます．それは，自分の経験とは異なる人を受け入れることのむずかしさです．「自分は，ヘルパーさんに来てもらってあんなに助かったのだから，あなたもぜひそうするといいですよ」といった形で，クライアントの問題のユニークさを考えず，クライアント独自の問題解決の方法を尊重せずに，自分の経験した方法を「いちばん」だと思い相手に押し付けてしまう可能性をもっています．これは，「時期尚早な助言，提言」につながる危険をはらんでおり，面接におけるコミュニケーションを阻害することになります．

④　経験利用タイプ

③のタイプと環境は同じでありながら，やや異なる経験をしています．つまり自分が援助されたことはあったにせよ，それよりも自分自身の家族を介護したという，言い換えれば，家族ではあるものの「援助をした」という経験をもとにして援助の仕事に入ってくる人です．このタイプの人の強さは，自分自身が「介護者」として身をもって体験した「介護される人の気持ちにより近い介護者」の経験です．このような経験は，プロの援助職者が思いつかないような介護上の工夫を生み出したり，新しい援助のありかたの提言にもつながってきます．このタイプの援助職者が忘れていけないことは，「個人的な経験をそのまま一般化してはならない」ということです．自分の場合はそうであっても，

ほかの人にとっては同じではないかもしれないということをしっかりと認識することが必要です。経験は重要ですが「経験至上主義」は危険です。その意味でも自分の経験はどのような固有の環境のものであったのか、どの部分が多くの人と共有できる体験なのかを明確にしておくことが必要になってきます。

⑤ 補償タイプ

④と同様の強みをもっています。自分自身満足のいく介護ができなかったり、仕事などの都合でだれかに介護をまかせておいて、そのぶんどこか納得がいかなかった人たちがこのタイプに属します。つまり、自分の反省点から「こうすればよりよい」といった援助における改良点を、体験を通じて学習している人々です。このタイプの人が気をつけなければならないのは、「自分ができなかったことの償い」といった意味で、「過剰なサービス」をしてしまう可能性です。「自分の親にはできなかったから、せめてクライアントにはできる限りのことをしたい」「この人を私の親だと思って仕事をしよう」といった気持になる可能性を秘めています。このような気持ちは、クライアントの抱える問題を客観的にとらえることができていて、そこで自分の役割もかなり明確であれば、それほど仕事の障害にはならないのですが、客観性を失って償いの気持ちが先走ったときには、かえってクライアントおよびクライアントを取り巻く人々にとって「小さな親切、大きなお世話」と、思われるような過度のサービスをすることも起こってきます。

⑥ プラス志向タイプ

多くの高齢者のクライアントの人に最初からプラスの気持ちを抱き、クライアントと一緒にいることが楽しいと思える人たちです。この人たちの強さはいうまでもなく、クライアントの受け入れ準備ができていることでしょう。本書でもこのあと出てくるのですが、援助の対象者として、高齢者は児童や成人よりもマイナスな受け取りかたをされることがままあります。それは、「死」や「身体的・精神的依存状態」をおそれることにも原因があるかもしれません。そのようななかで、高齢者にプラスの感情をもって接することができる人は、まさに高齢者の援助という仕事に、つくべくしてついたともいえるかもしれません。福祉や医療の職場で高齢者のクライアントと信頼関係を形成するのが上手な人がいますが、この人たちはこのタイプかもしれません。このタイプの人たちが気をつけておかなければならないことは、自分のプライベートな祖父母に対する感情や態度と、プロとしてクライアントに接するときのそれとを明確に区別することです。クライアントと信頼関係を形成することは、クライアントにあたかも疑似家族のように親しげにしたり、ぞんざいな言葉づかいをすることではありません。ときおり老人ホームや老人病院などの職員で、入所者や患者に友だちや年下の人に接するような言葉づかいをすることが、クライアントと親しいことだと錯覚している人がいますが、プロとして「クライアントを尊重」していれば、このような言動は起こらないでしょう。

⑦ ネガティブタイプ

敗北感をもって仕事に入ってきた人々です。援助の仕事をする人のなかには、自分自身も困難な経験をした人がかなりいるでしょう。そしてその人々が自分の問題を克服し経験を生かしていけば、より優れた援助職者になっていく可能性をもっています。そのため、この一見どこにも長所がないように思われるネガティブタイプの人も、もし仕事を選択する以前に自分がなぜ援助の仕事を選択しようとしているかの動機に気づき、自分自身の課題を明らかにしていく勇気をもつことできれば、潜在的な長所をもっ

ているといえます．しかし，ネガティブタイプの人たちが，自分の仕事の動機を探求することなく，援助職を選びクライアントに接するとすれば，それはクライアントに対しても自分に対してもよい影響を与えません．自分にとって安心で安全な職場を選択することは必要ですが，その「安心と安全」が現実からの逃避のためであれば，「クライアントの福利」を第一に考えることはむずかしいといえそうです．

　これらの7つ以外にも，高齢者を対象とする援助職者の動機はあるでしょう．大切なことは動機の分類そのものではなく，その動機のもつ長所と短所の両方を自覚し，それを仕事に生かしていくことです．プロの援助を目指す人はこの「自己理解」が必要です．このような自己理解は一人でも可能ですが，できれば職業選択の前に，自分自身を知る目的でカウンセリングなどを受けてみることです．またすでにプロとして援助の職についている人であれば，職場あるいは職場外で自分が尊敬できる援助職の人に月謝を払ってでも，スーパービジョンとよばれるセッションを受ける機会をもつことで，自分自身が大きく成長できます．スーパービジョンに関しては，8章で説明を加えてあるのでその部分に詳細はゆずりたいと思います．

　では，少なくとも援助のプロとして仕事をしていくためには，どのような要素が必要となるのでしょうか？　カウンセラーや心理療法家のためのテキストの著者であるコミアーら(Cormier & Cormier, 1991)[3)]は「効果的な援助のために」と銘打って，<u>知的能力，エネルギー，融通性，サポート力，善意，自己覚知の6つの特質</u>を備えていることが援助の効果的な実践に必要であると述べています．そこで，これらの6つの資質の内容をもう少し詳しくみてみましょう．

① 知的能力

　単に知能指数が高いとか，世間でいわれる一流の学校を卒業したとか，そのようなことではかり得るものではありません．これは，人がもつ「考えることができる力」を指しています．よく援助の仕事をする人は，温かさ，やさしさにあふれていればよいというふうに思われがちですが，このような資質だけでは仕事はできません．たとえば，長期の在宅介護を必要とするクライアントと家族にとって，どのようなサービスが最も適切なのかを考え，それらのサービスをクライアントに提供するときでも知的な力が問われます．どのようなクライアントにも，それぞれの個性やニーズの違いを考慮することなく，同じようなサービスを同じように提供するのであれば，たしかに知的な作業はあまりないかもしれません．しかしみなさんがプロの援助を目指すのであれば，クライアントひとりひとりがもつ固有の歴史や家族形態や価値観を考慮に入れて，その人に最適なサービスとその提供の仕方を考えていくでしょう．これが老人ホームや一般病院であっても同じことがいえます．入所者のひとりひとり，患者ひとりひとりの状態を継続して観察し，そこでその人たちの示してくれる変化をみてとり，生活の仕方や，身体機能などの向上・維持に向けて何をしたらよいかを考えているはずです．入所者が徘徊をするからベッドにしばりつける，ということが一時期かなり一般に行われて社会問題化しましたが，「徘徊→しばりつけ」という問題の解決方法しかみつけられないというのは，問題を本当の意味で解決しようとしているのではないようです．なぜなら問題の解決には，問題の原因がどこにあるのかとまず考えるプロセスが必要だからです．つまり問題に直面したら，その問題についてまず考えることが必要です．たとえば，プロの援助職者はクライアントの問題のア

セスメントではどのような点に着目するべきなのか，不明な点はどこでだれに聞けば明らかになるのか，といったことを常に考えています．また援助計画作成をするときも同様です．だれが，どこが，この問題の解決に最もふさわしいサービスをもっているかを知っていることのみならず，必要に応じて相手側と交渉していくさいの交渉の力も知的な作業です．さらに日々の新たな仕事で要求される知識や，情報を追求していける知的好奇心も必要になってきます．つまり，「考えながら仕事をしているか」「仕事に関して知的な好奇心をもち続けているか」ということによって，この能力のいかんが問われてくるでしょう．

② エネルギー

なぜ援助職者の資質として，エネルギーがとくに必要なのでしょうか．もちろんどのような仕事でもエネルギーは使います．しかし援助職は情緒的にも疲労する仕事です．困難を抱えているクライアントに会ってその話を共感をもって聞くことは，心理的な疲労をも伴います．ひとりひとりの高齢者と個人として真剣に対応すれば疲れるから，職場にいるあいだはその人たちひとりひとりに関心を払うのをやめよう，という看護師さんや援助職の人がいたとしたらどうでしょうか．たしかにこの人たちは，職場でのエネルギーの使い過ぎをしない工夫をしているのかもしれませんが，これは程度の問題です．もし人の問題や苦しみと向き合うことに耐え切れないのなら，援助職に要求されているエネルギーが不十分だといえるかもしれません．もちろん，上手に自分のエネルギーを使う方法を知っていることは大切です．援助職者はスーパーウーマンやスーパーマンになる必要はありません．そのため自己犠牲を強いて，自分が過労で倒れるまでクライアントのために仕事をするということは，プロとしては不適切な行動といえるでしょう．大切なのは自己破壊することなく，援助の仕事に必要なレベルのエネルギーを保てること，そしてそのエネルギーを仕事に使えることなのです．

③ 融通性

同じようにみえる問題を抱えていたとしても，クライアントはそれぞれ顔が違うように，その人々に対する応答は違うはずであり同じであってはいけません．そのため，相手にあわせた適切な応答や援助の方法を見つけだすことのできる融通性が必要です．援助職者は，クライアントに最も適切な援助の方法をいつも既製品として見つけることができるわけではありません．病院のソーシャルワーカーが必要としているような，地域の在宅生活を支えてくれる相談員がいないとか，クライアントが病院で必要なリハビリテーションが受けられないとか，いくつもその例はあるでしょう．このようなとき，既成のサービスが存在しないからどうしようもないとお手上げにならず，どうすれば最もほしいサービス，あるいはそれに近いものが手に入れられるかを考え出せる融通性が必要です．

④ サポート力

クライアントをサポートする力です．相談機関，老人ホーム，老人専門の医療施設，在宅介護機関などの職場で，クライアントあるいは患者に出会って援助の仕事をしていくなかで，あなたに出会ったクライアントが「この人は信頼できる，頼りにできる」と感じ，あなたの援助から「希望が見い出せる」と思えるようなサポートを提供できる力が必要とされます．このようなサポートはあなたの知識，技術，コミュニケーション力，援助における真摯な姿勢，援助に必要なサポートを実行する力といった要素でできあがっているといえるでしょう．

⑤ 善意

援助の仕事をしていく動機として善意がある

ことが大切です．これは，他者に施しをするとか慈善といった行為とは異なるもので，真にクライアントのためを思い，援助の仕事をしたいという気持ちをもっていることです．もちろん，仕事をしながら自分の知識，技術を開発していくなかで，またクライアントがより満足できる生きかたをできるようになってくるのをみるなかで，援助職者も楽しみや喜びを見い出しています．そしてそのような楽しみ，喜びが仕事を継続する支えかもしれません．しかしここで問いかけているのは優先順位です．自分が「うれしくなるために」あるいは「楽しくなるために」援助をするのではなく，「クライアントがより満足のいく生きかたを見つけ出すために援助をしていくことが，優先する」ということです．さきに7つの職業選択動機別のタイプ分けをしてみましたが，これらのうちでこの「クライアントのために仕事につく」といった動機がない場合には，再度だれの利益を最優先して仕事をするかを考えることが必要になってきます．

⑥ 自己覚知

これは自分自身をより客観的にみつめることができる力です．そしてさらにその客観的な理解を，自分の向上のために使えることでもあります．効果的な援助のためには，援助職者が自分自身の感情や態度を認識しておくことが必要です．自分はいったいどのような考えかたをしがちか，どのようなタイプのクライアントには共感しやすく，逆にどのようなタイプのクライアントには苛立ちを覚えがちなのか，自分はクライアントを常に喜ばせないと満足できないのか，あるいはクライアントから尊敬してもらわなければだめなのかなど，多くの援助職者のもつ特徴がクライアントとの援助関係形成に関係してきます．このような自分の特徴を冷静に振り返り，援助の障害になっている自分の考えかたや行動，あるいは援助をより円滑に進めていく自分の考えかたや行動が理解でき，必要に応じてそれらの軌道修正をしていくことが大切です．この「自己覚知」ができる力というものは援助職者にとって「必要不可欠」なものです．

さて，みなさんはこれらの6つの資質に関してご自分をどのように評価されるでしょうか．表1-4はみなさんがご自分を振り返ってみて，これらの6つの資質に関して自己評価および今後の課題を書き込めるようにしてあります．この表を埋めていくことで，自分が援助の仕事をしていくうえで，今後さらに磨いていくべき能力を考えてみてください．

まとめ

本章では，援助の基本に立ち返ることを念頭において，一般的な援助行動の動機，援助職選択の動機，そして援助職者に必要不可欠な視点と能力に関して論じてきました．

その中で，まず第1に，人が援助するさいに起こる知的・情緒的なプロセスを再考してみました．

第2に，援助することを職業として選択した人々にさらに要求される専門性を，価値観の理解，援助職としての職業倫理，情緒的客観性という3点からみてみました．専門の援助職者が何に価値をおいているかによって，クライアントの考え・感情・行動が受け入れやすかったり受け入れにくかったりします．そのために，援助職者は自分自身の価値観を明確にしておくことが必要です．

また，援助職者はクライアントの福利を第一に考える，クライアントの承諾なしには相談された内容を他の人には話さない，などの職業倫理を守っていかなければなりません．援助で

表1-4　援助の仕事をする人たちに必要とされる6つの資質とその評価表[3]　　　(Cormier & Cormier, 1991)

援助の仕事をする人たちに必要とされる6つの資質	これらの資質に関する自己評価およびその評価に関するコメント	今後これらの能力を高めていくために実践していくべきこと
① 知的能力	4　3　2　1	
② エネルギー	4　3　2　1	
③ 融通性	4　3　2　1	
④ サポート力	4　3　2　1	
⑤ 善意	4　3　2　1	
⑥ 自己覚知	4　3　2　1	

4＝ほぼマスターしている　3＝ある程度マスターしている．もう少し，改善の必要性あり
2＝やや力が不十分．改善の必要性あり　1＝不十分．大幅な改善の必要性あり

は，クライアントの経験を深く理解しつつも，クライアントにとって最適の適応の仕方や援助方法がどのようなものであるかを，あくまでも客観的に見極めなければならないという姿勢も必要不可欠です．そこで演習を交えながらこのような基本的視点を紹介しました．

そして第3に，みなさんがそれぞれご自分自身を振り返って，なぜこの仕事を選んだかを考えていただく道具として，高齢者援助職を選択した動機をもとに7つのタイプ分類を紹介しました．このタイプ分けは私が経験などに基づいて作成したもので，すべての場合を網羅したものでもなければ，いくつかのタイプを組み合わせることで，はじめてご自分の職業選択の動機がより明らかになるようなものかもしれません．しかし，このタイプ分けを使ってみることで，再度ご自分の仕事に対する期待，そこからくるプラス面とマイナス面の両面を見直していただけたらと思います．

最後に本章の総まとめとして，「効果的な援助職者となるためにもっていてほしい」とされる6つの資質「知的能力，エネルギー，融通性，サポート，善意，自己覚知」の説明と自習用の自己評価表を付け，みなさんが今後援助職としてどのような部分でご自分を高めていけばよいか，をみていただけるようにしました．

文献

1) Coke, J. S. Batson, C.D. & McDavis, K.：Empathic Mediation of Helping; A Two Stage Model. Personality and Social Psychology, 36：752〜766, 1978.
2) 斎藤　勇編：対人魅力と対人欲求の心理（対人社会心理学重要研究2）．誠信書房，1987，pp. 131〜134.
3) Cormier, W. H. & Cormier, S.L.：Interviewing Strategies for Helpers; Fundamental Skills and Cognitive Bahavioral Interventions. Brooks/Cole, CA, 1991.
4) Hepworth, D.H. & Larsen, J. A.：Direct Social Work Practice (4th ed). Brooks/Cole, CA, 1993.

2章 援助関係を形成するもの

――援助すること・されること

1 援助関係とは

 今まで，プロの援助職者とは何かを援助者の立場からお話ししてきました．しかし援助を行う人間にとって，「援助されるとはどういうことか」を，クライアントの立場で考えることは非常に大切なことです．1章では職業選択のことについて論じ，援助職者の特徴を少し紹介しましたが，本章では，援助をすることとは何かを援助職者がクライアントとつくり出す「援助関係」に焦点をあてながら，援助される人はどのような気持ちで何を期待して援助を求めてくるのか，援助関係を形成するのに必要不可欠な原則とは何か，そして最後に援助関係そのものが，いかにクライアントの問題解決に影響を及ぼす可能性があるかを，「ソーシャルサポート理論」とよばれる理論を使って説明していきます．

● 援助されるとは？ 被援助者の気持ちを理解すること

 援助職に就こうとする方々に，講義をするさいに私がよくやってきたことがあります．それは自分自身が人に援助を求めたときの経験を語ってもらうことです．自分が他者に援助を求めたいときの気持ち，援助を求められた人の反応，そしてそれに対して自分が抱いた気持ちを思い出してもらうというものです．この試みに対して，受講生の人たちから「今まで，自分が援助されるという立場に立って考えたことがなかった．クライアントの気持ちがよりよくわかるようになった」などのコメントをいただいています．

 そこで本章の始まりとして，みなさんに表2-1に示すやりとりをみていただきたいと思います．ここに示す会話は，ある在宅介護支援センターに電話で相談をしてきた人を想定してつくった電話相談例です．少々，極端な例をつくりましたが，この会話を読んで，みなさんご自身が電話をかけてきたクライアントであれば，どのような気持ちがするか，またこの援助職者の問題は，いったい何かを少し考えてみてください．

 自分がクライアントであると仮定してこの会話を読んでみて，どのような気持ちがしましたか．電話で相談してきた人は，いったい電話をかける前にどのような気持ちだったのでしょうか．電話の声の調子から，クライアントが不安

であることが明らかです．私たちがだれかに相談をもちかけるときには，「どうしたらいいのかな」という迷いや不安があって当然でしょう．またそれまで自分一人で解決しようと一所懸命に努力してきた人であれば，他の人に助けを求めることを「恥ずかしい」と思うかもしれません．みなさんなら，だれかに相談をもちかけたとき，相手にどのような反応を期待しますか．表2-1の会話の相談者はおそらく，一所懸命ご主人の介護をしてきて，そのあげく疲れ果て，どうしたらよいか途方にくれて相談してきたのでしょう．ほかに相談できる人や手伝ってもらえる人がたくさんいるならば，相談機関に電話をしてこないかもしれません．今の日本では，まだ家族内で問題を解決するという考えが強いため，専門家に相談するのを，最後の最後の手段にしている人たちも多くいます．このようなことを考えた場合，このやりとりにある相談員の受け答えは，援助を求めてきた人に恥ずかしい思い，あるいはあきらめの気持ちを抱かせるものでしょう．さらに，怒り，悲しみ，といった相談者が電話をしなければ経験する必要のなかったマイナス感情を抱かせる結果にもなっています．この相談員はたまたま疲れていて，このような応答をしたのかもしれません．しかし，どのような事情があってもこのような応答は，プロの援助職者のすることではありません．

では次に，みなさんにご自分自身の経験を振

表2-1 ある電話相談の例

相談者	相談員
①そちらではホームヘルパーを派遣してくださると聞いて，電話したのですが……（不安そうな声で）	②（面倒臭そうな声で）はい，しますけれど，どうしてホームヘルパーがいるんですか？
③じつは，主人の看病で疲れてしまって，もう一人ではやっていけないような感じなので……（疲れた様子が電話から伝わってくる）	④あなた，どれぐらいの期間看病しているの？
⑤3年間ほどですが……	⑥たった3年間．うちではね，10年以上一人で看病を続けている人たちがたくさん相談にくるんですよ
⑦じゃあ，私のような場合はだめなんですね	⑧別にそういっているわけじゃないんですけれどね……じゃあね．（何かを読み上げている感じで）あなたの，住所，名前，ご主人の病歴，日常生活の自立度，ここに相談するに至った経過，生活歴を話してください
⑨住所は，世田谷区赤堤1丁目，名前は山田花子，主人の病気は糖尿病，次は何でしたっけ？	⑩病歴です．（突き放すように）
⑪病気は3年前に見つかり，それからどんどんわるくなりました	
⑫目が見えないので，ほとんどいつも私がついていないとだめです．これは自立度がないというのでしょうか？生活歴は，あのう，これはどのようなことですか	⑬今までどんなふうに生活してきたかってことですよ．でもまあ，いいわ．じゃあまた，連絡しますから
⑭あのう，ホームヘルパーさんはどうなりますか？	⑮今の様子では何ともいえないわ．まあ連絡を待ってください．じゃあ

り返ってもう一度初心に戻るつもりで下の演習をしていただきたいと思います．この演習には正解はありません．この章を読み終えたときに，みなさんの演習の答えを「あるべき援助職者の姿」と比べるとどう受け止められるかについて，考えてみてください．

演習 2-1　● 自分が他人に助けを求めたときを振り返る

みなさんは今までの人生で，身体的あるいは精神的な苦しみなどを経験したことがあるでしょうか．急病でお医者さんに行ったときとか，何かの事件に巻き込まれたときとか，電車にのってお金をもっていなかったとか，自分が大切なものをなくしたとか，あるいは自分にとって大切な人と別れたとか，家族が問題に巻き込まれたとか，仕事で失敗をしたとかなどの，あなたにとってつらかった，または大変だったことを思い出してみてください．もしそのような経験があれば，そのときのことを思い出しながら，次の質問に答えていってください．
① そのときあなたはだれに助けを求めようとしましたか．
② そのとき，どのような気持ちでしたか．
③ もし，あなたがだれかに相談にのってもらったり助けを求めたのであれば，そのとき相手がどのようにあなたに接してくれることを期待していましたか．
④ 相手は実際にあなたにどのように接してくれ，それによってあなたはどのように感じましたか．

❷ 援助関係形成にかかわるプロの援助職者としての態度
―バイステックの援助関係形成のための7原則再考

プロの援助職者として仕事をしていなくても，人が困っているのをみると助けたくなる人はかなり多くいると思います．たとえば，自分の住んでいる町に一人暮らしの高齢者の人がいて，その人が重い荷物を抱えて買い物から帰ってくるのをみれば，おそらく声をかけて荷物を持つのを手伝わせてもらったり，さらに会話を進めて，「次に自分が買い物に行くときに，声をかけるので何か必要なものがあればいってください」などと申し出るかもしれません．このように人が，日常生活でもよく行っている「援助的」な行為が，なぜ専門職として成立するのでしょうか．このことを理解するために，専門の援助職者とそうでない人を区別することのできるものがあるかを考えていく必要があります．

もうおおよそ40年も前になりますが，私が大学で社会福祉を専攻し，ケースワークという授業をうけたときに勉強し，たいていの社会福祉専攻の人なら知っている「バイステック（Biestek）の7原則」といものがあります．これは，援助関係を形成していくために必要不可欠なソーシャルワーカーの「態度」とでもよぶことができるものでした．当時，この7原則を習った私は不遜にも「わあ，何て当たり前のこ

となんだろう」と思い，とりあえず試験勉強の一環として覚える，といった程度の関わりかたしかしませんでした．ところが，実践や教育を続けていくうちにこのバイステックの原則がもつ意味の深さに気づかされることになりました．それは本書のタイトルに入っている「面接」の技術と，切っても切り離せないものでした．バイステック自身が，援助関係形成の要素と技術との関係を述べている部分を，翻訳書から少し引用してみます．「むろん，援助関係を概念として理解しさえすれば，関係を形成し活用する見事な技術が獲得できるというわけではない．<u>技術は知的な作業を反復することによってのみ発達させることができるからである</u>．（中略）望ましい援助関係を形成する要素を知ることは，援助関係を形成し活用する技術を獲得していく一歩になり得るのである」（尾崎，福田，原田，1995[1]．下線は筆者によって付け加えた）．

さきほどこの原則をソーシャルワーカーにとって大切な「態度のようなもの」と表現したのですが，この態度は「面接」における援助職者の言語表現に表われ，またアセスメントや援助計画作成をも左右するものです．実際のところ，この7原則が紹介されたバイステックの『ケースワークリレーションシップ（The Casework Relationship）』という本が出版されたのは，今からもう半世紀以上も前になる1957年のことでした．しかし，出版後半世紀以上たった今でも，バイステックの援助関係を形成するための要素であるこれらの原則は色あせていません．不思議なことには，バイステックという名前は私がアメリカで社会福祉の学生を教えていたときには，必ずどの教科書にも出てくるというものではありませんでした．しかし，これらの原則はバイステックの名前とは切り離されても生きていました．バイステックのこの本は，すでに日本でも40数年前に最初の

翻訳が出版され，1996年には尾崎・福田・原田による新訳が出版されています．新訳は読者によりわかりやすい訳や文体で書かれ，私が昔，大学の教科書で出会ったのとは異なる表現もあります．本書では新訳による7つの原則を旧訳による原則名とともに，ここで簡単にご紹介したいと思います．以下の小見出しでは，最初に新訳，そしてカッコ内に旧訳をつけてあります．文中の説明では，両方の訳をそのつど必要に応じて同時に使っていますのでご承知ください．ここでは，高齢者に対する援助という枠組みに焦点をあてて，この7つの原則の意味するところを私の経験を交えながら，私なりの解説を加えることを意図しています．これらの7原則をより深く理解するためには，ぜひ訳書をお読みくださることをおすすめします．

●バイステックによる援助関係形成における7原則

原則1：クライアントを個人としてとらえる（個別化）

あなたがもし老人ホームで仕事をしているとしたら，お友だちから「老人ホームに入っている人ってどんな人？」と尋ねられたことがあるかもしれません．そのとき，あなたはどのように答えたでしょうか．すっと簡単に入所者の特徴を答えることができたでしょうか．もちろん入所にはある一定の基準がありますから，それを述べることはできるでしょう．でもさらにお友だちに「それ以外に，老人ホームに入っている人には何か特徴がある？　たとえば，性格とか家族とか似てるんじゃない？」と，たたみかけてこられたらどうでしょうか．クライアントを個人としてとらえる，あるいは個別化をするということは，クライアントの顔がみんな異なるように，その人がもつ独自性を理解しようと

することです．つまりクライアントを個人としてとらえるという原則に従って仕事をすれば，この質問に簡単に答えることはできないでしょう．同じような年齢で同じような家族数の人でも，その人の生きてきた歴史，大切にしているもの，生きがいなど違っているはずです．

このあとの3章のアセスメントのところでより詳しく述べますが，クライアントに対するよりよいサービス提供を考えるために必要なプロセスとして，「アセスメント」とよばれるものがあります．このプロセスではクライアントの抱えている問題，クライアントのおかれている状況を，クライアントから情報を教えてもらうことによって明らかにしていきます．そこで得られた情報に基づいて，どのような援助をどのような形で提供するのかを決めていくのです．このアセスメントのプロセスで，クライアントを「個人」としてとらえるためには多くのことを理解しなければなりません．同じような症状をもつ高齢者，たとえばここに脳梗塞の後遺症で半身麻痺の障害が残った一人暮らしの74歳の男性が二人いると仮定してください．みなさんは，この二人の人にどのような援助を提供すればよいか，今すぐに決められるでしょうか．おそらく答えは「いいえ」のはずです．この人たちが脳梗塞の後遺症の半身不随を，どのようにとらえているかという「クライアントの問題に対する考えかた，感じ方」が違えば，必要としている援助も違ってくるはずです．仮に一人は，この障害によって自分の人生はもう終わったと思っている吉岡さんと名づけ，もう一人は逆にこの障害を自分が頑張れば乗り切れると思っている岡田さんと名づけます．岡田さんは，自分が障害を乗り切るための行動を少しでも多く見つけだしチャレンジしたいと望んでいるかもしれません．もし，援助職者が，この二人が日常生活で，何ができるかという日常生活動作スケール（ADL）のみを情報としてとらえて援助の計画をつくり，そこに「週に2回のリハビリテーション」と「週に2回のホームヘルプサービスによる掃除，洗濯」「毎日の配食サービス」が入ったと思ってください．いったいこのサービス計画は二人が「よりよい生活をすることを助けていく」ものでしょうか．障害が大きなショックになっている吉岡さんにはリハビリテーションプログラムは，現段階ではまだ取り組む準備ができていない可能性があります．事情を知らないPT（Physical Therapist；理学療法士）が吉岡さんのリハビリテーションに取り組む姿をみて，「やる気がない」と判断するかもしれません．たしかに「やる気がない」のですが，それは援助職者が吉岡さんの個別の状況をとらえずに，画一的なサービスプログラムをつくったことに原因があるのです．このために，もし吉岡さんへのリハビリテーションプログラムが打ち切られてしまえば，アセスメントをした援助職者は吉岡さんの将来の「リハビリテーションの機会」までうばってしまったことになります．また岡田さんは，自分で食事をつくれるようになりたいという希望をもっていたとしたら（岡田さんのニーズ），配食サービスはそのニーズを無視しており，岡田さんの可能性をこわすことにもなりかねません．

クライアントひとりひとり，生きてきた長い歴史があります．みなさんが老人ホームなどの職場で，高齢者の人たちにお会いになるときには，その人たちの過去の「輝かしい時代」をすぐにみることはできないかもしれません．しかし，クライアントを個人として，個性ある存在としてとらえれば，クライアントの輝いていたときもそうでないときもクライアントの人生の一部であると考えることができます．そしてひとりひとりの生活史を知ることの重要性がわかってきます．私がある特別養護老人ホームに

行ったとき，そこの入所者のお一人が，昼食をとることを拒否されました．私は見学者として食事介助のお手伝いをしていたのですが，どうしたものかと困っていると，まだ若いそこの職員がやってきて，「○○さん，このご飯，よっちゃんが準備してくれたんですよ」といわれました．あとで聞くと，よっちゃんとはその方のお孫さんで，よく面会にもこられ二人はとても仲がよいということでした．その職員の言葉を聞いたとたんその方は「そうですか．よっちゃんが…では，いただきます」と食事を始められました．この職員はある意味ではうそをついているのですが，この方には認知症があり食事をすることは健康を維持していくためにとても重要だという特別な条件があっての言葉でした．この方にとっての現実は，周囲の人とは少々認識が違っていたのです．ここで私が感心したのは，入所者の好きな人，好きなものなどを正しく理解して，個々人に応じた食事介助をする援助職者の姿勢でした．まさにこれは「個別化」をしているといえるでしょう．

さらにクライアントを個人としてとらえるということは，その人の能力や特性に関係なく，相手を尊厳のある個人として接することです．ときおり高齢者のクライアントを「○○ちゃん」と子どものように名前でよんだり，「おじいちゃん」「おばあちゃん」とよんだりしている援助職者がいます．私たちが年老いて老人ホームのような施設に入ったとき，自分たちの子どもや孫のような年代の人にこのようなよびかたをしてほしいでしょうか．人それぞれ好みがあるかもしれませんが，相手の人格を尊重するという立場からは，クライアントがそのようによんでほしいといわない限り，ご本人の名はお名前でよびたいものです．

原則2：クライアントの感情表現を大切にする（意図的な感情表出）

クライアントは多くの場合，つらい気持ちや悲しい気持ちなどを秘めて援助職者のところを訪れます．バイステックは，その著者のなかで「いかなる問題もそれが物質的援助や有形のサービスを求めている場合でも，そこには深く情緒的要素が関わっていると理解している」（尾崎・他，1995，p. 55）[1]と述べています．たとえみなさんのところにクライアントがホームヘルプサービスやショートステイを受けたいというかなり具体的なサービスを求めてやってこられたとしても，その方に感情があることを忘れてはなりません．これはなにも不必要にすべての人から「否定的な気持ち」を引き出して，そのことを話し合うということではありません．プロの援助職者ならばクライアントと接するときに単に事務的なだけの処理は行わず，いつもクライアントの隠されたニーズがないかどうかに注意を払っておくということなのです．クライアントがある気持ちを表現することが必要だと判断したら，その気持ちを表現できるような場をつくっていくことなのです．たとえば，在宅介護を強く望んでいる85歳になる男性がいたと仮定してください．この方のご家族は50歳代後半の長男夫妻とその子どもたちです．経済的にかなり苦しい状態にあり，かつ長男の妻は慢性疾患を抱えています．ご家族は残念ながら在宅でこの男性の介護をすることができないとします．みなさんが，この男性をクライアントとして担当し，ある日，今後の方針について話し合いをもったとし，そのとき，この男性はすでにご家族から施設での生活を勧められていたとしてください．このクライアントの心のなかには，いろいろな気持ちが渦巻いていることでしょう．怒り，悲しみ，失望などです．プロの援助職者は，クライアントが自らの感情を表

現できる相手をもつことで得られるプラス面を理解している必要があります．マイナスの感情を聞くのはときとしてつらいものです．とくにそのような気持ちがなくなるような方法や手段を，援助職者がもっていないときにはなおさらです．私たちには，できればクライアントの問題を解決したいという気持ちがあります．しかし，「問題そのもの」は解決できないこともあります．4章の援助過程に関する部分でより詳しく述べますが，このようとき援助職者は，援助のゴールを明確にすることが必要とされます．ゴールとは達成の可能性を十分にもっているものです．この男性を援助するさい，あなたのゴールは「在宅で家族とともに暮らすことを目指した援助を行うこと」でしょうか．あるいは，「この男性が今後の方針をじっくりと検討して，家族やその他の資源が自らのニーズとマッチするかしないかを見極めて，本人が納得のいく今後の生活の場所や仕方を見つけていくこと」でしょうか．後者が援助のゴールであるならば，この男性の気持ちを聞くこと自体が援助計画の一部になります．私たちは，ときとしてあまり強い感情をもっていると冷静な判断ができません．みなさんにも経験がおありだと思いますが，とても腹が立つ思いをしてそのことをだれかに話して気持ちがおさまったら，よりよい判断がくだせることがよくあります．どれほど理にかなった解決方法でも，感情が高ぶっているときには受け入れられないのです．つまり，クライアントが十分に表現することが必要な感情を表現できないままで面接を進めていったら，たとえ最もよいということが明らかな解決方法でも，クライアントがそれを受け入れないことも起こりうるのです．

原則3：援助は自分の感情を自覚して吟味する（統制された情緒関与）

バイステックがこの原理において強調しているのは，援助職者がもつクライアントの感情に対する「感受性（観察と傾聴で成り立つ）」，「理解」，「反応」の3点です．つまり援助職者は，クライアントがそのときどのような感情にあるのかを感じ取り，その感情の意味を理解できなければなりません．以心伝心という言葉がありますが，「私はクライアントの感情を理解したのだから，それはクライアントに伝わっているはず…」というわけにはいきません．もちろん私たちはすべてのことを言語のみで表現するわけでなく，言語以外の手段でも思いを伝えます．プロの援助職者はクライアントの感情を理解したのち，ある判断をくださなければなりません．その「感情の理解」をクライアントに対して，どのような形で反応するかということです．この部分がまさに，プロとそうでない人との違いを生み出すものであると思われます．クライアントに共感して，クライアントとまったく同じように一緒に悲しんだり怒ったりすることは，この原則が述べていることではありません．

面接をしているあいだ，援助職者の頭は忙しく動いています．その活動には援助職者自身が抱く感情も含まれてくるはずです．「この人のお母さんて，何てひどい人なんだろう」とプロであっても驚くほどの話を聞くこともあります．プロの援助職者に要求されることは，自分がそのような感情を抱いたとき，その反応を言語化してクライアントに返すことが「援助的」であるのかどうかを検討するというプロセスです．この一見簡単そうで，その実むずかしい援助職者の感情の反応に関して，バイステックがうまくまとめているのでそのまま引用します．ここではバイステックは「ケースワーカー」と

いう言葉を使用していますが，これを援助職者一般にあてはめていただいて結構です．

「ケースワーカーはワーカーの内面に生じている反応をクライアントに伝達することが，その事例の援助目的に沿ったものであるのか，また面接のたびに変化するクライアントのニーズに適したものであるのか，さらにその伝達がケースワーカーの診断を進める作業に適合しているか否かなどを十分に吟味しておかなければならない」(尾崎・他，1995, p. 105)[1]

原則4：受け止める（受容）

相手を受け止める（受容）ということはいったいどういうことでしょうか．

受容は相手の歴史，個性，生きかたを理解しようとすることで生まれます．その理解から，自分と異なる価値観や人生観をもっていても，その人を拒否することなく，その人の「ありかた」を受け入れることです．受容とは，ただわけもなく相手のことを受け入れることではありません．その人がなぜそのように考えたり，感じたり，行動したりするのかを「理解」することではじめて可能になるものです．すなわち援助職者はクライアントを受容するために，クライアントと十分なコミュニケーションをすることが必要になります．

たとえば，あなたがある病院で仕事をしているとします．そこに入院している井上さんという74歳になる女性は，看護師さんたちを「困らせる」ことで有名でした．病院のなかでは，「困りものの患者」として扱われています．他の患者さんたちは，看護師さんのいうことに「素直」に従うのに，井上さんは看護師さんのすることに「文句をつける」のです．

いまあなたが，井上さんを受容するためにはどうすればいいのでしょうか．それはおそらく井上さんがなぜ多くのことに文句をつけるのかを「理解」することでしょう．そのためには，まず井上さんとコミュニケーションをしなければなりません．あなたが井上さんと話をしているうちに，実は第二次世界大戦中に従軍看護婦として仕事をしたことがあるとわかります．井上さんがその当時自分がどれほど忙しく，かつすさまじい疾病を抱えた人のあいだで一所懸命仕事をしたかということを語ったとします．このような井上さんの歴史や生きかたを知ることで，あなたはたぶん，井上さんを単なる「困りもの」の患者さんとはみなくなるのではないでしょうか．これが受容へのステップです．相手を受け入れるあるいは受容することと，密接なかかわりをもつものに「共感できる」ということがあります．共感できなければクライアントを受容することはできないからです．

共感とは相手の立場で物事を考えてみることです．受容と共感は一連の流れで起こります．それによって相手の気持ちを想像しやすい状態になります．井上さんの話を聞いた援助職者に共感の力が欠けていると，井上さんの歴史と経験がなぜ看護師さんに対する不満として出てくるのかわからないはずです．

私たちは映画を見たり小説を読んだりして，非常に共感できる人物や性格などがあることを知っています．そして援助職に必要なのは，クライアントに「共感」する力をもつことだということも知っています．しかし，日々の仕事のなかで，いつもクライアントが「共感しやすい人」であるわけではありません．

では，共感しやすい人とはどのような特性を備えた人なのでしょうか？　次の**研究ノート2-1**をちょっと読んでみてください．

研究ノート 2-1　●より援助したい人とそうでない人

心理学の研究から[注1]

ワイナー（1980）[3]によれば，原因の所在（内的―外的），安定性（安定―不安定），統制可能性（統制可能―不可能）の3つのそれぞれが援助行動に関連しています．

われわれは道にだれかが倒れているのをみた場合，その人が倒れている原因が本人の統制可能なことかどうかを考え，そこから同情あるいは嫌悪感といった快・不快の感情を発生させます．そして，その感情に従って援助を行うかどうかが決定されます．たとえば，道に倒れていた人が酒に酔っていたために倒れていたのであれば，傍観者はその人が倒れている原因を「本人が統制できる原因（内的―統制可能）」に帰属し，嫌悪感や不快の感情を発生させ，援助を控えるというのです．ところが，もしこの人が倒れていた原因が急病であれば，本人が統制できなかった原因（内的―統制不可能）ということで，肯定的な感情および援助に関連した感情が多く生起するということが実験によって確かめられています．そして，一連の実験の結果の総括として，共感は「援助者が感じる感情，援助意志に対する非常に大きな直接的決定要因となっている」と結論づけています．

私たちが，相手に共感的になれるかどうかは，「相手のおかれている立場に立つことができる力（援助面接ではこれを総称して共感力とよぶ）をもっているか否かにかかってきます．さらにその共感力に影響を与えるものとして，その共感すべき人の抱えている問題の原因があげられます．100人のうちの100人が「共感し助けてあげたい」と思える場合とその逆の場合が起こってくるのです．

日常生活では，この共感できない相手の場合にはその人を無視するという行動をとることができますが，援助職についている者にとってはそう簡単に通り過ぎることはできません．

老人保健施設の同室に，もうすぐ退所予定の山田さんと吉本さんという二人の高齢者がいたと仮定してみましょう．この二人はどちらも長男の家族と同居しており，退所に関して問題があるため非常に不安な様子です．山田さんの家族の話から親の面倒をみることができない理由は，山田さんが今までお嫁さんに対して非常につらくあたってきたためらしいことがわかったとします．一方，吉本さんの家族は，孫にあたる男の子が病気がちで，お嫁さんはその子の世話に忙しく義父の世話ができないということでした．

この二人がもしあなたのクライアントであれば，いったいあなたはどちらにより同情し，話を聞いて慰めてあげたいと思うでしょうか．上記の援助理論を使って説明すれば，山田さんは，自分がお嫁さんにつらくあたらないでおくことができたかもしれないのに，そうしなかったと考えることができ，山田さんの問題の原因は山田さん自身がつくり出したもの（内的―統制可能）と解釈されます．一方，吉本さんの場合は吉本さんのせいでこのような事態が起こったのではない（内的―統制不可能）と考えられます．そのため山田さんには共感しにくく，吉

注1）文献2で紹介されたワイナーの研究の翻訳を参考にしてあります．

本さんには共感しやすいかもしれないのです．

　では援助職者としてはこのような状況において，何ができるでしょうか．日常生活と同じく山田さんには冷たくするのか，あるいは援助職者であるから絶対にクライアントを受け入れなければいけないという信念のもとに，自分の自然な感情を押し殺して山田さんに共感しようと努めるのか，援助職者として実践現場にいる人であれば，この状況に対応するのが非常にむずかしいことは明らかです．

　援助職者も人間です．人間としての自然な感情をもっていて当然です．残念ながら，このような場合にはこうすればよい，という魔法の回答を私自身ももち合わせていません．その回答は実践のなかで考えていかなければなりませんが，その回答探しに役立つかもしれないことを述べておきます．

　まず，自分のなかに自然に起こる感情を無視しないことです．「山田さんには共感しにくい」ということを認識するのです．次に，自分が山田さんに共感しにくい原因は何かを前述の援助理論を使って考えてみるのです．山田さんは共感されにくい要素（問題の原因が内的─統制可能）をもっていることがわかってきます．そうなれば，今度は山田さんに共感できない自分を責める代わりにいったいどうすれば山田さんを理解できるのかを考えてみる余裕が出てきます．山田さんの話を聞くのを避ける代わりに，話を聞きながら山田さんの考えかたを理解することもできるでしょう．

　「山田さんは自分の今の気持ちをどうとらえているのか」「山田さんはなぜお嫁さんにつらくあたったのか」「何が今の状況を変えられると思っているのか」などを知りたくなるかもしれません．クライアントの話を聞いて「うんうん」とわかったふりをすることは，クライアントを「受容」していることではありません．クライアントの受容とは，クライアントを「理解したい」と考え，その理解のためにコミュニケーションを行っていくことで達成されるものだからです．

原則 5：クライアントを一方的に非難しない（非審判的態度）

　親が子どもに対して「してはいけない」といわれることに，理由を聞かずに頭ごなしに叱りつける，ということがあります．私たちは人の話を聞いているあいだ頭の中で非常に多くの作業をしています．そのひとつが，相手の言ったことやしたことに対する価値判断です．「私ならあんなばかなことはしないのに」とか，「あんなことすれば嫌われて当然だ」などです．この非難のあとに出てくることは，「だからこうしなさい」「こうすればよかったのよ」といったアドバイスでしょう．

　援助の仕事で気をつけるべきことは，相手がふつうならば非難されるであろう言動をしたときに，「相手がなぜそのような言動をしたのか」という背景を理解するという態度をもって，クライアントなりの理由を聞かせてもらうことです．クライアントがなぜそのような行動に出たのか，なぜそのようなことを言ったのか，理由がわかれば私たちの判断にも変化があるはずです．

　物を大切にして生活してきた世代の高齢者にときおりみられる行動に，「いろいろなものを大事にしまい込む」というのがあります．スーパーの袋を使いもしないのに，きれいにたたんでしまっている家に行ったホームヘルパーが，「不要なものはとっておかない」という基準で即座にその家の家族を非難したらどうでしょうか．もちろん家自体がごみ箱のようになっていて衛生上問題があるという場合は別ですが，援助職者が気にかかること，正しくないと思うこ

とがクライアントにとってどのような意味をもつかを知る努力を省いてはいけません．

原則6：クライアントの自己決定を促して尊重する（自己決定の原則）

　クライアントの人格を尊重することは，クライアントを不必要に「庇護」し過ぎないことです．援助職にある私たちが知っておかなければならないのは，「最終決定をするのは援助者ではなくクライアント自身である」ということです．もちろん私たちは，クライアントの相談を受けるさいに，専門職として「最もよさそうだ」と思う解決法をもっています．しかし，たとえ私たちが「最もよさそうに思う」方法をクライアントにアドバイスしても，最終的に決定するのはクライアント自身なのです．自分たちが行うアドバイスをクライアントが選択しない場合には，プロとしてのプライドを傷つけられる気持ちがするかもしれません．しかしプロだからこそクライアントの選択した方法を一緒に吟味し，それを少しでもうまく実行していく方法を見つけていくことが大切になります．

　「自己決定の原則」に関して明確にしておきたいのは，この原則が「何でもクライアントのいうとおりにする」ということではないことです．援助職者とクライアントは時間をかけてクライアントの問題やニーズを明らかにしていきます．クライアントの決定が援助職者のものと相容れない場合でも，クライアントの考えを理解する努力をします．ときおり，クライアントが，現実に照らし合わせると不可能にみえそうなことを望んでいることがわかったりすることもあります．そのようなとき，「あなたが望んでいるのだから」と，みすみすクライアントが失敗するような解決方法をとることをそのままみているのが「自己決定の尊重」ではありません．援助職者は，クライアントが「自己決定」していくのに必要な情報を十分提供して，クライアントが見落としている現実があればそれをみてもらうような話し合いをします．必要であればクライアントが自分の望みと現実とのギャップを明らかにするために，試験的にクライアントの希望する生きかたを試してみます．たとえば，家族の介護力が危ぶまれる家庭で85歳のクライアントが「絶対に家族の介護だけで在宅療養する」というのであれば，その可能性を追求していくために試験外泊をしてもらいます．このように，クライアントの問題の解決に最善の方法を援助職者とクライアントが納得できる形で試したあとで，最終決定をくだすのはクライアント本人であるというのが「自己決定の原則」がいわんとするところです．

原則7：秘密を保持して信頼感を醸成する（秘密保持）

　あなたは，ほかの人に自分の悩みを話すときどのようなことを願っているでしょうか．自分の話したことを他人に話さないでくれることを望んでいるのではないでしょうか．クライアントが自分にとって大切な過去や，簡単には人に打ち明けたくない傷をも聞く機会をもつ援助職者が，心しておかなければならないのは，クライアントから聞いた話を他人に話さない，つまり「秘密を守る」ということです．この秘密保持は，福祉関係職者だけでなく弁護士や医師などの職業の人たちにも課せられています．専門職としてクライアントから重要な内容の話を聞く機会のある場合には必ず守るべき原則です．「でも私たちはチームで仕事をしているから，クライアントに関する情報は，チームのあいだできちんと共有されていなければいけない」とか「ケースカンファレンスのときには，ほかの人に話さなければいけないのをどうしたらよいのか」などという疑問が起こってくると

思います．この「秘密の保持」は，上記のような場合にはそこでクライアントに関する話を共有する人全員によって守られることになります．それも「クライアントに対するサービスをよりよくすること」を目的としての情報の共有です．まちがってもクライアントに秘密を守る，と約束して得た情報を「あなただけに…」というような形で，クライアントの家族に伝えたりしてはいけません．もしある情報をクライアントの家族やその他の人に知らせる必要があると判断したときには，そのことをきちんとクライアントに断ってください．多くの場合，援助職者は前もってクライアントにこの原則を伝えます．それによってクライアントが安心して話すことができるのです．

さて，ここでもう一度，表2-1の相談員とクライアントの会話に戻って，いったいこのクライアントはどのような気持ちがしたのかをバイステックの7つの原則に関連させて振り返ってみたいと思います．

まず，電話のいちばん最初のところで，クライアントが不安そうな声で話しているにもかかわらず，相談員はクライアントの感情にまったく注意を払っていません．ひとりの人間としてのクライアントがもつ歴史などに関心をもとうとしないために，クライアントを個人として尊重することをせず，面倒臭そうな声で相手に返事をしています．ここでクライアントはまず，自分は受け入れられていないという気持ちをもったことでしょう．これに続く会話では，クライアントを非難するような発言までして，共感がまったく示されていません．つまりクライアントを受け入れていません．「3年間の看病ぐらいで何をしんどがっているのよ」という声が聞こえてくるような応対の仕方です．その後も職場にある「インテーク用紙」にある質問事項を，機械的に読み上げることに終始したような電話面接を行っているようです．

あなたがこのクライアントであれば，受話器をおいたあと，どのような気持ちがするでしょうか．電話をする前より落ち込むかもしれません．「自分はまだまだ我慢がたりないんだ」と思うかもしれません．あるいは，なんてひどい相談員だろう」と怒りを感じるかもしれません．いずれにせよこの相談員は「クライアントを癒す」ことをしていません．

❸ ソーシャルサポート理論の応用
─援助職者とクライアントとのあいだに「援助関係」が形成されれば何が起こり得るのか

アメリカで，そして日本でも注目されてきた研究分野に"ソーシャルサポート"があります．日本語に訳せば"社会的支援"ということで，おもに他者から得るサポートを意味しています．このソーシャルサポートをしてくれる人がいるかいないかは，健康状態のみならず人の生死にも関連してくるという研究も発表されて (Holms & Rahe, 1967)[4]，その効果に多くの人が注目してきました．

私たちがストレスを引き起こすような出来事，たとえば失業や離婚，あるいは慢性病などというものに出会ったとき，しばしば「自分のコントロール力の不足」を認識し，ひいては「自己評価の低下」にもつながります．

慢性病をもつ人の場合を例にとってみると，病気にかかったことで日常生活に多くの不便が引き起こされます．今までふつうにできていた家事ができない，仕事ができないなどということは，その人を苛立たせ，本人は，つい自分を他人と比較して「ほかの人はこのような問題なしに暮らしているのに，どうして自分はこんな問題にぶつかり，自分の役割が果たせないのだろうか？」と考えたりもします．その病気が治る見込みがないと，経済的かつ毎日の営みに関する不安だけでなく，心理的な問題も起きてきます．それは自分は社会的敗者だという気持ちが無力感によって引き起こされる「自我に対する脅威」でもあります．このようなとき私たちは，崩れようとする「自信」を回復するために多くのサポートを必要とします．サポートを得ることで，自信を回復したり，その自信に支えられてよりよい治療を求める実際の行動を起こしたり，生活を改善して慢性病の症状の改善をみるという結果になることもあり得ます．

　ソーシャルサポート理論は，日常生活との結び付けがそれほどむずかしくなかったため，多くの人々に受け入れられてきましたが，この理論を学習するさいに忘れてはならないことがあります．それはこの理論がどのような理由で注目されだしてきたかという歴史的背景を知ることです．アメリカでソーシャルサポートの研究が盛んになってきたのには，少なくとも2つの大きな理由があるといわれています．ひとつは，人間の幸福や精神衛生にとって，日常生活のなかにある人間関係がもたらす効果がより明確になり，研究テーマとして注目をあびるようになってきたこと（例：Heinemann, 1985[5]，Perlin & Aneshensel, 1986[6]）で，もうひとつは政策的な理由です．それは，とくに高齢者福祉での公的なサービス負担を避けるために私的なサポートを見直し，それらをより活用していこうという意図ののもとに，私的サポートの効果を見直す研究に助成金が多く出るようになったという事実によります．

　人間関係から得られる情緒的な援助が人の生死までをも決定するかもしれないという研究結果が出たことで，「自分の苦しさやつらさをも分かち合ってくれる腹心（Confidant）」とよばれる人の存在のプラス面が強調され，ソーシャルサポートの効果を例証する研究が次々と発表されるようになりました．

　では，ソーシャルサポート理論とは具体的にどのようなものなのでしょうか．実践経験をおもちの方なら，ソーシャルサポートとよばれる他者からの援助が，「ありさえすれば」「与えられさえすれば」それを手にした人の問題が解決する，あるいは幸せになるというような簡単な仕組みでないことはよくおわかりでしょう．ソーシャルサポートの研究をする人々も研究を進めるに従って，そのより複雑な性質を少しずつ理解し発表していきました．ここでは，今までの研究の結果を踏まえて，ソーシャルサポート理論の理解に必要な考えかたの枠組みと，それらが実践にどのような関連をもつかということに関して説明していきたいと思います．

●サポートの主観的評価

　ソーシャルサポートの研究の初期には，ソーシャルサポートを得ている人はそうでない人に比べて「より幸せだ」とか「健康にもよい結果を及ぼす」とか，そのプラスの面がずいぶんと強調されてきました．もちろん，自分の周囲にサポーターがまったくいない人は「幸せ」だと思うことは少ない可能性が高いはずです．しかしながら，サポーターが単にいるだけ，あるいはより多くのサポーターがいることが「より幸せ」にはつながらないということは理解してい

ただけるでしょう．そのサポートを受けている人がサポート自体を「自分にとってよいもの」「役に立つもの」というように受け取る，つまり「主観的な評価」がサポートとその効果がかかわってくるはずです．このような「主観的な評価」がどのようにして生まれるかは，ソーシャルサポートのもつ複数の局面を知ることでわかってきます．本章ではその局面のいくつかをあげてソーシャルサポートに対する理解を深めていきたいと思います．まず最初に大事なことは「サポートの機能」です[注2]．

[6つのサポートの機能]

「サポート機能」とはサポートが果たす役割に関するものです．研究者によって多少の違いはあるものの，現在のソーシャルサポートは，表2-2に示すような6つの機能に分類されるだろうとウィルス（Wills, 1985）[8]は考えています．本書ではこのウィルスの考えに従って，6つのソーシャルサポートの機能や，そのサポートの提供の仕方について少し説明を加えていきます．

(1) 自己評価サポート

まず第1は，「自己評価サポート」です．これは，人が自分自身を価値ある存在であることを確認させてくれるようなサポートを意味します．このサポートは研究者によっては「情緒サポート」「評価サポート」「ベンチレーション（風通しをよくする，つまり気持ちを吐き出す）」とよばれることもあります．自分の問題を打ち明けられる人をもっている人とそうでない人とのあいだには，病気の症状にも大きな違いがあることが，現在までの研究で明らかになっています．日ごろ何も問題なく生活しているときには，それほど意識してこの「自己評価サポート」を求めないかもしれません．しかし，仕事で失敗する，あるいは職場で同僚とうまくいかない，恋人に去られたなど，自信を失うような出来事に出会ったときに，そのことをだれかに話すことで気持ちが晴れてふたたび自信を回復することがあります．みなさんも何かつらいことに出会ったとき，だれかに話を聞いてほしいと思ったことがあるでしょう．思わず昔の友人に電話をしたり，仕事帰りに同僚を食事に誘ったりして，自分の思いを打ち明けるのによい相手を求めたことがあると思います．この「自己評価サポート」をしてくれる人は，サポートを求める人が自分のマイナス面を正直に打ち明けることができる人でなければなりません．自己評価サポートをすることができる人は，人と「支持的」な関係を形成できる人であることが必要になります．支持的な関係の形成には「相手の話を注意深く聞くことができること」「相手の話したことに反射すること」「共感を示し，相手を再保証できること」「個人的な経験を分かち合うこと」「批判や訓戒的な忠告を避けること」等が必要とされます．

(2) 地位のサポート

第2は，「地位のサポート」とよばれるものです．社会生活をする私たちには，いろいろな役割があります．たとえば，ある人は病院の看護師という役割をもちながら家庭では妻，母親の役割をもち，かつ地域では自治会の役員という役割をももっているかもしれません．人はこのように役割をもち集団に属しているということで，社会から承認されていることを感じ取る

注2) ソーシャルサポートのもつ複数の局面に関する論文や研究は多くありますが，そのなかでもかなりはやい時期に広範な先行研究のまとめを入れながら，ソーシャルサポートの意味を探ろうとした論文の代表的なものとしてAntonucci (1985)[7]があげられます．本書でもサポートの機能分類以外の部分ではAntonucciの枠組みを考慮に入れた説明を展開していきます．

表2-2 ソーシャルサポートの機能別6分類とそれらのサポートを提供するのに必要な技術[8]

(出典：Wills, 1985をもとに筆者要約・リスト化)

サポートの機能別分類名	サポート機能の説明	そのサポートをするのに必要な技術
(1) 自己評価サポート	自分の能力・社会的価値・仕事での能力に疑いをもったときに有効に働く．自分がマイナスに考えていた自己像の側面を打ち明けることで，自分の評価を再度高めることができる	・傾聴 ・感情・事実の反射 ・共感 ・再保証 ・自己開示 ・非審判的態度の保持
(2) 地位のサポート	自分が何らかの役割を果たしていることで得られるサポート	・相手に役割を与えること ・役割を果たしている相手を認めること
(3) 情報のサポート	問題の本質，問題に関係している資源に関する知識，代替的な行動に至る道筋に関する情報を提供すること	・適切な情報ネットワークをもっていること ・相手のニーズに見合った情報を見つけだすこと
(4) 道具的サポート	実際的な課題に対する援助の提供	・相手に必要な具体的な援助力をもっていること（例：お金，労働力など）
(5) 社会的コンパニオン	共にいる，出かけるなどの社会活動のサポート	・コンパニオンとして使える時間の所有 ・相手にとって重荷にならないこと
(6) モチベーションのサポート	根気よく何かを継続したり，解決に向かって進んでいけるようにモチベーションを高めるサポート	・励まし ・努力の結果の予測とその再保証 ・将来への希望を見つけ相手に伝える ・フラストレーションの対処の方法 ・共にがんばろうというメッセージの伝達

ことができます．役割をもつことによって自分が重要な存在であることを確認することもできます．しかしながら，単に役割をもっているとか集団に属しているだけでは，このような「社会からの承認」や「自分の重要性の確認」はあり得ません．職場，家庭，地域，趣味のグループといった集団が，そのメンバーに対する承認や重要性の確認をしてくれるものであることが条件として必要です．これは，それぞれの集団に所属している人々が言語や非言語で承認・確認をしてくれることで成立します．たとえば，病院の看護師という役割をもっている人が「地位のサポート」を得るためには，単に病院に看護師としての役割をもっているだけでは十分ではありません．その人が同僚や先輩，患者さんたちから，「いい仕事をしているね」「あなたの存在は大切だよ」というメッセージをもらうことが必要です．

(3) 情報のサポート

第3の「情報サポート」とは，自分が必要としている情報を提供してもらうことです．今は「情報化時代」とよばれ，世の中には情報が氾濫しているともいわれます．ではそのような時代は情報サポートが自然に存在しているといえるのでしょうか．たしかに，インターネットで医学情報が得られたり，電話やファックスによる相談があったりして情報量が豊富にはなって

います．しかしながらソーシャルサポート理論で意味する情報サポートは，単にこのようなバラバラな情報が個人に提供されることではありません．ある個人が抱えている課題の解決に，その情報が役立つものであることが大切になってきます．これは，単に資源に関する情報だけではありません．問題の本質，問題に関係している資源，問題解決のためのほかのやり方（代替的な行動の道筋）などに関する情報を得たときにはじめてそれらが「情報サポート」となるのです．ちょっとここで情報サポートの例を考えて見ましょう．

事例 2-1：情報サポートの例

> 吉田さんという 45 歳の女性は，この 2 年間にわたって認知症の 68 歳の舅の介護をしてきました．舅は 3 年前に妻に先立たれています．吉田さんにはまだ予備校生の息子と高校生の娘がいて，子どもたちの世話も大変です．吉田さんは，家族の問題は家族内で解決するべきだ，親の面倒は子どもがみるべきだという価値観をもっています．吉田さんの実家も嫁いだ先もみんなそれを当然だと思っている様子でした．吉田さんのご主人は仕事が忙しく「いつもすまないな」と吉田さんにねぎらいの言葉はかけてくれるのですが，実際にはほとんど何も手伝ってくれません．息子と娘はそれぞれの勉強が忙しいだろうと思い，何も手伝いを頼まないように気をつけて，すべての介護を一人でやっています．ときおり，近所の人からデイ・ケアとか入浴サービスとかいうことを聞くのですが，そのようなサービスを使うことは親不孝だと思うので，自分には関係のないことと聞き流しています．夫には二人の妹がいるのですが，長男の嫁が親の面倒をみるのが当然だと思っている様子です．ときおり父親の様子をみにくるのですが実際の手伝いは何もしてくれません．「お義姉さん，大変ね」といってもらえれば上々だと思っています．舅が発病して以来，吉田さんは舅の面倒をほとんど一人でみてきました．舅は，最近では夜の徘徊も始まり，ゆっくりと眠ることもできません．

さて，吉田さんにいま必要な情報サポートはどのような種類のものでしょうか．近所の人からデイサービスや入浴サービスの情報をすでに聞いています．しかし，「自分には関係のないこと」としてそれらの情報を問題の解決に使おうとはしていません．情報とはこのようなものなのです．よく「情報サポート」という言葉を聞いて，「ああ，この人の生活に必要な資源に関する情報を提供すればいいんだ」と考える人もいるようです．吉田さんの介護を援助できるサービスの種類とその内容を伝えることで，「私は情報サービスをした」と思ってしまいます．

しかしこの事例の吉田さんは，単に情報をもらってもそれを使えません．それはこのような形での情報提供が本当の意味での情報サポートになっていないからです．単なる情報提供と，情報提供を通じて相手をサポートできることとは違うのです．問題の本質を理解せずに，一方的に情報を与えても吉田さんの問題解決には役に立たないのです．

みなさんが吉田さんの近くに住む相談員あるいは民生委員などの援助職にあったとします．そして吉田さんの状況をみかねたお医者さんの連絡で面接をすることになった，と想像してく

ださい．みなさんは，吉田さんと面接するさいにまず何を理解しようと努力しますか．同じような状況にあっても人はそれぞれその状況のとらえかたが違います．その状況のとらえかたの違いを理解しなければ，「資源に関する情報のサポート」は何の意味もありません．このあとに続く3章で，相談における「アセスメント（クライアントのおかれている状況の評価）」の目的や具体的な方法について詳しく説明をしていくので，ここでは簡単に説明するにとどめますが，相談員は吉田さんが「いま，どのようなことで大変なのか」を聞かせてもらうことが必要です．つまり，吉田さんの「問題の本質」を考えなければなりません．本来はもちろん吉田さんと対話をしてそこから「問題の本質」をみていくのですが，ここでは上述した事例を使い，仮定のもとに話を進めて行きたいと思います．

では，吉田さんの問題はいったい何なのでしょう．いまどのようなことで困っているのかを相談員が尋ねると，「体調の悪さ」「不眠症」「いらいら」「頭痛」「腰痛」「憂うつ気分」「血圧の上昇」などをあげました．そして，「お医者さんに行く暇もなかなかないのですが，このあいだやっとのことで行ったら，『過労からくる症状だからもう少しゆっくりするように．もし，今のままの生活を続けるとあなたも倒れる可能性がありますよ』といわれた」とのことでしたが，舅の世話で忙しく，「とてもゆっくりなんかしていられません」「こんなことぐらいで過労になるのは私の気持ちがたるんでいるからなんです」と自分を責めるような発言がみられました．

さて，吉田さんがこのように話を展開していったら，あなたはどのように応答されるでしょうか．吉田さんはいまどのような状況にいると思いますか．そうです．吉田さんは自分の健康を犠牲にして，ふつうの人ならだれかに助けを求めるであろう状況でがんばり続けています．ここで援助の専門家に要求されるのは，まず吉田さんのこの努力を認めることでしょう．これは，第1番目の「自己評価サポート」にあたるサポートの提供ともいえます．吉田さんは，自分がどれほどがんばっているかを客観的に理解できておらず，周囲の人からもその努力を十分認められているようには思えません．このようなとき，援助職者が吉田さんの話を「注意深く聞いて」，「話に反射し」，「共感と再保証をする」ことが適切かもしれません．ではここでちょっと，援助職者がどのように「共感と再保証」ができるかを援助職者の応対例からみてみましょう．

吉田さんと相談員の会話：共感と再保証―その1

相談員：吉田さんのお話を聞いていると，本当に一所懸命にお舅さんのお世話をしてこられたと思います．
吉田：そうでしょうか…私，自分では本当に十分に介護ができていないのではないかといつも不満足なんです．
相談員：そうですか．では吉田さんご自身は，いったいどのような介護ができれば十分満足がいくのでしょうか．
吉田：（しばらく考え込む）そう聞かれると，うまく答えられないんですけれど，あの…ほかの人はきっともっと上手に介護をしていられるのではないかとは思うんです．

> 相談員：ほかの人はもっと上手に？
> 吉田：ええ，違いますか？　相談員さんは，ほかにも私のような人の相談にのっていられるから，ほかの人が自分の健康のことなんか考える暇もないくらいがんばっているのをよく聞かれるのではありませんか．

　さて，このように吉田さんが相談員に尋ねかけてきました．あなたならどのような形で応答されますか．ここで，「情報サポート」に話を戻して考えてみましょう．吉田さんが自分を責め，他のサービスを使うのを拒否し，自分は病気寸前になってもがんばっていることが問題だということが明らかになってきました．上の会話の始めで，相談員は吉田さんを保証し，「自己評価サポート」をしています．しかし吉田さんは，まだ相談員のサポートで十分に満足していないことが続く質問からわかってきます．この問題を作り出している要素として，吉田さんが自分の問題の本質に関して正確な情報をもっていないこと，そして，いま自分がやっている以外の問題への対応の仕方，つまり代替的な行動に関する情報も十分にないことがわかってきました．このような場合，援助職者はクライアントが問題に対してほかの見かたができるよう，また，ほかの対処方法がとれるように情報を提供することができます．ではこのようなことを考えながら，吉田さんと相談員の応答を続けてみましょう．

吉田さんと相談員との会話：共感と再保証―その2

> 相談員：そうですか．吉田さんご自身は，ほかの人はおそらくもっといろいろなことを犠牲にして介護をしている，それが当然だと思っていらっしゃるのですね．①
> 吉田：はい．相談員さんもそう思われるでしょう．
> 相談員：私は仕事柄，いろいろな方のお話を聞かせていただく機会があります．吉田さんのように，ご自分の体をこわしてもお一人で介護をしていらっしゃる方もおられますが，そのような方は吉田さんが思われるほどいないのが現状です．ホームヘルパーさんやデイサービスなどを使っていらっしゃる方も多いんですよ．②
> 吉田：（しばらく無言）そうなんですか…その方たちはそんなふうにして，家族や近所の方から何もいわれないんですか．
> 相談員：人の力を借りて介護すると，ほかの人から非難されるのではないかとご心配なのでしょうか？③
> 吉田：ええ，実家の母も主人の妹たちも私が一人でやって当然と思っているようです．そうですか（考え込むように）ヘルパーさんに来ていただいている方は少なくないんですか．その人たちは，ヘルパーさんに来てもらうことを，わるいことだとは思われないんですね，きっと….
> 相談員：そうですね．でもすべての方が最初からホームヘルパーさんに来てもらうことを決められるわけでもないんですよ．吉田さんと同じように家族や近所の人がどんなふうに思うかを気にされる方もいらっしゃいます．④

吉田：そうですか…私もほかの人に手伝ってもらってもいいのでしょうか．
相談員：吉田さんはどう思われますか．もしこのままの状態を続けると，3か月後には吉田さんのお体の調子はどんなふうになっていると思われますか．⑤
吉田：（しばらく考え込んで）あの…お医者さんの話では，私のほうが倒れてしまうとのことでした．
相談員：もし吉田さんが倒れられたら，お舅さんの面倒はだれがみられるのでしょうか．⑥
吉田：おそらく主人の妹たちはみられないし，子どもたちもだめだし，だれもできないと思います．
相談員：吉田さんはそうなることをどんなふうに思われるでしょうか？⑦
吉田：それは困ります．私が一所懸命にがんばってきたのが何にもならなくなりますよね．せっかくここまでがんばってきたのに．じゃあ，どんなふうにできるんでしょうか．私はできるところまで家で世話をしたいんです．私が主人と結婚した当時から義父は私にとてもよくしてくれました．はやくに父を亡くした私には本当の父親みたいでした．姑は何でもよくできる人で，それが，どちらかというと不器用な私はつらい思いをすることがよくあったんですが，そんなときにも私がつらくならないようにうまくその場の雰囲気を変えてくれたりしたんです…．
相談員：そうですか．お舅さんは吉田さんにとって大切な方なのですね．お舅さんがわるくなられたとき，ずいぶんとおつらかったでしょうね．⑧
吉田：はい．主人が忙しくて庭の手入れなどもできないときには義父がやってくれましたし，子どもの教育のことなどでも相談にのってもらったり，私にとって義父がだんだんとわるくなっていくのはとてもつらいことでした．
相談員：そうでしたか…．⑨
吉田：はい．だから自分が倒れてもがんばりたいと思っていたんですけれども，そうじゃないですよね．私が倒れたら義父はもっとつらいことになりますよね．
相談員：そうですね．吉田さんはお舅さんのお世話をすることで，今までのお舅さんの優しさのお返しをしたいと思っていらっしゃるのですね．でもお話を伺っていると，吉田さん一人でそれをやっていくことは，吉田さんが本当に望んでいる結果にはつながらないようですね．⑩
吉田：ええ．
相談員：では，いったいどんなやり方をすれば吉田さんが望むように少しでも長くお舅さんのお世話をおうちでできるかを考えてみましょうか．方法は一つではないと思いますが，それぞれのやりかたでいくと吉田さんやお舅さん，そしてご家族の生活にどんな影響が出るかをみていきましょうか？⑪
吉田：はい．

演習2-2 ●情報サポートの機能

さて，ここまでの会話を読んで，ここで使われている情報サポートの部分とそれらの目的がおわかりになったでしょうか？　相談員の会話に番号をつけてあるので，それぞれの相談員の応答のうち「情報サポート」にあたると思われるものを選んでみてください．

さていかがでしたか．この相談員の応答のなかで②と④は情報サポートに相当します．吉田さんの想像と現実が異なることを説明するために，相談員は「一般的に介護者はどんな形で介護をしているか」という情報を提供しています．そして，このような情報を得たことによって，吉田さんはそれまでの自分の思い込みを徐々に変えつつあります．相談員の情報によって，自分と同じように大変な思いをしている人がいることや，人によって異なる介護の仕方をしていることなどを知っていきます．そして最後の⑩では相談員は，吉田さんがほかのやりかたで問題の解決ができることに気がつき，それを検討していく準備ができたものと見なして「代替的な行動に至る道筋」に関する情報を提供するための準備をしています．

この応答でみなさんもお気づきにように，面接では情報サポートだけではなく，面接に必要ないろいろな言語技術が使われています．面接での言語技術に関しては，また5章で詳しく説明しますが，ここで簡単に相談員の応答の説明をしたいと思います．

まず①では，その前の吉田さんの質問「私がやっていることはだれもがやっていることではないか」を受けた応答です．ここで相談員は，まず吉田さんが表現したことを要約し言い換えて，クライアントと自分の理解が同じであるかを確かめています．この要約や言い換えはこのような確認とともに，クライアントがもう一度自分の考えを振り返るのに役立ちます．クライアントはこの相談員の応答に対して，自分のいったことは相談員も同意するであろう，そうではないか，と再度尋ねかけてきています．

そこで②では，クライアントの考えかたのもとになっている情報は「すべての人に当てはまるものではない」ことを例にあげて説明しています．クライアントは自分の考えのもとになっている情報とは異なる新しい情報を得て，その情報の背景を尋ねています．このようにふつうは新しい情報が与えられても，クライアントはそれを自分のものとして取り入れていくのに時間を要します．しかし，クライアントが自分の疑問点を明らかにしていく過程は非常に重要です．そのため相談員は，「一度いったのに，私のいうことを信じないのかしら．ああ面倒臭い」として，このようなクライアントの質問をさえぎらずに，「クライアントはなぜこの情報を受け入れることができないのだろうか」と考えながら，クライアントを理解すべく面接を続けていくことが大切です．

③の相談員の応答はまさにそれで，クライアントはどう思っているのだろうかを知るために質問を投げかけています．するとクライアントはその理由を述べながら，相談員が提供してくれた情報を自分自身でプロセスするという作業を始めています．相談員はそれを受け，クライアントがもう少し情報がいるということ，とくにクライアントの考えかたが「特別ではない」「そのように思っても大丈夫」ということを伝えるべく，新しい情報を提供しています．クライアントは，相談員の情報に基づいて新しい考

えかたの第一歩を踏み出していきます．「自分もほかの人の助けを借りて介護をしてよいのか」というものです．このクライアントの問いかけに対する相談員の応答に，注目してほしいと思います．ここで相談員は「そうですよ．それでいいのですよ」ということもできました．

しかし相談員はここで，そのようにある方向に向かってそのまま進まず，⑤では，クライアント自身がどのように将来予測をしているか，つまりクライアント自身が考えるような質問をしています．するとクライアントは自分が現在のような介護の仕方を続けたらどのようになるかをしばし考え，医者から聞いた情報を思い出して，自分の3か月後の状態について「このままでは自分が倒れてしまうだろう」ということを述べています．相談員はそこで「そうでしょう．だから，ホームヘルパーさんを使えばいいんですよ」と即座にもってこないで，ふたたび吉田さんに将来予測の続きをしてもらうような質問をしています．

⑥では，もしクライアントが倒れてしまえばいったい何が起こるのかにまで話を深めて，クライアントが考えることを促す質問が行われています．なぜこんなにしつこくクライアントに聞くのだろうか，と歯がゆく思われる方もいらっしゃることでしょう．その理由は，人が今まで信じていたやりかたを変えていくことのむずかしさと，自分が納得できるように考える時間の必要性とを思い出してくださればおわかりでしょう．クライアントに将来予測をしてもらう質問を続けた結果，クライアント自身で「それは困る」と結論を出しています．そして，自分がなぜここまで舅の世話にこだわってきたかについて語り始めています．面接をしているとよく経験することなのですが，クライアントは相談員が問いかけた質問に，いつもすぐ深いレベルで答えられるわけではありません．<u>相談員が話をじっくりと聞いてくれる</u>，<u>考えを尊重してくれる</u>，話を深めていってくれる，<u>自分の意見や考えを頭ごなしに押し付けない</u>，などをわかって初めて相談員に対して，より深い話ができるようになるのです．

クライアントが自分のより深い感情を表現したあと，相談員は⑧でクライアントの言葉を言い換え，クライアントの気持ちを反射しています．するとクライアントは，相談員が感情レベルの話もすることができる人であることをさらに確認したためか，さらなる感情を表現していっています．

これに対して相談員は⑨で「そうでしたか」と，そのクライアントの感情に対する共感を相づちを打つ形で行っています．そのあとクライアントは，それまでいい続けていた「私がすべき介護のありかた」を振り返る余裕が出て，「私が倒れたら義父はもっとつらいことになりますよね」と，今までとは異なる角度から現状をみはじめています．そこで相談員は⑩でクライアントの考えを要約して述べ，クライアントの行動と現実のあいだのギャップに言及しています．そして，クライアントがこの相談員の述べたことを受け入れたと判断したために⑪では，クライアントが今までやってきたのとは異なる方法での介護の仕方を考えていこう，つまり情報サポートで出てきた「代替的な行動への道筋に関する情報」提供に入るための前準備の説明をしています．

以上，短い面接の応答を使って，そのなかで一般に情報提供といわれている面接における言語技術が，実はどのような理論によって支えられているか，そして情報提供といっても異なるレベルでの情報があり，かつそれらは単独で効果を発揮するものではないことをみていただきました．

援助職にある人は，クライアントがどのよう

なサポートをいま最も必要としているのかを判断し、その判断に基づいて「必要としている」サポートを提供することが大切です．いつもいつもクライアントは，同じ種類のサポートを必要としているわけではありません．

(4) 道具的サポート

このサポートは別名「物質サポート」ともよばれ，労働力，金銭などの実際に必要な目に見える種類のサポートを意味します．たとえばだれかが病気になったとき，その人に実際に食事をつくったり，食べさせたり，洗濯をしたり，掃除をしたりといったことは物質的サポートです．お金がなくて困っている人，衣服が必要な人，住まいが必要な人たちにその必要としている「物・物質」を提供することが，この道具的サポートです．外出したいけれど交通手段がないときに自動車で送ってくれる人，車椅子での外出のときに車椅子を押してくれる人は，まさにこの「道具的サポート」を提供してくれているといえます．健康なときには気づかないのですが，いざ病気をすると日常生活を営むために，どれほど多くの道具的なサポートの提供者が必要かが痛感されます．

(5) 社会的コンパニオン

買い物に行く，市役所に行く，病院に行くなどのときに私たちは「だれかが一緒についてきてくれる」というそれだけのこと，つまりだれかほかの人が自分と行動を共にしてくれるという事実によって，緊張せずにすんだりその外出自体が楽しめることがあります．外出せずに家や室内にいるときでも，とにかく「だれかが一緒にいてくれる」ことで安心したりします．このような役割を果たしてくれる人が，「社会的コンパニオン」としてのサポートを提供していると考えられます．

(6) モチベーションのサポート

元旦になるといつも「今年は煙草をやめよう」「無駄づかいをやめよう」「一日一万歩歩こう」「5キロ体重を落とそう」などなど，多くの決心をする人がいます．そしてしばらくすると「やあ，三日坊主で終わりました．続けることってむずかしいですよね」などといって，新しい行動を起こすことと，それを継続することのむずかしさを痛感します．なぜ私たちは「よいことだ」とわかっていても実行できないのでしょうか．ある人はこれを「モチベーションが高い」とか「モチベーションが低い」という表現で説明しようとします．つまり，その行動をやろうとする意欲の強さの程度によって，ある行動を始めたり継続したりするといえるのでしょう[注3]．このモチベーションというものは，もちろん自分一人で高めることができますが，そこに協力的なほかの人がいることによって，より高くなることがあります．毎日1万歩歩くという行動を例にとれば，これを一人でするよりはだれか自分と同じ志をもつ人と励まし合い，おたがいの進歩を確認し合ったほうが継続しやすいものです．

何かストレスを生じさせるような出来事に出会ったとき，ストレス状態が短期間で終わらず長期にわたることがよくあります．慢性病や治療困難な病気，あるいは長期介護などでは，長い期間にわたってストレスを引き起こす状況のなかで，生活していかなければなりません．そのようなとき，フラストレーションを乗り切る手伝いをしてくれ，一緒に困難な事態を乗り切っていこうというメッセージを送ってもらうと，ストレス状況にある人もがんばっていこう

注3) 決心したことを実行できないのは，その計画が正しくなかったから，つまり行動の分析が十分できていなかったからだと説明する人たちもいます．ここでは，このような考えかたがあることを認識しながらも，行動を引き起こす，あるいは継続させる要因となるものを「モチベーション」という言葉で表現します．

という気持ちがわいてきます．いまぶつかっている大変なことを乗り切っていくために努力し続けるよう励ましてくれる，努力がいつかは報われ成功することを再保証してくれる，将来に希望を見い出すようにしてくれるようなサポートが，「モチベーションのサポート」です．

ある人が病院で関節リウマチである，と診断されたと仮定してみてください．この病気には現在のところ，これといった治療法は確立されておらず，日々の生活でリハビリテーションを継続していくことが大切です．もしお医者さんが十分にこのようなことを伝えるとともに，「リハビリテーションを継続している患者さんでは，このような症状の緩和がみられた」というような「情報のサポート」をしたうえで，努力を続けていくことを励まし，「自分もできる限りのことをするから，一緒にこの病気に負けないようにがんばりましょう」というメッセージを送るという「モチベーションのサポート」をすることができれば，つらい診断もその受け取りかたに違いがでて，今後の治療への専念の仕方も変わってくるでしょう．

[サポート機能以外の側面]

これまでソーシャルサポートの機能に着目し，かなり詳しく説明してきました．援助職にあるみなさんにとっては，面接場面であるいは援助計画作成や実施の場面で，ご自身がクライアントに対して行っていることが，クライアントにとってどんな意味をもつのかを考えてみるさいに，この「サポート機能の分類」が役に立つと思われます．

ではこれから，サポートの機能以外に援助職にあるみなさんに理解していただきたい事柄を，サポーターの種類からネガティブソーシャルサポートまでの5点にしぼって説明していきます．

(1) **サポーターの種類**
—だれがサポートを提供してくれるか．サポーターたちはおたがいが密接な関係にあるのか

サポートの提供者，つまりだれがサポートをしてくれるのか，というサポーターの種類について考えてみましょう．私たちの日常生活を振り返ってみるとよくわかることですが，人は多くの人とかかわりをもって生活をし，それらのすべてではなくとも，かなりの人々から何らかの形でサポートをしてもらっています．家族からのサポート，友人からのサポート，そして近隣からのサポートというように，サポートをしてくれる人はいろいろです．このサポートの提供者には配偶者，親，子ども，兄弟，孫，祖父母，親戚，親友，友人，先輩，同僚，先生，上司，近所の人，サークルなどの趣味の仲間，PTAなどの役割をもつ集団のメンバーなどがあります．サポートをしてくれる人がだれであるか，また複数のサポーターがいる場合には，それらの人々がおたがいをよく知っているか，といったことがサポートをしてもらっている人に影響を与えます．たとえば山本さんが病気で寝込んだとします．家族しかサポートをしてくれる人がいないとしたら，山本さんとサポーターとの関係は「家族」であり，おそらくこの家族間では密接な連絡があるでしょう．そうなるともし山本さんが家族のだれかと仲たがいをすれば，この関係性の濃い家族サポーターたちのすべてが影響を受ける可能性があります．

(2) **サポートをしてくれる人の種類とサポート機能との関連**

このサポーターの種類によって，同じ機能をもったサポートが「うれしい」と受け取られるか，「おせっかいな」と受け取られるかの違いを生み出す可能性があります．たとえば，80

歳になる腰痛をもつ鈴木さんという女性が，病院で知り合った人から「腰の痛みはある程度は気持ちのもちかたと関係あるそうですよ．私も腰痛があるけれど，電気治療に頼るだけでなく楽しいことを考えるようにしているんですよ．そしたらあなた，腰の痛みがよくなるんですよ」という情報のサポートをしてもらった場合のことを想像してみてください．次に鈴木さんのお嫁さんにあたる人から似たような情報を「お母さん，腰が痛いのは気にし過ぎるとかえってよくないそうですよ．楽しい事を考えると痛みがましになるって新聞に出ていましたよ」といわれた場合を比べてみてください．あなたが鈴木さんであれば，どちらからの情報を有り難い，情報を使ってみようと思われるでしょうか．サポートを提供する人が，自分と同じくらいの年代の人であったり，自分と同じ問題を共有していたりすると，そうでない人からサポートを受けた場合に比べて，より信頼できたりうれしく思ったりすることが起こります．

(3) サポートの交換・歴史的経緯

上で述べてきたことを振り返ってみると，人が困難な状況に遭遇したときには，サポートを得ることは必要不可欠なものであるように思われます．孤立して生活し，いざ困難が起こったときに，だれもサポートをしてくれなかったら，それこそ生命にかかわることが出てくることもあるでしょう．では，サポートを「得る」あるいは「人から援助してもらうこと」は，常にプラスに働くのでしょうか？　ここでサポートの「交換」ということについて考えてみる必要があります．あなたにすばらしいサポーターがいて，病気だといえば飛んできて看病してくれたり，食事を届けてくれたり（道具的サポート），仕事上の悩みを話すとあなたが自分のよいところを再発見するのを手伝ってくれ（地位のサポート），引っ越しするといえば，あなたの話をよく聞いてそれにふさわしい情報を教えてくれて（情報サポート）といった具合に，オールマイティーともいえるサポーターだと仮定してください．あなたはその人のことをとても大切にしており，感謝しています．でもその人はあなたに相談事をもちかけることもないし，引っ越しのとき手伝おうと思っても「大丈夫，一人でできるから」と，あなたが何かその人に対してサポートしたくても，その機会はほとんどありません．「あの人はすごい人だから，何でも自分で片づけてしまう．私にはあの人にしてあげられることは何もないみたい」とあなたは思い始めます．その人と知り合って5年もたつのに，あなたがその人にお返しできたことはほとんどといっていいほどありません．さて，あなたがこのような関係をもっているとすれば，それはあなたにとって満足のいくものですか？　あるいはあなたはこのような関係に不満足でしょうか．

ソーシャルサポートの研究でも明らかになってきたのですが，サポートをただ一方的に受けているとその当人は心苦しく感じます．やはり，自分が何か相手にもサポートをしてお返しできると思えるほうが，満足度が高いといわれます．自分が人からしてもらったサポートと自分が返すサポートとは，いつも同じではないでしょう．ずいぶんとあとになってから，何かを相手にお返しすることができるのかもしれません．しかしそれでも，互恵性があるということは大切なことです．

このようなことを考えたとき，クライアントが「一方的に援助される存在」になってしまわざるを得ないときの苦しさが，おわかりいただけると思います．もし援助をお金で買っているのなら，少しは気持ちが楽かもしれません．自分がまったく動くことができなくなったとき，

すべての自分の行動を，だれかほかの人に助けてもらわなければならなくなったとき，その事実を受け入れて「援助してもらう」ことには，勇気がいるともいえるかもしれません．援助の仕事にある人々は，このことを忘れてはならないでしょう．

(4) ストレスに対処しようとしている人の問題の解決度合いとサポート
―効果的なあるいは適切なサポートの時間的な変化

人は突然ストレスを引き起こすような出来事に出合ったとき，いろいろな反応を示すでしょう．ある人は「こんなこと嘘に違いない．私は夢をみているに違いない」として現実を否定したくなるかもしれません．ある人はただただ混乱して，何も手につかないような呆然自失状態に陥るかもしれません．しかし時間がたつに従って，その出来事を受け入れ，それに対処する方法をみつけ，というふうに異なる段階を経て何とか平衡を保てるようになってきます．このようなプロセスを考えてみると，ある出来事に出会った人が必要とするのは，柔軟性をもったサポートだということができます．

研究ノート 2-2 ● 効果的なサポートの時間的変化―適切な機能・サポーターが変化していくことを示した研究例

> バンコフ（Bankoff, 1982）[9]は，447 人の夫を亡くした女性たちの「配偶者喪失」とよばれる，ストレスを引き起こす出来事の「対処の段階」とそれぞれの段階でみられる最も効果的なソーシャルサポートを研究した．バンコフは，女性たちが喪失を体験する段階を「危機的な喪失段階」と「転換期」との2つの段階に分けた．転換期に至るまでにどれくらいの日数を要するかには個人差があり，たいてい2～5年の期間を要していた．バンコフは女性たちの新しい状況への適応状態とその間に受けていたソーシャルサポート機能，サポーターの種類を適応への時間の経過とともに調べた．その結果，第1段階の「危機的な喪失段階」にある女性たちにとって，最も役に立つサポートは「新しいライフスタイルを友人たちが認める」というものだった．ところが第2段階の「転換期」では「友達による社交のコンパニオンサポート」であり，第1段階で役に立った「緊急の問題のために友人から情緒的サポート・自己評価サポートを得る」ことではではなかった．第2段階でも第1段階と同じようなサポートを受け続けていた女性たちは，新しい生活への適応がわるかったということが明らかであった．この研究でもうひとつ明らかになったのは，第1段階のサポーターの種類は女性の昔からの友人である既婚者が多く含まれていたが，第2段階でよりよく適応している人は自分と同じ未亡人あるいは未婚者だったことである．

上記の研究結果が私たちに教えてくれることは，相手が緊急事態にあるとき必要だったサポートを，いつまでも役に立つと思って提供し続けていると，かえって相手の適応をさまたげるということです．もし援助の仕事を専門にする人が「相手から頼られなければ仕事のやりがいがない」とか，「私がいなければクライアントはだめになってしまう」などと考え続けて，

相手の状況の変化を考えないで援助をしていると、それはクライアントの成長をはばみ、相手の「成長する権利」を尊重していないことになると思われます。

(5) ネガティブソーシャルサポート

相手にとってプラスとなるサポートはその機能、サポーターの種類、相手のストレス対処の段階などによって決定されることがわかってくると、「いろいろな人からサポートはもらっているけれど、それがかえって当人を苦しくさせている」とか、「身動きをとれなくさせている」などということが起こってくることが想像できます。ソーシャルサポート研究の歴史では、当初プラス面のみが強調されていたのですが、1984年にルック（Rook, 1984）[10]がソーシャルサポートのマイナス面を指摘する論文を発表し、新たな視点が登場することになりました。そしてこのようなマイナス面をもつソーシャルサポートは、「ネガティブサポート」とよばれるようになります。たとえば、高齢者にとって自分の子どもは、多くのサポートを提供してくれるサポーターとなる可能性をもつ反面、親にあまりに過剰なサポートをすることで、親自身自分の存在意義を見いだせなくなって「自己評価」を下げたり、また実際にはできること（家事・仕事など）が、だんだんとできなくなるということもあり得ます。上の例で出てきたように、人は生活スタイルの変化によって、支持してほしいことがらも変わります。今まで呑み友達から多くのサポートを得て楽しいときをすごしていた人が、健康を害して禁酒をすることに決めたとします。しかし友人が「まあ、ちょっとぐらいなら大丈夫だよ」といって彼をしきりに飲みに誘うようになると、この友人は昔はポジティブなサポートの提供者であったかもしれませんが、現段階では当人の体をわるくする環境をつくり出そうとする、あるいは当人がお酒を飲めない自分を情けなく思う機会をつくっていく、ネガティブなサポーターになっています。

［援助職者にとってソーシャルサポート研究結果がもつ意味］

これまでソーシャルサポート理論を、少し詳しく説明してきました。その理由はこの理論を十分に理解することによって、クライアントにとって、そのとき最適の援助機能を考えながら仕事ができるからです。このソーシャルサポート理論を知っていることで、さらに行政によるサービスといった「公的サービス」や、クライアントの周囲にいる人々の援助といった「私的サービス」の適切さを判断することに用いることができます。ネガティブサポートのところでふれたように、一見サポートされているようにみえながら、そのサポートがクライアントの成長をはばむこともあります。クライアントの求めているサポートの機能に合わない援助がなされることもあります。援助をするとき、その援助が本当にクライアントにとって適切であり、かつ真の意味での幸せにつながるのかを考えていく際のひとつの枠組みを、このソーシャルサポート理論から得ることができます。ソーシャルサポートの効果は、上で述べたような多面性が理解されなければ、実践への真の応用はできません。クライアントに対するサポート量の変化だけをみて、援助が成功しているとか、していないとかの議論を行うことが十分でないことは、よくおわかりいただけることでしょう。

本章のソーシャルサポートの機能のところで紹介した、表2-2を見ていただければおわかりのように、私たちの援助活動はこれらのいろいろなサポートの組み合わせで、できているといっていいかもしれません。

ソーシャルサポートの機能に関して例をあげると，父親の介護で疲れ果て援助を求めてきた娘さんを受容し，その人の今までのがんばりを認めていく（再保証する）ことで，クライアントとなったその娘さんの「自分は介護を続けていけない敗北者だ」といった見かたを改めていく「自己評価サポート」や「地位のサポート」ができます．大切なことは，援助職者はクライアントがどのような機能のサポートを求めており，そのうちのどれが今いちばん優先されなければならないかの判断をして，サポートを提供するということです．つまり，このクライアントにいちばん最初にサービスに関する情報だけを提供しても，おそらくまだその情報を使えるほど，この人自身の気持ちの整理ができていないでしょう．このクライアントに現在利用可能なサービスの情報を与えることは，情報の提供ではあるものの，「情報サポート」ではありません．給食サービス，入浴サービス，デイ・ケア，ホームヘルパー派遣などの援助は，「物質的サポート」の提供です．このクライアントが，「情報」を聞く準備が整ったところでなされる情報提供が「情報サポート」なのです．もし，このクライアントがしばらくして，ほかの介護者の人たちと話をしたり，情報交換をしたいといいだせば，ボランティアや援助職者がクライアントを「介護者の会」などの場にともなっていくことも可能でしょう（コンパニオンサポート），さらに，長期的・継続的にクライアントの問題解決のために援助を続け，苦しいときには励まし，うまく問題を乗り切ったときにはそれを認めていくといった形で，そのときどきの経験を共有することは，クライアントが問題とかかわり続けていく「モチベーション」を高めるサポートになるでしょう．

最後に，援助職者が実践において，このソーシャルサポート理論からどのようなことを学ぶことができるかを，もう一度整理してみましょう．まず，クライアントのアセスメントを実施するさいに，単にソーシャルサポートが「存在」することや，サポートの「量」が多いことを「豊かな資源がある」と決めつけないことの重要性がわかります．そのサポートが，クライアントにとって適切なものであるかどうかの判断が必要です．また，アセスメントでクライアントを取り巻く，サポート環境のもつ複雑さを考慮していくことが大切です．だれが，どのような機能のサポートをどの程度しており，それがクライアントにとってどのような役割を果たしているのか，つまりプラスかマイナスか，クライアントの依存を助長しているのか，自立に向けての援助になっているのかなどを十分に考慮することです．さらにそのときどきで，クライアントが最も必要としているサポートの種類や量が，変化していくことを考慮し援助計画を立てれば，それでクライアントへの援助は終わったと考えるのではなく，時々刻々と変化する可能性のある必要なサポートを，把握し提供できることが必要です．ではこの章のしめくくりとして，みなさんご自身にこの理論の実践応用をしていただきたいと思います．

演習2-3 ● サポートのもつ複数の側面の分析

自分の担当しているケースを，ひとつ取り出してみてください．もしみなさんがケースを担当していないのなら，自分自身のことを考えてみてください．そしてクライアント（あるいは自分）を取り巻く重要な人々を書き出してみてください．それぞれの人が，クライアントに

とってどのような機能のサポートを提供してくれているか，その人とどんな関係にあるのか，クライアントと各サポーターとのあいだのサポートの過去の交換は，同じ程度かあるいはどちらか一方が与えているばかりか，現在の交換はどうか，クライアントにとって，それぞれのサポートあるいはサポートの総和はどのような影響を与えているか，などについて分析してみてください．

まとめ

本章では，1章でカバーした援助の基本的視点を一歩進め，援助における援助職者とクライアントとの関係を支える原則を具体的に説明してきました．多くの人になじみの深い「バイステックの7原則」とよばれるものが，高齢者援助の場で「援助的」な関係を形成していくためにどのような形で実践可能かということも，例を織り込みながら解説してあります．

さらに，「援助関係」という一見とらえどころのない人と人との関係が，いったいクライアントにどのような影響をもたらすかということを「ソーシャルサポート理論」を使って説明し，理論が実践にどのように生かせるかをみていただきました．

本章を通じて，援助関係と総称されるクライアントとの専門的な関係が，知識と努力なしには形成できないこと，そして「今，私が行っている援助はクライアントにとってどのような役割を果たしているのだろうか」というように，常に自らの行っている援助の意味を問いかけながら，仕事をしていくことの重要性が明らかになったことと思います．

文献

1) バイステック，F.P.著；尾崎 新・福田俊子・原田和幸訳：ケースワークの原則 援助関係を形成する技法．誠信書房，1995（新訳版は1996）．
2) 斎藤 勇編：対人魅力と対人欲求の心理（対人社会心理学重要研究2）．誠信書房，1987, pp.139〜143.
3) Weiner, B.：A Cognitive〈Attribution〉-Action Model of Motivated Behavior：An Analysis of Judgments of Help-giving. *Journal of Personality and Social Psychology*, **39**：186〜200, 1980.
4) Holmes, T. H. & Rahe, R. H.：The Social Readjustment Rating Scale. *Journal of Psychosomatic Research*. **11**：213〜218, 1967.
5) Heineman, G.D.：Interdependence in Jinformal Support System；The Case of Elderly Urban Widows.（*In* W.A.Peterson & J. Quadagno Eds.；Social Bonds in Later life）Sage, CA, 1985, pp. 165〜186.
6) Pearlin, L.I. & Aneshensel, C.S.：Coping and Social Supporters：Their Functions and Application（*In* L. Aiken & D. Mechanic Eds.；Application of Social Science to Clinical Medicine and Health Policy）Rutgers University Press, N.J., 1986.
7) Antonucci,T.C.：Personal Characteristics, Social Support, and Social Behavior.（*In* Robert H. Binstoch & Ethel Shenas Eds.；Handbook of Aging and the Social Sciences）Van Nostra and Reinhold Company, New York, 1985, pp. 94〜128.
8) Wills, T. A.：Supportive Functions of Interpersonal Relationships.（*In* S. Cohen & S. L. Syme Eds.；Social Support and Health）Academic Press, 1985, pp. 61〜82.
9) Bankoff, E.A.：Social Support and Adaptation to Widowhood. *Journal of Marriage and the Family*, 1982.
10) Rook, K.：The Negative Side of Social Interaction：Impact on Psychological Well-being. *Journal of Personality and Social Psychology*, **46**：1094〜1108, 1984.

3章 アセスメント
——要援護者がおかれている状況の統合的な理解

❶ アセスメントの重要性

事例 3-1：アセスメントの重要性

> 柴田さんという70歳になる女性は，夫と72歳の姉以外に身寄りがありませんでした．60歳になるまで，ある会社でずっと事務の仕事を続けてきました．あまり社交的な人ではなく，親しい友人の数もそれほど多くありません．体はどちらかというと丈夫なほうで，年齢相応の疾患以外には大きな病気をしたこともありませんでした．ところが，つい2か月前に，夫が脳溢血で急死してしまいました．そのしばらくあとで記憶が曖昧になり，感情の高揚をみせたりし始めました．義理の姉が付き添って病院に行ったところ，「認知症」の始まりだということで片づけられてしまいました．
>
> 柴田さんの面倒をみる人がだれもいないことから，結局入院の手続きがとられました．入院したことで柴田さんの様子はさらに悪化し，病院からは多量の薬が出されました．ほとんどうとうとと寝てばかりの生活が始まり，記憶もますますあいまいになってきました．柴田さんの姉は，妹が夫の死によるショックが原因でこのような状態になったのだということを病院で説明しましたが，みんなは「いや，認知症ですから」といって相手にしてくれませんでした．

この話のなかで，柴田さんは「固有の歴史をもったひとりの人格」として扱われていません．「症状がこうであるからこういう治療をすればよいのだ」という，方程式に基づいた治療方針が決められたようでした．

問題の背景には夫を亡くした「うつ症状」がありました．しかし病院関係者は，そのことを十分に考慮に入れた診断を行いませんでした．幸運なことに，姉の友人が精神科の看護師で，柴田さんはその病院に移り，そこのスタッフが生活歴を十分に聞き，うつ症状の治療を始めたことで一転して問題が改善されました．

この話は，私の友人が出会った経験をもとにしてつくったものですが，ここで気づいていただきたかったのは，クライアント個人の歴史を理解し，その人の「個別性」を尊重した判断と，ケアを行うことの重要性です．

社会福祉の領域では，このような判断に必要な過程として「アセスメント（事前評価）」を設定しています．これは私たちがクライアントに対して，どのような援助を行うかという援助計画を立てる前に行われるものです．柴田さんの例は，このアセスメントが十分に行われずに単なる通り一遍の診断がなされたケースだといえるでしょう．ひとりの人が直面している問題の解決を考えるさいに，その個人がおかれている，より広範な社会の影響を考慮に入れなければ，真に役立つ援助の計画などできません．アセスメントが重要な理由は，ここにあるのです．そこで，本章ではこのような「個人のおかれている立場の総合的な理解」という視点に立ち，まず個人のアセスメント，そして次に家族のアセスメントについて解説していきます．

❷ 個人の歴史と現在の問題との関連を理解するための個人アセスメント

社会福祉の援助実践において，アセスメントは「援助ゴールの選択，援助計画立案，援助計画実施，そして援助の効果測定評価」という一連の流れの基礎となる過程であるといわれています．それは援助職者がクライアントに出会ったその瞬間から始まり，援助終結までいつでも修正可能な継続過程です．仕事のうえでは，ある時点でアセスメントをいったん終了して，援助計画を立ててそれを実行しますが，もしその援助計画実施中にクライアントの状況が変化すれば，そこでまた新たにアセスメントをやり直し，新しい状況に適した援助計画を立て直すという柔軟な姿勢をとり続けます．

アセスメントでは，その対象となるクライアント個人に関するデータのみでなく，生活に影響を及ぼす広範なシステムとの相互関係に関するデータをも考慮に入れ，多面的に問題をとらえることを目指しています．また「どこがわるいのか，何が問題なのか」から一歩進んで，「クライアントの強さ（strength）は何か，この強さをいかに援助に生かせるか」をも問いかけます．その結果，クライアントのもつプラスの側面を見つけることができるので，その強さや長所を援助計画に組み込んでいくことができます．

本書の最後10章「ケアマネジメント」でより詳しく述べますが，ここで紹介するアセスメントとは，社会福祉の分野で用いられる個人の統合的・全体的理解を目指した「事前評価プロセス」であり，「公的介護保険支給のため」といったような，ある特定の領域のみに限定して行われる評価を意味しません．要援護者の年齢や，抱える問題に関係なく，個人を統合的に理解するためのツールとしてのアセスメントであり，援助職者にとっては援助の基本スタンスを示すものでもあります．みなさんがどのような職種にあろうと，クライアントの理解を深めるのに役に立つ枠組みです．

ここでは，アセスメントの定義，アセスメントを構成している要素（面接，情報の分析・統合，面接で得られた情報の分析・統合のまとめとしての報告書作成）と，そこで必要な技術，

アセスメント面接でカバーされるべき主要 16 項目などを簡単に述べていきます．後の 5 章「面接における言語技術」で述べていく面接・相談業務の全プロセス理解の予備知識にしていただきたいと思います．

●アセスメントとは何か？

上記のように，社会福祉アセスメントは，常に変化する可能性をもったクライアントおよびクライアントを取り巻くシステムを扱う継続的・多角的プロセスです．援助職者は常に流動的に対象をとらえ，柔軟な態度を保ち続けることが要求されています．

ヘプワースとラルセン（Hepworth & Larsen, 1993)[1] によれば，アセスメントとは重要なデータの収集，データの分析と統合であり，この統合への過程は，
① クライアントの発達段階に即した課題（例：親からの分離）および人生の転換期での適応にともなうストレッサー（ストレスを生み出す事物）を考慮に入れたうえでの問題の特徴
② クライアントおよび重要な役割を果たす家族などの強さ，技術，性格，限界，欠陥などを含むコーピング（coping ＝問題対処）の力
③ クライアントの問題に関連しているシステム（例：コミュニティ）との互恵的関係の特徴
④ 問題の解決や緩和に必要かつ現存している資源
⑤ 問題を解決しようというクライアントの動機づけ
の 5 つの局面を包括するものです．アセスメントで重要なことは，多角的に情報を得，それらの情報をまとまりのあるものとしてとらえ，そこからクライアントに固有の問題解決を導いていける「情報の分析」です．

●アセスメント実践の構成要素
―「面接」「データ分析と統合」「アセスメント報告書作成」

［実施に要求される援助職者の知識と技術：援助職者は刑事コロンボ？］

実際のプロセスとしてのアセスメントは，面接やその他の方法（第三者や関連機関）によるデータ収集，データの分析と統合，その結果をまとめたアセスメント報告作成の 3 つの構成要素から成り立っていると考えられます．

図 3-1 は，それぞれの要素を実施していくにあたり，必要な知識と技術を表わしたものです．実践ではこの図のように，それぞれの要素がはっきりと区別されることは少なく，それぞれがオーバーラップして進んでいきますが，ここでは便宜上このような 3 つに分類してみました．これらすべての構成要素に共通して必要とされる知識と技術は，アセスメントでどのようなデータを得るべきかということです．

以下にこの 3 つを，少し詳しく説明してみたいと思います．

① 第 1 構成要素：アセスメント面接

私が第 1 構成要素とよぶものは，アセスメントの面接そのものです．この要素を実践するためには，まずクライアントが本当の気持ちを話せる人間関係，つまりクライアントとのラポールをつくるという力が必要です．さらに 1 章でお話しした援助職者に必要な基本的姿勢である「価値観，倫理観，情緒的客観性」を認識して仕事をする力と，アセスメントでどのような情報を得るべきかという，アセスメントの枠組みであるアセスメント項目の知識と，それらの項目がクライアントにとってどのような意味をもつかの理解が必要です．そして，具体的に質問項目を適切な形で言語化して，クライアントに尋ねることができる質問力と，5 章で説明する

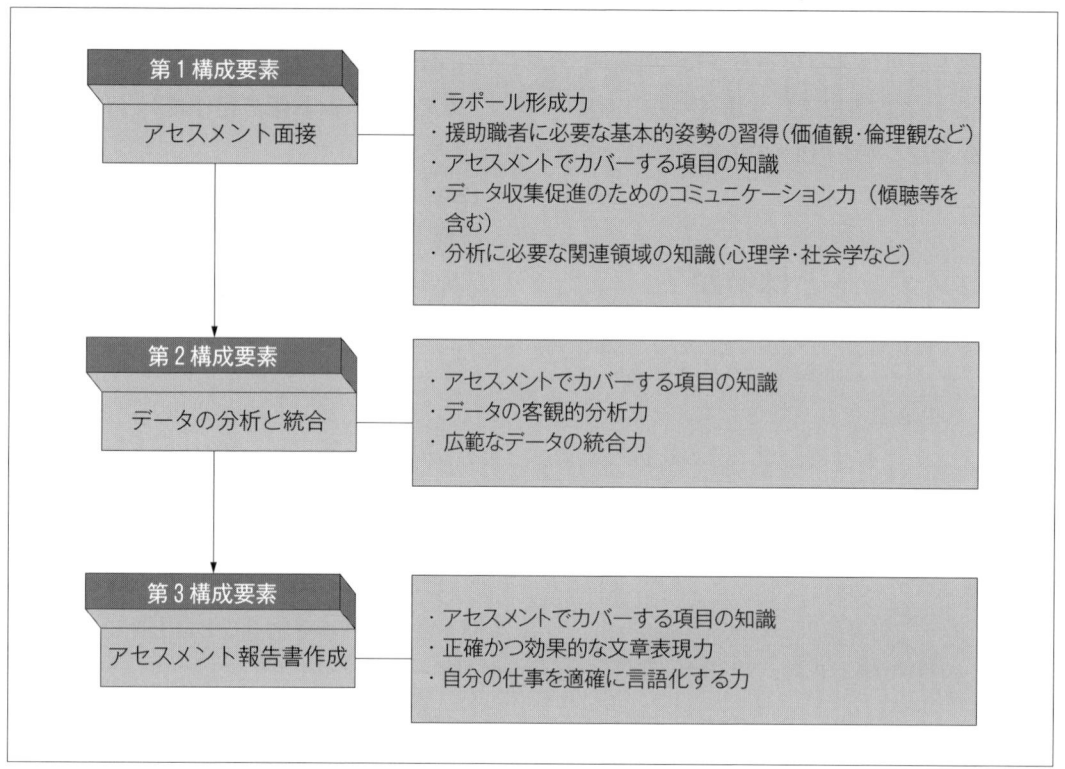

```
┌─────────────────────────────────────────────────────────────┐
│  ┌──第1構成要素──┐    ・ラポール形成力                        │
│  │ アセスメント面接 │──→ ・援助職者に必要な基本的姿勢の習得（価値観・倫理観など）│
│  └────────┬────┘    ・アセスメントでカバーする項目の知識      │
│           │         ・データ収集促進のためのコミュニケーション力（傾聴等を│
│           │           含む）                                  │
│           │         ・分析に必要な関連領域の知識（心理学・社会学など）│
│           ↓                                                   │
│  ┌──第2構成要素──┐    ・アセスメントでカバーする項目の知識   │
│  │ データの分析と統合│──→ ・データの客観的分析力                │
│  └────────┬────┘    ・広範なデータの統合力                  │
│           ↓                                                   │
│  ┌──第3構成要素──┐    ・アセスメントでカバーする項目の知識   │
│  │アセスメント報告書作成│→ ・正確かつ効果的な文章表現力          │
│  └──────────────┘    ・自分の仕事を適確に言語化する力         │
└─────────────────────────────────────────────────────────────┘
```

図3-1　アセスメントを構成する3つの要素とおのおのの要素に必要な技術

傾聴技術とよばれるクライアントの話を聞き，理解し，適切な応答をする専門職としてのコミュニケーション力が要求されます．

ともすれば高齢者相談の中心が身体問題であることなどから，アセスメントとは，「身体状況」などのチェックリストの作成だと勘違いし，それのみを実践している援助職者もいるようです．しかし，このようなアセスメントからみえるのは，クライアントという「ひとりの人」を知るための一部分でしかないのです．

アセスメント面接でとくに強調しておきたいのは，前述したようにクライアントの個別性の尊重です．どんな人がクライアントとしてやって来ても，同じように一連の質問をするだけでは，専門的援助職者とはいえません．たとえば，「姑が寝たきりで介護に困っている」といった同じような内容の相談事で訪れたクライアントであっても，おのおのクライアントの背景の違いが問題のとらえかたを変えます．そこを理解して接してくれる援助職者によるアセスメント面接が行われるなら，クライアントは援助職者に対してより豊かなデータを提供してくれることになり，この面接はすでに援助効果のあるものとなり得ます．

その反対に，援助職者がただアセスメントの項目を機械的に尋ねることだけに夢中になり，個別性を尊重しないようならば，クライアントはこの面接を早く切り上げて帰りたいと感じるあまり，本当に重要なことを援助職者に伝えないで，最終的にはその情報の不十分さのために誤ったアセスメント，援助計画，援助の実施が行われていき，援助がかなり進んだ段階で，不十分なデータに起因する不適切な援助を行ってきたことに気づくかもしれません．

② 第2構成要素：データの分析と統合

　第2のアセスメントの構成要素は，面接で得られたデータの分析と統合です．私たちは，面接の段階で非常に多くの情報を得ます．たとえば，半身麻痺があり自力歩行ができるクライアントがいたとします．このクライアントは以前は非常に活動的な人で，町内の役員やサークルの世話係を積極的に行っていたにもかかわらず，ここ5年ほとんど外出することがなかった，ということがわかったとします．このようなことを聞きながら，半身麻痺になる以前と以後の生活の逆転に気づくことが，データの分析と統合の始まりです．

　このデータの分析と統合は，実際にはアセスメント面接のさいに援助職者の頭のなかで常に行われています．熟練度の高い援助職者の頭のなかは，いつもコンピュータのように忙しく動き続けているはずです．いったい，この2つの情報はどう結び付くのか，このクライアントがこのように生活の形式を変えてしまったのはなぜなのか，などと考えつつその答えを知ろうとしていくでしょう．よいアセスメントとは，クライアントから話を聞きながら，援助職者には，クライアントの像が浮かび上がってくるものです．クライアントの1日（24時間），そして1週間の生活が，心理状態をも含めて生きたものとして思い描けるものです．非常に「優秀だ」という評価を受けている援助職者が，アセスメント面接を行っているときには，このようなデータの分析・統合プロセスが頭のなかで行われているのです．

③ 第3構成要素
　：アセスメント報告書作成

　第3のアセスメントの構成要素は，報告書の作成です．ふつう，アセスメント面接が終了したときにはデータを分析・統合し，それらを整理したアセスメント報告書が作成されます．こ こで大切なことは，多くの情報を統合的にかつ客観的に理解していく能力と，その結果を要領よく他人に伝えられる文章表現能力となります．

　ここで強調したいいちばんのポイントは，援助職者というのは，「頭」と「心」，もしくは「感性」と「知性」の両方を，常に働かせなければならないということです．むずかしいけれども，そのぶんやりがいのある仕事だともいえます．アセスメントの過程でも，この両方をフルに回転させながら仕事を行います．アセスメント過程での知的作業は，「適切な情報を効率よく，かつクライアントを支えながら聞く」「多くの情報の関連性を理解する」「情報を分析・統合する」ということを含みます．

　私は今までこのアセスメント過程を授業で教えるとき，「うまいアセスメントができる援助職者とは，よい探偵のようなものです」という表現を使ってきました．そして私がよく例に使ったのが「刑事コロンボ」でした．かたや刑事，かたや援助職者ということで，やや的をはずれる部分もあるのですが，学生たちに援助のイメージをとらえてもらうためには非常に有効な比喩でした．コロンボ刑事は，決してわからないことをわかったふりをしません．そして，相手を威嚇することなしに自然体で，相手からうまく話を引き出します．もっとも，援助職者がモデルにできないコロンボ刑事の特徴は，「自分のことを話し過ぎる」ことかもしれません．

　実践の経験を積めば積むほど，上記のようなことをあまり考えることなく実践できるようになるでしょう．

　認知心理学の研究で「エキスパート研究」というものがあります．その研究によれば，熟練度の高いタクシーの運転手さんにある目的地を告げそこまで走ってもらい，その人が選択した道筋を分析してみると，「その時点で最も効率

のよい道筋」であったということです．この研究に参加した運転手さんたちは，いちいち最も効率のよい道順を考えていたわけではないというのです．しかし熟練度が増した，つまり「エキスパート」たちは，いつのまにか経験のなかから最善の方法を見つけるのです．

　援助職者の場合も同じことがいえると思います．援助職者が自分たちの仕事をプロの仕事として発展させ，かつ自分たちのあとに続く後輩たちを育てていくことを考えれば，自分の仕事を「言語化」し，それを「記録」し，「分析」する努力を怠ってはいけないでしょう．「なぜ自分はここでこのような発言をしたのか」「なぜ自分はこれらのデータからこのような推論を行ったのか」などを考える習慣をつけること．そしてそのプロセスを言語化していくことが，非常に重要です．

●一般アセスメントに必要なクライアントのデータ

　アセスメントでカバーされるべきデータ項目は，被援助者によって強調点が異なってきますが，一般には以下にあげる16項目にまとめられると思います．この16項目は，アメリカのソーシャルワークの主流をなすジェネラリストモデルでよく用いられているものを整理してつくられたもので (Cormier & Cormier, 1991[2])；Franklin & Jordan, 1992[3]；Hepworth & Larsen, 1993[1])[注1]，どのような年齢・問題の人にでも応用できるものです．

　ここでは便宜上アセスメント項目に番号をつけましたが，これらの項目番号はアセスメント面接のさいのデータ収集の順序を規定するもの

ではありませんし，それぞれの項目は，お互いが独立した情報ではなく，相互関連しています．これらは順番にひとつずつクライアントに尋ねていくものではありません．これらの項目は「クライアントの全体像を理解するための視点」の形成に役立つものなのです．そのため，おのおののデータの詳細度には，違いがあって当然です．

　たとえば項目番号14の「クライアントの問題に関する医療・健康・精神衛生などの情報」は，クライアントの問題の性質と機関の役割で大きく異なる可能性をもちます．もしクライアントの問題が，精神障害などの精神衛生領域のものであれば，クライアントの思考パターン，感情，行動の特徴およびこれまでの治療やリハビリテーション歴を，またクライアントが慢性病を抱えているような場合には，その病歴，病気の及ぼす影響の詳細が必要になります．高齢者援助の場合は，とくにADL，認知・感情障害や住環境などが重要になってきます．このように詳細なデータの収集にあたっては，特定の問題に固有のアセスメント表ができていることが多いので，それらを用いることができます．

　では，以下に16項目とその具体的な質問法，必要に応じてそれらの補足的説明を行います．アセスメント面接に入る前に必ず援助職者はクライアントに自己紹介を行い，あらかじめどれほどの時間を使ってどんなことについて話し合いをもち，その結果どんな方向に進んでいく可能性があるかということを説明しておく必要があります (structuring＝構造づくり)．そして大切なことは，まずクライアントからどのようなことが，ご本人にとって問題なのかを，自分の言葉で語ってもらうことです．

注1) 本書は，高齢者援助に関するものですが，アセスメントではあえて，より広い対象領域にも用いられる項目が紹介してあります．

[アセスメント項目とその解説]

1. 何がクライアントの問題なのか？（問題の特徴：クライアントが述べた言葉で記述のこと）

「どのようなことがいちばん気にかかっていらっしゃいますか？」「どんな心配事がおありですか？」などという問いかけをすることで、クライアント自身が何を問題としているかがわかります．

援助職者は、まずクライアントが自分の言葉で語る問題に耳を傾けなければなりません．面接が進むうち、クライアントが自分自身で語った問題が真の問題でないことに気づくかもしれません．たとえば「夫をどうしても入院させたい」と相談に来た奥さんの面接が進んでいくうちに、自宅の改造とホームヘルパーの協力があれば、本当は自宅で介護をしたいと思っていることに気づくかもしれません．本人の言葉による問題が、即解決すべき問題であるとは限りません．

実際に高齢者に対する援助活動に従事している方の事例の報告を、読んだり聞いたりしていて気づくことは、この「クライアント本人の言葉による問題」が、聞き取れていないことです．これはクライアントが高齢であり、かつ人によっては言語障害をもっていたりするので、ついつい本人から聞くことなく周囲の人間が勝手に「問題はこれだ」というふうに判断してしまうことから生み出されるのかもしれません．あるいは要介護者と介護者とのあいだで、「何が問題か」ということに関して意見が一致しないため、介護者のみの訴えを聞いて終わるために出てくる問題かもしれません．しかし、このことはきちんと押さえておかなければならない点です．援助職者はアセスメント面接をするさいには、本人の意思表示能力がない場合を除いて、「本人は何でいちばん困っているのか、何をどうしたいと願っているのか」を、本人自身の口から聞かせてもらわなければなりません．

2. 問題の具体的な説明：ⓐ問題はいつ始まったか，ⓑ問題はどれぐらいの期間続いているのか，ⓒ問題の起こる頻度はどれくらいか，ⓓ問題が起こるときはいつで場所はどこか．

病気や障害をもつ高齢者がクライアントであり、その病気や障害が主たる問題に関連しているときであれば、この問題は、病気や障害の経緯とその起こりかたと考えられるでしょう．ⓒとⓓは発作や特別な問題行動などに関する具体的な情報になります．たとえば「徘徊」や「自分で勝手におむつをはずしてしまうこと」が、ここでいう問題行動であれば、ⓒとⓓの情報は解決策の糸口となる可能性があります．

3. この問題に関するクライアントの考え，感情および行動は何か？

「○○（クライアントの語った問題を述べ）をどのように思われますか？（感じていられますか？　していられますか？）」などと尋ねてみます．

1番目の「クライアントの言葉による問題」が、高齢者がクライアントである事例報告でよく抜けているのと同じく、クライアントが問題についてどのように「考え」「感じ」どう「行動」しているかということをきちんと聞かないで、アセスメントを終えている事例もかなりみうけられます．たとえば、ホームヘルプサービスで入ったホームヘルパーさんが家を訪問したさいに、要援護者である高齢の女性が下半身に何も身につけず、ベッドで寝ているのを観察して「これはひどい」という自分の感想は述べても、ご本人が、そしてその家族がそのような状況をどうとらえているかを確認することなく、サービスを開始していたりします．サービスはクライアントや家族のニーズを理解することなく提供はできません．つまり、クライアントや家族

が問題をどうとらえているのかを理解することなく始めた援助は，援助職者が「よかれ」と思うことをしているだけになります．

4. この問題はどのような発達段階や人生周期に起こっているのか？
　　　（例：児童期，青年期，老年期など）

　この項目は直接クライアントに尋ねるべき性質のものでもなく，援助職者がクライアントの年齢や現在おかれている状況から判断していけます．クライアントの抱えている問題が，個人または家族の発達段階や人生周期から，予測可能なものか，あるいは，まれにしか起こり得ないものかを見極めるのに有効な手がかりとなります．たとえば，50歳で「寝たきり」になった夫のいる女性と，70歳で「寝たきり」になった夫のいる女性とでは，その問題がどの程度自分のまわりで起こっているか．またその出来事がどの程度予測可能であったかが違ってきます．このような違いがクライアントの問題のとらえかたや対処に影響を及ぼします．

5. この問題はクライアントが日常生活を営むのにどれほど障害になっているのか？

　「○○のために，毎日の生活でどんな支障がありますか？」などの質問によって，ある問題がクライアントやその家族に及ぼす影響が理解できます．同じ問題でも，そのことがどれほど日々の生活に不便や支障をもたらすかは千差万別です．面接者が勝手に判断することなく，クライアントに教えてもらうことが大切です．クライアントのもつ問題の日常生活での障害度は，クライアントの今までの生活様式，期待，もっている資源などの理解なくしては，わかり得ないものです．

6. この問題を解決するためにクライアントが使える人的・物質的資源

　問題解決が可能かどうかは，個人がもつ人的あるいは物的な資源によって変化してきます．これらの資源は，2章で述べたソーシャルサポートでもあり，クライアントの変化に関係してきます．高齢者の介護問題が焦点になっている場合には，だれかからの具体的な援助などがあるかどうかが，問題の解決に関わってきます．家族がどれほどの「介護力」をもっているかは，家族の精神的・身体的・経済的条件によって変化してきます．単に家族が存在することが「介護力の存在」にはなりません．物質的資源には，お金や住居形態も含まれてきます．また，クライアントあるいは家族が公的・私的サービスをどれほど利用できるのかといったこともここに含まれます．

7. この問題解決のためにどのような解決方法あるいは計画がすでに考えられたり，とられたりしたか？

　「今まで，どんなふうにして○○を解決しようとしてこられましたか？」といういいかたがあまりに堅苦しければ，クライアントがもつ問題を理解したうえで，その内容を織り込みながら，これに関する質問をすることができます．たとえば，老夫婦二人暮らしで，奥さんがご主人の介護を一人でやってこられたご夫婦が相談にきたと仮定してみましょう．奥さんは，腰がわるくつらそうです．とくに入浴や移動の介助がつらいということを訴えていらっしゃいます．いったいこの奥さんは，これまでこの問題をどうやって乗り越えてきたのか知ることが必要です．なぜならこの奥さんの今までのやりかたを知ることで，今後どんな問題対処ができるかを考える糸口が見つかるからです．そこで「腰がおわるくて，お一人でご主人の介護をやってこられるのは大変なことでしたでしょうね．今までどのようにしてこられたのですか」と尋ねることができるでしょう．もし，なにか自分なりにこの窮地を切り抜ける方法をもっていたならばそれは，このあとの12番目（67頁）

に出てくる「このクライアントのもつ技術，長所，強さは何か？」として援助計画を立てるときに考慮に入れるべきことになります．逆になすすべもなく，ご主人はもちろん風呂には入れず，人にすすめられたにもかかわらず入浴サービスも使っていなかったとしたら，違った形での問題への対処の特徴がみえてきます．このような問題対処をしてこられた方なら，援助職者が簡単にサービスを提供してもそれを利用するかどうかに疑問が残るはずです．ここでひとつ覚えておかなければならないのは，ある人がいつも同じ対処力を発揮できるとは限らないということです．人には対処力の限界というものがあります．それは，心身状況の変化やストレスの量の変化に影響されます．

今まで夫の介護をてきぱきとこなして，グチをこぼすことの少なかった「気丈夫な奥さん」が，ご自分の病気あるいは娘の離婚などを契機に，夫の介護ができなくなることもあるのです．援助職者はこのようなことにも，しっかりと目配りをする必要があります．クライアントの対処能力を理解することはやさしい仕事ではありませんが，今後の援助計画およびサービス提供のときの説明の仕方などすべてにかかわる重要な情報です．

8. なぜクライアントは援助を受けようと思ったのか？　進んで援助を受けようと思っているのか？

「○○さんご自身が，私どものところで相談しようと思われたのですか」「どなたかが，うちを紹介して下さったのですか」とか「ここ（機関の名前など）で相談しようと思われたのは，どんな理由からですか？」などという聞きかたで，クライアントの援助に対する姿勢が理解できます．

クライアントが自ら進んで援助を受けようとしているか，あるいは強制的に相談を受けにこさせられたかは，クライアントの問題解決に対する動機づけを知るために非常に重要なことです．いやいや援助者のところにやってきたクライアントは，援助者に対する信頼感，問題の解決に対する動機などで，自分の意志で訪れるクライアントよりもむずかしいことが予測され，面接の方向性を考えるのに役立ちます．さらにこの質問によって，クライアントがどこかから，あるいはだれかから紹介されて相談にきたことがわかれば，クライアントが相談機関に対してもっている期待，また紹介者の期待なども理解できます．

9. 問題が起こるのに関係した人や出来事．それらの人間や出来事は問題をよりわるくしているか，あるいはよくしているか？（現在抱えている問題以外のストレッサーの存在）

「○○が起こるのにかかわっている人がいるだろうか？」とか「○○に起こるのに関係した出来事があるのだろうか？」ということを考えながらアセスメント面接を進めることは重要です．これは前頁の項目7の「この問題解決のためにどのような解決方法あるいは計画がすでに考えられたり，とられたりしたか？（問題対処法）」と密接に関連した項目です．

クライアントの問題は，クライアントを取り巻くほかの人々，あるいは人生での出来事（life events）というものとかかわりあっていることが多いものです．そのため，それらの人々や出来事がクライアントにとってさらにストレスを増す要素となっているかどうかは，問題解決方法を考えるとき考慮に入れるべきことがらです．荷物量がほぼ限界に来ているラクダの背中に，1本のワラを増やしただけでラクダが歩けなくなるという比喩がありますが，クライアントや家族のストレス量と，対処力にも似たようなことが考えられます．ストレス対処に関連す

る人物や出来事を把握することは重要です．

10. クライアントのどのようなニーズや欲求が満たされないためにこの問題が起こっているのか？

　私たちは，同じようにみえる出来事にあっても，それを「問題」としてとらえる場合と，そうでない場合があります．たとえば，「夫の死」に直面した妻は，多くの場合，その出来事によって悲しみにうちひしがれることでしょう．しかし，夫を失うことの悲しみは，完全にはなくなってしまうことはないものの，その悲しみが月日の経つのに従って，少しずつ薄れていくことが多いようです．ところが人によっては，「夫の死」に対する反応は非常に強く，どうしようもない「大きな問題」として「夫の死」を乗り越えられない場合も出てきます．このような場合，私たちが注目すべきことは，「夫の死」という出来事が個々人にとってどのような意味をもっていたかということです．言い換えれば，「夫の存在」というもので妻が何を得ていたかを知ることです．

　たとえば，ここにＡさんという奥さんがいたとしましょう．Ａさんにとってご主人は経済的な基盤であり，人生でのほとんどすべての決定や具体的な手続きもしてくれていて，Ａさんは，このご主人以外に頼れる人がいなかったと仮定してみましょう．Ａさんは，ご主人が亡くなるまでの生活でもっていた「経済的豊かさ」「日々の生活における判断や実際の活動（例：銀行とのやりとり，買い物に行くときの車の運転，近所づきあい，親戚づきあいなど）」「唯一の親しい人」をすべてなくしたわけです．このＡさんの場合，ご主人が亡くなってすぐには，これらが自分の力で補いきれないために，つまりこれらを充足できないために問題が起こってくるでしょう．この時点では，「経済的豊かさの喪失」「日々の問題処理力のなさ」「頼りにできる唯一の存在の喪失」を，夫の死以前と同じようにしたいという「ニーズ」として出てくるでしょう．Ａさんは，これらのニーズを総称して「夫に生き返ってもらいたい」と表現されるかもしれませんが，この表現はご主人が果たしていた多くの心理的・道具的なサポート機能の喪失に関する表現ともいえます．

　では，これらの3つの問題のそれぞれに代表的な資源を投入すれば，Ａさんの問題は解決されるのでしょうか．Ａさんに「お金と日々の問題処理をしてくれる人と，何でも相談にのってくれる人」とを提供すればよいのでしょうか．この問いかけに対する答えをどのようにして出していくかに，アセスメントのさいの援助職者の専門性が出てきます．ここでは，Ａさんが，ご主人の死によってなくしてしまったこれら多くのサポートをどのようにとらえ，どうしていきたいと思っているのか，そして，そのしたいと思っていることの実現の可能性はどの程度のものなのかを理解するために，Ａさんとの話し合いがされなければなりません．Ａさんのニーズや欲求をご主人が生きていたときとほぼ同じに満足させることが常に援助のゴールとなるとはいえません．なぜなら人は変化し得る可能性をももっているし，現実には不可能なこともあるからです．

　援助計画をつくるさいには，このようなことを常に考えながら仕事をしていきます．Ａさんの例で，真のニーズの理解の重要性とクライアントの個々の問題を総合的に理解することの意味がおわかりいただけたでしょう．ここで用いた考えかたは，日常の業務でも常に応用していけるものです．

　ニードや欲求が理解しにくいときや，クライアントが寡黙な人であったりした場合は，「もしいまあなたが自由に状況を変える力をもっていたら，何をどんなふうに変えたいですか？」

という質問が話の糸口になることがあります．

11．だれが，どんなシステムがこの問題に関与しているか？

これは，問題にかかわっている人やシステムについての情報に関する項目です．たとえば身体障害をもつクライアントの場合には医療システム，ホームヘルパー，市の障害課の相談員などの人やシステムとの関連をもっているかもしれません．これらのシステムがクライアントにとってどのような働きをしているかを知ることで，今後さらに必要になる資源や，現在機能していない資源を理解することができます．どんなシステムがクライアントにかかわっているかを視覚的にとらえるひとつの方法としてエコマップというものがあります．エコマップをどのようにして使うかはこのあとで説明します．

12．クライアントのもつ技術，長所，強さは何か？（クライアントのもつ資源）

援助職者は面接から間接的あるいは直接的にクライアントのもつ強さを知ることができます．たとえば対人関係形成力や問題対処能力は，援助職者やその他の機関の人とのやりとりのなかでも観察できます．また経済的資源，人的資源，教育，仕事，技能などにおける資源をもっているかどうかは，適切な時期を選んでクライアントから聞くことができるとともに，エコマップ作成の過程でも知り得るものです．

また，援助職者が「○○さんは，今までたびたび大きな病気を経験されながら，そのたびにしっかりと療養し病気を克服してこられました．これは○○さんの努力と明るく物事をとらえるという長所によるところが大きいように思われました」というふうに，面接を通して知り得たクライアントの強さや長所を指摘し，「ほかにも，もっと○○さんの長所というか強さというものがあると思いますが，自分ではどんな強さをもっていると感じられますか」というように尋ねてクライアント自身に，自らのプラス面を思い出し認識してもらうこともできます．

援助職者はいつのまにか，クライアントは「問題のある人」としてみなし，力をもっている，能力があるということを忘れがちです．最もよい援助は，クライアントのもつ力を最大限に活かしていけるようにするものです．つまり，クライアントができる部分はクライアントが引き受けていくのです．よくある例ですが，要援護者に歩く力があるのに，危ないからということで車椅子にし，まだ咀嚼能力もあるのに介護者にとって楽だからという理由でチューブ栄養にすることなどは，このクライアントの力を失わせていく援助といえるのでしょう．

13．どのような外部の資源を必要としているか？

高齢者を対象に仕事をしている援助職者は，高齢者援助でよく用いられる共通の資源を理解していると思います．デイサービス，入浴サービス，ホームヘルパー，保健師の訪問，ショートステイなどはみなさんにとってなじみの深い資源で，かつ多くのクライアントが要求してくるサービスです．しかしときには，いつもどおりの資源ではクライアントのニーズを満足させられないことも起こってきます．そこで，先入観をもつことなくクライアントの抱える問題の種類，クライアントのもつ資源を考慮に入れ，いま欠けている外部の資源は何かを見つけ出す作業を行わなければなりません．この情報は，前述の項目11の「だれが，どんなシステムがこの問題に関与しているか？」と連動しているもので，援助計画作成に重要なものです．医療資源などがその例としてあげられます．援助職者は少なくとも外部の資源を十分に理解して，アセスメント時にもそれらの資源を頭のなかで思い浮かべながら，より適切な情報をクライアントから得ていくことが大切です．アセスメン

ト時に忘れてならないのは，クライアントのニーズが十分理解できるまでは，外部資源の話を長々としたりして，アセスメント変じて「資源の説明会」にしてしまわないことです．2章のソーシャルサポートの「情報サポート」で説明したことを再度思い起こして，クライアントに情報を伝えることの意味を確認してください．

14. クライアントの問題に関する医療・健康・精神衛生などの情報

（高齢者の場合はとくに，クライアントのADLと，実際に何ができるのか？　何ができるようになる可能性があるのか？　認知・感情障害や問題行動の有無と状態，医療に関する情報とクライアントの住環境などに焦点をあてる）

クライアントの主要な問題が医療，健康，精神医療の領域と深くかかわっているときには，これらのより詳細なデータが必要となります．たとえばクライアントが精神衛生面での治療を受けているのであれば，その領域での情報が必要です．もしクライアントが老人で日常生活に機能の問題がある場合には，自立生活に必要な入浴，衣服着脱，排泄，移動，食事などの基本行動を含んだADL (the activities of daily living)や，電話の使用，炊事，金銭管理などのより複雑な日常行動を含んだIADL (the instrumental activities of daily living) などの既存のアセスメントツールの使用が必要になってきます (Gallo, Reichel & Anderson, 1988)[4]が，このような高齢者の日常生活機能などのアセスメント項目は，自分が使いやすいものを選択してください．留意していただきたいのは，現在のADLとともに，「実際に何ができているか」また「将来，何らかの工夫で新しく何ができるようになる可能性があるか」をもチェックし，情報がクライアント理解と援助計画作成に実際に有効なものにすることです．

15. クライアントの生育歴（成長過程で起こった特記すべき事項や家族・近親者との関係も含む）

アセスメントにおいて生育歴を理解することは，どんな役割を果たすのでしょうか？　まず第1に，クライアントの現在の問題が過去の何らかの出来事に関連しているかどうかを判断する資料となります．第2に，生育歴はクライアントが今まで他者への信頼関係形成の基礎となり得るような関係を，家族や友人らとつくり上げてきたかどうかを明らかにし，クライアントにとってどのような援助方法が可能か，あるいは最適かを知る手がかりを与えてくれます．第3に，クライアントのこれまでの暮らしを知ることで，「個別性」が理解できます．真のクライアントの理解は，現在のみならず過去のクライアントの生きかたをもわかっていなければできません．

また，「子ども時代から今まで○○さんが成長する過程を振り返ってみて，とくに記憶に残っている出来事が何かありますか？」という質問をすることで，成長過程で起こった特別な出来事がわかります．家族，友人などの近親者との関係（クライアントがこれらの人々をどのようにとらえているか？　親しみの度合いがこれらの人々から受けた影響）に関しては，クライアントの口から自然に語られることもありますが，「○○さんにとってご主人は（家族構成に従い適切な家族に関して聞いていく）どんな人ですか？　というふうに尋ねることもできます．この問いかけに対する答えから，クライアントの援助に「だれがどの程度協力してくれるか」という予測を立てることができます．

16. クライアントの価値観，人生のゴール，思考のパターン

私たちの人生で，絶対にこれだけはゆずれないというものがあります．たとえば，どんなと

きでも自分の可能性を信じ，できるだけアクティブな生活スタイルを守りたいと願っている人にとって，膝関節を人工関節にする手術とそのあとに続く長く痛みを伴うリハビリは，「それほどつらくないこと」かもしれません．一方，それまで，家で本を読んだりしてすごすことが楽しみであり痛みを何よりも嫌う人にとって，膝関節がわるくなったからといって，人工関節を入れる手術をすることは避けたいことかもしれません．このように，人はそれぞれ同じ問題にぶつかったさいに，その問題をどのようにして切り抜けていきたいかが異なります．その違いを作り出すものに個人個人がもつ価値観，人生のゴール，思考パターンなどがあります．クライアントのニーズを明らかにするということがアセスメント面接のひとつのゴールですが，このニーズと深くかかわっているのが，クライアントの生きかたを左右する価値観であったり，人生ゴールであったりするのです．しかし，多くの面接で，この重要性が見逃されています．援助のさいに，必要なニーズ（複数）を100個満たしても，最も肝心なクライアントのニードを押さえていなければ，最終的にはクライアントの満足する援助にはなりません．「木を見て森を見ず」という表現がありますが，まさにこの場合にあてはまる表現であるように思います．クライアントが価値をおいている生きかたである「できる限りのことは自分でやりたい」を無視して，クライアントができないとみられることをすべて手伝っても，クライアントはうれしいとは思わないはずです．逆に「自分と同じ年代の人と一緒に暮らしたい，家族には介護されたくない」ということを信条に生きてきた人に，「在宅介護がいちばんいいから」という援助者側の考えで家族との同居をすすめても，クライアントは満足しないでしょう．もちろん，いつもクライアントの希望することがか

なうとは保証できません．しかしそれは，クライアントの希望することを知り，可能性を探ったあとにのみ出せる結論であるべきです[注2]．

クライアントが何に価値をおいて生活しているのか，何が人生のゴールなのかという質問は，ストレートにしてもなかなか答えてもらえないかもしれません．このような内容は，面接がうまく進んでいるとき自然にクライアントの口から語ってもらえることも多いものです．しかし，クライアントからこのような内容を語ってもらいたいときには，「私たちは，人生で何をしたいとか，何を大切に思うかといった自分独自の考えをもったりしますが，○○さんにとってこれだけはゆずれないとか，これだけは守りたいとかいったことはありますか」というような聞き方もできると思います．

以上，16項目を必要に応じて，実際の問いかけかたなども入れて，簡単な説明を加えてみました．再度これらのアセスメントの項目は，クライアントのもつ特徴あるいは問題の種類によって，詳しくデータを入手するべき項目に違いが出てくること，そしてそれぞれの項目間には関連があり，ひとつひとつを個別に尋ねていくためのものではないということを，覚えておいていただきたいと思います．

[クライアントから得たデータの整理]

クライアントの状況を視覚的にとらえるため，アセスメントのツールとしてのエコマップを作成することがあります．図3-2がそのエコマップです．

援助職者はクライアントから多くのデータを入手しますが，私たちのデータプロセスの能力

注2）このような問題を的確に表現している事例として，奥川（1996）[5]の「事例：ムッとしていた看護婦さん」があります．

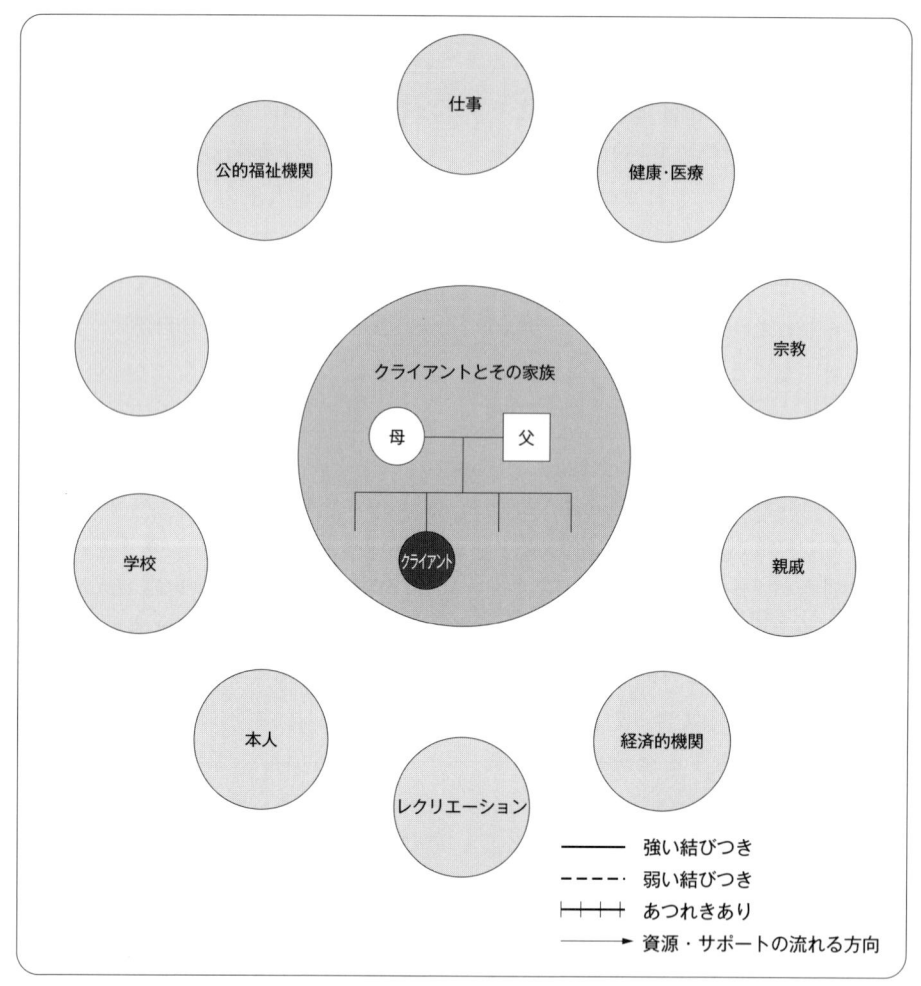

図3-2 エコマップ（ビジュアルアセスメントツール）[6]

（出典：Hartman, 1978）

凡例：
―――― 強い結びつき
- - - - 弱い結びつき
┤┤┤┤ あつれきあり
――→ 資源・サポートの流れる方向

には限りがあり，おのおのバラバラにみえるそれらを統合し，より理解しやすくするツール（tool＝道具）が望まれてきました．クライアントを取り巻くシステムとの関係を，把握するツールとして生み出されたもののひとつが，エコマップ（ビジュアルアセスメントツール）とよばれるシステム関係図でした[注3]．

注3）これ以外にも，クライアントと資源のかかわりをビジュアルに示すアセスメントツールがあります．たとえば芝野（1994）[7]の高齢者とその家族のニーズおよび利用可能な資源を把握する評価ツールなどです．

図3-2は，ハートマン（Hartman, 1978）[6]が提唱するエコマップを私が和訳・加筆したものです．誌面の都合上，使用法の詳細は避け簡単に紹介すると，たいていは何も書いていない白紙と鉛筆を用意し，まず家族図（ジェノグラムとよばれます）から書き始め，次にクライアントが関与しているシステムをマップに書き入れていきます．ここでは親戚，友人，仕事，学校，レクリエーション，宗教，健康・医療，公的福祉機関，経済機関を含めました．円のなかには実際の人やシステムの名前を書き入れてい

きます（例：親戚のところに「叔父」と入れる）．それぞれのシステムとクライアントおよびその家族とのあいだで，資源やサポートの流れていく方向を矢印で示し，その関係が「強い結びつき，弱い結びつき，あつれきあり」のどれかを記号を使って書き込みます．このエコマップは，とくに外界とクライアントの関係が問題の中核となるようなときに使用できます．

③ 家族というシステムのアセスメント

今までのアセスメントでは，おもにクライアント個人に焦点をあててきましたが，高齢者の介護問題などのアセスメントで忘れてはならないのは，家族との関係性の理解です．たとえば同じように夫の長期介護をしている人であっても，その人と夫との関係性，また子どもとの関係性によって援助の仕方は変わってくるはずです．

「クライアントにとって介護の仕事が非常に負担になっている」というケースの場合にも，「介護負担を減らすために，ホームヘルパーの派遣をする」という援助計画を画一的に立てたのでは，プロの援助職者とはいえません．その家族に，ホームヘルパーを受け入れる体制がどれだけできているのか，をまず理解することが必要です．夫が「絶対に妻にしか介護してもらいたくない」と言い張り，妻も夫のいうことに異議を唱えることができないような関係ができ上がっている家族には，「妻も大変だろうから，だれかが来て仕事の負担を減らしてあげてほしい」と思っている夫のいる家族とは，異なった援助のアプローチが必要になります．

このように，異なるアプローチをするためには，援助職者はその家族がどのような特徴をもっているのかを，理解しておく必要があります．個人のアセスメントのところでも，家族との関係に関する項目が入っています．ここでは，家族をよく理解するために知っておきたいいくつかの点を取り上げました．

心理療法の本でも，家族療法というタイトルの本が多くみられます．その理由は，家族というのはひとつのシステムであって，システムのなかの問題は，その個人が一人で作り出すものではなく，システムを形成する要素間，つまりシステム構成員の関係が作り出しているという考えかたにあります．この考えかたは，クライアントが高齢者の場合にもあてはまります．

高齢者援助にかかわっている専門家の方から，よく出る質問のひとつに「どのように家族調整をすればよいでしょうか」というものがあります．具体的にいえば，要援護者である高齢者とその介護を担うと期待されている家族とのニーズが，一致しないときにどのようにしていくかという質問です．解決方法は援助のゴールによって変化する可能性があるため，一概にこうすればよいという方法はありません．しかし，大切なことは，一方的に要援護者のみ，あるいは家族のみ，をサポートする姿勢をとらないことです．あくまでも援助職者は，本人と家族が解決方法を見つけだしていくのを促進する役割をとっていきます．このような場合にも，家族のなかで何が起こっているかを理解しておくことが要求されます．そこで，以下に家族のアセスメントに，最低限含めておくべきチェック項目について，ヘプワースとラルセン（Hepworth & Larsen, 1993）[1]の報告をもとに述べていきたいと思います．

●この家族は何の問題を抱えているか

　まったく何の問題も抱えていない家族は存在しないと思います．よほど幸運な人でない限り，人はいくつもの問題にぶつかりながら，それらの問題を解決しつつ生きていきます．子どもの病気，進学問題などもある種の問題かもしれません．それらが家族の健全な機能を損なうかどうかで，問題の深刻度が変わってきます．子どもが進学に失敗したことを危機としてとらえ，時間が経過してもそれを乗り越えることができずに機能不全を起こす家族もあれば，家族の死という大きな問題を，悲しみと苦しみを経験しながらも何とか乗り切って，ふたたび健全な家族の機能を取り戻す家族もあります．

　家族にとって何が問題かを考えるとき，その問題を家族がどう受け止めているかを知る必要が出てきます．たとえば，父親あるいは夫が長期介護を必要とするようになったとき，この家族がその出来事にどんな反応をするか，また家族が機能不全を起こしてないかを理解する必要があります．同時にその家族が現在直面している問題以外にも，何かほかの問題を抱えていないかどうかを知ることも必要です．その家族にとって，いま直面している事態がどれほどの問題であるかを見極めることが大切です．

●家族のあいだにはどのような規則があるか

　学校には，校則という名の規則が存在します．会社でも社則という規則があります．何時までに出勤しなければならない，欠勤するときにはどうするかなどです．規則を守らなかったときには，それにみあった罰則があります．それは文句をいわれることであったり，減俸というものであったりとさまざまです．

　家族にもこれと同じようなことがいえます．ただし，よほど特別な場合を除いては，家族の規則は校則や社則のように明文化されていません．たとえば，「最終決定権はいつもお父さんにある」とか，「女の子は外泊してはいけない」とか，「おかあさんの機嫌のわるいときにはだれもしゃべってはいけない」などです．

　このような規則には，家族という集団が円滑に生活するために必要な「機能的」なものと，そうでない「非機能的」なものの2種類があります．規則そのものが最初から「非機能的」な場合と，その規則に「融通性」がないために非機能的になる場合とがあります．たとえば，「理の通らないことでも，父親のいうことは聞く」という規則は，それがまったく融通性をもたないときには「機能的」でなくなる可能性があります．また，規則の違反が起こったときには，どのように処理されるのかということも理解しておく必要があります．

　父親に反対の意見を母親が述べたら，父親は母親をきびしく非難するのか，あるいは無視するのかなどです．このような家族間の規則は，アセスメントのためにみなさんが家族訪問されたときに観察する機会をもたれると思います．クライアントの問題解決に重要な役割を果たす家族員がその場にいなかったり，たとえそこにいてもその人とクライアントのあいだのルールが明確でなければ，「○○さんは，いつもどのようにして物事を決められていますか？」と，決定に関する規則を尋ねることもできます．

●家族システムと外界とのかかわり

　私たちは常に自分以外の人とかかわりをもって生きています．家族というシステムと同様

に，外界ともかかわりをもって生活しています．親戚，近隣，知人といった人々や，役所，病院，学校，職場などの組織もその外界に含まれます．家族がこれらの外界のシステムと交流をもっているか，あるいはほとんど交流をもたずに暮らしているかを知ることは，家族の介護能力や問題解決能力を理解するうえで非常に役立ちます．

　病気の高齢者のいる家族でも，親戚や近隣との交流があれば，精神的あるいは物質的なサポートを得ることができます．一方，ほとんどだれとも付き合いのない家族の場合には，問題をすべて自分たちだけで抱え込むこととなり，問題解決方法も範囲が狭くなる可能性があります．システム理論による家族分析では，このように家族と外界との交流のありかたによって，家族を「開放システム」「閉鎖システム」というようによび分けしています．

●家庭内の境界とサブシステム

　家族と外界とのあいだの関係を知るとともに，私たちは家族内にあるサブシステムを理解することも必要です．この家族内のサブシステムとは，簡単にいえばだれとだれが仲がよい，あるいは何かをするときに共同するかということです．これは家族のなかで問題が起こったときに，だれがだれの肩をもつかというようなことを観察することでわかります．このように関係の強い家族員のつくるグループをサブシステムとよびます．父親と娘，母親と息子，母親と娘といったサブシステムは多くの家族にみられます．

●家族パワー保持者

　家族の分析の最後は，家族のなかのパワーの構造を理解することです．これはパワーの分散とバランス，パワーのシフト，目に見えないパワーの保持者などによって理解できます．実際の面接のさいには，だれとだれが共同コメントをするか，だれがだれの話を邪魔するかなどに注意を払うことによって，家族におけるパワー構造を理解することができます．

[家族力動理解と援助方法との関連]

　援助職者が援助を始めると，家族というシステムに影響を及ぼします．援助職者が意図していなくても，一人の人が新たに加わることで，家族のなかの力動が変化するのです．そのため，上記のような家族分析の枠組みを，アセスメント段階であらかじめ理解しておくことが必要なのです．家族がもつ規則，外界とのつながり，家族内のサブシステム，家族内のパワーなどは，その家族というシステムに新たな援助職者という登場人物が加わることで変化します．

　たとえば，在宅高齢者家族の場合には，ホームヘルパーや訪問看護師さんとの関係ができることで，また施設入所の高齢者の場合でも施設での介護士さんとのかかわりができることなどで，従来の家族関係に変化が起こります．週に3回ホームヘルパーさんがやって来て家事や介護をしてくれることによって，高齢の夫を24時間介護していた妻の役割とともに，その妻と夫との力関係も変化します．

　ここで，妻がとっていた役割をホームヘルパーさんがどの程度担うのか，そしてその影響はどのようなものであるかを考慮して，ホームヘルパーさんが援助計画を立てた場合と，そのようなことは考慮せず，とにかく「できる限り奥さんの仕事を減らしてあげよう」とだけ意図して援助の計画を立てた場合では，おそらく援助の結果が違ってくるでしょう．ホームヘルパーさんがすべてのことをしてしまったがゆえ

に，この夫婦のバランスが崩れてしまうことも起こり得ます．また，気がつかないうちに，ホームヘルパーさんが家族のなかで「娘代理」や「夫代理」などの役割を担ってしまい，本来の娘さんや夫が自分たちの役割を失い，家族の一員としての役割をいつのまにかサボタージュしてしまう結果も起こります．特別養護老人ホームでも介護士さんと入所者が親密な関係を築くことによって，それまでの実の娘との関係性が変化する可能性もあります．援助職者が，自分の役割が家族に及ぼす影響を理解していれば，より客観的に自分のとるべきスタンスを選択し，より専門性の高い援助介入ができます．

[アセスメント面接を実践するさいの注意事項]

以上，個人と家族のアセスメントで理解するべき項目を述べてきました．このアセスメントの実践では，クライアントやその家族に会ってその場で話をしながら進めていくものです．そのさいに，後述する面接の技術が必要とされるのはもちろんですが，それとは別にアセスメントのさいに，ぜひとも気をつけてほしいことが少なくとも3つあります．

第1に，多くの質問を矢継ぎ早にクライアントにあびせかけないということです．クライアントが話しやすい雰囲気をつくり，相手の気持ちを理解しながらアセスメントに必要な質問を行ってください．

第2に，アセスメントの面接で，すべての問題を解決しようとは思わないでください．クライアントが問題に直面しているのをみていると，ついつい少しでも早くその問題を解決する方法を見つけて，相手に伝えたいと思いがちです．しかし，十分な情報と分析なしに出す解決策が，本当にクライアントのためになるとは思われません．

竹内（1996）はその著書『ケアマネジメント』[8]のなかで，十分なアセスメントのないケアプランを「思いつきサービス」とよび，援助職者の反省を促していますが，まさにそのとおりです．私がアセスメントを学生たちに教えているときよくいっていた言葉に，「アセスメントが十分にできれば，援助の80％は成功したと思ってよい」というものがあります．これにはかなり誇張がありますが，アセスメントがそれだけ大事だということです．

第3は，完全なアセスメントはすぐに実践できるわけではなく，それに必要な知識・技術の習得をしながら経験を積み重ねることで，達成することができるということです．アセスメントは，単に上記のような項目に記入されたアセスメント表を埋めていくことではありません．面接のさいに必要な援助関係をクライアントとつくり上げる力，援助職者としての基本的姿勢，面接に必要なコミュニケーション力，統合的なアセスメントを可能にする分析力，分析力の基礎となる広範な人と社会に関する知識（例：心理学，社会学など）があってはじめて可能となるのです．

まとめ

本章では，高齢者援助の現場で最近よく耳にするようになった「アセスメント」を取り上げました．そのさい，個人にとどまらず，個人を取り巻く家族や社会システムのアセスメント方法にも言及しています．読者の方々はすでにお気づきのように，ここで取り上げたアセスメントは，高齢者対象の援助のみならず，広い範囲の対象者の援助に対応できるものです．アセスメントはクライアントの「全体像と中核になっている問題」の理解を目指して行うものです．この大切な視点を失わないためにも，高齢者以外の対象者（利用者）をも理解できるアセスメントの枠組みを修得していただきたいと思いま

す．
　クライアントが高齢であり，公的介護保険を利用しながら在宅介護を行っていくという場合にも，ここで学習した統合的な理解の視点を失うことなく，対象者の特徴に応じて必要となるアセスメント項目を強調して，クライアントから情報を得ることになります．重要なことは，アセスメント項目は，クライアントの問題を理解するという目的のための道具であり，この目的と道具との関係を取り違えないことです．

　公的介護保険を利用したケアマネジメントの実践方法に関する文献は，すでに多く出版されていることもあって，本書ではあえて高齢者に対する全般的な援助理論や技法に焦点をあてました．基礎が修得できていれば，それを実践現場の制度にあわせて応用することができます．

文献

1）Hepworth, D.H. & Larsen, J.A.：Direct Social Work Practice, 4th Ed., Brooks/Cole, CA, 1993.
2）Cormier, W.H. & Cormier, S.L.：Interviewing Strategies for Helpers：Fundamental Skills and Cognitive Behavioral Interventions. Brooks/Cole, CA, 1991.
3）Franklin & Jordan：Teaching Students to perform assessments. Journal of Social Work Education（Spring and summer）, 231-234, 1992.
4）Gallo, J.J., Reichel, W. & Anderson, L.：Handbook Geriatric Assessment. Aspen, MI, 1988.
5）奥川幸子：未知との遭遇―癒しとしての面接．三輪書店, 1996, pp182-200.
6）Hartman, A.：Diagrammatic assessment of family relation-ships. Social Casework, 59（8）：465-476, 1978.
7）芝野松次郎：在宅介護支援センターハンドブック '94. 環境新聞社, 1994.
8）竹内孝仁：TAKEUCHI実践ケア学　ケアマネジメント．医歯薬出版, 1996.

4章 相談面接業務の全プロセス

❶ 典型的な流れ
――インテーク，アセスメント，援助のゴール設定と援助計画づくり，援助計画の実施，評価，終結

　援助活動の内容は，クライアントのもつ問題や援助職者の所属する機関によって違ってきます．たとえば，老人ホームと一般病院では，機関の果たす役割の違いから援助活動のゴールに違いがみられて当然です．しかしながら，一般的に援助活動においては，ある共通の過程を想定することができます．図4-1は，その過程を表したものです．

　本章では，まず図4-1にあるような援助にみられる共通の過程について解説します．そのあと，事例を用いながら援助の過程がどう進んでいくか，またそれぞれの過程でどのような点に注意するべきかを，具体的に説明していきます．

　ここで，援助の過程の説明をお読みになる際に，心に留めておいてほしいことがあります．それは，本書でご紹介する援助過程は，どのような領域ででも応用していただける基本形だということです．そのため，読者の方々には，ご自分の仕事で使うべき制度などとの関連性を考慮して，この基本形から学んでいただきたいと思います．制度は歴史の中で変化をしていきます．そのような変化があっても援助の基本をしっかりと押さえていれば，制度を最優先させてしまいクライアントを置き去りにすることは避けられると考えます．たとえば，2000年に始まった公的介護保険のもとでケアマネジメントを実践していらっしゃるケアマネジャーの方のクライアントは，最初から「公的介護保険サービスの対象者」であるため，このあと解説をしていくインテーク，アセスメントのプロセスがあまり意識されることなく，そこにほとんど時間を使う余裕もなく，クライアントに出会ったときから「援助ゴール設定と計画作り」に相当すると考えられる「ケア計画」にすすんでいらっしゃるかもしれません．そのため，これから説明するアセスメントのプロセスは，他の領域での仕事を経験していらっしゃらず，公的介護保険を使ったケアマネジメントだけを実施してきた方には，「余分なプロセス」と映る

1 アセスメント

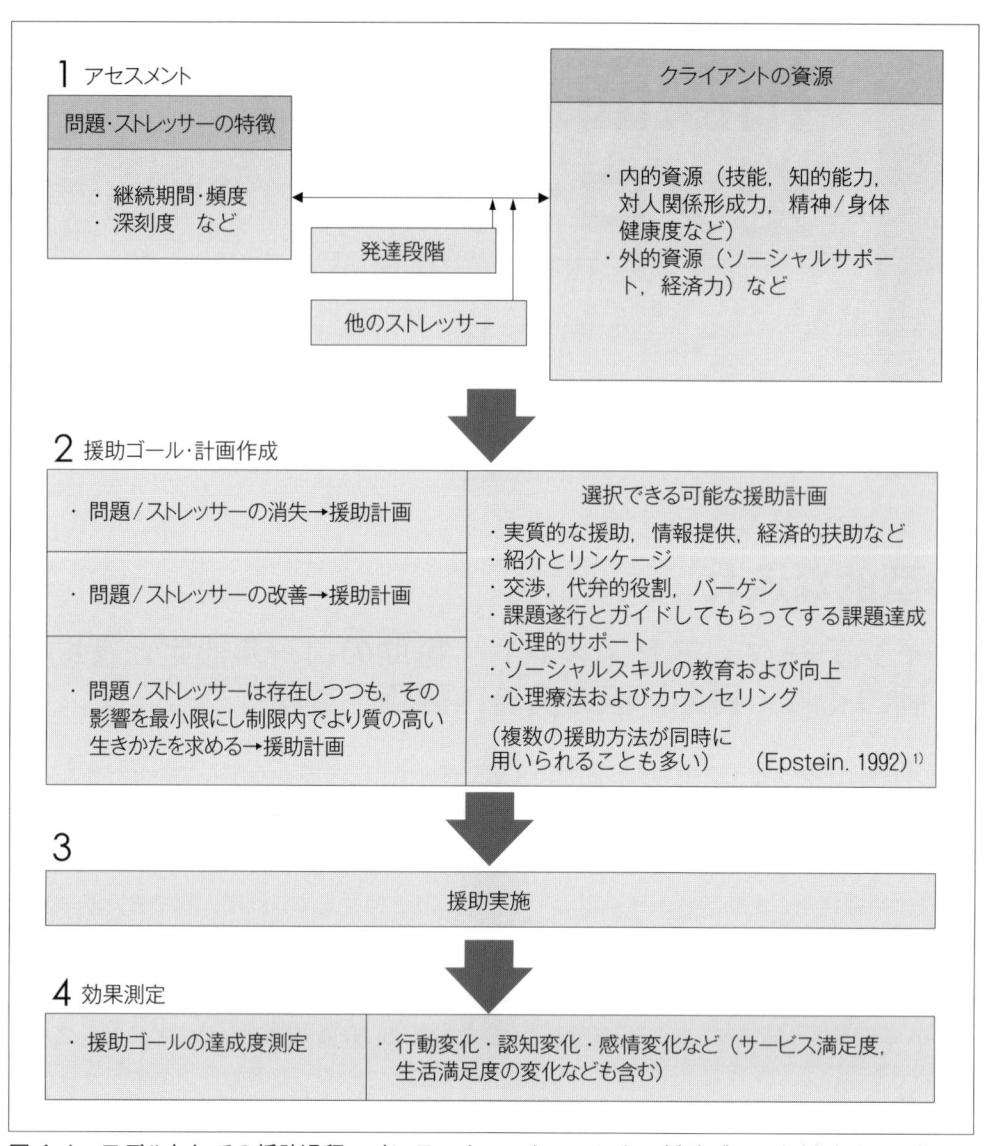

問題・ストレッサーの特徴
- 継続期間・頻度
- 深刻度　など

発達段階

他のストレッサー

クライアントの資源
- 内的資源（技能，知的能力，対人関係形成力，精神/身体健康度など）
- 外的資源（ソーシャルサポート，経済力）など

2 援助ゴール・計画作成

- 問題/ストレッサーの消失→援助計画
- 問題/ストレッサーの改善→援助計画
- 問題/ストレッサーは存在しつつも，その影響を最小限にし制限内でより質の高い生きかたを求める→援助計画

選択できる可能な援助計画
- 実質的な援助，情報提供，経済的扶助など
- 紹介とリンケージ
- 交渉，代弁的役割，バーゲン
- 課題遂行とガイドしてもらってする課題達成
- 心理的サポート
- ソーシャルスキルの教育および向上
- 心理療法およびカウンセリング

（複数の援助方法が同時に用いられることも多い）　(Epstein. 1992)[1]

3 援助実施

4 効果測定

- 援助ゴールの達成度測定
- 行動変化・認知変化・感情変化など（サービス満足度，生活満足度の変化なども含む）

図4-1　モデルとしての援助過程：インテーク・アセスメント，援助ゴールと援助計画の作成・援助実施・援助の効果測定

かもしれません．しかし，どれだけの時間を使いどんな形で実施するかは実施領域によって異なるものの，援助の要とも言える「クライアントを理解する」プロセスをおろそかにして，サービスにつなぐということだけをしてのちに大きな問題にぶつからないためにも基本をしっかりと身につけていただきたいと思います．

クライアントとなる可能性のある人が，援助機関にコンタクトをとるという段階があります．老人ホームでも老人病院でも，高齢者あるいはその家族の人が最初のコンタクトをとってきたさいに，自分の機関のクライアントとして，あるいは患者として，すべての人を無条件で受け入れることはできません．まず，その人が自分の機関のサービスに適しているかどうか

表 4-1　インテーク面接で援助職者が達成すべき 4 つのポイント

1	クライアントの心理的サポート	まず精神的な面でのサポートを行う（実際には物的資源と心理的資源からの両方でサポートをするが）．受容，共感，尊重，保証などを通じてこのサポートが行われる
2	クライアントの述べる事実，感情の両方に対するより正確な理解	相手を正確に理解したいという態度が表現されること
3	必要最小限の情報収集	クライアントの問題の本質を理解する．何で困っているのか，何を必要としているのか，今まで，どうやってこの問題に対処してきたのかなど，必要最少限の重要な情報を得ること．
4	今後の進路の目安	クライアントに対して最も適切な援助をどのような形で行なっていけるかの目安を立て，インテーク終了時に自分の機関がどのような形でクライアントと接していくかをまとめる（例：インテーク終了後，再度アセスメント面接を自分の機関で行うのか，自分がクライアントの家庭を訪問するのか，これで終わりなのか）

を，判断する「スクリーニング」とよばれる過程があるはずです．社会福祉の分野では，この過程で「インテーク面接（受け付け面接・受理面接）」というものを行います．インテークとはクライアントの抱えている問題に関するおおまかな情報を理解し，自分の所属機関でサービスを受けることが適切であるかどうかの判断をする過程です．このインテーク面接は，クライアントと直接会って行われることもあれば，電話で行われることもあります．

では援助職者はこのインテーク面接で，どのようなことをすればよいのでしょうか．

表 4-1 は，インテーク面接で少なくとも私たちが達成すべき 4 つのポイントです．これらは今までお話ししてきた援助面接の基本といえるものでもあります．

まず第 1 は，クライアントを心理的にサポートすることです．相手がインテークを終えたときに，「話をする前よりも希望がみえた」，「自分のことが受け入れられた」，「癒された」と思えることです．電話によるものであっても，直接会って行う対面のものであっても，インテーク面接というものは，相談をしてきた人がいちばん最初にその相談機関と出会う機会です．人はだれかとはじめて話すとき，緊張することが多いものです．ましてや心配事があるときは，一層，緊張しているでしょう．「自分のいいたいことを十分に伝えられるだろうか」，「この人に話したら少しは何かが好転するのだろうか」など，相談をしてくるクライアントの胸のなかには，多くの不安があるはずです．そのような場合，相談者の不安な気持ちを理解して相手を，サポートすることが重要になってくることは明らかです．

第 2 は，クライアントがおかれている状況のおおまかな姿を，少しでも正確に理解することです．これは，クライアントを理解したいという相談員の思いが，面接におけるクライアントとのやりとりを通じて表現され，クライアントに伝わることではじめて可能になります．私たちは会話のなかで，事実（実際にあったこと），それに伴う感情（情緒），類推（事実であるとは確かめられていないがそうだろうと思うこと）といったことを表現していきます．それらを明確に理解し，不明確なときには明確にする作業を行う必要が出てきます．これが達成され

れば，クライアントは自分を理解してもらえた，という安堵感をもつことができます．

第3は，第2のポイントであるクライアントのおかれている状況の，おおまかな理解のなかに自然に含まれることも多いのですが，ときにはそうではないことがあるので独立したポイントにしています．それは自分の所属している機関が，クライアントを援助するにあたって最小限必要としている情報の収集です．所属機関によっては，必要な情報が異なっていることがあります．それらをきちんと押さえておくことは，やはりインテーク面接で必要なことです．ここで最小限というのは，短時間で行わなければいけない場合もある初回面接では，すべての情報を手に入れようとすることよりも，基本的なことを押さえることを目指したほうがよいためです．

第4は，インテークを終了するときに，これからいったい何が起こるのか，どうなっていくのかをクライアントが理解できるようにしておくことです．つまり，今後の方向性をクライアントと相談員の双方が，共通理解しておくことです．このことが明確でなければ，クライアントは「せっかく相談をしたのに，いったい何のためだったのか」という不安や，あるいは「相談員に話したからすべて事はうまく運ぶだろう」といった思い込みが生じることがあります．第4の点をきちんと押さえていれば，クライアントは自分の将来像がより明確になっているはずです．

初回面接では，少なくとも以下にあげる一連の流れを念頭においてほしいと思います．インテーク面接の方法（対面か電話か）によっていろいろなバリエーションはありますが，おおまかな流れに大きな差はないでしょう．

---

① 自己紹介（相談員の名前，必要に応じて自分の機関の機能の説明）．
② 相手の主訴を聞く．
③ 相手を尊重し，より正確に，事実，感情，相手の類推の違いを明確にしていきながら，最小限の必要な情報を聞いていく．インテークのあとには，もっと時間をかけてアセスメントを行えることを覚えておくことが大切である．このとき，相手の話の流れにそって質問をする．また，少なくとも以下のようなことを知る努力を行う．
・主訴は何か（クライアントは何をいちばんの問題だと思っているのか）
・この問題の簡単な歴史（問題の発端，その後の経過，現在の問題の程度など）
・現在までのサービス利用や対処の歴史
・今までの対処法で起こってきている問題．それに関してどのようなサービスあるいは援助をしてほしいと思っているのか
・問題の緊急性
④ クライアントとの初回面接の終了．今後の方針を伝える．そのさい，初回面接の終了の仕方は表4-2のように分類することができる．

次に，もしクライアントが自分の所属機関でサービスを受けることが適切であるというさいに，クライアントの問題をよりよく理解し，その後に続く援助計画づくりにつなげていけるような情報を得るための「アセスメント面接」が行われます．このアセスメントの詳しい内容

表4-2 3つの可能なインテーク面接の終了の例

3つの場合	電話終了の方法
①話を十分に聞くことで，今回のおもなニーズは充足された	●将来またコンタクトをするという了解を得て終了 ●クライアントがふたたび何か必要が出てきたときにコンタクトしてくれるように，扉をあけて待っている形で終了
②クライアントのおもなニーズは他機関への紹介だけで，充足されそう	●あとで，他機関への紹介の結果を聞くためにコンタクトをとることの了解を得て終了 ●クライアントが必要なときにはいつまでもコンタクトをしてきてくれるように伝えて，扉をあけて待っている形で終了
③これより多くの情報が必要．アセスメント面接の必要を感じる	次回の面接の了解を得て，アポイントをとって終了

は，さきほど説明しましたが，ここでもう一度簡単に復習すると，クライアントの問題や問題解決に関連するデータを得て，それを統合・分析していく作業です．

❷ アセスメント面接

　アセスメントのための面接は，一般病院，介護老人保健・福祉施設（老健・特養），相談機関などの機関内で行われることもありますが，クライアントの家庭を訪問して行われることも多くあります．

　訪問面接によるアセスメントの強みは，クライアントの実際の生活場面を目で見ることによって，言葉では表現できない貴重なデータを得ることができることや，クライアントの生活場面という相手の土俵の中で仕事を行うことで，クライアントが援助職者に対して不必要な脅威を感じなくてすむことです．このことは，自分の家に人が来た場合と，人の家を訪ねた場合の違いを想像していただければ，おわかりになると思います．相手が同じ病院の医師であっても，病院の診察室という医師の仕事場で会って話すときと，自宅に往診にきてくれて話すときの緊張度の違いがあることからも，訪問面接のもつ意味が理解できます．

　訪問面接においての重要な点として，奥川(1996)[2]は，訪問時のエチケットを7点あげています．

---

① 訪問に際して相手に失礼にならない服装をする．
② 約束の時間に遅れないために，訪問場所への行きかたの確認をする．
③ 玄関先でインターホンなどを使っての挨拶の場合，相手によっては援助職者の所属（例：福祉事務所など）を近所の人に聞かれたくないという場合もあるので詳細にわたり注意を払う．
④ ときとして，クライアントは疲れや要援護者の病気などのために家の中をきれいにすることができないでいることがある．そのようなとき，相手がそのことを恥じないように家の

> 　　様子に驚いたりしないだけの心準備をする．
> ⑤　相手に気を遣わせないために，お茶やお菓子は相手に失礼のないようにして断る．
> ⑥　訪問時間は守り，長居をしない．
> ⑦　たとえクライアントの家が汚かったり，寝たきり状態であっても，訪問中の援助者の態度は自然体で，かつ相手に対する敬意を表現するために，丁寧な言葉使いをする．

　なぜ訪問面接にあたってこのような注意事項が必要なのか，ということをよりよく理解するために，みなさんに思い出していただきたいことがあります．それは相談員は訪問される人にとっては，まったくの他人であることです．そしてクライアントは，その他人である相談員を家の中に招き入れるだけでなく，ときには，風呂場，トイレ，台所などといった場所までも，「今後の援助に必要だから」という理由で見せなければいけないことも起こってくるのです．いったい，みなさんは自分とどんな関係にある人に，このような場所を見せるでしょうか．たとえ親友であっても，自分の家の台所には勝手に入ってほしくない，という人もいるかもしれません．「家」が自分にとってどのような場所であるかは，文化によっても左右されます．家をはじめて訪問した人にベッドルームまで見せてくれ，「好きなものを勝手に冷蔵庫から出して食べてね」ということが日常行われるアメリカのような文化もあれば，「台所を人様には見せたくない」という習慣をもつ文化もあります．日本では，とくに高齢者のあいだでは，「家」が自分のプライベートな空間であるという考えをもつ人も多いと思います．このような背景を考えると，クライアントの家を訪問したとき，自分は相手のプライベートな領域にいるのだということを深く認識しながら，相手の領域を侵さないように細心の注意を払うことが必要です．

　上記のようなクライアントの気持ちを，相談員がまったく無視していた事例を紹介しましょう．病院を退院して，今後長期の在宅介護を必要とする方のお宅に，ある相談員がアセスメントのための訪問面接を行いました．この人を仮にAさんとよぶことにします．Aさんは，今後の住宅改造の必要性を調べるという名目で，その人の家の中を調べ始めました．そして，その途中，「ああ，ここにいたの．何してるの」と何の断りもなしに，そのお宅の娘さんの部屋に入っていったのです．当の娘さんは，Aさんが自分の家の中を見ているということだけでも，あまりよい気持ちがしていなかったのですが，このAさんの振る舞いに「こんな無神経な人に相談なんかしたくないと思った」とあとで語りました．相談員のAさんにとっては，親しみを込めた振る舞いだったのかもしれませんが，知らない人の家の中で，相手の承諾も得ずにドアを開けたりすることが，どのような意味をもつのかを，相談員であるからにはきちんと理解しておかなければなりません．たとえ風呂場やトイレを見せてもらう必要があっても，自分で勝手にそれらの部屋のドアを開けるのではなく，クライアントやその家族にそれらの場所を見せてもらう必要性を伝えて，案内してもらうことは最低限のエチケットです．

　奥川（1997）[3]は，ある場所，たとえばお風呂場などをさらに詳しく見る必要があるときにも，「お風呂のふたをとってもいいですか」と必ず相手の承認を得ることが，クライアントへの尊重として必要であると述べています．このようなエチケットは単なる儀礼ではなく，援助における援助職者とクライアントとの「援助関

係」の形成に必要不可欠なものです．

アセスメントでは，クライアントがおかれている状況を十分に理解するために，クライアントから多くの情報を得ることになります．そのときに重要なことは，この情報収集が「単なる質問責め」の面接にならないようにすることです．インテークの4つのゴールで述べたのと同様に，「アセスメント面接」もそれ自体がクライアントにとって「援助的」でなければなりません．クライアントの立場や気持ちを十分理解し，それをクライアントに伝えていくことが必要です．「病気はいつ始まりましたか」「病名は」「座位はとれますか」「トイレには一人で行けますか」などということも，もちろん重要な情報を入手するための質問ではあります．しかし，このような質問を問い続けられる人が，どのような気持ちになるかを想像してみてください．クライアントには，人にいえない心配ごとや不安があるかもしれません．そのようなクライアントの思いに対する感受性が必要です．

本章の始めに述べたように（77頁）このアセスメントのプロセスでは，援助職者の働く場所が影響を受ける制度によって必ず押さえておくべきことなどが異なります．しかし，そのような違いがあっても，何らかの問題を抱えて悩んでいたり，つらい思いをしていたりするクライアントにとって，援助職者との初期のやり取りが大きな意味をもちます．もし，援助職者がクライアントに事務的，機械的に質問をし，相手を理解しないまま，何らかの対応策を指示したなら，クライアントはさらに打ちのめされてしまうかもしれません．自分のおかれている状況を理解しようとしてくれた，自分を尊重してくれた，という経験は，クライアントにとって何をおいても大切になることを忘れてはならないでしょう．

❸ 援助計画作成

アセスメントが終了すると，クライアントに最も適した援助は何かを考える「援助計画」に入ります．この援助計画づくりでは，もちろん援助が「何を目指して行われるのか」という援助のゴールを明確にすることが必要となります．このゴールは1つのときもありますし，また複数あることもあります．「自立支援」というような大きなゴールを立てることも必要ですが，必ず守るべきことは，このような抽象的な大ゴールから実践可能な小ゴールを導き出すということです．

図4-1（78頁）の「2. 援助ゴール・計画作成」の部分では，援助で設定可能なゴールとともにエプスタイン（1992）[1]が，社会福祉で可能な援助方法とよんだものを図表化しています．実際にはこれらの方法を複数組み合わせて，援助計画を立てることが多くなります．

援助計画を立てるときに大切なことは，援助職者が計画を一方的に立てていくのではなく，クライアントとの話し合いと合意のもとに進めていくことです．援助の過程のすべてにいえることなのですが，「クライアントの援助過程への参加」が不可欠です．これはクライアントのもつ権利を尊重するとともに，援助を最も効率のよいものにするためにも必要なことです．自分のまったく知らないところで，勝手に作り上げられた計画を，強制的に実行させられるとなると，高いモチベーションが得られるとはいいがたいからです．

たとえば自宅でずっと寝たきり状態のため，

すべてを妻に世話をしてもらっている山本さんという人がいたとします．その方の潜在能力を考えて「リハビリテーションを行って，身のまわりの最小限のことはできるようにする」という援助ゴールを援助職者が立て，「委託とリンケージ（クライアントのサービスニーズに最も適切な機関やサービスを紹介し結び付ける）」という援助方法を使い「PT（Physical Therapist＝理学療法士）によるリハビリテーション」を導入することを，援助計画の一部として立てたとします．

しかし，この過程に当人がまったく関与していなかったとすれば，山本さんは援助計画を聞かされたら驚くかもしれません．今まで何でも奥さんがしてくれていたことで，山本さんはある種のメリットを得ていたかもしれません．そのメリットが失われるかもしれないようなリハビリテーションを，一所懸命行う気持ちが出てくるでしょうか．たとえPTがすばらしい人であっても，「変化を望まない」クライアントには，リハビリテーションは非常にむずかしいことでしょう．

この例は単に援助計画のことだけではなく，もうひとつの問題も含んでいます．それはアセスメントをどれだけきっちりと行ったかという問題です．もしアセスメントの段階でこのクライアントの価値観，今後の希望，今までの問題に対する取り組みかた，家族関係（奥さんとの力関係）をしっかりと押さえていれば，クライアントにこのような援助計画を提案したさいに問題が起こることは予測できたでしょう．

そして，このような予測ができていたならば，「山本さんは，3か月ほどじっくりとリハビリテーションをしたら，起き上がって身のまわりのことができるようになると思うのですが，起き上がって自分でやってみたいことがありますか？」というふうに「援助のゴール」に対してクライアントがプラスの気持ちや将来への希望をもっているかどうかをチェックできるでしょう．この質問を受けた山本さんが「いやぁ，今ほとんど妻がやってくれているから，べつに起き上がれなくてもいいですよ」という答えかたをすれば，私たちは今の山本さんにとって大事なことは「自分の力で何かをするのではなくて，だれかがやってくれること」なのだということを発見できます．そんな場合には，援助職者が立てたさきほどの援助計画を，山本さんが実行していく可能性も低くなります．

ではどうすればよいのか．それは<u>援助計画がクライアントに及ぼすプラス面とマイナス面，またそれ以外に何かできることはないかなどに関して，援助職者とクライアントが積極的な話し合いをもつこと</u>です．どのような変化であっても，私たちは変化に伴うストレスを感じます．ましてやその変化が自分にとってそれほど大きなプラスにならないと思う場合にはなおさらです．援助計画の実行によって起こる変化に関してクライアントが予測するプラスとマイナスを十分に話し合うことは，援助計画立案のさいに非常に大切になります．

ここでみなさんに思い出していただきたいのは，2章で述べた6種類のサポート機能です．とくにそのなかの「情報サポート」と「モチベーションのサポート」を思い出してみてください．私たちが自分の将来計画をするとき，その計画の基本となる情報がなければなりません．たとえば山本さんの例を使えば，リハビリテーションといわれてもそれを行うということが具体的にどのようなことなのかに関する情報が必要です．

それも単なる通り一遍のリハビリテーションの説明ではなくて，「山本さんがそれをするなら」ということを考慮に入れたものでなければ

なりません．さらにもし山本さんにとってリハビリテーションに対する「モチベーション」が欠けているなら，そのモチベーションを高める役割を援助職者がとることが適切かどうかを考え，適切であると判断したならばそれを援助のなかに含めることも必要になります．

すべてのクライアントが援助計画実施に高いモチベーションをもっているわけではないことを理解しなければなりません．病院のカルテに「リハビリテーションやる気なし」と書かれてある患者さんがこのような点までを考慮した援助職者に出会っていれば，結果は違ってくるでしょう．

クライアントが参加した援助計画ができると，今度はその計画の実行段階に入ります．この計画が実行されているあいだ，援助職者は計画が予定通り進んでいるのかどうかをモニターしながら，必要によってはアセスメントをやり直し（再アセスメント），新たな援助計画を加えたりしていきます．そして援助計画のさいに目標にしていたゴールが達成された時点で援助過程は終了します．高齢者や慢性疾患をもつクライアントの援助の場合には，初期アセスメント時の状態が変化し再アセスメントが必要となる頻度が高くなります．

4 事例を使った援助過程の理解

ではここで，実際の援助過程がどのようにして行われるのかを具体的に理解するために，事例をみていただきます．読者のみなさんの職場は広域なのですべてのケースを取り扱うことができません．また，本章の冒頭で述べたように，本書の目的は読者のみなさんに援助の基本形を習得していただくことなので，事例の設定をあえて最初からすぐに制度利用につなげなくてもよいようにしました．ここでは，在宅介護支援センターの相談員に対する相談という設定をとり，かつ病院の退院時に，公的介護保険のことなども話されたけれども，まだ介護保険を使っていない，と仮定してあります．ご自分が相談員になったつもりで，以下の事例を読んでいただきたいと思います[注1]．

注1) 本書で用いた事例では，相談員が「アセスメント面接」というものをきちんと時間をとって実行しています．援助職の方のなかには，職場の事情で，このような形でアセスメント面接を行えないこともあるでしょうか．しかし，そのような場合，（例：病院の廊下でクライアントに何度か相談される）ここで紹介する枠組みは応用できると思います．
本書では，制度やサービス提供にかかわりなく，あくまでもご本人の意向を聞くことに焦点をあてて，面接を実施するさいのモデルを提供するため，サービス提供を中心にしていません．

●援助過程理解のための事例

事例4-1：電話による初回面接

> A在宅介護支援センターの相談員であるあなたは，午前10時にこの地域に住む68歳になる一人暮らしの山本さんという男性の娘さんの村岡さんから「相談にのってほしい」と電話で頼まれました（村岡さんは遠方に住んでおり，たまたま山本さんを訪問していた）．その電話で村岡さんが簡単に述べた山本さんの問題というのは次のようなものでした．
>
> **（山本さんの問題：山本さんに関する村岡さんからの話）**
>
> 父は今年68歳になり，現在一人暮らしをしている．自分を含めて子どもが2人いるのだけれども，遠くに離れて暮らしている．もともと，高血圧と糖尿病の持病をもっていたが，最近骨折をして入院していた．1年前に妻を癌で亡くしてから外に出ることも少なくなり，1日中寝ている日もあったようだ．今回退院してきてからは，本当に万年床の生活をしている．骨折自体はそれほどのことはなかったと聞いたのだけれど，本人は食事もきちんととっていない様子で，どうもコンビニの弁当などばかり食べているようである．今日久しぶりに父を訪ねてきてあまりのことに心配になった．食事を含めた家事のことや，骨折のあとの治り具合，そして持病の治療などをどうしているのか気がかりである．本人は相談になど行きたくないと言っている．本人はあまり詳しい話をしたがらないのだが，聞いた話を総合すると，退院のさいに公的介護保険の存在，そのサービスを使って暮らしていったらどうか？といったようなことを言われたらしい．でも，その時の父親の状態か，あるいは説明をしてくれた人のせいかは自分にもわからないのだけれど，父親は「介護保険サービスを使う」ということに拒否反応を示し，「人の世話になどなりたくない．そんなことしなくても自分でちゃんと自分のことぐらいできる」と言っていた．私の心配を聞いた友人たちが「ケアマネジャーに相談したら」と言ってくれたけれども，そうせずにそちらに電話で相談をしてみようと思った．父親は今までとにかく他人に相談することを頑なに拒んでいたけれど，私が「お父さんがこのままだったら，私は離婚してでもこの家に帰ってくる」といい張ったため，しぶしぶながらそちらに相談をしてみるということになっている．経済的には，ある程度のゆとりがあり，必要なことにはお金は出せる．

このケースでは，初回面接であるインテークは家族からの電話です．高齢者の相談の場合，本人自身が初回のコンタクトをとってくることより，家族がコンタクトをとってくるほうが多いようです．また，家族がいない，あるいは，家族がいても遠方の場合には，個人的関係があまり深くないかもしれない近所の人あるいは公的立場にある人が，インテークの対象になることがよくあります．

もう一度，本章のはじめで述べたインテークで守るべき4つの必要最低限のポイントを思い出してください．ポイントは，①心理的サポー

ト，②クライアントの述べる事実，感情の両方の正確な理解，③必要最小限度の情報収集，④今後の進路の目安，でした．この4つがきちんと守られているかどうかが，今後の援助のありかたに大きな影響を与えます．

ではここで，ほかの事例を考えてみましょう．村上さんという70歳の脳梗塞の後遺症をもつ一人暮らしの女性がいたと仮定してください．村上さんには，遠方に住み母親のことを非常に心配している45歳の吉田さんという娘さんがいます．しかし吉田さんは地理的な事情と体の具合いのわるさのために，母親の面倒をみることができません．いま母親を訪ねてきており，将来のことを心配して在宅介護支援センターに電話してきたとします．

どのような形で電話での初回面接が可能かをここで少し考えてみてください．あなたは福祉事務所のワーカーで，この電話面接の最後に自分が訪問面接を行うことに決めたと仮定してみてください．この電話面接を考えるさいに，**演習4-1**の右の空欄を埋めながら，実際にどのように話せるかを書いてみてください．

演習4-1 ● 電話によるインテーク

あなたがクライアントと行うやり取りの内容	あなたは，これらをどう表現しますか？
① 電話の始まり（自己紹介）（自分の所属機関のカバーする仕事の説明）（主訴を尋ねる：開かれた質問） ② （この間，十分に相手の気持ちを受容し，話を聞いたと仮定．その結果，おおまかな主訴が理解できたあと）この問題の簡単な歴史を聞く ③ 本人がどのようなサービスあるいは援助で問題が軽減すると思っているか ④ 今までどのようなサービスを使ってきたか ⑤ 電話の終了 （たぶん自分の機関でできることがあるという現在の判断と，訪問してもう少し詳しく事情を聞きたいという今後の方針を述べ，了解を得る） （12月10日の午前11時に次回の訪問の約束をとる）	（電話を使って）

さて，この演習問題のなかで，実際にはどのようにクライアントの娘さんと応対することが可能なのかということをみてみましょう．

まず，電話の始まりですがここでは，電話をとってすぐ「はい，地域包括支援センターの近藤です」というふうに自己紹介をします．名前を明確にすることであなたは，クライアントに対する自分の責任をはっきりさせ，無名の人と話しているのではなく，同じ立場に立つ「個人と個人」として話しているのだということを表現していることになります．これは簡単そうにみえてなかなか実践されていないことが多いものです．

先日，私自身がある老人施設に用事があって電話をかけたのですが，そのとき電話をとられたワーカーの人の対応で，「あー，電話しなければよかった」と思いました．クライアントが私たちのところにコンタクトをしてくるときには，自分の問題やあるいは家族の問題で悩み，疲れています．そのような状況で行われるインテークが，クライアントにとってどれほど重要な意味をもつかはここで再度強調するまでもないことでしょう．

もしクライアントが最初に「そちらでは，

ショートステイの紹介もしてくださるのでしょうか？」と尋ねてきたと仮定しましょう．これはよくあることで，クライアントはかなり具体的なサービスの名前を出してくることがあります．このような質問は，私たちが「仕事をしている機関がどのような機能をもっているのか」に関する質問です．初回の電話で，このように尋ねられたあなたは，どう応えるでしょうか．「ええ，しますよ．いつ必要ですか」でしょうか．サービス提供の前にクライアントから十分な情報を聞かせてもらうことの重要性を思い出せば，この応答が時期尚早であることがおわかりになると思います．

インテークのときには，クライアントはいろいろな期待をもって私たちと話をしています．そのようなときに「これからこの電話で，あるいは面接で，どのようなことが起こるのか」ということを相互認識することが必要です．すぐに自分のいったとおりのサービスの手配をしてくれると思っているクライアント，また具体的な医療アドバイスを期待しているクライアントなど，クライアントによって期待は異なることを考慮に入れ，早期にインテークの目的を相互理解することが重要です．

それを考えると「はい，うちではそのようなサービスも行っています．お宅様の事情によってそのサービスを提供することができますが，ほかにもよい方法があるかもしれませんので，まずそのサービスを必要となさっているご事情をお話しいただけますか？　お宅様のご事情を十分理解したうえで，ご一緒にいちばんよい方法を考えたいと思いますので」というような内容を伝え，クライアントの主訴を尋ねはじめるのがよいかもしれません．

そうすれば，クライアントは母親の状態とともに，自分がどれほど母親を心配しているかを語るかもしれません．また，現実問題として何もできないでいるなどの苦しさを訴えるかもしれません．このような状況で私たちがすることは，そのクライアントの気持ちを受けいれることでしょう．「今のお話をお伺いしていると，吉田さんの苦しいお立場がよく伝わってきます．ずいぶんと歯がゆい思いをなさったのかもしれませんね」というふうに，クライアントの「感情を反射」することが適切かもしれません．

最後に電話の終了ですが，このケースの場合，お母さんである村上さんの複雑な事情とサービスの必要性，そして地域包括支援センターの機能とクライアントのニーズとの一致の可能性から，さらに訪問面接でアセスメントを行うことに決めたと仮定してあります．ではどのようなかたちで電話を切ることが適切でしょうか．

「今日は短い時間で，しかも電話でしたので十分お話を伺えなかったところもあると思いますが，今日のお話から，吉田さんの現在の状況をよりよくしていくために私どもがお手伝いできることがあるように思います．それをもう少しはっきりさせていくために，少し時間をかけてお母様の現在のご様子などを知りたいと思いますが，一度お宅に伺って詳しいお話を聞かせていただき，そこから今後の方針を立てていきたいと思いますが，いかがでしょうか？」と相手の意向を尋ねます．

相手が承知したら「では，いつがよろしいでしょうか？　はい，12月10日の午前11時ですね．わかりました．私ともう一人，保健師の本多が伺います[注2)]」．たぶん，1時間半ぐらいで終わると思います．では，そのときに，もし何かその前に変化がありましたら，私までご連絡ください．電話番号は〇〇〇〇です．では失

注2）訪問面接のさい，インテークの電話を受けた本人が訪問するか，また，だれとだれが訪問するかなどを，クライアントにきちんと伝えておくことが大切です．

礼いたします」としめくくることができるでしょう．

[アセスメント]

ではここで，山本さんの事例に戻って考えてみましょう．この事例では，アセスメントを行うために電話をしてきたのは山本さんの娘さんの村岡さんです．アセスメント面接は在宅介護支援センターの職員が山本さんの家を訪問して行うという設定で，山本さんのアセスメントを行っていきます．まず，以下の文章を読み，山本さんのアセスメント前に必要な準備について考えてみてください．

演習4-2A ● 山本さんのアセスメント面接の準備

あなたは村岡さんから電話があった翌日の午後2時に，山本さんと村岡さんを訪ねることになりました．これからまだ少し時間があるので，あなたは山本さんを訪問したときのアセスメント面接のために，1時間ほどその準備をすることにしました．あなたは，すでにアセスメント面接でカバーすべき基本的項目の一覧表と，ADLのアセスメント表をもっていると仮定してください（3章の63〜69頁［アセスメント項目とその解説］の16項目を参照）．

さて，ここでは基本項目にそって娘さんの村岡さんからの電話で知り得たことと，まだ知り得ていないので山本さんからとくに聞いておかなければならないことを整理してみることが必要です．山本さんの問題の特徴を考慮に入れ，どんなデータをより詳しく知る必要があるのか，また，それらのデータを知ることにはどんな意味があるのかなどを考えてください．

この演習問題では，山本さんとのアセスメント面接以前に，いくらかわかっているデータがあるという場面設定になっています．そこでこの演習問題に答えていく方法として，3章で紹介した一般的な16のアセスメント項目を整理し，高齢者援助用に変えて以下のような18項目にまとめました（太字部分）．」項目に該当する内容が山本さんに関する事前情報から得られていればそれを記入してあります（普通字部分）．一部のみしか情報が得られていなければ，あとどのような点を明確にすべきかなどの補足説明も入れてあります．電話で相談をしてきたのは娘さんでしたが，実際に「クライアント」つまり，援助職者が援助の対象となるのは山本さんであるとします（援助を始めるさいにだれが「クライアント」かを明確にすることが重要です．これに関しては8章でふたたび説明します）．

【演習4-2Aの解説】 山本さんのアセスメント面接の準備

山本さんの事前情報でこれらのことがどれだけわかっているか．

① 何がクライアントの問題なのか？（問題の特徴：クライアントが述べた言葉で記述すること）

山本さんの言葉による問題は不明．つまり，いまこの時点では，山本さんが，何を問題としているかはわかっていない．

家族である娘さんの考える問題はわかっている．「一人暮らしで病後の生活管理ができていないこと」「他人の世話になることをいやがっ

ていること」を問題としている．おそらく一般的にみてもこのことは「問題」らしくみえるであろうが，こちらが決めつけずに本人である山本さんが「この状況をどうとらえているか」を知ることが必要．

② **問題の具体的な説明**（いつから始まったか，どれくらいの期間続いているのか，問題の起こる頻度，問題が起こる場所や時など）

上で述べたことを「問題」としてとらえるのであれば，ほぼ1年前から始まった様子．問題は日々の生活に関するものなので，毎日起こっている様子である．それが，骨折して入院し退院したあと，さらにひどくなった様子である．

③ **この問題に関するクライアントの考え，感情，および行動は何か？**（クライアントは問題をどのように感じ，考え，それに応じてどのような行動をとっているのか）

行動レベルでは，問題とされていることに対して非常に受身的である．

考え，感情に関しては「人の世話になりたくない」という思いがあること以外は，この情報からは何もいえない．娘さんの心配とそのままの生活を続けている山本さんのギャップを考えると，このことを山本さんがどのように考え，感じているかを理解することは非常に重要である．山本さんはこのような状態で暮らし続けていっていいと思っているのか？ を明らかにしていく必要がある．

④ **この問題はどのような発達段階や人生周期に起こっているのか？**（例：児童期，青年期，老年期など）

老年期の前期である．これから70歳代に入っていき老年期後期を迎え，心身ともに衰える可能性がある．

⑤ **この問題はクライアントが日常生活を営むのにどれほど障害になっているのか？**

不明．一般の基準からみれば病気を抱えながらこのような食生活を送り，「万年床」生活というのは心身の健康にとってマイナスになると考えられ，日常生活の障害度がかなりあると推測される．しかし，山本さんのこれまでの生活形態を理解しないと「どれほど日常生活の障害」になっているかの度合いははかりにくい．

⑥ **この問題を解決するためにクライアントが使える人的・物的資源**（クライアントを取り巻く環境でクライアントの問題解決に有効だと思われるもの）

この項目は，高齢者介護のありかたが中心問題となる事例では，「家族や地域のもつ介護力」と考えることができる．

一人暮らしでやっていけるのか，あるいは本人はそのほかの生活の仕方を望んでいるのか，をみていく必要がある．

経済的な資源は娘の情報では，ゆとりがある様子である．人的な資源はまだ不明．これらを明確にしていく必要あり．娘さんは人的資源として役に立ちそうなことが推測できる．

⑦ **この問題解決のためにどのような解決方法あるいは計画がすでに考えられたり，とられたりしたか？**

病院を退院する前に，介護保険サービスを使うことができるだろう，と言われたが，それに対して，拒否反応を示した．他人に介入されたくないという思いから，何の解決法もとられていないようである．娘さんは，山本さんに何らかの助言をしたかもしれないが，今のところ不明．おそらくまだ何もなかったかもしれない．

⑧ **なぜ，クライアントは援助を受けようと思ったのか？ 進んで援助を受けようと思っているのか？**

この相談は山本さん本人からのものではない．本人が進んで援助を受けようとしているかどうかは不明である．しかし，おそらく「そうではない」と思われるが，最初の面接でこのこ

とに関する山本さんの気持ちを上手に聞く必要がある．また，以前病院で援助を受けることを話されたときによい経験をしていないようであるため，面接のさいにもこの点に注意を払う必要があるだろう，と推測される．

⑨ 問題が起こるのに関連した人や出来事．それらの人間や出来事は問題をよりわるくしているか，あるいはよくしているか？（現在抱えている問題以外のストレッサーの存在）

山本さんの奥さんが亡くなったことをきっかけに，問題が始まったように思われるが，確認が必要．これ以外には骨折という出来事がある．両方とも山本さんの問題をわるくするのに関わっている．

⑩ クライアントのどのようなニーズや欲求が満たされないためにこの問題が起こっているのか？

クライアントである山本さんの問題のとらえかたを聞いてみるまでは，この点は不明である．

⑪ だれが，どんなシステムがこの問題に関与しているか？

少なくとも医療システム（高血圧，糖尿病の管理，骨折の治療に関して），民生委員，娘さんという家族システム，が現在のところわかっている．

⑫ クライアントのもつ技術，長所，強さは何か？

現在の状況からみれば少なくとも2点があげられる．1点目は，娘さんとの関係を良好に保っていること，2点目は，外からみれば問題があると思われる生活を何とかコンビニの弁当を買ってくるなどの工夫で切り抜けていることである．さらに情報を収集する必要がある．

⑬ どのような外部の資源を必要としているか？

現在のところクライアントがとらえている問題やニーズが明確でないので不明．推測できることは，病気の管理に関するもの，生活管理に関するもの，そして心理的な側面に関するものがある．公的介護保険の対象者となる可能性はあるが，本人の「相談になど行きたくない」思いをまず尊重し，どこでどんな形でシステムをつないでいくかを慎重に考える必要がある．

⑭ クライアントの問題に関する医療・健康・精神衛生などの情報

現在のところ不明．「万年床」とあるので，いったい何ができているのか，ということと，何ができるのか，ということとのあいだのギャップに注意する必要がある．山本さんの場合，高血圧や糖尿病もあるようで，退院後の生活で全身状態が悪化して今のような状態に陥っている可能性も考えられるため，内科の主治医からの情報収集も必要である．認知・感情障害や問題行動はないようであるが，確認の必要性がある．

⑮ クライアントの住環境（クライアントの抱える問題との関連において）

現在のところ不明．

⑯ クライアントの生育歴

不明．

⑰ 成長過程で起こった特記すべき事柄

不明．

⑱ クライアントの価値観，人生のゴール，思考のパターン

不明．これは山本さんの現在の暮らしかたの選択に大きく関連するので，明確にしておくべきことである．

さて，みなさんのこの演習に対する答えはどのようなものだったでしょうか．援助の仕事で大切なことは，「何がわかっており，何がわかっていないのか」を明確にして面接にのぞむことです．このようなプロセスをきちんと踏むこと

によって，仕事の依頼をしてきた人から入手した情報をあたかも事実のように信じたり，自分の推測を事実のように扱うことを避けることができます．日常の業務は忙しく，常にこのように記述している時間はないと思います．いつもでなくてもよいので，せめてご自分の担当ケースのひとつでも選んでこの演習と同様のことをしてみてください．このような学習により，すべてのケースの分析を記述しなくても，考えかたのプロセスが自然と身についてきます．

　以上，現在わかっている山本さんの問題をめぐる状況を書き出してみました．この記述をじっくりと読んでいくと，訪問面接を終えた時点で，相談員と山本さんのあいだで最低限明確にしておかなければならないことがみえてきます．これは援助方針を決めていくにあたり絶対に押さえておきたいポイントでもあります．言い換えれば，相談員がこの段階で考えるこのクライアントの問題の中核です．この問題の中核は多くの高齢者の相談援助に共通するものになるかもしれません．それは，「クライアントはどのような生活形態をとることを望んでおり，そしてそれは現実的であるかどうか」ということです．

　山本さんの援助を考えるにあたり，今後一人暮らしを続けていくのか，娘さんと同居するのか，あるいは何らかの施設で暮らしていくのかという決定いかんで，必要な援助の種類もその提供の方法も変わってくるからです．この面接でこの点を明らかにしなければ援助計画を立てていくことができないことはみなさんにもよくおわかりだと思います．

では，訪問面接をしたさいに忘れずにこの質問をしさえすればよいのか，というとそうではありません．面接には流れがあります．クライアントは，それぞれ異なる状況のなかで生活をし異なる考えかたをします．相談員に会ったとき，どの程度自分が抱えている問題を明らかにしているのかによって，「どのような生活形態をとっていきたいのか」といった中核的な問題に対する答えの準備が，できているかどうかに差が出ます．そして，<u>そのクライアントの側の問題に対する整理の度合いをみながら，クライアントの現在のペースにあわせてこの中核的な質問にたどり着くようにできることが</u>「・面・接・の・専・門・家」なのです．このクライアントのペースにあわせることが不要であるならば，面接は専門家でなくてもよく，だれにでもできるでしょう．質問項目を順番に並べて，それをひとつひとつ答えてもらう作業であれば，それほどむずかしいものではありません．

　アセスメントで，少なくともこれだけは理解したいというリストを本書でも出していますが，これは「ひとりの人間が抱えている問題をよりよく理解する」さいの目安であって，これをそのまま使うためのものではありません．このことに関しては，あとに続く章でより詳しく述べていきます．

　このようなことを頭に入れていただいて，さっそく山本さんの訪問面接に入っていきます．相談員の活動を記述するにあたり，相談員や関係者に名前をつけて事例報告のような形で表現していきます．ここで，それぞれの名前を整理して以下に記します．

事例の登場人物の紹介

山本さん：介護が必要であるかもしれない本人

村岡さん：山本さんの長女で遠方に住んでいる．いま，たまたま父親の様子をみるために実家

> に戻っている．相談員に電話をかけてきた人
> 田中さん：経験 5 年の中堅相談員（女性）．村岡さんからの電話をとり，訪問面接をしてアセスメントを実施する予定
> 吉岡さん：経験年数 10 年の保健師．田中さんと同じ相談機関で仕事をしており，今回田中さんとチームを組んで山本さんのアセスメントを行う予定

【面接を開始するまでに，相談員が留意するべき点】

田中さんと吉岡さんが訪問面接を実施する前に気をつけておかなければならない 2 点にふれてから，実際の訪問によるアセスメント面接の場面に入っていきます．

(1) 訪問面接を開始する前の準備（訪問の事前準備）

ポイント
① 訪問前に入手する必要のある情報を下調べしておくこと
② チームで仕事をするさいには，チーム内での相互理解を深めておくこと

　山本さんの電話を受けた田中さんは相談員になって 5 年目の中堅職員です．今までかなりの数の高齢者の相談面接にあたってきました．その経験から，クライアントおよびその家族といった面接に同席する以外の人々からの情報が，クライアントの理解および援助計画作成に必要だということを学んできました．またクライアントに役立つ可能性のある地域のサービス，自分たちが提供できるサービスの範囲を明らかにしておくことの大切さも学びました．たとえば病気に関することでは，高齢者本人やその家族が正確に病名を覚えていなかったり，予後に関しても曖昧な記憶しかないことがよくあります．また，クライアントにこのような援助ができればうまくいくのにと思いながらも，その援助の実現可能性があやふやなこともあります．医療関連の情報が曖昧であることが明確で，かつクライアントからの了解があり，医療機関が協力的であれば，訪問面接に先立って医療機関から情報を得ることも可能です[注3]．面接にいってみてはじめて，医療関係や公的サービス関係の情報が入手可能であるとわかったときには，本人あるいは家族にその情報を確かめてもらうか，相談員が本人の了解を得てその情報を得るという方法をとります．これらを面接中にその場ですることもあれば，日を改めてすることもあります．

　相談員の田中さんは，いつもチームで仕事をしています．チームメートは保健師の吉岡さんです．今回の訪問でも吉岡さんが同行してくれますが，山本さんを訪問するに先立って二人でこのようなことを話し合いました．吉岡さんは，山本さんの持病という高血圧・糖尿病のコントロールがどの程度できているのか，服薬はどのようになっているのか，歩行状態はどのよ

注 3) 医療機関によっては，まだまだ相談員に協力的なところが少なく，むずかしい問題もあるかもしれません．

うなものであるか，食事と栄養に関してはどのような様子であるかなどに焦点をあてていきたいということでした[注4]．

注4) ここでは，相談員と保健師さんのチームでの仕事という設定で話を進めていますが，ここにあげられた事前準備は一人で訪問する場合にも必要です．

(2) 訪問の日：訪問のさいに気をつけること

> **ポイント**
> ① 自分たちが来ていることを近所の人に知られると困るかどうかの確認
> ② 訪問先の家の散らかしようなどにひるまないこと
> ③ 茶菓子のもてなしに関して専門職として適切な対応をすること

さて，いよいよ訪問をする日がやってきました．田中さんが訪問面接をするさいは，たいてい職場の車で行きます．その車のボディーには田中さんの職場の名前が入っています．一度あるお宅の前にその車を停めていたところ，近所の人がそれを見つけ訪問先のお宅の方に「あなたのところ，どうしたの．あの車はお役所の車でしょう」などと尋ね，その挙句，「○○さんの家では，家族がおばあちゃんの面倒をみないんだって」などといううわさになって困ったということがありました．このようなことが起こらないためには，近隣の人が援助サービスに関する偏見を取り去ってくれることが望ましいのですが，今のところ地域によっては他人が介護サービスに入ることにマイナスのイメージをもっているところもあります．田中さんはいつも電話で訪問面接の約束をするさいに，訪問先のご家族に「私は車でそちらにお伺いいたします．どこか近くに車を駐車できるところがあるでしょうか．車にはセンターの名前が入っています」と相手の方に尋ねることにしています．今回，山本さんの娘さんの村岡さんは，「家の父は相談するということをいやがっていたので，できれば今はちょっと来ていただいていることがわからないようにしてほしいのですが…」ということでした．そこで車の駐車場所が山本さんのお宅から少し離れるように前もって決めておきました．同様の注意は相手のお宅を訪問したとき，まずインターホンを通してどのように自分たちの来訪を告げるかにもかかわってきます．インターホンの声は住宅街であれば簡単にご近所にも聞こえます．初回の訪問のさいにインターホンを通じて「○○在宅介護支援センターです」とか「○○ホームヘルプサービスです」といってよいのかの判断も必要になってきます．なぜこのようなことまで気を配る必要があるのかと，いぶかしく思われる方もいらっしゃるかもしれませんが，このように援助者がクライアントひとりひとりの思いを考慮に入れて仕事をするところから，援助関係が形成されていくのです．

次は家に招き入れられたときですが，高齢者の家庭では，介護に追われて家を散らかしっぱなしにしているところや，物をため込んで足の踏み場もないようにしているところなどがあります．このような場所を初めて訪問面接をした人は，ただ驚いてしまうでしょう．しかしこのような場合に，訪問された相手の方がそのこと

を気にしなくてよいように，なるべく自然に動くことが大切です．よく耳にする冗談のような本当の話ですが，「ヘルパーさんが来てくれるから掃除をして待っていた」ということがあります．ホームヘルパーさんが家事援助のために来てくれるのに家を掃除しているというのは，ホームヘルパーがそのお宅で必要な機能を自然に担っていることになりません．

最後に，訪問したお宅でお茶やお菓子を出してくれることに関して，どのように対応するかということがよく問題になります．お茶ひとつ入れるにしても，お菓子ひとつ出すにしてもお金や手間がかかります．原則としては，相手の方に失礼にならないように，お茶やお菓子がなくても大丈夫であることを伝えることです．みなさんが，数回そのお宅に足を運ぶことになれ
ばなおさらのことです．今日は相談員の方が来るからお菓子を買ってきておかなければと考えることは，家族の介護の負担のうえに新しい心配を増やすことになります．

【山本さんおよび村岡さんの面接の様子】
(1) 面接に入るまでのやりとり

田中さんと吉岡さんは，山本さんのお宅から少し距離のある駐車場を選び，そこに車を止めて前もって地図で調べてあった山本さんのお宅を見つけました．予定の時間より少し早かったので，時間待ちをするついでに近所をぶらぶらと歩いて山本さんの近隣の様子をみてみることにしました．山本さんのお宅は最寄りの電車の駅から歩いて7分ほどのところで，駅近くにはスーパーマーケットがあります．山本さんの家に向かって歩いて行く途中には駅前商店街があり小さな小売店が並んでいました．お惣菜を売るお店や弁当屋もあります．昔ながらの下町の面影を残す住宅地です．山本さんのお宅は30坪ほどの敷地があり，近所には同じような大きさの家が接近して建っています．家の前の道路はあまり広くなく，中型の自動車が1台入ればもういっぱいという感じです．山本さんは，木造瓦ぶきのやや古くなった住宅に住んでいました（このような住宅環境を観察することは，山本さんの暮らしがどのように営まれているか，また今後の生活を支える資源をもっているかを知るうえで役に立つ）．

家の門にあるインターホンを押して「こんにちは，今日の2時にお伺いする約束をしていた田中と吉岡です」と来訪を告げました（村岡さんは，やはり近所の人に相談センターからの来訪を知られたくなかったので，このように名前のみを告げている）．電話をしてくれた娘さんの村岡さんがインターホンの応答をしてくれました．村岡さんが，田中さんたちを家に招き入れようと玄関を開けようとしますがうまく開かずちょっと時間がかかります．村岡さんは「すみません．この家かなりがたがきていて，戸の立て付けがわるくなっているんです．父に直すようにいってるんですけれども…」といいわけをしながらやっとのことで玄関を開けてくれました．

「汚くしていますけれど，どうぞ．これでも昨日私が少しは掃除したんですけれど，父がさわらないでくれ，それはばあさんが大事にしていたものだからなどといって，私になかなか不要品を捨てさせてくれないんです．母が亡くなってもうずいぶんたつのに，父はそのころのもので始末をしていないものもあるんですよ」といいながら，田中さんたちを奥の部屋に通してくれました（この話から，山本さんと亡くなった奥さんとの関係が推測される）．暗い廊下の外は縁側になっており小さな庭があります．庭は小さいながら樹木も植わっていますが一方では雑草が伸び放題でした．台所とのあいだにガラス戸の仕切りのある茶の間に布団が敷

かれてあります．その前にはちゃぶ台があり，そこに山本さんがスポーツシャツにズボンというこざっぱりした格好で片足を投げ出し，座椅子にもたれて座っていました（どのような格好をしているかで山本さんの外の世界に対する姿勢をみることができる．だれかの来訪があるということで身繕いをしてきちんと待っていたことの意味を考えておきたい．アセスメントの情報というのは言語によって得られたものだけではない）．

村岡さんが山本さんに向かって「お父さん，昨日話をしていた相談所の人よ．お父さんの体のことを心配して話を聞きにきてくださったのよ」と声をかけました．続いて相談員の田中さんと保健師の吉岡さんが自己紹介すると「それはそれはありがとうございます．私は自分できちんとやっているので，何にも心配することはないのですが，娘があんまりうるさくいうものですから，とにかくお会いしようと思いまして」「ご飯をつくれなくて，店屋ものばかりで栄養が偏っていかんと医者に注意されているんですよ．でもね，まあ，男一人の生活だからこんなものですよね．転んで骨を折ってから歩くのがこわくなってね．それにもうたぶん前のようにスタスタと歩けないと思うしね．先生はリハビリをすれば歩けるようになるっていうけれど，家の中だけだったら不自由しないからリハビリテーションしていないんですよ．でもこれぐらいのことなんてことありませんよ．せっかく来ていただいたけれど何にもやっていただくことはないと思いますよ」と，丁寧にだがきっぱりといわれました（開口一言何を語られるかをしっかり聞いておくこと．これはアセスメントのさいに最も大切な「クライアントの言葉による問題」と「クライアントは進んで援助を受けようと思っているのか」という２つを同時に表現してくれている話である．本人は今の自分の状況を少なくとも「問題」とはしていない．しかし，話の内容からは，食事の偏りと今後の歩行能力の向上の可能性といったことが問題となっているらしいことがわかる．しかしこれは，現時点ではあくまでも援助職者が推測するクライアントのニーズで，ノーマティブニーズであり，クライアントの感じるフェルトニーズとはなっていないことがわかる．そして援助者が来たことに対してもあまりよい気持ちはもっていないことがわかる．しかし，このような気持ちがありながら，娘さんの頼みは聞き入れるという態度を示していることにも注目すること．この娘さんとの関係は，援助においても山本さんのもつ人的資源や強さとして認識することが必要である）．

演習 4-2B ● 山本さんの訪問面接における応答

> さて，山本さんが訪問面接の第一声として上記のように表現されました．あなたが田中さんならどのように応じますか．可能な応答を考えてみてください．解説はこのあとの面接の記述のなかで行います．

(2) 面接の実際

相談員の田中さんは，山本さんが自分たちの訪問に対してもっている感情が理解できたような気がしました．そして，ここでまず山本さんにそのことを十分語ってもらうことが大切だと判断し「そうですか．山本さんの時間をおとりして申しわけありません．今日私たちがお伺いしたことが山本さんや村岡さんの役に立てれば

と思っています．村岡さんは今回は山本さんのことが気がかりで，そろそろ九州に帰らなければならないけれどどうしようかとお迷いのようでしたが…」というと，村岡さんが「そうなんです．私いったいどうしたらいいかわからないんです．父はこんなふうにいいますが，本当はきちんとご飯も食べてないし，足のほうも私が電話で聞いているのとは全然違っているんです．この2日間父の動きをみていると，もう心配で仕方がないんです」と話を続けてくれました．村岡さんは気持ちが高ぶってきたらしく目に涙をためています．それをみていた山本さんはさきほどの毅然とした態度とはうって変わり動揺し始めました（面接は一方的な相談員の問いかけとクライアントの回答からなるものではないことはすでに述べた．この場合のように，クライアントの家族間でのやりとり，またはクライアントと相談員との話し合いを通じてそれぞれの態度の変化が起こってくる．相談員はそれを見すごすことなく，新たな動きを織り込みながら，面接を進めていく）．

うなだれてしまった山本さんをみて田中さんは「山本さんは娘さんが心配されることがおつらいようですね」と山本さんの感情を反射すると（これは，次の**第5章**「面接における言語技術」で詳しく説明するので参照のこと），山本さんは，「実は娘を心配させることだけはしないでおきたいと思っていたんです．いまこれは（娘さんを指して）3番目の子どもを妊娠中なんです．40歳を過ぎてからできたのでどうしようかと迷っていたようですが，やっぱり産みたいということで大変なんですよ」と語った．そこで保健師の吉岡さんが「そうですか．何か月目ですか」と村岡さんに尋ねると，「やっと4か月に入ったところです．この前に一度流産しているので，お医者さまからは大事にするようにいわれているんです」と答えた（ここで吉岡さんと田中さんはそれぞれの専門性を生かした介入をしている．村岡さんにしても，保健師の吉岡さんと妊娠について話をすることはより安心を与える可能性がある．しかしここで吉岡さんが専門だからといって，村岡さんの妊娠上の注意などといったことに言及して長い時間を妊娠の話に費やしてはいけない．あくまでも，この時点で大切なことは，この父娘にとっての今後の方針を決めていくことである．そしてそれが村岡さんの精神的な安定にもつながるのであることを忘れないこと）．

吉岡さんはそれを受けて，「そうですか．じゃあ，大事になさらなくてはいけないですね」というと，「はい，そうなんです．私もいつ入院しなければならないかもわからないと思うと気が気でないんです．それならいっそ父を鹿児島に連れていってとも思ったりしているんです」と話しました．すると，山本さんは「お前の気持ちは有り難いけれど，ワシはここで一人ばあさんの位牌を守って暮らしたいんだ．お墓だってここにあるし．ワシはお前にこれ以上心配をかけたくないんだ」としんみりと語りかけました．娘さんの村岡さんは傍らで涙にくれながら「でもそんなこといわれても，このままでは私は心配で帰れないんです」と途方にくれた様子になりました．その娘さんの言葉で山本さんもどうしてよいかわからないといった表情をみせました．この二人のやりとりをみていた田中さんは，「娘さんに心配をかけまいとしてがんばってやってこられたのですね．でも，実際は娘さんは今の状態であれば心配で仕方がないといっていらっしゃいます．いま山本さんと村岡さんのお二人にとっていちばんよい方法はどんなものかということをここで考えてみませんか．私たちはそのことを考えるお役に立てると思います」と二人に話しかけました（田中さんは，訪問していきなり自分から多くの質問をして自分

なりの結論を出して帰ろうという姿勢ではなく，まずクライアントである山本さんと村岡さんがいま何を問題とし，それをどのような形でとらえているのかを，ありのままの姿でみせてくれる時間的余裕をつくっている．そして二人がこれからのアセスメントの意味を理解してくれる時期がきたと判断し，このような形で面接の目的を話した）．

田中さんのこの言葉を受けて山本さんは，「そうですね．このままでは私たちもどうにもなりませんね」と，自分たちの力だけでは今の問題が解決できないことを認める発言をしました．そこで，田中さんは「私は山本さんのことを，いまほとんど存じあげません．これから何をしていったら山本さんにとっていちばんよいかを考えていくために，お話を聞かせていただきたいと思いますが，よろしいでしょうか」と，これから何をしていくのかを説明しました．すると，山本さんは黙ってうなずきました．

田中さんは，今までの話の流れをこわさないことを念頭におきつつも，今回はまず山本さんの年齢や今までの簡単な経過，家族構成などといった最も山本さんが話しやすいであろうと思われることから質問をしはじめ，そのあと山本さんの問題の核心にふれていこうと決めました．そして「では，山本さん，ちょっと形式的になりますが，山本さんの生年月日，家族などについてお伺いします．お生まれになったのは…」というふうに話を進めていきました（面接の最初にどのような形から入るかは，いつも決まった形式があるわけではなく，むしろそのときのクライアントとの話の流れ，クライアントのおかれている状況などから判断することが大切である）．この場合，今後どうしたらよいかということで当惑している山本さんには，現在に至る経過を語ってもらうことからはじめ，その経過を考慮しつつ，いま何を望んでいるのかということや，身体症状，居住形態のことなどを聞いていこうと考えました（援助職者は，クライアントとの面接を行いながら，どのように面接を進めていくかを常に考えている．そしてこの考えは，面接が進行するなかで何度も修正される可能性を含んでいる）．田中さんの質問に対する山本さんの応答からわかった生年月日や家族構成（表4-3，図4-2）は以下のようなものでした[5]．

家族構成を尋ねている際に，山本さんは，息子のところで，「いやー，あいつとはもうほとんど話すことはないんでね．はやくに家を出て，ワシとはほとんど行き来がないんですよ．最近顔をみたのは女房の葬式でしたね」というので，田中さんはこのことが家族関係を物語る重要なことでもあると思いました．そしてこの

[5] 図4-2の家族構成図は，山本さんと娘の村岡さんを中心に作成されています．また，初回面接から知り得た情報のみをもとにしていますので，いくらか情報の抜けているところをつくってあります．実際には図中の「？」の部分に情報を入れていきます．

表4-3　山本さんに関する基本的なデータ

氏名	年齢	本人との関係	現在の住まい
山本　広	68歳	本人（クライアント）	関西の都市部
山本利子	1997年死亡（64歳）	妻	
山本泰男	43歳	長男	関東の都市部に家族と居住
村岡加代子	41歳	長女	夫と二人の子どもとともに鹿児島に居住

息子さんのことに関する話を聞かせてもらうことにしました．以下が山本さんと田中さんのやりとりです．

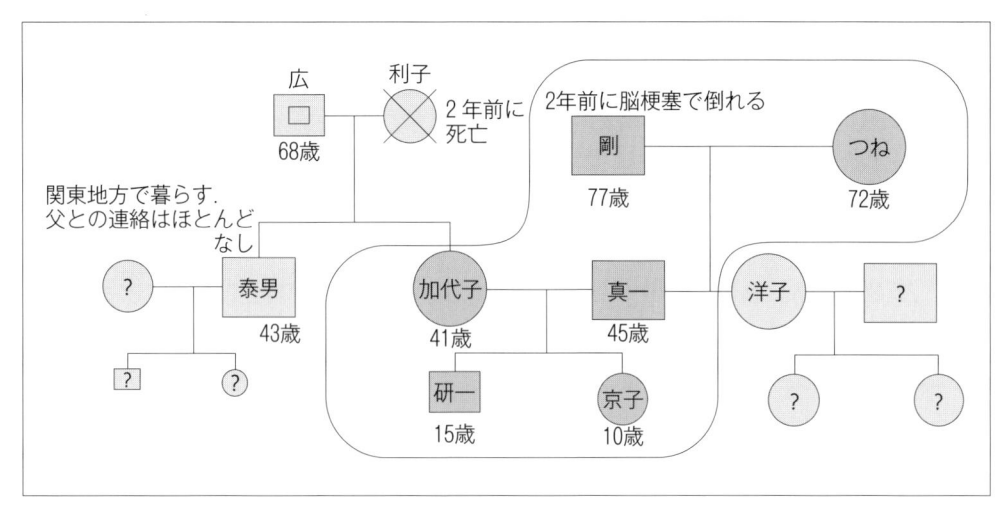

図 4-2 家族構成図（ジェノグラム）

（家族関係に関する面接でのやりとりの一部）

田中：そうなんですか．山本さんの息子さんというのはどんな方なんですか．
山本：いやー，女房は，あいつはワシにそっくりだと昔いってたんですがね．それで，仲がわるいのかもしれんが…．

このようなやりとりのあと，山本さんは問わず語りに息子の泰男さんのこと，そして娘の加代子さんのこと，亡くなった奥さんの利子さんのことを話してくれました．山本さんの話に対して田中さんや吉岡さんは，相づちをうったり，内容の確認をしたり，ときには山本さんのそのときの気持ちを反射するなどの応答をしましたが，山本さんにとって大切な話であったためか，面接の最初のそっけない様子とはうって変わり心を込めて語ってくれました（クライアントがどのような話をするときにどのようなかかわりかたをするかを観察することはアセスメントにおいて重要である．なぜならそこにクライアントが大切にしていること，また大切にしていきたいと思っていることなどの「クライアントの価値観」が表わされることが多いからである）．その内容をまとめてみると，以下のようなものでした．

（山本さんが話してくれた家族のこと）

▶自分は昭和生まれである．大阪の下町の商家で働いている父親と母親のもと（父親 30 歳，母親 28 歳のときの子ども）で，7 人兄弟の末っ子として生まれ，15 歳のときに終戦を迎えた．

戦争で両親と3人の兄弟を失っている．2人の姉と兄が残ったが，兄は数年前に亡くなった．自分の居住地から電車を乗り継いで2時間ほどの他県に住むすぐ上の70歳の姉は存命であるが，昨年の中ごろから入退院を繰り返している．自分の家族は経済的に豊かではなかったが，勉強がよくできたためと亡くなった8歳違いの長兄の援助もあり，働きながら夜間高校を卒業した．その後，電力会社に就職をし，23歳で2歳年下の女性（利子）と職場の同僚の紹介で結婚をした．

▶妻は自分と似たような境遇で，戦争で両親を亡くし，姉が母親代わりであった．はやくから繊維問屋で仕事をしており，気のつく働き者であった．結婚してからはほとんど専業主婦であったが，家事の合間を縫っては内職をして家計を助けていた．

▶自分が25歳のときに長男の泰男，27歳のときに長女の加代子が誕生した．子どもが生まれたときに，自分の両親がいないことを悲しく思ったのを今でも覚えている．長男と長女両方ともとくに大きな病気もせずに育った．自分が独学で学校を出てつらい思いをしたので，長男にはなるべく自分とは同じ思いをさせないようにと気づかったつもりであったが，それが裏目に出たのか長男は学校の成績もあまり芳しくなく，中学校の2年生の頃からわるい友だちとつき合い始め，親に隠れて煙草を吸ったり学校をさぼったりするようになった．

▶クライアントは昔気質かもしれないが，男が家庭のことに口出しをするのはみっともないと思うほうで，あまり子どもたちと話すこともなく，妻の利子が子どものことや家のことすべてをとりしきってくれていた．長男が学校をさぼっていることがわかったときにはさすがに黙っていることができず，長男を殴りつけて「出ていけ」とどなり，大げんかとなった．妻があいだに入ってなんとかその場は収まったものの，それからは長男は自分と顔をあわせるのを避けるようになった．なんとか無事に中学校を卒業後，工業高校に進学したが，それも長く続かず，結局高校2年の途中で出席日数不足で中退をした．そのことも自分はほとんど知らず，妻はしばらくのあいだ自分に隠していたが，長男の退学を自分が知ってまた長男と大げんかをした．そのときに長男は「こんな家，出ていってやる」と大見得をきった．本当には出ていかないだろうと思っていたのだが，結局長男は友人のつてで中華料理屋で住み込んで働くことにしたらしい．詳しいことはよくわからない．妻は長男の勤め先にときどき訪ねていったりしていたようだが，自分はそれっきり妻の葬式のときまで長男とは顔をあわせなかった．長男の強情さは自分に似たのかなとときどき思うこともある．

▶長女は自分と長男の仲のわるいところをみて育ったせいか，親にしかられるようなことはまったくない子どもであった．こんなことをいうとおかしいが，自分はやはり長女のほうを長男よりもかわいがっていたかもしれない．長女は学校の勉強もよくできて，本来なら大学にもいかしてやりたいと思ったのだが，本人がはやく働きたいというので商業高校へ進学した．その高校での成績は常にトップクラスで，一流といわれる商社に就職をした．そこで出会った大学卒のサラリーマンと結婚をして今は九州に住んでいる．

▶長女は結婚してからも自分や妻にときおり電話をしてくれたりしていたが，夫が長男であり，実家が裕福で自分は「身分の違うところに嫁いできた」という引け目があるらしい．また，高年で妊娠していることと，実家の舅が脳梗塞でここ2年ほど寝ついておりその舅の世話を

かなりまかされていることで，家をあけにくいようである．そのうえ，息子が高校の入学試験を控えており大変そうである．今度も本人は「お父さんのことが心配で，行って看病したいのだけれど」とつらそうにしていた．

▶8年前に42年働いてきた電力会社を定年退職してから，5年間はビルの管理の仕事をしていた．子どもたちが家を出て以来，ずっと夫婦二人暮らしであった．自分はあまり口数の多いほうではないが，妻とはどちらかといえば仲良く暮らしてきたほうだと思う．妻は本当に働き者で自分の身のまわりのことはなんでもきちんとやってくれた．朝もはやく起きて朝食のしたくをし，掃除，洗濯，買い物をきちんとこなしていた．先に死ぬのは絶対に自分だと思っていた．妻は年のわりには元気にみえたし，近所の一人暮らしの93歳の女性の買い物やちょっとした洗濯などを手伝ったりもしていた．妻に何もかもまかせていたから正直なところ自分は一人では何もできない．

このような内容の話を聞いたことで，田中さんと吉岡さんは，山本さんが非常に苦労してきたこと，そして両親をはやくに失いながらもがんばって生きてきた人であることなどから，おそらく山本さんにとって「自分のことは自分一人でしていく」ということがプライドを支え，そのプライドが重要な役割をしているのではないかと推測しました．しかし，今そのプライドを保つことは実際の生活能力の面でむずかしくなってきてしまっていることにも気づきました（田中さんは，家族構成の話をきっかけにして，山本さんに息子さんのことを尋ねたが，結果としてそのこと以上の情報を山本さんが提供してくれることとなった．これは山本さんの「生育歴」でもあるし，また「家族の介護力」を示してもいるし，山本さん自身の「価値観」をも教えてくれていると思われる）．そこでここまでの話を要約して，山本さんと村岡さんが現在直面している大きな問題である「山本さんは，一人で生活を続けていけるのか」という点に話を進めることにしました．

（山本さんの生活についての山本さんと田中さんの会話）

田中：今までの山本さんのお話を伺っていると，若いころから一人で人生を切り開いてこられたようですね．ご自分でがんばって学校にも行き，こうやって二人の子どもさんも今では立派に成長していられるのですね．山本さんが娘さんに迷惑をかけたくないといわれていたことは，このような今までの生活の延長としてよく理解できたように思います．

山本：ええ，そうなんですよ．私は少なくとも人に迷惑をかけないで暮らしていきたい，そして暮らしていけると思っていたんです….

田中：今は少しその考えが変わられたのでしょうか．

山本：女房が亡くなってから，ちょっと自分でも気弱になっていたんですが，この骨折のこと以来，本当は自分でも自信がなくなってきているんですよ．

田中：そうですか…でもそれにもかかわらず，娘さんに心配するな，自分でできるというふう

にいい続けてこられたのですね．
山本：そうですね．本当に心配かけたくなかったんですよ．でもね，昨日こいつが来てくれて，一緒に暮らしましょうっていってくれたときには，それが無理だとわかっていてもいつになくうれしい気持ちがして，俺も弱くなったなあと情けなくなりました．
田中：山本さんはこれからどんなふうにして暮らしていければよいと思っていらっしゃいますか．
山本：やはり，できれば人に厄介をかけずに生活を続けていきたいんですよ．
田中：そうですか．山本さんにとって人にやっかいにならない，つまりご自分で自立して生きていくというのは大切なことなんですね．
山本：ええ，私はここで一人でばあさんの位牌を守って暮らしたいんですよ．お墓だってここにあるし．これ以上娘にも心配をかけたくないんです．

　田中さんが山本さんの考えを明確にするべく，山本さんの思いを言い換えると，山本さんは自分がどのように暮らしたいかを強い思いを込めて語り，さらにそれに触発されるように次のような話をしはじめました．

（山本さんの価値観と人生のゴールに関する話のまとめ）

　▶自分は家族との縁も薄く，若いころから一人で生活してきたので，今もとくに寂しいとかそんなことは思わない．しかし，家事全般にわたってすべて妻がやってくれていたので，食事のしたく，掃除，洗濯といったことはまったくできない．そんなことを男の自分がする必要はないと思っていたし，自分が妻よりあとに残るとは思ってもみなかった．父母がはやくに亡くなったのでこんなに長く生きられるとは思っていなかった．こんなに長く生きてしまって，それも足がわるくなってしまって本当に情けない．体も心も健康でなければ生きている甲斐がない．べつにこれから何の楽しみがあるわけでもない．できれば，はやく妻や両親・兄弟のいる「あの世」へ行きたいと思う．しかし娘に心配をかけたくないし，自分が妻の墓を守っていかなければならないとも考える．
　▶もう自分の人生はほとんど終わったのではないか，そう思えて仕方がない．一人暮らしだから老人ホームへ入ったらどうかと勧めてくれる人がいるけれど，どんなことになってもこの家を離れたくない．退職する直前にローンは終わっているから家にはお金はかからない．一所懸命働いて建てた家だし，いろいろと思い出もある．男一人の暮らしだからそれほどお金もかからない．大きな財産はないものの，今まで少しずつではあるが貯金をしてきている．娘や息子に迷惑をかけずなんとか自分一人で暮らしていきたい．それほど多くはないが，近所には顔見知りもいるし，囲碁仲間もいて，ときおり訪ねて来てくれる．この生活でとくに不満はない．娘が自分のことを心配しているのがたったひとつの気がかりである．それさえなければ「はやくばあさんのところへ行きたい」と思うこともよくある．

このような話の内容から，田中さんは山本さんが何に価値をおいて生きてきたかがいくらか理解できたように思えました．それは，「人に頼らずに暮らしていく」ことでした．また，山本さんの話から，奥さんを亡くされたことが山本さんにとって非常に大きな影響を与えているにもかかわらず，奥さんの死によって引き起こされた喪失感や寂しさを十分表現することができずにきたのではないのかと推測しました．そしてこのことが重要だと感じ，山本さんに「奥様の存在は山本さんにとっては，本当に大きなものだったんですね」というと，山本さんは本当につらそうな顔をして「ええ，自分でも情けないと思うんですが，妻が亡くなって以来，私は腑抜けになったようです」といわれました．田中さんは，山本さんのこの気持ちをもう少し聞く必要を感じ，奥さんが果たしてきた心理的な役割や生活に結び付いた実際的な役割を山本さんから聞きながら，現在の人間関係に関しても話を聞いていきました（ここでは，山本さんの問題にかかわっている奥さんの死の影響と，その後の山本さんの問題に対する対処の仕方および現在の人的な資源に関する情報が得られている）．このような話の結果，奥さん以外の山本さんの人間関係に関してわかったことは以下のようなことでした．

（山本さんの人間関係に関する情報の要約）

▶仕事人間であったために，あまり近所の人とは深いつき合いをしないで今まできたが，律儀な性格で近所の人は山本さんを好ましく思っている．山本さんの数少ない楽しみのひとつは近所の碁会所で碁をうつことだった．その碁会所を通じて数人「やや親しい」といえる友人ができてはいたが，妻を亡くして以来碁会所にもまったく顔を出していない．妻の葬式には碁会所の仲間がやって来てくれたし，入院中にも見舞いに来てくれている．そのうちの一人は最近やはり妻を亡くしている．

　田中さんはこのような話を聞いて，近隣の人の好意的な態度，碁会所の仲間といった存在が資源として存在していることがわかりました．他人の介入を拒否しているものの，他者との関係を築く力のある人だということは，この事実と面接でのやりとりから明らかでした．奥さんの死にまつわる悲しみは，もっと多くの時間をかけて少しずつ癒していかなければならない問題だと思われましたが，ここではそのことを考慮に入れつつも，それほど深く掘り下げていかないことにしました（面接では，いくつも重要そうであると判断される問題が出てきて，どこに焦点をあてればよいのか迷うことがある．このようなときどの問題に焦点をあてていけばよいかは，クライアントの援助にいま最も緊急を要する事柄の優先順位を考えることでわかってくる．この奥さんを喪失した悲しみを聞くことは重要であり，必要に応じて後の援助計画の段階でこの点に焦点をあてた「心理的なサポート」を含めていくことも考えられる）．そこで，田中さんはこれらの話のなかから，さらに山本さんの「一人暮らしをしたい」という希望が，いま最も重要だと判断して，このことの具体性を確かめていくために，以下のような会話をしました．

（一人暮らしをしたいという希望について）

> 田中：山本さんにちょっとお尋ねしたいんですが，一人暮らしを続けていくのに，どんなところで不自由を感じていらっしゃいますか．
> 山本：いちばんは歩くことですね．思いどおりに歩けないから買い物にも行けないし…．
> 吉岡：山本さん，いまお体の話が出たので，ちょっと山本さんのご病気のことや足の様子を尋ねさせてもらっていいですか．さきほど自己紹介したように私は保健師です．今後，山本さんがお一人で生活をしていかれることを選ばれたら，より快適に生活できるような方法を考える必要があると思います．そのひとつに山本さんの健康管理があるのですが，よろしいでしょうか．
> 山本：ええ，いいですよ．

最初は，田中さんがおもに山本さんと話をしていましたが，山本さんの希望がかなり明らかになってきたところで，このケースの重要なポイントである，山本さんの身体状態に話が進んできました．そこで，今まではこのやりとりを聞いていた吉岡さんが自分の出番であると判断をし，山本さんに病気のこと，医師からどのようにいわれているのかなどを尋ねることにしました（病状，病気の管理などの医療に関する情報は，在宅介護のケースでは重要なことである．しかし，それをいつ，どのような形で聞いていくかは，面接を進める上で適切な判断を要する）．吉岡さんとのやりとりで，山本さんは以下のような内容のことを話してくれました．

（山本さんの病気に関して）

> ▶山本さんは10年前から高血圧と診断され近所の病院に通院して降圧剤を服薬している．また2年ほど前に同じ病院で糖尿病であると診断されたが，奥さんが気をつけて食事療法を実践してくれていたので服薬しなくてもかなりコントロールができていた．
> ▶しかし昨年奥さんが癌で急に亡くなって以来，がっくりと落ち込んで家に引きこもりがちになり，食事も外食やコンビニのお弁当が中心だったらしく，徐々にやせてきて，近所の人たちも心配していた．「でも，これくらいの病気，だれでもしているし，たいしたことないと思うんですよ」と話す．
> ▶約4か月前のこと，山本さんは自転車で買い物に行く途中で歩行者とぶつかりそうになり，よけようとして転んでしまった．そこで右足のつけねが痛み，すぐに運ばれた病院に入院して，右大腿骨頸部骨折とわかった．さらに手術前の検査で糖尿病が悪化していることがわかり，食事療法と服薬が始まった．その後，無事に手術もうけ，術後のリハビリテーション訓練でT字杖をつけば歩けるまでになって退院した．ただし，病院にいるあいだもリハビリテーションの訓練にはあまり熱心ではなく，自分からすすんで運動することはなかった．したがって，退院後は外に出るのもおっくうだし歩くのに不安があったので家の中でゴロゴロしている時間がますます多くなったようである．また，高血圧と糖尿病については病院の医師は日々の

生活での食事や生活習慣が大切だとして，山本さんにきちんとした食生活をおくるようにとアドバイスをしている．しかし，山本さんはなぜそのようなことが大切なのか，食事や運動をすることでいったいどれほど自分の先行きに変わりがあるのかなどに関しては，ほとんど医師から説明を受けていない．骨折の治り具合やリハビリテーションの進み具合や期待できることなども同様で，ほとんど知らないらしい．

▶退院後，病院での指導によるリハビリテーション（普通に歩く）を怠っており，今はほとんど家でテレビを見て寝たり起きたりしている．歩行は現在家の中での伝い歩きのみである．外には出ない．高血圧と糖尿病を抱えており薬を処方されているが，食事が不規則なのできちんと服薬していない様子である．一人暮らしで家事もできないので近所の弁当屋の人が気の毒がって昼と夜に弁当を運んでくれる．朝はほとんど食べないでいる．ここ1か月風呂には入っていないが，体はきちんとふいている．洗濯物を干すのがおっくうなので下着もあまり替えない．家の掃除は1か月前にしてもらったきりである．

　山本さんは以上のような内容のことを吉岡さんに向かって話しました．吉岡さんはその途中で，山本さんが現在服薬している薬を実際にみせてもらったり，足の機能の具合を実際にチェックしたりもしました．そのような過程で，吉岡さんと田中さんに明らかになってきたのは，山本さんが服薬をきちんとしていないこと，糖尿病も高血圧もきちんと管理していないと，今後さらに山本さんの生活がむずかしくなるような症状が出る可能性があるかもしれないということでした．山本さんは，医師からきちんとした病状や予後のこと，そして病気の管理に関して説明を受けたことがないのか，あるいはここしばらくのストレスの連続で自分の病気のことに真剣になれなかったために説明を受けていたにもかかわらずそれをきちんと覚えていなかったのか，理由は明らかではありませんでしたが，「お医者さんも忙しいだろうから，きちんと糖尿病のことも高血圧のことも聞いたことはないんですよ」と話されました．骨折手術後のことに関しても，山本さんの返事は曖昧で「やあ，もうだめなんじゃないんですかね」といういいかたをしています．そこで，このことをまず明らかにしていくことが重要だと判断した田中さんと吉岡さんは，今後の山本さんの生活をよりよくしていくために，病気のコントロールと，歩行がどの程度できるようになるか，そのためには何をしていかなければならないかを知ることの必要性を山本さんに説明しました．そして，山本さんの主治医と山本さん，村岡さん，そして自分たちが一緒に会ってこれらのことを明確にしていく作業が必要であることを理解してもらうことにしました．山本さんは，吉岡さんが山本さんの身体機能をチェックしているあいだ，かなり不安そうな様子でした．この様子を考慮に入れ，吉岡さんは山本さんと次のようなやりとりをしました．

（リハビリテーションについて）

山本：やっぱり，私はもう歩けるようにはならないんでしょうかね….
吉岡：（身体機能チェックと山本さんから聞いた医師の言葉の両方を判断の基準にしながら）いま，山本さんのお体をみせていただいたことと，お医者さまやリハビリの先生が山本さんに話していたことから考えると，このまま歩けなくなるとは思いません．ただ，長いあいだ運動をしないでいると筋力が落ちてきて歩くのがむずかしくなるのは事実です．
山本：そうですか．じゃあ，またちゃんと運動すれば歩けるようになるんですか．
吉岡：おそらくそうだと思いますが，病院の先生はどのようにいっていましたか．
山本：それが，退院したときは杖で歩けましたから…実はよく覚えていないんです．病院にいたあいだは，本当に情けなくて情けなくて，先生や訓練の先生にいわれるまま訓練していただけで自分からは何もする気持ちも起こりませんでした．ひょっとしたらこんな状態になることを先生が何かいっていたかもしれないし，いってなかったかもしれないし…．実は退院前に公的介護保険とか，何とかという話もしていたようですが，そのときにはこれ以上，人の世話になりたくないと思って……．
吉岡：そうですか．山本さんはご自分の今後の治り具合をきちんとわかっていらっしゃらないのですね．公的介護保険のこともその時，話は聞かされたけれど，人の手を借りるのがおいやだったんですね．
山本：ええ．―とにかく外部の人とは会いたくなかったんです．本当に自分がみじめにみえたんです．実は（言いよどんで），こんなことを言うのは自分でも恥ずかしいんですが，病院で介護保険の説明をしてくれたのは若い男性だったんですが，「家に帰ってから困られませんか？ご自分では家事とかできないんじゃないんですか」とか何とか言われたように覚えています．そのとき，なんだか私が見下されているように感じたんです．確かに家に帰ってからの自分の生活を振り返ると本当に何もできていないですよね．
吉岡：そうでしたか．そんなふうに言われたら，情けない思いをされたことでしょうね．でも，今，山本さんは，そのことを振り返ってご自分の状況をしっかりとおわかりになっていらっしゃいますね．では，もし，またリハビリをしてよくなるのなら，そうされたいですか．
山本：ええ，いまこうやって話しているあいだに，やっぱりよくなって自分でがんばって生活したい，娘に迷惑かけたくない，と思い出しました．
吉岡：どうでしょう．山本さんがそのようにお考えになっていらっしゃるなら，娘さんがいらっしゃるあいだに病院の先生からきちんと足のことだけでなく，血圧と糖尿病のことについても説明を受けて，今後，体のことをどのようにしていったらよいのかきちんとわかるようにしませんか．それと，山本さんが病院でお聞きになったときには，よい思いがなかったようですが，公的介護保険のこともきちんとお知りになってご判断されたほうがよいと思いますが，いかがでしょうか？
山本：ええ，すみませんでした．私が妙な意地を張っていたので，娘にも心配されることになってしまったんですよね．今日，こうやって話を聞いてもらって，実は何か安心しまし

> た．介護保険のことも，今度きちんと聞かせてください．
> 吉岡：わかりました．ではこれから今後のことをご一緒に考えていきましょう．介護保険の申請についてもご説明しますね．
> 山本：ええ，ありがとうございます．ただひとつ心配なことがあって…病院のリハビリの先生は，私がやる気がないって怒っていたようですけれど…大丈夫でしょうか．

　このように話が進んできたことから，吉岡さんは山本さんが一人で生活をしていくにあたって必要な医療関連の情報を得ることに積極的になってきたらしいと推測しました．しかし，これはあくまでも推測の領域を出ないので，山本さんにこのことの確認をするために，「もし私がお手伝いをして病院の先生と会う約束ができたら，山本さんは先生にお会いになりたいですか」と尋ねました．すると山本さんは「ええ，もしそうなれば…」と意思表示をされました（医師などのそのほかの関係機関の人から情報を得る場合には，このようにが仲介の役割をとるほうがよいこともある．しかし，クライアントやその家族が自分でアポイントメントをとれるのであれば，そのような選択も可能である．山本さんの場合には，山本さんが医師との関係を心配しているので援助職者が介入するということになった）．そこで吉岡さんは，山本さんから病院の名前や主治医の名前といった情報を得ました．その病院も主治医も，吉岡さんが今まで仕事で何度かコンタクトをとったことがありました．そこで，吉岡さんは山本さんの許可を得て，主治医の先生に連絡をとって村岡さんがこちらにいるあいだに，全員で会うことは可能であるかを尋ねてみることにしました（これを，その場で電話で行うこともあるし，また後日連絡し直すこともある．その場で電話をすることのメリットは，クライアントと同じ情報を共有しつつ，迅速に物事を進めていける点である）．吉岡さんは，村岡さんの時間的な問題もあり，その場で病院に電話を入れました．その結果，全員で主治医に会う約束をすることができました（これで医学的な面に関するより詳しい情報が得られることになった．医師との話し合いのときには，今後の服薬，受診，リハビリテーション関連のことを明確にして，援助計画につないでいかなければならない）．

　田中さんは，吉岡さんと山本さんの会話を聞きながら，アセスメント面接のひとつの大きな山を越したように思いました．しかし，山本さんのよりよい生活を支えていける援助が単に医療の面だけではないと理解していたので，さらに山本さんからそのほかのニーズを聞かせてもらうべく面接を継続していきました（このように，面接をしながらは，今どこまでが明らかになり，かつ何がまだ明らかでないかを常に考えている．アセスメントのさいに定型の質問項目が記されたアセスメント表をもっている場合には，ここが聞けていない，ここが聞けている，というふうに情報の整理がしやすいかもしれない．しかしすでに述べたように，単に機械的にアセスメント項目を順番に聞いていると，クライアントの真のニーズを見落としたり，すでにクライアントが述べたことを再度聞き直すということも起こってくるので注意すること）．

　田中さんは，吉岡さんが中心になって面接が進んでいるあいだ，頭のなかで今までにすでにわかっている山本さんの抱える問題やその問題を取り巻く状況を整理してみました．その結果，現時点で次のようなことがわかりました．

（現時点での問題の整理）

> (1) 山本さんの医学的な問題に関しては，本人がこれからの治療と回復に意欲を示し，そのために医師と面談をすることが決められた．これにより医療面での今後の援助計画の見通しができた．
>
> (2) 奥さんを喪失したこと，それに加えて骨折事故で自由に移動することが不自由になったという二重のストレッサーがあることで，本来のやる気を喪失している．しかし，面接を通じて，本人が価値をおく「自立生活」への意欲が明らかになった．
>
> (3) 自立生活に関して，具体的に何をどのようにしていけばよいのか，つまり家事全般に関することでは，公的介護保険を使い，ホームヘルパーサービスを利用したいという意向はあるのか，などを明確にしていかないといけない．さらに，また，奥さんの存在代わりになる心理的なサポートをする人々とのかかわりをもちたいのか（このことに関する山本さんのニーズ），そうであればどのような形が可能であるか，についてもまだ明確ではない．

　上のような整理を頭のなかでおおまかに仕上げた田中さんは，第3点目に関して明らかにすべく面接を続けることにしました．まずここで，面接の流れが少し変わる可能性があったので，田中さんは今までの面接でわかったことを整理し「要約」して，山本さんに自分の理解が正しいかを確認しました（この要約作業は，上で田中さんがまとめたような内容を山本さんに返していくことでできる．面接の流れを変えていくとき，あるいは面接で語られた内容がかなりの量にのぼり整理が必要なときにはこのような「要約」が有意義となる．要約に関しては，あとの「面接における言語技術」の5章で詳しく述べる）．

　田中さんが，このあと聞いていきたかったのは，山本さんの今後の生活の仕方に影響を及ぼす経済状態，家事，人とのつき合いに関してどのようにしていきたいのかなどでした．そこでそれらのことを尋ねていった結果，明らかになったのは以下のようなものでした．

（山本さんのもつ資源およびその他のニーズ）

> 　経済的な面ではぜいたくはできないが生活は厚生年金で困ることはない．家も持ち家で借金もない．別にこれといってお金のかかるような趣味があるわけでもない．今，歩行の不便さで日々の生活に必要な買い物や入浴などがむずかしい．もう少しこれが改善されればと思う．さっき糖尿病や高血圧の治療の話が出て食事の管理といわれたが，自分でごはんをつくるのはむずかしい．今までほとんど家事をしたことがなかった．碁会所で会った70歳の男性がやはり一人暮らしで，なんにも家事ができなかったのが，公民館の「男性の料理教室」に行って料理ができるようになったといっていたのを聞いてうらやましいなと思った．自分もできそうな気がする．もしだれかが教えてくれるのなら，なんとか簡単な料理ぐらいは自分でできるようになりたいと思う．掃除や洗濯も足の自由が戻れば自分でできるようになりたいと思う．しか

> し今の状態では無理だ．今はテレビばかり見ている生活をしているが，定年退職したときは本
> 当は何か趣味を見つけたいと思っていた．それもあって碁会所にも行きだしていた．今のまま
> では無理だけれども，動けるようになればそれもしてみたいと思っている．

　山本さんは，田中さんや吉岡さんと十分話ができ安心したせいか，田中さんのいくつかの質問に答えながら自然と話してくれました．この話の展開を見守っていた娘さんの村岡さんは，父親がやる気を出してくれているのがみえてきたことで，心なしかさきほどのような不安げな様子が消え，ときおり山本さんの話の合間に自分の意見をいったりしていました．父親の料理への興味が話されたときには，「お父さん，そういえばうんと昔だったけど巻き焼き卵をつくってくれたっけ．あれ，こげてたけど，うれしかった」などというふうでした．

　ここで田中さんは，山本さんの望んでいることがより明確になったと判断しました．そして頭のなかでこれらを整理してみることにしました．ここまで話を聞いた時点で，つまり，ここまでのアセスメント面接からどのような援助が山本さんに必要とされるのかを想像してみました．以下がそのまとめです．

〈アセスメント面接のまとめ〉
　田中さんは，ここまでの話を聞いて山本さんがどのような生活を送りたいかが明確になりました．その生活設計の重要な土台となる今後の医療に関しての情報がわかれば，それに従って山本さんの「日常生活動作」の今後がみえてきます．また，服薬や食生活，運動といった面での留意点も明らかになり，それをもとにリハビリテーションプログラムを組むなどの計画が立てられます．次に山本さんの生活を支えるために必要な家事に関しては，介護保険を使えることになればホームヘルプサービスなどを使っていけそうです．もし，山本さんの足の具合が今後よくなることがわかれば，山本さんの希望であった料理や洗濯・掃除ということをホームヘルパーさんから徐々に習ったり，公民館の講座に出たり，あるいはよい関係を保っている近所の人から教わったりすることが可能かもしれません．動きがとりにくいあいだはむずかしいかもしれませんが，碁会所に行くこともこの段階でもだれか送り迎えをしてくれる人が見つかれば可能かもしれません（この田中さんの頭のなかで行われている作業は，アセスメントのまとめともいうものであり，さらに，アセスメントの次の段階にくる援助計画に相当する．しかし現段階では，未確認情報もあるし山本さんとの共通認識をとっていない部分もある．実際の援助ではアセスメントと援助計画が同じ面接内で行われることも多い．ここでは，医療関係者との面接が控えているということもあったので，正式な援助計画およびそれに関するクライアントとの話し合いは後日行うことにする．しかし，ある程度可能な援助の方向性をクライアントに伝えてアセスメントを終えることが必要である）．

　田中さんはこのようなことを頭のなかで考えながら，山本さんがこのような計画を現実のものとすることができる力をどれほどもっているか，また今までの山本さんの問題処理の仕方に関して考えをめぐらせました（アセスメントでは，クライアントのもっている強さ・長所・技術を認識して，それらを生かしていけるような援助計画を考えることが必要である．今までクライアントが使ってきた問題対処の仕方を理解

することが，援助計画が実践に移されたさいに，そこで提供されるサービスを有効利用することができるかどうかの決め手にもなる）．

まず山本さんのもっている強さ・長所としてあげられるものは，対人関係形成の力です．これは今までの面接で話された近隣の人との交流，さらに妻との関係からもみてとれました．自立心旺盛で，苦労しながらも自力で学校に行き，よい職を得てそこで仕事をしてきたことから得られた力と自信も長所です．そして最後に長女とのよい関係によって山本さんのなかに生まれてきている今後の生活に対する「前向きの姿勢」です．これらの長所は現在のところ，あまり発揮されずにきましたが，今後山本さんの新しい生活の指針が明らかになれば発揮することが可能であると思われました．

妻の死以来山本さんは「だれの力も借りずに一人でなんとか問題を処理する」という形の対処方法をとり，娘にも「うまくやっている」といってきました．しかしその実，山本さんの生活はうまく機能していませんでした．これは山本さんの「自立心」という長所の裏返しでもありました．この山本さんの今までの問題への対処方法を考慮すると，人の援助を頼むことをよしとしない性格の山本さんが，この面接で態度を変えつつあり，サービスも受けようという態度をみせてはいるものの，この「自立心」や「プライド」を傷つけない形での援助を考える必要性がみえてきます．これはクライアントの個別性を尊重したサービス提供の仕方を見つけ出すことでもあります．こののち援助計画段階で，もし山本さんがホームヘルプサービスを利用す

ることに同意されたなら，どのようなことをしてほしいのか，そしてどのようなことを自分でしていけるようになりたいのかをホームヘルパーさんにきっちりと伝達しておく必要があります．ホームヘルパーさんもおのおのが講習を受け，そこでこのような援助の姿勢を十分学習していますが，やはり相談員の責任において，クライアントがより適切なサービスをより有効な方法で使っていけることを確実にする必要があります．

さてここまで面接で話が進んできたならば，援助計画を立てる前準備的な内容も盛り込んでいく必要があります．つまり山本さんに援助に関する情報を提供して，今後の生活設計の予測をある程度行ってもらうことです（これはソーシャルワークの技術のなかで「情報提供」とよばれるものである．この情報提供を「いつ」行うかによって情報が有効に使われたり使われなかったりする）．

田中さんも吉岡さんもこの面接の時点で，そろそろ山本さんがニーズとしてあげた「家事」「人間関係の広がり」といったことを，具体的にどのようにしていけるかを話し合える段階だと判断しました．そこで山本さんの「買い物・食事づくり」「洗濯・掃除」「入浴」といったことに関して，存在するサービスの説明を行うことにしました．しかしこの時点では，まだ本来の援助計画を立てるには十分な情報を得ていないので（医療関係の情報がまだ得られていない），そのことを山本さんに断っておくことも忘れませんでした．以下がその情報提供のなかの食事に関するやりとりです．

（山本さんへの情報提供）

> 吉岡：山本さんはさきほど食事はまだ自分でつくることができないけれど，ゆくゆくは自分でも覚えていきたいということをおっしゃいましたが，それをどんなふうにしていくか何かお考えがおありですか（自分たちのもっているサービス情報を提供する前にクライアントの思いを尋ねている．ときにはクライアントが具体案をもっていることがあるため）．
> 山本：やあー，とくにこれといったものはないんですがねー．
> 村岡：私がお父さんの近くに住んでいれば，ごはんもつくってあげられるし料理も少しなら教えてあげられるのにね…．
> 田中：本当にそうですね．でも残念だけれど，実際のところは無理ですね．
> 村岡：父のような人はみなさんいったいどのようにしていらっしゃるんでしょうか．私は今，九州で舅の世話をしていますが，家族がやるので，よくわからないんですが…．
> 吉岡：お二人はホームヘルプというサービスやホームヘルパーという仕事を聞かれたことがありますか．
> 山本：ホームヘルパーって，いったい何ですか．
> 吉岡：家事や介護の手伝いをしてくれる専門職の人のことですが．
> 山本：家政婦さんみたいなものですか．ただ，費用のことなどをこれから検討する必要はありますが…．
> 田中：ホームヘルパーは，家政婦さんとはちょっと違うんですよ．もちろん同じような内容の仕事をしてくれますが…費用や仕事の内容や受けてきた訓練なども違います．
> 山本：いやー，他人が家に来るといろいろと気をつかうし，なんだか面倒臭いようにも思いますけど…いろいろ家のことをいいふらされるかもしれないし…．

情報の提供は吉岡さんと田中さんがどちらがどの役割をするという固定したやりかたではなく，二人で適宜面接を進めていっています．上のような形はひとつの進めかたであり，もっといろいろなやりかたがあるでしょうが，少なくとも上記の応答例でモデルにできる部分は，クライアントがこの「情報提供」という過程に十分に参加しながら面接が進んでいるところです．クライアントにはいろいろわからないことがあって当然です．専門職の人間にとっては当然のことが一般の人にはそうでないことをここで再確認する必要があります．サービスに関する情報を一方的にクライアントに伝え，それで事足りたとする専門職がいますが，サービスの内容とその利用の仕方が十分に理解されていなければ，実際のサービスを提供したあとでクライアントとサービス提供者とのあいだに問題が起こる可能性があります．

〈アセスメント面接の終了に向けて〉

山本さんと上記のような会話を含めて今後の可能な援助内容を（ホームヘルプサービス以外も）話し合った結果，山本さんはホームヘルプサービスに興味を示されました．できればホームヘルパーさんから料理も教えてもらえれば，という意欲も出てきたようでした．少しずつ外

にも出て行きたい，人とも接触したいということに関しても，それをどのような形でやっていけるかを話し合いました．田中さんと吉岡さんは，今回のアセスメント段階で必要な情報が十分理解できたこと，また山本さんと村岡さんの二人が今後の道筋をより具体的に予測することが可能になったことから，ここでアセスメント面接を終了し，次回の医師との面談を終えた段階で実際の援助計画を考えていくのがよいと判断しました．そして面接終了に向けてこれまで面接を通して明らかになったことを要約してクライアントの確認をとることにしました．この要約は今回は田中さんが行うことにしました．

（アセスメント面接の終了）

田中：ちょうどお約束の1時間半が過ぎました．山本さんも村岡さんもお疲れになられたころかと思います．今日はお二人からお話を聞かせていただいたり，また実際に吉岡がお体をみせていただいたりもしました．その折に，山本さんはご自分の足のこと，そして糖尿病や高血圧の治療に関して今まできっちりとお医者さまから聞くことがなかったことを話してくださり，今後は必要な治療をきちんとしていきたい，それにはお医者さまともう一度お話しすることが必要であると考えられました．そこで私どもも交えて2日後にお医者さまと会う日取りが決まりました．この日は村岡さんもいらっしゃるので，お父様の今後のことをきちんと聞いてからお帰りになれます．

村岡：父のことがきちんとわかって帰れるのは，私にとって本当に安心になります．

田中：山本さんはいかがでしょうか．私のお話ししたことに間違いがあったら，いつでも訂正してくださいね．かなり長い時間，それも初めてお会いしてお話ししたので，すべてを正しく覚えていないことがあると思いますので．

山本：いや，それでいいですよ．私は今まで病気のことはこわさもあってか，結構軽く考えていたところもあったかもしれません．本当のことを知るのがこわくてかえって体をわるくしているのかもしれない．娘がこんなに心配してくれているのをみると，もう少しがんばって健康で生きなければとも思いはじめました．よく考えたらすべて女房まかせの生活をしていたんでね．

田中：山本さんが奥様を亡くされてからのことを考えると，そんなふうに思われるのも理解できるように思います．いま山本さんが健康でがんばって生きていこうとおっしゃられましたが，これは本当に簡単にはいえない言葉だと思います．

村岡：父がこういってくれると私も本当に安心です．

田中：あと，今日お話ししたなかではっきりとしてきたのは，山本さんがお一人でここで暮らしていきたいということでした．しかしここしばらく，足が不自由なあいだはとくに買い物や食事のしたく，掃除，洗濯，入浴などの手助けがいるということがわかりました．このことに関して山本さんが使うことができるサービスのいくつかを検討してみましたが，山本さんはホームヘルプサービスに興味を示していらっしゃったように思われましたが….

山本：ええそうです．そのヘルパーさんとやらがよくテレビで見る家政婦さんとは違う人なら

ね．
田中：そうでしたね．そのあたりのことは一般にホームヘルパーさんは教育をうけていますが，実際にホームヘルパーさんを依頼する段階でこのような山本さんのご心配を十分伝えることができます．また，これまで介護保険申請もしていらっしゃいませんでしたが，その申請をして，出てきた結果で保険を使って，ホームヘルパーサービスを受けることも可能になります．ただ回数によっては費用の自己負担も必要になりますが…．このことは今日十分お話ししきれていないので，次回具体的な方法を話し合うときにまたゆっくりと話したいと思いますが，よろしいでしょうか．

山本：ああ，いいですよ．自分が，これから必要なことになら，お金は出せます．

田中：そうですか．わかりました．私がいま思い出せるのはこれぐらいだったのですが，吉岡さん，何かあるでしょうか．

吉岡：あと，山本さんの生活の場所を広げていくことも話題にのぼっていましたね．やはり一日中一人でだれとも口をきかず生活をすることは寂しいので，何か人とのつながりをつくっていきたいということが…．

山本：そうです．私にいま考えられるのは碁会所の仲間ぐらいなんですがね．

吉岡：では，このことも次回に具体的に考えることにしてよろしいでしょうか．

山本・村岡：はい，結構です．

田中：では，今日は本当に長い時間，お話をお聞かせくださってありがとうございました．今日お話を聞かせていただいたおかげで山本さんのお考え，村岡さんのお考えがよりよくわかりました．今後，どのようにしていけば山本さんの生活がより快適になるかのおおよその方向もみえてきたように思います．お医者さまとの話し合いのあと，その具体的な方法をご一緒に考える機会もちたいと思いますがよろしいでしょうか．

山本・村岡：はい，お願いします．

田中：では，村岡さんが九州に帰る日もあるので，なるべくはやくしたいと思いますが，お医者さまと会うのが2日後なので，その翌日ではいかがでしょうか．

山本・村岡：はい，結構です．

村岡：本当にありがとうございました．もやもやしていたものが，だいぶすっきりと晴れたように思います．話を聞いていただいて本当によかったです．

山本：いや，私も今まで人さまに相談をするのなんて絶対にいやだと思っていたのが，今日ちょっと考えが変わりました．

田中：そうですか…では2日後にまたお会いいたします．もし何か今日話し忘れたことや考えが変わられたことがあればいつでもご連絡ください．

　このようにして田中さんと吉岡さんは山本さんの家を出ました．この訪問面接では，山本さんも娘さんの村岡さんも話し合いを意義のあるものであると喜んでくれました．そしてそのことをきちんと表現までしてくれました．これは援助職者にとってもうれしいことですが，大切

なのは，ここで「それはうれしい」と喜んでしまわないことです．クライアントはこのあとまた考えが変わったりすることもあります．そのとき自分のある言動に対して援助職者が非常に喜こんでいたことを思い出して「ああ，これをいってはいけない」などと思ったりして本当のことがいえなくなるからです．

[援助のゴールと援助計画]

アセスメントで十分山本さんのことを理解したあとで，今度はこのケースの場合どんな援助ゴールが選択される可能性があるかを考えなければなりません．援助のゴールというのは直接そのまま援助計画につながっていきます．このプロセスも，もちろんクライアントが参加して援助職者とクライアントで一緒に作り上げていくものです．援助のプロセスで大切にすべきことは，「最初にサービスを考える」のではなく，クライアントの置かれている状況，現在のクライアントの力を十分理解してこれでフォーマル，インフォーマルな支援をどう活用できるか，考えていくことです．ここでは便宜上，現在わかっているデータをもとにして，その範囲のなかで可能な援助ゴールについて述べていきます．

【短期ゴールと長期ゴールの二段階ゴール設定の必要性】

前述したように，私たちが援助のゴールというとき，そのゴールは大きく3つに分けられると思います．それは，ⓐ問題あるいは問題を引き起こすストレッサーの消失，ⓑ問題・ストレッサーの改善，ⓒ問題・ストレッサーは存在し続けながら，その影響を最小限にし，制限内でより質の高い生きかたを目指すこと，です．援助の仕事をしていると，そのゴールが常に「問題を引き起こすストレッサーの消失」というわけにはいきません．むしろ「ストレッサーを抱えながら，いかにより質の高い生活ができるか」をゴールにせざるを得ないことのほうが多いかもしれません．山本さんの事例もそのひとつです．

では，山本さんの場合にはどのような短期と長期の援助のゴールが考えられるでしょうか．上記のアセスメント面接でも明らかになったように，短期的なゴールは，医師との話し合いの結果をもとにし，山本さんの足のリハビリテーションを進めていき，山本さんがある程度，自分で生活ができるようになること，焦点を絞れるでしょう．さらにそのあとは，山本さんがある一定の身体上の問題を抱えてどのようにして生活を再建していくかに焦点が絞られることと思われます．ここで，医師，山本さん，村岡さん，そして援助職者が一緒にミーティングをもった結果，次のようなことが明らかになったと仮定しましょう．

① 高血圧は，このあともしっかりと降圧剤を飲み続けなければならない．しっかりと服薬をしなければ脳血栓などの可能性を高くする．

② 糖尿病に関しては，今はまだ何とか食事療法と運動療法と医師の定期的なチェックでコントロール可能である．しかしこれも，しっかりとした管理を怠れば悪化する可能性を秘めている．決して軽視できる状態ではない．

③ 足の今後の回復に関しては，リハビリテーションをしっかりと続けていけば，もとのようではないが歩行可能である．手術後のリハビリテーションを怠ったために，少し時間はかかる．リハビリテーションとともに，PTからの指導に従って自宅でもきちんと機能回復運動をする必要がある．できればここしばらくのあいだは，杖をついて

でも運動をすることが必要である．

[援助関係，アセスメントの重要性]

援助職者が山本さんとよい援助関係をもとにしたアセスメント面接を実施できれば，様々な問題の背景が少しずつ見えてきます．そして，問題の本質がどこにあるかもわかりだしてきます．もし援助職者がこのようなアセスメントを実施せずに，「きちんと食事をしておらずそのために糖尿病のコントロールがきちんとできていない」，「リハビリテーションを適切に行っていないために手術後の歩行回復が思わしくない」という問題にのみ注目し，即座に「栄養士の指導」「訪問リハビリテーション」の導入を決め実行しても，山本さんは，自分の思いを十分に聞いてもらうことなく勝手に決められたことに従わない可能性があります．とくにこの事例でおわかりのように，「人の世話になるのは嫌だ」という理由で，必要な支援を求めることを拒むクライアントならなおさらです．

本事例でも，そのような山本さんの思いを大切にし，かつ，山本さんの問題の解決の第一歩として「自分の置かれている状況の適切な理解をした上でどうしていくのかを考える」ための医師との話し合いの場を設けています．このプロセスは，今後を考えていくために必要な情報を整理するために必要不可欠です．こうすることで，「心理的な支えであった妻の死とあいまって，自分の置かれた状況を受け入れることが難しかったために，きちんと自分の病状や回復の可能性をしっかりとわかっていない」，という段階から次の段階にすすむことができるようになります．

[短期ゴール・長期ゴール・具体的な援助方法]

医師とのミーティングでできた要点は，①高血圧の薬の服薬の徹底，②糖尿病のコントロールのための食事管理，③段階的な歩行リハビリテーション，の3点でした．このような専門家からの情報が得られ，クライアントがそれらを受け入れることができた段階で，クライアントが抱えている医療以外の問題，クライアントの生活スタイル，などと，その他の情報を統合し，何をしなければならないか，だれがその中心になって行うのか，といったことを決めていくことになります．これは，ゴール設定と援助方法の選択・決定です．ゴール設定，援助方法の選択・決定も常にクライアントとの話し合いで進めていきます．ここでは，そのような話し合いの結果，以下のような「短期ゴール」「長期ゴール」が合意されたと仮定します．制度との関連で具体的な援助法が変わるので，「だれが，そのゴールの達成に中心となってかかわるか」の部分はあえて記述していませんので，ご了承ください．

表4-4 山本さんの課題

山本さんの課題	短期ゴール	長期ゴール
①栄養管理と調理	（現時点では，栄養・糖尿病に関する知識が不十分なので）これらの知識を習得していく．（自分で食事の支度をすることはまだ無理なので）カロリーおよび栄養の管理のできた食事の支度は他者にしてもらう．	（栄養・糖尿病に関する知識がついた時点で本人の希望を尊重し，長期的には）教えてもらいながら，自分で基本的な調理を実施するか，習得がむずかしそうであれば，食事に関しては配食サービスなどを利用することを考える．
②服薬・健康管理	（医師とのミーティングで，今回は自分の病気に関する知識とその理解がしっかりとできたが，まだ精神的に安定していないので）服薬・健康管理のチェックをしてもらう．	（精神的にも安定した段階で山本さんの「自分で自分のことはしたいという思い」を尊重し）自己管理をする．
③家事	（掃除洗濯などの家事を今までほとんどしたことがなかったので）必要な家事を手伝ってもらう．そのプロセスで家事の方法も教えてもらう．	（本人の希望もあり，最終的には）掃除洗濯を自分でできるようになる．
④歩行	（医師とのミーティングでリハビリテーションの必要性及び今後の治り具合が予測できたのでリハビリテーションに対する意欲は出てきたが，医師のアドバイス及び本人の希望もあり）自主的にリハビリテーションを継続する「意欲」をサポートし，リハビリテーション進歩のチェックをしてくれる専門家による指導を受ける．その一方で，日々の運動が保たれるように外出を心掛ける．	（医師が予測してくれたレベルにまで達した段階で，運動機能を落とさないために）公共交通機関を使ったりして，外出を増やしていく．そのさい，（目的があればさらに外出に弾みがつくので）で趣味のグループへの参加や本人が興味をもつ講座などへの参加を考える．
⑤社会との交流	（碁会所で顔なじみになった知人が山本さんのことを気にかけており，病院に見舞いにまで来てくれていたので，自分で外出がむずかしい間は）山本さんがこの知人に自分から連絡をとり，相手が了承してくれれば，週に1回程度自宅で碁を打つ．	（歩行の長期ゴールと重複するが）バスを利用して碁会所に通う．（山本さんは人との交流が嫌いなわけではなく，これまであまり自分から交流の輪を求めなかったために，社会とのつながりが薄くなっているため）自分でしたい活動を探し，その活動への参加をすることで社会との交流を広げる．
⑥意欲の回復（妻の喪失をめぐる問題への対処）	（様々な支援をしてくれた妻を失うことで，物理的・精神的に大きな喪失感を経験したが，その思いを誰にも話せず整理する機会もなかったため）妻の喪失にまつわる思いを十分に聞いてもらい，自分の今後を考えていく．	（山本さんが十分なカタルシスができ，現実に向き合えるようになった段階で）妻の喪失感を埋めていけるような人とのかかわりや，楽しみを見つけ出していく．

[具体的な援助法：公的介護保険との関連において]

上の表は，短期的，長期的にどのようなことをゴールにして山本さんの援助ができるかを考えてみたものです．実際の援助計画では，どのような資源を使って，だれがそれぞれのゴール

の達成をサポートしていくのかまで考えなければなりません．公的介護保険制度は他の制度と同じく，改定によって利用できるサービスが変化します．ここでは，2011年度現在の状況をもとに，その時点での制度運用であれば，具体的にどんな援助法の展開がありうるかを解説します．援助方法の選択・決定は制度との関連性が大きいので，変化していく制度を常にモニターし，それらをいかに適切に利用するかを考えていく必要があります．この部分は制度変更で変化することを忘れずに制度変更があった場合には，基本を適切に応用してください．

山本さんが公的介護保険申請の手続きを行い，認定を受けた結果に2通りが考えられます．1つ目は，「要支援」認定です．その場合は，介護保険サービスが使えるようになり，短時間の通所リハビリテーションが可能です．山本さんがそれらを望めば，ゴールのそれぞれをこれらの人たちに実施してもらえます．2つ目は，介護保険の非該当とされ，「特定高齢者」に区分された場合です．そうなれば，山本さんに必要な援助のなかでも，筋力アップのトレーニング，栄養指導，保健師訪問，が可能になります注6)．しかし，山本さんが必要としている援助のすべてが，介護保険でまかなえません．このような公的サービスとそれ以外のサービスをうまく組み合わせて具体的な援助法を考え出してきます．しかし，これらのサービスで提供が不可能なものも必ず出てきます．そのさいには，介護保険以外のどんな資源を使って援助ゴールを達成できるかを考えていかなければなりません．山本さんの場合，ホームヘルプサービスを望んでいましたが，望む回数によっては，すべてが介護保険でまかなえず，一部自費になるでしょう．本来，援助というものが単なる「制度の運用」だけで終わるものではありません．山本さんの事例でも，現在の介護保険のサービスでは，「⑥意欲の回復（妻の喪失をめぐる問題への対処）」を提供してくれる人は明確に規定されていません．もし，山本さんが自費でカウンセリングを受けたいと言えば，それもひとつの方法です．また，山本さんに経済的な余裕が無いのであれば，無料で相談を受けてくれる場所を探すことが必要になってきます．さらに，自助グループとよばれているグループがたくさん存在し，「配偶者を喪失した人のグループ」などを見つけ出して，うまく山本さんと結びつけることができるかもしれません．このような，公的サービス以外のサービスの利用は，本人の特性に合わせて選んでいきます．また，「⑤社会との交流」に関して，短期・長期の目標を達成する際には，援助職者の仕事は「本人の要望を聞き，本人の力を活用」して，インフォーマルなサポーターたちと結びつけることを促進することです．

[計画実施，援助効果のチェック]

このような援助計画ができたら，今度はそれを実施します注7)．山本さん自身もそれぞれの援助がどのようにして行われるかを理解し，そこに参加していくことが大切です．どのような援助のゴール・計画にどのような実際の仕事が必要かを表にしておくのはよい方法です．

最近では，たいていの機関でこのような一連の作業を表にするよう準備しているようです．援助が実施されはじめたら，今度はそれらの援

注6) 介護保険制度の運用と本事例との関連性に対して，特に，介護保険下で，どのようなサービスが可能になるかに関して，港北医療センター訪問看護ステーション管理者の乙坂佳代さんから貴重なアドバイスをいただきました．

注7) 本事例で計画実施の中心になる人は，要介護度の認定後に明らかになってきます．

助が実際にうまく機能しているかをモニタリングすることも必要になってきます．山本さんと連絡をとったり，あるいはホームヘルパーや医師と連絡をとったりして，計画した援助が設定したゴールを満足させているかをチェックします．

　一般的に援助にはある終結点があります．この終結点は，前に述べたように完全に問題がなくなった時点ではなく，援助職者とクライアントとのあいだでつくられた援助のゴールが達成された時点です．山本さんの場合には，山本さん自身が娘さんの子どもの誕生を楽しみにしていることや，碁会所の仲間がいること，近隣の人たちが山本さんのことを心配してくれていることなどで，それらのことを話し合いながら，「生活のはり」といったものを見いだしていくことと同時に，今後の生活をよりよくしていくための手段の決定（どの部分はホームヘルパーさんたちに頼むか，どの部分は自分で少しずつ力をつけていくかなど）ができた時点がひとつのゴール達成といえそうです．

　ここで，一応援助を終え，最初の目標がどの程度達成されたのか「援助の効果測定」が行われることが必要です．援助の効果測定とはいったい何か．この表現を聞いた方は効果測定というものが非常にむずかしいものであるように聞こえるかもしれません．しかしこの効果測定というのは経験を積んだ方ならたいてい文章化しないでも実践しているものです．

　図4-1（78頁）で，援助ゴール達成の測定に使える3つの大きな項目をあげましたが，それらは「行動」「認知（考えかた）」「感情」の変化でした．山本さんの場合に115頁にあげた短期ゴールのいくつかを例にして考えてみましょう．

　まず，①であげた「ホームヘルプサービスによる栄養管理」というゴールの達成は，いくつか異なる側面からその効果の測定が可能です．行動面での変化を考えれば，「栄養管理のいきとどいた食事をきちんと摂取し，間食などをしなかった回数」で測ることもできますし，このような食事が山本さんの糖尿病の進行度の指標にどのような変化をもたらしたかという「血糖値の変化」を測ることでもできます．

　④「歩行」にある「外出」というゴール達成は，「何回外出」ができたかどうかということをチェックしてもよいし，その外出がもたらすであろう山本さんの「生活における充実度」や「外出に対する不安度」といった認知や感情の側面からもチェックできます．援助効果の測定では，援助のプロセスで予測される変化のいくつかをこのようにして測定するのみでなく，総合評価として「クライアントのサービスに対する満足度」や「主観的な生活満足度」を測定することでもできます．望ましい効果測定は援助が目指している複数の行動・感情・認知面での変化と，このような総合的な指標との両方を使用することです．

　援助効果の測定は，あくまでもクライアントの問題状況の包括的なアセスメントが適切になされ，それを基礎にした援助ゴールや計画ができていることを前提としていることを覚えておかなければなりません．

　効果測定は，クライアントが自らの変化を表にしていくことで，そのもの自体が援助方法となり，効果をあげたりもします．また，効果測定はクライアント本人が行うだけでなく医師やワーカー，保健師などの専門家がクライアントの状態測定を行うことでもできます．このように効果測定は，単に援助計画の成否をみるだけでなく，それ自体がクライアントの援助ゴール達成への参加であり，励みにもなります．

まとめ

さて，これまで山本さんの事例を使って，高齢者援助における「アセスメント」および「援助計画作成」を面接でのやりとりをも含めてかなり詳細に解説してきました．ここで提出された事例のクライアントは，ADLのみに注目してみるかぎり機能の低い人ではありませんでした．公的介護保険の要介護度認定では「要支援」か「非該当」と判断される可能性が高い人です．しかし，たとえADLが高くても，要介護度認定で要介護と判定されなくても，援助が必要な人がいます．上記のような援助介入がなければ，山本さんはおそらく少しずつ身体機能が落ち，かつ生活面での生きがいをも見つけることができず，問題がさらに深刻化していく可能性がありました．上記の介入は，このような問題の深刻化を未然に防ぐ予防的な役割を果たしています．

私たちが高齢者の相談援助にあたるさいには，すでに問題が深刻になってしまっている事例への介入のみでなく，深刻な問題になることを防ぐ必要がある事例をも見逃さずに援助的介入をしていくことが大切です．

文献

1） Epstein, L.：Brief treatment and a New Look at the Task-centered Approach. Macmilian, NY, 1992.
2） 奥川幸子：未知との遭遇―癒しとしての面接．三輪書店，1996．
3） 奥川幸子：在宅介護支援センター現任研修員講師要請講座での講義より．1997．

5章 面接における言語技術

4章では，援助の全過程をみることで，いったいどのような順序で援助が進んでいくものかについて理解を深めてきました．そのさい少しでもアセスメント面接の実際を仮体験していただけるように事例を使用しました．この事例を解説するなかで，アセスメント面接の成否を左右する言語技術についても少しふれてきました．そこで本章では，この面接において重要な役割を果たす「言語技術」について，さらに詳しくお話ししていきます．

言葉というものは日常何気なく使われるために，私たちもあまり特別な注意を払わずに会話をしていることも多いと思います．そのために「面接」ということが日常生活でのおしゃべりの延長のように思われて，専門的な「面接の技術」というものがあまり理解されていないという現状があります．しかし，プロの援助面接における言葉のやりとりは，一般の会話とは大きな違いをもっています．

本章ではまず初めに，日常生活における会話を分析することで，一般的な会話に現われてくる話し手と聞き手の関係をみていきます．次に，ソーシャルワーク，カウンセリング，心理療法，といった専門援助における「面接で使われる言語技術」に関する文献を整理しながら，専門の援助面接を実践するのに必要な知識をまとめていきます．そして最後に，これらの技術がどのような形で実際の面接に反映されるかを，事例を通してみていきます．

① 日常生活での会話：話し手と聞き手とのあいだに成立する会話の種類
― 一方通行対双方通行

ある日，私が電車で何となく耳を傾けてしまった会話がありました．それは，予備校生と思われる二人の若者のやりとりでした．便宜上この二人の青年をAとBと名づけて以下に彼らの会話を再現してみます．なお，この会話は私の住んでいる関西地方のものなので，臨場感を出すために関西の言葉のまま記していきます．

会話例 5-1

> A：今日，すごい不思議な日やってん．一日に3回も知らんやつから鉛筆貸してとかシャープペンシルの芯貸してていわれてん．
> B：お前なあ，やっぱり人にばかにされとるねんで．何か利用できそうや思うからそんなに知らんやつから，もの取られんねんで．
> A：今までも僕，よう知らんやつから声かけられることあるんや．
> B：それは，お前が利用されやすい顔してるからや．なあ，やっぱりお前すぐに人にばかにされて利用されるねんで．一日に三人ものやつから利用されてんで．

　会話はこのあともほとんど同じパターンで，しばらく継続していました．Aは一所懸命に今日の出来事の詳細を語るのですが，Bは相変わらず，Aの話の内容にはまったくおかまいなく，「お前は人にだまされやすい．利用されやすい」という言葉を，何度も何度も述べ続けるのでした．電車の中では多くの会話が交わされているにもかかわらず，この会話だけが私の耳に飛び込んできたのは，私の職業と興味のせいかもしれません．社会福祉の教育や実践を通じて，どうすればよりよくクライアントを理解できるかを常に考えている私にとって，二人の若者の会話は聞き捨てておけない種類のものだったのかもしれません．このような会話をまず冒頭にもってきたのは，私たちがいつも何気なく「会話」とよんでいるものを，もう一度詳細に検討したいと思ったためです．

　では，ここで冒頭の会話にふたたび戻り，しばらくこの会話を使いながら，私たちが日常行う言語におけるやりとりの意味について考えていきます．まず最初に考えたいのは，会話が成り立つために何が必要かということです．それは二人以上の人間の存在でしょう．二人以上の人がいるとき，初めて話し手と聞き手という関係が成立します．しかしたとえ二人以上の人がいても，そこで交わされる話が必ずしも双方通行ではなく一方通行になることもあり得ます．一方通行というのは，どちらかが相手の存在を考慮せず一方的に話すものです．この観点からみていけば，上の二人の若者の会話は真の意味での双方通行ではないように思われます．Aが述べた「今日の出来事」をBは一方的に「それは○○ということなのだ」と決めつけています．そしてAもBも決めつけを受け入れず，自分の話を続けています．このような会話のパターンはときおり漫才などでみられ，おもしろいものとして観客の笑いを誘いますが，私たちは日常生活でこのような会話をしたいとは思わないでしょう．

　では，もうひとつ会話例をみてください．これは，ある中年夫婦のあいだの会話です．

会話例 5-2

夫：ねえ母さん．昨日頼んでおいた洗濯物はできているかい．今日の午後からゴルフのコンペにいくから，ゴルフシャツと替えの下着を洗っておいてくれって頼んでただろう．

妻：（無言．夫の話を無視）

夫：母さん．ちょっと聞いているのかい．なんで返事をしないんだよ．昨日あれほど頼んでおいただろう．シャツがなかったらコンペにいけないんだから．

妻：（無言を続け，隣の部屋へ移動していく）

この会話も一方通行で終わっています．もちろんこの会話で無言を守っている奥さんは，ある種の非言語コミュニケーションを行い，ご主人にメッセージを送っています．それは，「あなたなんか嫌いだから，話をしたくない」というメッセージなのかもしれません．もし話し手がある言語表現によって（話し言葉でなくてもよい．筆談や手話であっても同じ）何かを伝えたいと会話を始めたとすれば，聞き手は自分と話し手との関係の質・深さや話の内容への興味や，また自分の「聴く力」によって，いく通りかの違った反応ができるでしょう．

表 5-1 は，話し手が何らかの相談事あるいは心配事をもっており，だれかにそのことを話したと仮定して，聞き手の反応を話し手に対する「関与の度合い」に従って，5つに分類してみたものです．表のいちばん左の欄には話し手の反応を，2番目の欄にはこれらの会話が話し手にとってどのような効果をもたらすかを考えたまとめを，3番目の欄にはこのような会話から生じる話し手と聞き手の力関係を記してみました．私は言語学者ではないので，この表の会話の種類分析は学問的に裏づけられた完成品ではありませんが，日常レベルの会話を考え直してみるのには役に立つと思われるので，この表をみながら会話における話し手と聞き手の真の意味での理解レベルについて考えていきます．

表 5-1 をみればおわかりのように，①と②の会話は，話し手が非常にフラストレーションを感じるものでしょう．これらの会話において，聞き手が真に話し手を理解しようという態度は，まったくみられません．冒頭の会話例1はこの表の②にあたり，会話例2は①にあたると思われます．これらの会話の二人の力関係をみてみると，どれも「聞き手」が優位にたっているように見うけられます．優位ということは，「話し手」にコントロールを感じさせず，ともすれば無力感をもたらすかもしれない応対をしているということです．このようなタイプの会話ばかりを経験した人は，「人に話をすること」を「プラスの経験」としてとらえることが少ないのはいうまでもないでしょう．

会話③は，少なくとも話し手が聞いてもらっているかもしれないと思える会話です．しかし，聞き手は話し手にそれほど深く関与する気がないので，「話し手」が「聞き手」に本当に理解されたいという期待をもって話していると，いずれ失望するときがくるかもしれません．④と⑤の「聞き手」は，「話し手」が会話を終えたときに「ああ，話してよかった」とか「あの人は自分のことを理解してくれた」と思える人でしょう．このような会話がなされたとき，話し手と聞き手の力関係も同等になるといえます．この2種類の聞き手のあいだにある違

表5-1 聞き手の話し手に対する反応の種類とその会話のもたらし得る効果
（話し手が何らかの相談事をもちかけている場合を仮定して）

聞き手の反応	この会話によってもたらされる効果	話し手と聞き手との力関係
①相手の話を聞く意図はない．相づちもなければ，話し手への反応もない	話し手のコミュニケーションしたいという気持ちを失わせる．話し手は，人と会話することへの自信をなくす	聞き手優位
②相手に話させるが，相手が伝えたいメッセージは何かということを無視して，自分流の解釈を相手に押しつける．自分の思った方向へ話をもっていく	話し手が自分に自信をもっていなければ，聞き手の解釈にひきずられ，自分の考えを失ってしまう（もし聞き手が話し手の一方的な解釈に反論する強さをもっていれば，ここで両者のあいだに葛藤が起こる）	聞き手優位
③相手に話させ，聞いているような様子をみせる．ときには相づちがあるが，相手の話の内容を積極的に理解しようとはしない	「ふーん」「そう」などの相づちがあるので，話し手がとにかく自分の話をすることに懸命であれば，これでおたがいが満足のいくコミュニケーションとして認め合う可能性あり．しかし，聞き手は話し手を本当に理解しようと意図していないので，話し手が真の理解を欲して対話しようとしている場合には両者のあいだには溝が生まれる	聞き手優位 話し手に力が少し与えられる
④聞き手は話し手を理解しようと，一心に話に耳を傾ける	相手を理解したいという気持ちが強いので，わからないところでは質問をし，おたがいが相互確認をとりあって会話を進めていく	聞き手と話し手は同等
⑤聞き手は話し手を理解しようと，一心に話に耳を傾け，話し手が提示している問題の解決に向けて話を聴く	上記④で記述した要素につけ加えて，問題解決に関連する情報が何であるかを明確にして，相手から話を引き出していくこともある	聞き手と話し手は同等

いは，話し手の問題あるいは心配事を解決と結びつけていく姿勢です．⑤の聞き手は，もうほとんど専門援助職者として通用しそうです．

では，専門援助における「聞き手」は，具体的にどのようにして「話し手」の話を聞いていくのかを，面接における言語技術から考えてみましょう．

2 面接における言語技術

●クライアントの話に耳を傾けること
　―最も重要な情報はクライアントが提供してくれる

　援助職者と一口にいっても，その人々が受けてきた専門教育は異なります．社会福祉の教育を受けた人と，医療関係たとえば看護の専門教育を受けた人では，被援助者のよびかたも違います．社会福祉やカウンセリングではクライアントとよび，医療の領域では患者[注1]とよびます．そして被援助者と接するときの対応の仕方も，違った方法で教えられてきているかもしれません．その人たちに対して助言・アドバイス

注1）最近では，「患者様」と呼ぶことが多くなっているようです．

を行うのがおもな役割だというふうに教育を受けてきた人にとっては，被援助者に対する共感が重要だということを理解していても，いざ相手と向き合うと，自分の専門知識を使った助言をしなければならない，という強い責任感を感じてしまうかもしれません．

このようなことを理解しつつ，本書では「被援助者」を「クライアント」とよび，話を続けていきます．ある分野で長いあいだ仕事をしていると，クライアントの話を少し聞いただけで「あっ，この人にはこんなサービスをすればいいんだ」とか，「この人の考えかたが今の問題を作り出しているかもしれない」などといったことが推測でき，瞬時の判断もできるようになります．もちろん，このように推測できたり判断できる力は非常に重要ですが，それを思いついたときにそのまま口に出して表現することは，専門的な援助面接ではありません．専門職にとってよく出会う問題であっても，相談をしてくるクライアントにとっては「初めて経験する」ことなのです．さらに，相談してくる人の問題が似通ったものであっても，その人たちの背景の違いによって問題の解決の方法も大きく異なります．このようなことを考えると，相談面接においてしっかりとクライアントの話に耳を傾けることの必要性がみえてきます．私たちの援助面接では，「クライアントにアドバイスをするためには，十分に相手の話を聞き，十分なデータを得たうえで，慎重に行うこと」が重要です．

私が聞いた話で次のようなものがあります．ある高齢者のお宅に保健師さんがやってきました．その方は「エアーマットを使うように」と指導して帰ったのだそうです．ところが実際に使用してみて，家族とクライアントにはエアーマットの使用が不適切だということがわかったのです．そこで家族は保健師さんに対し，そのことを次回の訪問で伝えたところ，「あなたたちは一所懸命に介護をしていない」となじる口調でいわれたということでした．そこでその家族は，保健師さんの来るときだけはエアーマットを使っているふりをしたというのです．

もちろんこの保健師さんは，よかれと思ってこのような指導をされたのでしょう．しかし援助のプロになろうとするのなら，このエピソードのなかの問題点に気づかなければなりません．まず，「クライアントの状態の十分なアセスメント」を行っていれば，このようなことは起こらなかったということです．そして「クライアントが援助計画決定に参加」していれば，たとえ何らかの問題が起こる可能性があっても，それを未然に防ぐことができたということがいえます．

援助面接は，もちろんクライアントの話を「聞く」だけではありません．クライアントの話を「聴く」ことはまず面接の第一歩であり，これはやさしそうにみえて，その実とてもむずかしく高度な技術を要するのです．私自身も，少し実践の経験を積みクライアントの気持ちを読むのがはやくなってきたとき，クライアントの話を十分に聞かずに，先回りをして回答を出してしまいたいという気持ちになりました．そして，実際にそうしてみると，クライアントは私の回答に関心し「すごいですねー．そうか，そうすればいいんですか」という言葉を残して帰りました．しかしながら得意になってのぞんだ次の面接に，クライアントは姿を見せませんでした．

「聴く」ことはだれにでもできることではないのです．また「聴く」ことは単なる技術ではなく，その根底に援助職者に必要な基本的態度と知識が必要です．この「聴く」技術は，「傾聴」とよばれ，カウンセラー，ソーシャルワーカー，心理療法士などの人たちにとって，面接を行っていくうえで最も基本的で，かつむずか

しい技術といわれています．では，「傾聴」とよばれる技術は，具体的にはどのような言語表現で相手に伝えることができるでしょうか．言い換えれば，どのように援助職者が応答した場合に，クライアントは「ああ，この人は自分の話をしっかりと聞いてくれている」と感じるのでしょうか．また，「傾聴」さえすれば，援助面接はうまく進行するのでしょうか．

以下，これらの質問に答えるべく援助相談面接に関して書かれた文献を参考にして，面談で使用される言語技術について解説を加えていきますが，その前にまず次の演習をしてみてください．

演習5-1　●傾聴とは

① 人の話を一所懸命に聞いている，つまり「傾聴している」ということは，相手のどのような「言葉による応答」で感じ取ることができますか．また，言葉以外では，どのようなことで相手が真剣に自分の話を聞いてくれていることを知ることができますか．

② あなたは，今までだれかに何か相談をしたことがありますか．もしそのような経験があればそのときのことを思い出しながら次のことを考えてみてください．「相手が自分の話を一所懸命に聞いてくれている」つまり「傾聴してもらう」こと以外には，聞き手のどのような対応が問題の解決に役立ちましたか．

では，これから上の2つの質問に対する解答を織り込みながら，相談面接における言語技術について説明していきます．

●相手を理解しようとして真剣に人の話を聴くこと
　　─傾聴はどのような形で表現されるか

[言語以外（非言語）の表現：クライアントに対する関心の表現]

私たちが何かの心配事や問題などを抱えて，だれかのところに相談にいったとき，相手がどのように自分の話に反応してくれるかが気になるものです．たとえば，今後も在宅での長期療養が必要な入院中の患者さんの家族が，退院後のことに不安をおぼえて病院の相談室を訪れたと仮定してください．相談室に入って「ちょっとご相談したいことがあるんですけれど…」と切り出したとき，相談員であるソーシャルワーカーがどのように反応すればこの家族が「ああ，この人になら話せる」と思い，いいたかったことを十分話すことができるでしょうか．

相談面接では，言語によるコミュニケーションと非言語によるコミュニケーションの両方を使って「私はあなたの話を一所懸命に聞いています．私はあなたの考えや感情を理解したいのです」というメッセージを出します．本章では，おもに言語技術について述べていきますが，まずその前にここで簡単に非言語による「傾聴」表現についてみてみましょう．

非言語表現（ノンバーバル・コミュニケーション）は，姿勢，顔の表情などが含まれます．険しい顔つき，面倒臭そうな表情をみせると，クライアントはそのような表情からだけでも話をする意欲を失います．ニコニコと営業用の笑顔をたたえる必要はありませんが，少なくとも

援助職者は自分がクライアントと向き合ったとき，どのような印象を相手に与えるかを理解しておく必要があります．私たちは自分の顔自体を変化させることはできませんが，自分の表情に注意を払うことは可能です．べつに怒っているわけでもないのに，また不機嫌でもないのに，第一印象でそのように思われがちな人は，そのことを自覚して面接にのぞむことが必要でしょう．

クライアントがやってきたとき，きちんと相手の顔を見るということはいうまでもありません．ときおり机の上の書類に目を落としたままで面接をする人がいますが，このような非言語表現は「私はあなたには興味はありません」といっていることになります．心をこめて真剣に話している人同士を観察するとよくわかりますが，体は少し相手のほうに近づいて表情も豊かになり，手振りや身振りなどのジェスチャーが入ることも多くなります．これは相手に聞いてもらおう，相手の話をしっかりと聞こうとするときに自然に出てくるもののようです．援助職者が面接のさいにあまりに派手にこのようなことをする必要はありませんが，少なくとも相手の話を真剣に聞くときの姿勢というものを自覚しておくことは重要です．

相手とどれだけの距離をもって座るか，どのような角度に座るかなどの身体的距離や位置どりもクライアントに安心感を与えたり，逆に不安感を与えたりする要因になります．私がオフィスで面接をするときには，必ず高さや硬さの違う椅子を2，3脚用意して，クライアントに好きな椅子と位置を自由に選んでもらっていました．

このようなことができない環境で仕事をしていらっしゃる方は，少なくともクライアントが自分との位置関係で落ち着けているかどうかを確認してください．クライアントが椅子に座って何度も何度も姿勢を変えたりしていれば，おそらく座りごこちが悪いのかもしれません．援助職者は，クライアントのこのような非言語表現をしっかりと「観察」してその観察を援助に生かしていくことが必要です[注2]．

たとえば，椅子に座ってもぞもぞしているクライアントには「その椅子は座りにくいですか．ほかの椅子を探しましょうか」と問いかけることで，クライアントは「いえ，実は私主人の介護を始めてから腰痛が出だして座っているのがきついんです．椅子を変えていただいても同じことだと思います」という話が出るかもしれません．これは介護者である妻の身体状況に関する情報で，今後の介護の方針を決めていくのに非常に重要な情報となります．また，介護者のなかには自分の身体問題は二の次にすることに慣れている人がいます．このような人にとっては，援助職者がクライアントの非言語表現にまで関心を払い，そのことをきちんと話し合おうとする姿勢をもっていることを知ることで，今までとは異なる新たな経験をし，「援助関係」形成が促進されたりします．

ここで，自分の非言語表現が人に与える影響を理解する演習をいくつかご紹介します．これらの演習は，私がミシガン大学の社会福祉大学院の授業で学んだものや，経験を通して役に立つと思ったものです．

注2) 面接における非言語表現の効果に関しては，カウンセリングや心理療法のテキストに詳しいので，そちらを参照してください．

演習 5-2　● 非言語表現の影響の理解

(1) **自分にとって，あるいはいろいろな人にとって，安全を保て，かつ親しさを失わない距離を理解する**（できれば，同性・異性の両方の人と，それも親しさが異なる人々とこの演習をするとより豊かな学習効果が期待できます．その方法は以下のとおりです）

① まずは，おたがいが2～3mほど離れて立ち，そのあとあなたが相手に少しずつ近づいていきます．

② 相手の人は，あなたとの距離が自分にとって「安全なもの」であるようにあなたを誘導します．あなたが，相手に少しずつ近づいては立ち止まり，相手に「まだ大丈夫」とか「ちょっと戻って」とか「そこまで」とかいう指示を出してもらいます．

③ 相手の人がストップをかけた位置で止まります．そして，相手と自分との距離を測ってみます．

④ 同様のことを「異性」「あまりよく知らない人」など複数の人と行ってみてください．

[演習のポイント]

　この演習は「絶対にこれだけの距離をクライアントととるべきだ」ということを決めるために行うものではありませんが，多くの人が「安心」できる距離がみえてきます．また，あなたが自分にとって「安全」だと思う距離がほかの人にとってはそうでないこと，また，異性ではより距離をとりがちであることなどが体験を通じて理解できます．

(2) **自分の表情，しぐさなどを理解する**（あればビデオテープを準備する．そして以下の手順に従って二人のやりとりを10分間ほど，ビデオテープにとる．もしビデオテープがなければ，だれか職場の人に観察者になってもらい，あなたの表情やしぐさを観察してもらって，その観察の記録をつけてもらう）

① 職場の同僚とペアを組んであなたが話をきく「聞き手」の役割をとり，相手の人には，話をしてもらう「話し手」の役割をとってもらいます．

② 相手の人に10分間ほど時間をとってもらい，どのようなテーマでもよいからあなたに話をしてもらいます．このさい話の内容はあなたが知らないことであるように頼んでください．

③ 話し手の独白にならないよう，あなたが「聞き手」として適切に反応することによって話を進めるようにします．

[演習のポイント]

　私たちはそれぞれ，人の話を聞いたりあるいは人に話をしたりするとき，顔，体などに表情が出ます．このような表情は人によって少しずつ異なります．この演習の目的は，<u>自分で自分がどのように相手にみえる可能性があるかを理解する</u>ことです．自分では自覚していなかった<u>援助関係形成にプラスに働きそうな点や，あるいは逆にマイナスに働きそうな点がみえてきます</u>．援助職者は，自分がクライアントに与える影響をも客観的にとらえていることが大切です．

[言語表現]

これまで簡単に面接における非言語表現の果たす役割と，援助職者が自らの非言語表現を自覚する方法を説明してきました．次に本章の主題である「言語」表現に移っていきます．

私たちが援助を目的に面接を行うさい，いったいどのような種類の言語反応をするのでしょうか．表5-2は私が臨床心理，カウンセリング，ソーシャルワークなどに関する9冊の文献を選び（Cormier & Cormier, 1991[1]；Hepworth & Larsen, 1993[2]；大段, 1995[3]；奥田, 1995[4]；小松, 1996[5]；対馬・対馬, 1978[6]；林・上杉, 1997[7]；白石, 1996[8]；福井・飯田, 1995[9]），それらの文献が言及していた「言語技術」あるいは「言語による反応」とよばれるものを整理し，その代表的なものを取り出して作り上げた表です．ここで使われている名称が，必ずしもすべての分野で共通理解されているわけではありません．また，ここで行っているような細かい分類をしない人もいれば，さらに細かい分類をしている人もあり，統一された言語表現のバラエティーはないようです．このような背景を

表5-2 面接における言語反応のバラエティー

言語表現名称	解　説
① 場面構成（面接場面設定のための説明）	社交的会話や，どの分類にも含まれない中間的発言 例：「ここまで来られるのにどれぐらい時間がかかりましたか」「次回は××月××日の××時にお伺いしたいのですが，いかがでしょうか」
② 受け止め・最小限の励まし・促し・非指示的リード	受け止めは，クライアントの話を聞いていることを表わす相づちなどの表現．沈黙もこのなかに含めることができる．沈黙は，援助職者が相手の話を聞いていて，話の続きを待つときによく起こる．最小限の励ましや促し，リードなどは，受け止めよりももう少し多くの言葉を使うが，基本的には相手の話の促しを目的で行われる表現． 例：「ええ」「はい」「そうですか」「ふんふん」「どうぞ，続けてお話しください」「それで？」「そうでしたか」など
③ 明確化・認知確認	クライアントの話したことを援助職者が正しく聞いたか，あるいは援助職の受け取りかたが相手のものと同様なものであるかどうかを確かめるための反応 例：「あなたがいったことは×××でしょうか」「あなたは，×××と思われたのでしょうか」「あなたは×××といわれたのですね．私がそう聞いたのは正しいでしょうか」（×××の部分に相手の話したことの言い換えを入れる）
④ 相手の表現したことの繰り返し	否定，肯定，解釈をいっさい入れないでクライアントの話したことをそのまま述べること
⑤ 言い換え（相手が表現したことを異なる表現で言い直す）	クライアントが伝えたことの基本的な内容を本来の意味を失わずに，内容は同様でありながら異なる表現で言い直す
⑥ 感情の反射・感情の明確化	クライアントが明らかにあるいは暗に表現した感情の内容を相手に返すこと 例：「×××というお気持ちだったのですね」「私には○○さんが×××だったように思われます」（×××の部分には感情を表わす表現を入れる．○○の部分はクライアントの名前あるいは二人称）

（次頁につづく）

⑦ 要約	クライアントの会話の，いくらかまとまった部分の内容の，中核と思われることがらをまとめて話す
⑧ 質問	「開かれた質問」「閉ざされた質問」の２種類，および相手の話のなかで欠けている一部の情報を明らかにする「具体性を追求」する問いかけ 例：「いつから歩けなくなりましたか」（閉ざされた質問），「そのときの状況について説明してくださいますか」（開かれた質問），「それはだれがいわれたことですか」（相手の話の一部に関するより詳しい情報を求める）など
⑨ 支持・是認・勇気づけ・再保証	援助職者がそうすることに対して明確な根拠がある場合に，クライアントの述べた内容に関して相手を認める．なぜ支持できるのか，保証できるかの説明をともに表現することが望ましい 例：「○○さんの今までのやり方を聞いていると，多くの同じような経験をされた方がやってきた平均の介護以上のことをしていると思われます．今までよくがんばってこられましたね」など
⑩ 情報提供	クライアントがその情報を適切に使える時期にあると思われたときに，相手にとって役立つ情報を相手が理解できる形で提供すること
⑪ 提案・助言	こうしたらどうか，などといった方法を援助職者が申し出たり，アドバイスしたりする．情報提供などとともに適切に使用するように留意すること
⑫ 解釈・説明	クライアントあるいは援助職者の準拠枠に基づいたものの両方がある．クライアントが述べたことがらの意味を説明したり，さらに一歩進んだ解釈をする
⑬ 分断化されたさまざまな情報の統合	（異なる時点でバラバラに出てきた情報）の統合（要約を含む）と明確化の組み合わせ
⑭ 焦点化．みえていない点に気づき，新たな展望を開く援助	問題解決の方向に面接を導いていくための方法．解釈，深い共感，情報提供，対決などといったいろいろな技法が組み合わされて使われることが多い
⑮ 仮説的状況に関する質問	「もし××であったら？」といった推測に関する問いかけ

考慮に入れたうえで，9つの文献のそれぞれの分類法や名称をもとに私が整理を行い加筆し，作成したものが表5-2です．

援助面接に関して私たちが自分の実践を振り返るとき，つまり録音記録なり逐語記録（自分の思い出せる範囲でクライアントと自分とのやりとりを「実際に最も近い形」で記録したもの．芝居や，テレビの台本のような記述）なりを用いて仕事を振り返るとき，「私は何を意図してクライアントにこのような応答をしたのだろうか」「私のクライアントに対する反応はクライアントの最も表現したいことをうまく引き出すようなものであっただろうか」などと考えることが大切です．つまり面接におけるやりとりの意味を読み取ることが必要なのです．そのようなときに，自分の行った言語反応がどのような意図をもったものであり，またその意図がクライアントの話をさらに深めることができるものであったかどうかが，理解できなければなりません．このような理解を促進する枠組みとして，表5-2にある言語表現分類を使うことができるでしょう．そこでまず，この表を簡単に説明し，それからこれらの言語技術のバラエティーのなかでとくに実践でよく使われるものに関して，

さらに詳しい説明を加えていきます．

●言語反応の3つの種類分け

前述したように表5-2は複数の文献の要約です．⑮までの番号は私が便宜上つけたものです．言語技術の分類はそう簡単にできないところがありますが，この表は，クライアントの会話に対する援助職者の介入の度合いをも考慮に入れながら作成してみたつもりです．

このあと，これら13種類の言語反応を大きく3つのカテゴリーに分けて説明していきます．それらは中立的発言，傾聴反応，より積極的な反応の3つです．それぞれのカテゴリーに何を含めるかに関しては，研究者のあいだで異論があるようです．たとえば対馬ら（1978）[6]が訳したブラマーの文献による分類では，傾聴反応は「言い換え，明確化，認知の確認」といったものが主で，まさに「聴く」ことを中心にした反応のみが含まれています．一方，コミアーら（1991）[1]は，傾聴反応をさらに拡大解釈し，クライアントの伝えたいことをクライアントの「見方や準拠枠」に従って反応しているときには，それらの反応をすべて「傾聴反応」とよんでいます．したがってそこには感情の反射や要約といった言語反応も含まれています．本書は分類すること自体が目的ではないこと，また傾聴をより広く解釈していこうと意図することの2つの理由から，コミアーらの分類に近い形で傾聴反応を分類していきます．では，中立的発言，傾聴反応，より積極的な反応の順にこれらの言語反応をみていきましょう．

(1) 中立的発言（場面構成など）

まず，第1グループは，表5-2の①にある場面構成とよばれるような援助職者の発言です．これは，クライアントの「問題そのものにかかわらない中間的発言」とよぶことができます．クライアントが電話で，あるいは相談機関を訪れて援助職者と初めて出会った場面などでは，援助職者が自らの所属している機関が「どのようなことをするところであるか」とか，「自分はどのようなことを援助できるか」とかを説明したり，面接を終えるときに次回の約束をしたり，またときによっては面接の始まりに簡単な社交的な会話（例：今日も暑かったですね．ここまで歩いてくるのは大変でしたでしょうね）をしたりすることがありますが，それらがここに含まれます．

(2) 傾聴反応

第2グループは，一般に「傾聴」とよばれているものです．これは相手の話に耳を傾け「より正確に相手の話を理解しようとする」ために必要な言語表現のグループです．「傾聴」は簡単そうで実は非常にむずかしいものです．この「傾聴」のむずかしさに関して非常に意義深い発言がブラマーの訳書にみられたので引用してみたいと思います．「〈この人の内部で現在何が起こりつつあり，この人の生活空間では何が生じているのか〉という疑問にかなり詳しく答えられれば，援助者は自分の認知能力の全体を活用して聞いていることになる」（対馬・対馬訳，1978，p.131）[6]．

そこには表5-2の②の「受け止め・最小限の励まし・促し・非指示的リード」から⑦の「要約」までが含まれるといってよいでしょう．このグループの言語表現の機能的な特徴は，<u>焦点はクライアントの話す内容にあり，面接をしている援助職者の価値判断が極力入らないようになっている</u>ところでしょう．しかし，価値判断が入らないということは，「知的な判断」をせずに，相手の話を聞くということではありません．「受け止め（相づちなど）」や「最小限の励

まし」は，クライアントが自分の話を続けていくことを「促す」言語技術で，「傾聴」の典型的なものといえます．さらに，「沈黙」も，援助職者がクライアントの話が詰まったときに，クライアントが話すのを待つということでは「促し」のひとつになります．面接のときには沈黙があって当然です．まったく切れ目のない応答が次々と進んでいく面接のほうがよほどまれだといわなければなりません．面接をする援助職者は「沈黙」があることを恐れずに，その沈黙がどのような意味をもっているのかを考えてください．その沈黙はクライアントが自らの記憶をたどっているためなのか，自分の話した内容の新たな意味に気づいたためなのか，援助職者に出会って緊張しているためなのか，あるいはまた援助職者の応答が，自分の思うものでなかったので失望し，話す気持ちを失ってしまったためなのか，などです．

クライアントが相談にやってきて，「いろいろ問題がありすぎて何から話したらよいのかわからないのですが…」といったとき，援助職者がクライアントの話を促すひとつの方法として「○○さんが最も話しやすいところから始めてくださってけっこうですよ」などのいいかたがあるかもしれません．これは励ましや促しにあたるでしょう．これに対してクライアントが「そうですか…実は主人が，脳梗塞で倒れて以来，昔のように自分で自分のことができず，いらいらして私にひどくあたりだしたんです」と話し出せば，援助職者の促しがクライアントに伝わったと考えられます．このようなやりとりが進んだ場合にはたいていクライアントは自分から話をし出します．クライアントが話しているあいだ，援助職者が真剣に聞いていることを伝えるには，相づちが使われるでしょう．「ええ」や「ふん，ふん」というものがそのひとつです．しかし，この一見簡単そうに思える技術

も，その時点でクライアントが表現していることの意味を考えながら行われているのです．

相づちや相手の話の促しは，前述した非言語表現だけでも十分事足りることもあります．ときおり面接のロールプレイなどをしてもらうと気づくのですが，援助職者があまり頻繁に「ふん，ふん，ふん」「はい，はい，はい」「ええ，ええ，ええ」などと繰り返すと，これがかえってクライアントを話しづらくさせたり耳ざわりになったりします．クライアントが話をしたとき，黙ってうなずくことだけでも相づちになります．いつ言語による相づちを使い，いつ非言語でそうするかなどは，マニュアル化することのできないものです．両方をクライアントの話のじゃまにならない程度に使っていくことが理想的でしょう．

③の明確化・認知確認は，おもにクライアントが述べたことを，援助職者が正しく受け取ったかどうかの確認のために使われる言語反応です．明確化をどのように定義するかは，研究者によってやや差異がありますが，コミアーら(1991)[1]の定義では「あなたがいおうとしたのは×××ということですか（×××の部分に相手の話したことの内容を言い換えて入れる）」や「あなたは，×××といっているのでしょうか（×××の部分に相手の伝えようとした内容を言い換えて入れる）」といった形での確認を意味しています[注3]．認知確認とは，ブラマー（訳：対

注3) 翻訳の仕方にもよるかもしれませんが，ブラマー（訳：対馬・対馬，1978)[6]は「明確化」についてこのコミアーの例と少し違った形の例をあげているようです．それは，援助職者がクライアントの述べたことの意味についてわからなくなった，という内容が出されている点でコミアーの明確化との違いがあります．たとえば，「私にはわからなくなりました．あなたがこういっているのだと思うことをいってみます…」（対馬・対馬，1978, p.137)[6]というものです．本書では，この例も基本的にはコミアーら(1991)[1]と同じものであると理解して，どちらの表現も「明確化」とよびます．

馬・対馬，1978)[6] によれば，クライアントが述べたことを援助職者がどのように受け取ったかを述べて，その受け取りかたがクライアントにとっても，受け入れられるものであるかどうかを確かめるために使われる言語反応です．その例としてあげられているものをそのまま引用すると，「あなたが選んだ計画は，あなたが本当に望んでいることなのかどうか疑問に思っていました．あなたは疑問だといわれたのですね．私がそう聞いたのは正しいですか」(対馬・対馬，1978，p. 139)[6] があります．

④の繰り返しというのは，クライアントが述べた内容に否定，肯定，解釈をいっさい入れないで再度述べることです．この言語反応は，クライアントの述べた内容を再度かみしめる意味あいをもちます．クライアントの陳述のなかで，このことはじっくりと考えてみたいと思われるような場合です．たとえば，自分の介護の努力が夫にまったく伝わっていないと嘆く妻が，「今まで何ひとつ私のしたことを喜んでくれたことなんかないんです」と話したとき，このことはじっくりと考えるべき内容であると判断し，さらに本当に「何ひとつ」喜びを表わしたことがなかったのかということを確認したいときに，クライアントの述べたことの全体あるいは一部を繰り返します．「今まで，何ひとつ喜んでくれたことがない…」といったふうに応じることができます．この繰り返しやそれに続く⑤の言い換え，⑥の感情の反射・明確化，そして⑦の要約は，すべてクライアントが表現したことや表現しようとした意図などに関して，援助職者がその内容の確認をしていくために使われている言語反応とみなせます．このような意味では，以上の言語表現は似たような機能をもつといえるでしょう．

⑤の言い換えとは，クライアントが伝えたことの基本的な内容を本来の意味を失わないで，同様ではあるが異なる表現でより簡潔に表現し直すことです．この言語反応もその他のものと同様に，クライアントを正しく理解したかどうかの確認とともに，援助職者としてクライアントを正確に理解しようとする姿勢の伝達になります．

⑥の感情の反射とは，クライアントが明らかに，あるいは暗に表現した感情を援助職者が再度いい直して，クライアントがそのような感情をもっていることを援助職者が理解し受け入れていること，必要であればそのような感情について，もっと話すことができるというメッセージを送ることにもなります．

⑦の要約は，クライアントの話したことをそのまま繰り返したり言い換えたりするのではなく，かなりの量の情報を得た段階で，それらのエッセンスともいえるべき点をまとめて，クライアントに確認をとるための言語反応といえるでしょう．「感情の反射」と「要約」に関しては，このあとでさらに詳しく述べるので，ここでは簡単な説明だけにとどめておきます．

(3) 積極的な言語介入

第3番目のグループは，表5-2の⑧～⑮までを含むと考えられます．これらは第2グループの「傾聴」が「クライアントの話をよりよく理解するための技術であり，援助職者自身の介入という点をより少なくしていた」ということに比べると，クライアントの話をよく理解したうえで，さらに積極的に反応することになります．コミアーら（1991)[1] は傾聴よりも積極的な言語反応を「アクション反応」とよんで，これらがクライアントの見かたや準拠枠を超えて，援助職者が構成していく情報や見かたをも入れてできた反応であるとしています．

⑧の質問は，クライアントの話を聞きながら，問題の理解のために，「これを知らなけれ

ばならない」ということが出てきたときに行うものです．たとえば，寝たきりの夫を介護する妻がクライアントである場合には，「夫の病状」「介護者の身体状況」など多くのことを知る必要が出てきます．質問でむずかしいのは，情報収集を主体としたアセスメント面接とよばれる初期段階での用いかたです．アセスメント段階では短時間のうちに多くの情報を収集することが必要とされるために，初心者は，ともすれば気持ちがあせってしまって，矢継ぎ早にクライアントを質問の洪水のなかでおぼれさせてしまうことがあります．忘れてならないことは，<u>クライアントの話を理解しよう，クライアントの立場を理解しようと努めながら相手の話に耳を傾けつつ面接を進めていけば，多くの質問の連続で得られるのと同じくらいの量の情報をクライアントが自ら話してくれることが多いということ</u>です．面接によってクライアントとのあいだによい援助関係が成立したあとならば，「ここでいくつかお尋ねしたいことがあるのですが，よろしいですか」という前置きなどをしてから一連の質問をすれば，クライアントは質問が続いても快く答えてくれます．

⑨は援助職者がクライアントを励ましたり，勇気づけたり，再保証（それでよいということを伝える）したりする言語反応です．不安を抱えたり一人で長いあいだ悩んできたりしてきたクライアントにとって，これらの対応がどれほどの力を与えるかを考えれば，この言語反応の効用が理解できると思います．しかし，援助面接における励ましや勇気づけは，単なる気休めのためにするものではないということを忘れないでください．つまり，<u>援助面接における勇気づけは，事実に基づいたものであることが大切なのです</u>．だれかがいま大変な思いをしていることを聞いて，本当にそうなるかはわからないけれど，自分がそういえば気が休まるからと

か，そうしたほうがよさそうだからとかいう理由で，「きっとうまくいくようになりますよ」とか「大丈夫，心配しないで」といったような励ましをすることが日常生活ではよくあります．しかし援助面接での励ましは，<u>すでにクライアントと援助職者がおたがいの十分な話し合いから，あるいはその他の理由から励ましをすることに十分な根拠をもっているときにのみ行う</u>ものです．夫の介護をしている奥さんが，「もうこのままでは二人ともやっていけないように思います」というように将来に対する希望を失った発言をしたとき，その奥さんがそのような気持ちに至った背景を十分「聴いた」うえで，援助職者が自分の援助はこの奥さんの状況を変化させることができると確信した場合には，勇気づけという言語反応が適切かもしれません．

たとえば，「○○さんのお話を聞いていると，ほとんどすべてのことをお一人でやってこられたようですね（それまでのクライアントの会話の要約）．さぞかしご無理もされておつらかったと思います（⑥の感情の反射）．この5年間，十分過ぎるぐらいの介護をなさってきたと思われます（⑨の支持・再保証）．今の○○さんのご様子を伺っていると，私どもでお手伝いさせていただけることがあるように思います（①の中間的発言）．たとえば，今はすべてお一人でやっていらっしゃる介護の一部を，手伝ってもらうことで○○さんの時間的余裕ができて，お体を休めることもできます（⑩の情報提供）．そうすれば今より少しは楽になって，元気も出てくるかもしれませんね（②の励まし）．どうすればいちばん○○さんにとってよくなるか，一緒に考えてみませんか（⑪の提案）」というふうに勇気づけをしていけるかもしれません．

⑪の提案・助言は，ほかの言葉で置き換えれば「アドバイス」といえるものでしょう．高齢者の介護相談などでは，具体的に「○○はこん

な形でできますよ」というアドバイスが必要なときも多くなると思います．ただし，アドバイスも非常に慎重に行わなければなりません．援助職者は一方的にその考えを押し付けてはなりません．面接は援助職者が正しいと思う問題解決方法を，クライアントに押し付けるために行うのではありません．アドバイスがクライアントにとって押し付けと受け取られないためには，「○○をするというのはどうですか」といった「可能なやりかたの提案」の形をとるのもひとつの方法です．

また，何か情報を提供し，それについて相手はどう思うか，そのような方法をとったら何が起こるかを，クライアントに聞く方法もあります．前述のエアーマットの例のようなことが起こらないためには，そのアドバイスがクライアントにとってどうであったかを，話し合う基盤となる治療的な人間関係を，確立しておかなければなりません．いくら避けようとしてもクライアントは，援助職者を「権威者」として見がちです．そのために私たちは，意識してクライアントと対等な関係をつくる努力を払わなければならないのです．

⑫の解釈・説明は，クライアントが述べた事柄を，それはなぜ起こったかなどに関してクライアントが発言した以上の意味を付け加えることです．心理療法の場合，とくに精神分析派の場合には「解釈」という言葉は，理論に基づいてクライアントの言動の意味を説明し直すことです．しかし，ここではそのような「理論のみに基づいた説明ではなく，より広範な説明」ととらえておきます．たとえば，つい最近とても好きだったお母さんを，がんで亡くした40歳代の女性の陽子さんが，夫のお母さん（脳梗塞の後遺症で半身不随となり言語障害をもつ）の世話をすることとなったと仮定してください．陽子さんは，姑の退院相談に病院の相談室を訪ねて，今後のことに関していろいろと話をしました．その結果，相談員には姑との関係もわるくないこと，介護をする気が十分にあることなどがわかったとします．ところが姑が体の自由と言語機能の一部を失ったことに関しては，「命にかかわることじゃないし，たいしたことじゃありませんよね」という発言を繰り返しているとしましょう．そして，おりにふれて自分の母親がどれほどつらい思いをして亡くなったか，がんによる死がどれほどつらいことかを語ったとしてください．このような考えかたは陽子さんが，今後主たる介護者となっていくときに，姑との関係に影響を及ぼすことが予測できます．ここで陽子さんが何をもってして姑の問題を軽くみているのか，ということに関して理解しておくことは意味があります．そこで「今までのお話をお伺いしていると，お姑さんのおかれている状況がそれほど大変ではないと考えていらっしゃるようですね．それは，あなたご自身のお母さんの病気と比べればたいしたことではないと思っていらっしゃるように聞こえますが…」というような解釈が役に立つかもしれません．このような表現の仕方が唯一のものではありませんが，援助職者の解釈や説明がクライアントに対する押しつけにならないよう，クライアントがこれに対して自分自身の考えを述べられるように，気をつけて表現することが大切です．このように，このグループに属する言語技術は，非常に注意を払って使われるべきものであるといえます．

⑬と⑭は両方とも，援助職者がクライアントから聞かせてもらった話の内容を，クライアントの固有の生き方や問題とのかかわりのなかでしっかりと理解し，問題解決へのある程度の方向性が見えてきた段階で用いられるものです．⑬は，クライアントが語ってくれたさまざまな情報を，援助職者がそれらの関係性を考えてつ

なぎ合わせ，より正確な問題の理解につなげるために用いられます．一般の要約よりも「つなげにくい」かもしれない，一見バラバラに見える情報の統合です．⑭は，前述した解釈，共感，情報提供や対決とよばれるクライアントが，直面する必要がありながら避けてきた事柄を取りあげ話し合いをすること，などのさまざまな言語技術を使いながら，問題の核心に焦点を当てていく方法です．最後の⑮は，問題の解決法をクライアントと話し合うなかなどで，クライアントから，どんな条件があればクライアントの何かを変えていくことができるのか，といったことを一緒に考えていく際に使われたりします．

[感情の反射，質問，要約に関して]

上記の言語技術のなかで基本的かつ重要なものとして「感情の反射」「質問」「要約」を再度取り上げ，これらに関して以下にさらに詳しい説明を加えていきます．

〈感情の反射〉

感情の反射とは，相手がもっている直接的あるいは間接的に表現された感情を，適切な表現を使って相手に返していくことです．これは，相手がいった言葉をおうむ返しにすることではありません．感情といえば，喜怒哀楽の4つにまとめられることが多いのですが，ここではより広い意味にとって相手の気持ちの表現すべて

と考えたいと思います．援助職者は人の気持ち，感情をよく理解し，感情の豊かな表現法に精通しておかなければなりません．この技術は援助職者の仕事のなかだけでなく，日々の生活のなかでも磨かれていきます．

感性を豊かにすることも援助職者に要求されています．感情の反射でひとつ気をつけてほしいのは（とくに相手の年齢や性格による），感情の表現を避けようとする人々も少なからずいるということです．そのような人に対して援助職者が感情を反射すると，援助職者の反射を否定することもあります．そのようなときには，相手にむりやり感情表現を強要しないことです．またこのようなクライアントには「○○さんと同じような状況におかれたら，やり切れない気持ちになる人も多いかもしれませんね」といった，より間接的な表現を使うことができるかもしれません．

感情の反射でよく使われる表現としては，「×××（例：さびしい）と感じられたのでしょうね」というものや，「私には（相談員のこと）×××（例：落胆なさっている）ようにみえますが……」「×××（例：誇らしい）ようなお気持ちでしょうか？」などがあげられます．

感情の反射を面接のなかで適切に行うために，日常できる練習方法が以下に示してありますので，試してみてください．これは一人でも，また同僚と一緒にでもできるものです．

（感情の反射の練習）

① まず，あなたが担当しているか，もしくは担当していたクライアントによる感情の直接的・間接的表現を含む会話を取り出して書き出します．そのときは，その表現をしたときのクライアントの表情や，それまでの会話の文脈や口調も書き出してください．

② そのクライアントの表現はどのような感情を表わしていると思うかを考え，まず紙にその感情を書き出します．おそらく怒り，悲しみ，落胆，心配，不安などなどが出てくるでしょう．

③ その感情をクライアントに反射するとき，具体的にどのように表現できるかを紙に書いてみます．「悲しみ」ひとつを例にとっても，単に「それは悲しかったでしょうね」という以外に多様な「悲しみ」の反射表現を見つけ出してください．表現方法も直接的だけではなく，間接的なものも考えてください．
④ いくつかの表現が書き出せれば，それを実際に口に出してみて，本当に自分がその感情を理解できているかをチェックします．

〈質問〉

質問とは，こちらが何らかの情報を必要としているときに相手にそのことを尋ねることです．たとえば，「お年はおいくつですか」とか「ご家族は何人ですか」といった「閉ざされた質問」とよばれるものと，「ご家族のことについてお話しくださいますか」といった「開かれた質問」とよばれるものなどです．

「開かれた質問」では，クライアントに「あること」に関して話してくれるように伝えますが，何から話すか，どう話すかは，クライアントの自由です．自由に答えかたを選べるということは，クライアントが最も気になっている部分を強調して話せる機会ができることです．つまりクライアントが自分の感情から話すか，事実の経緯から話すかは，自由なのです．開かれた質問にクライアントがどのように答えてくれるかをみることで，援助職者は「質問に対する答え」以上のことを知る機会をもちます．クライアントが何を最も大切だと思っているのか，何が最も気にかかっているのかということや，クライアントの言語表現能力などが新たな情報となるのです．

本書では，これら2種類の質問にもうひとつを加えています．それは相手が述べた事実，感情，類推などの理解のためにあと少し何かの情報がほしいときになされるものです．多くの臨床家や研究者は，この「相手の話の一部分に関する問いかけ」を「質問」と分類せずに，「具体性の追求」（Hepworth & Larsen, 1993[2])の場合)のような新たな分類項目に入れています．しかし本書では，このような「クライアントの表現の一部だけを取り出して尋ねる」場合も，ある種の質問として考えたいと思います．

たとえば，クライアントが「昨日，夫の回復は見込みがないっていわれたんです」と表現したとします．みなさんは，これで，このご主人の病気に関してすべてがおわかりでしょうか．文章作成をするときに英語の頭文字を使って5W1Hを入れることが強調されます．つまり，だれが，いつ，どこで，だれに，何を，どのようにしたのか（who, when, where, whom, what, how）をはっきりとさせることです．いつもこのすべてを理解しておく必要はありませんが，上の会話のなかでは，いったい「だれ」がそのようなことをいったか，非常に重要な情報です．医者なのか近所の人なのかなどです．このようなとき「それはどなたがおっしゃったのですか」と「だれ」の部分のみを問うことがあります．

「閉ざされた質問」「開かれた質問」「具体性追求のための問い」のどれもが，重要な役割をもっています．しかし面接の初めから次々と「閉ざされた質問」と「具体性追求のための質問」を続けると，クライアントは尋問を受けているようになります．質問の仕方も十分に気をつけて選択することが必要です．

〈要　約〉

　要約とは，相手がある程度の量の発言を行ったあとに，それを相談員がまとめることです．どの程度の分量の情報をどの部分でまとめるかは，そのときどきに判断します．しかし，必ず要約が必要なときがあります．それは電話面接や対面面接などを終了する場合です．援助職者がこれまでクライアントから聞いた内容を要約することで，クライアントのいいたかったことを正確に聞いていたかを確認でき，もし内容に間違いがあればクライアントがそれを訂正する機会が与えられます．この要約のより高度な使用法として，明確化や感情の反射と一緒に使って，相手がそれまで話してきた内容にみられる矛盾を明確にし，そこから面接を発展させるというものがあります．たとえば，「○○さんは，自分一人でがんばってやっていかなければならないと思われる一方で，やはりだれかに手伝いをしてほしいという気持ちももっておられるように思われますが……」というふうに，相反する2つの考えかたがあることを要約という形で行うことができます．

　ではここで，この章のしめくくりとして，流れのある面接の一部を使って，上述の言語技術がどのように用いられるかをみていきたいと思います．

●事例を通してみる相談面接を構成する言語技術

　ある日，ある病院のソーシャルワーカーが部屋で仕事をしていると，入院患者の家族がドアをノックして顔をみせました．以下が患者の家族（これ以後この人をクライアント＝依頼人とよぶ）とワーカー（ソーシャルワーカーの略．これ以後ワーカーとよぶ）の会話です（解説の便宜上，ワーカーの行動や会話には数字で番号をクライアントのものにはアルファベット記号をつけてあります）．このワーカーは，今病院から頼まれた急ぎの書類作成をしています．あと5分ほどでこの仕事は終わりますが，必ずこの書類を30分以内に上司に提出しなければなりません．このような条件のもとで行われた病院のワーカーとクライアントの会話として，下の**会話例5-3**を読んでください．

会話例5-3（前半）

　ワーカーは机に向かって書き物をしていると，入院中の患者の家族が顔を出す．家族は，ちょっとおどおどした感じで，ワーカーのほうをみるⒶ．ワーカーは机の上の書類に向けていた顔をあげて家族をみる．❶

クライアント：あのー．（ちょっと気弱な感じの話しかた）Ⓑ

ワーカー：はい．（家族をみてゆっくりと相手が次に言葉を出すのを待つ）❷

クライアント：あのー，いまお忙しいですよね．Ⓒ

ワーカー：いまちょっと急ぎの書類をつくっていますが，すぐに手があきます．何かご用ですか．（ワーカーは，クライアントにしっかりと向き合って話す）❸

クライアント：いえ，たいした用ではないので，じゃあ，また出直してきますよ．Ⓓ

ワーカー：たいした用かどうかはお伺いしないとわかりませんよね．もし，お時間がおありでしたら，少しでもお話を聞かせていただきたいのですが．❹

クライアント：そうですか．いいんですか…．**E**
ワーカー：ええ，もちろん．（ワーカーはクライアントを招き入れそこにある椅子を示す）どうぞお座りください．（クライアントは椅子に腰掛け，ワーカーを見つめ，黙る）どのようなことでしょうか．**❺**
クライアント：それが…いま入院中のうちの母の，あのー，退院後のことで．**F**（ワーカーはクライアントの話にうなずいている）**❻**（クライアントはこのあと，少し言葉につまって沈黙する）**G**
ワーカー：ええ，それで．**❼**
クライアント：あのー，実はうちの家内がおばあちゃんの面倒をみるのはもういやだっていって…．（困ったように）**H**
ワーカー：そうなんですか．奥様はおいやだといわれているのですね．**❽**
クライアント：いやー．そうなんです．私は母をもちろん引き取りたいと思っているんですけれど．（困惑した感じが伝わってくる）**I**
ワーカー：あなたと奥様の意見が分かれているんですね．**❾** 奥様とお母様のあいだで板ばさみになっておつらくていらっしゃるように思われますが，そうなのでしょうか．**❿**
クライアント：ええ，そうなんです．家内のいうこともわかるのですが，私としてもつらいところなんです．**J**
ワーカー：そうですか．では，きちんと時間をとってお話を聞かせていただいてよろしいですか．あと15分後に戻ってきてくださいますか．**⓫**
クライアント：じゃあ，15分後にのぞきます．**K**

(1) 聴く：クライアントが話しやすいように，会話を促進していく

さて，この会話ではいったい何が起こっているでしょうか．そしてそれは，面接の言語技術にどのように関連しているのでしょうか．ここで，少しこの応答例を分析してみます．まず最初に思い起こすべきことは，援助の専門職についている人のところにクライアントがやってくるということは，どのようなことかということです．クライアントは何かわからないこととか，気にかかることなどがあるから，専門家のところにやってくるはずです．私たちは自分がだれかに相談をもちかけるとき，「相手に申しわけない」とか「気が引ける」などと思いがちです．もし，援助職者がどのような仕事をするかまったくわかっていない人であれば，自分が知っているかぎりの専門職の人と自分との，今までの関係をもとにしたイメージを抱いて，援助職者のところにやってくるでしょう．そのイメージは「教師と生徒」「親と子ども」などいろいろあるでしょう．どんなイメージを抱いているにせよ，多くの人は不安な気持ちでいるはずです．そこで最初の面接では，そのような不安を取り除く応対が必要になってきます．そのためには，言語と非言語の両方の表現を使ってクライアントが話しやすいようにし，クライアントの話を「聴く」体勢をつくっていかなければなりません．「会話例5-3」では，それがどこにみられるでしょうか．

では，ワーカーの会話番号を用いながら，会

話例 5-3 の解説をしていきます．

突然ワーカーの部屋を訪ねたクライアントがワーカーに声をかけたとき，ワーカーは自分に急ぎの用事があっても，自分がやっていた仕事をいったんやめてクライアントに直接向かい合っています❶．そして姿勢，顔の表情，視線などという非言語表現すべてで「あなたに関心を向けています」というメッセージを送っています．クライアントが「あのー」といいよどむと❼，ゆっくりとクライアントが言葉を出すのを待ちながら，「はい」❷と返事をしています．このような応対は，面接における言語表現のうち「促し」とよばれ，最小限の促しや相手が話をするきっかけをつくるもので，言語・非言語の両方で行うことができます．うなずき，相手に視線をあわせる，などの非言語表現や，「ええ，それで」「もっと話してください」などの言語表現がそれにあたるでしょう．この会話例では，❸❺❻のすべてがこの促しに分類されるかもしれません．また，相手の話を促進する技術として，相手が述べたことのなかでとくに重要だと思う部分を強調して言い直すこともこの促しのひとつかもしれません．この会話例のなかでの❽にある「奥様はおいやだと…」のようなものです．

また，相手の話を促進する方法として「言い換え」といわれる技術があります．これは，相手が話したことをおうむ返しにするのではなく，その話の内容をほかの表現で言い直すことです．「あなたと奥様の意見が分かれているんですね」❾も，同様で，一種の言い換えだといえるでしょう．そして，相手の話を促進し，話しやすい場を設定するのに必要な要素として，相手の感情に対する共感を表現することがあります．この共感は，相手が言語・非言語で表現した感情を察知し，それを相手に返していくことで表現され，言語技術の分類では「感情の反射」とよばれているものです．会話例 5-3 では❿がその例にあげられるでしょう．面接のすべての対応に関していえますが，言葉は慎重に使わなければなりません．とくに感情を反射するときは，援助職者が真にクライアントの気持ちを理解し，それを表現する適切な言葉を使用できるときにのみ用いるようにしなければなりません．「そう大変ですね」「つらかったですね」「悲しいですね」などと，感情の反射をただ乱発するのは慎まなければなりません．

感情の反射の仕方には，前述したように，少なくとも3つの方法が考えられます．まず直接的な表現で「それは，おつらいことでしたね」という言いかたです．2つ目はやや間接的な表現で「それは，おつらいことのように思われます」とか「それは，おつらいことのように聞こえますが」などで，「×××のように思われる」あるいは，「×××のようにみえる」といった第三者的な表現です．3つ目は，もう少し間接的で「もし，○○さんと同じ立場に立たされれば，多くの人はつらいと感じられるかもしれませんね」といったものです．このような使い分けをするのは，人それぞれの「感情の受け入れやすさ」が違うからです．間接度が高くなれば受け入れやすい人もいます．つまり，感情の反射をするにはクライアントにとって，「感情」がどのような意味をもつのかをわかっていなければなりません．

(2) 問題を明確にしていく：質問と要約

相談援助面接と一般の会話との最も大きな違いは，前者は目的が明確だということです．会話例 5-3 のように，たいていの場合，クライアントが何か困ったことをもって相談にきて，問題の解決に向けての話し合いが行われます．私たちがよりよい問題解決を行うために必要なの

は，その問題の背景の理解です．「私，主人と最近よくけんかするんです」といってきた人にその背景を知ろうとせずに「じゃあ，離婚したら」と結論を出すのは，専門の援助職者のすることではありません．

3章で説明したように「いつごろからなのか」（問題が始まったとき），「どのようにしてけんかは始まるのか」（問題を作り出す背景），「（夫はそして妻は）何がけんかの原因になっていると思うのか」（問題に関連している人々の問題のとらえかた），「けんかはいつもどのようにして終わるのか」（問題に対する現在の対処の仕方），「今までもよくこのようなけんかをしたのか」（この問題の特殊性），「（夫はそして妻は）この問題をどのようにしていきたいと思っているのか」（当事者の願い）など多くの情報を得ることができなければ，最善の解決策を考えることは不可能です．

クライアントに会ったときまず面接で行うことは，上記のようなクライアントの問題を取り巻く状況を総合的に理解する「アセスメント（事前評価）」とよばれるプロセスです．このアセスメントの目的は，クライアントのおかれている状況をよりよく把握することで，そこでは情報を得，それらを統合し，分析し，そのあとの問題解決のための計画作成につなげていきます．人間が直面する問題は複雑であるため，多面的な角度から問題をみていく姿勢が要求されます．クライアントの中心課題が病気であっても，援助職者はそのクライアントが「生活している」ことを忘れてはなりません．その病気が生活にいろいろな影響を及ぼしているはずだからです．このクライアントの生活全体を見すえたアセスメントが大切になってきます．

アセスメントでは，クライアントの話を聞き，その流れに沿いながらも主要な情報を得ていかなければなりません．そのために頻繁に使われる言語技術は「質問」になります．ここでは前述のように，質問を，人に何かを尋ねることすべてを含むととらえます．また，話を明確にしていくために，相手が述べたことをこちらがある程度要約して，事実関係の確認をしたりすることがありますが，この技術は「要約」とよばれ，面接の終了時，継続した面接であれば面接の始まりに頻繁に使用されます．

では次に，**会話例 5-3** のワーカーとクライアントの 15 分後の会話である**会話例 5-4** を使って，面接における要約と質問の用いかたをみていきたいと思います．

会話例 5-3（後半）

クライアントは，ワーカーに対してさきほどよりずっとうちとけた様子で，ワーカーの部屋を訪ねてきた．クライアントはワーカーが仕事を終えたかどうかを確認し，ワーカーのほうでは，さきほどゆっくりと話せなかったことをわびる．クライアントは，自分が山本という名前であることをワーカーに告げ，自分の母親が脳梗塞で入院しており，ある程度症状が安定してきたために退院をせまられていると告げる．このようにして，二人はそれぞれ最初の導入の挨拶を終え，本題に入る．

ワーカー：さきほどは，ゆっくりと話せませんでしたが，短い時間内で，私が山本さんからお伺いしたことは，現在この病院に入院中のお母様が退院後，あなたの家で暮らすかどうかで，奥様と意見が食い違ってお困りになっていらっしゃるということだったと思いますが，

そうでしょうか．⓬

クライアント：ええ，そうです．母は，私をずいぶんと苦労して育ててくれたものですから，なんとか母に親孝行をしたいと思っているんです．でも，妻の気持ちを考えると私の意見ばかりを押し通すわけにもいかないと思いまして…．Ⓛ

ワーカー：奥様のお気持ちというのは？⓭

クライアント：いやー，じつは妻と結婚するときに母はずいぶんと反対をしたんです．そして，そのときにほとんど絶縁状態になるかもしれないと思われるほどの言葉を妻に対して吐いたんです．Ⓜ

ワーカー：それは，どのような内容だったのでしょうか．⓮

クライアント：あんたのような学歴のない人は，うちの嫁だなんて認めませんよ．私は何があってもあんたの世話になんかなりませんからね，ということでした．Ⓝ

ワーカー：そうでしたか．奥様はさぞかしおつらい思いをなさったのでしょうね．いま，奥様はお母様の入院・退院に関してどのように考えていらっしゃると思われますか．⓯

クライアント：実は，このあいだ，妻とちょっと退院後の母のことに関して話してみたんですよ．できれば母をうちに引き取りたいと．そしたら妻は私に向かって，それだけはなんとかやめてほしいと懇願したのです．妻はいつも私のいうことに対して大きな反対をしたことはなかったんです．でも今度だけは特別だったんです．だから妻にとって母を家に引き取ることはほとんど無理なのだと思うようになってきたんです．Ⓞ

ワーカー：そうですか．今まで反対したことのない奥様がそれだけはっきりといわれたので，もう見込みがないと判断されたのですね．⓰

クライアント：ええ，そうです．そうですね．たぶんだめじゃないかと…．Ⓟ

ワーカー：まだ，いくらかは確信していらっしゃらない部分があるのですね．⓱

クライアント：ええ，そうですね．Ⓠ

ワーカー：わかりました．では，お母様はいったい今後どのようにして暮らしていきたいと思っていらっしゃるのでしょうか．⓲

クライアント：（しばらく考え込む様子で）あのー，実は母には直接今後のことは何も話していないんです．Ⓡ

ワーカー：では，いま具体的に，どのようなことをお母様とお話ししていらっしゃるんですか．⓳

クライアント：なるべく，病気の話題を避けて，息子や娘の話なんかしています．Ⓢ

ワーカー：それは，お母様かそれとも山本さん，どちらが避けようとしているんでしょうか．⓴

クライアント：たぶん，私です．母はときおり「私はまた歩けるようになるのかねえ」などと，それとはなしに問いかけてくるんですが…．Ⓣ

ワーカー：そうですか．山本さんのほうでお母様の今後のことに関することを話したくないのですね．ところで，お母さまの現在の状態をお医者さまはどのようにいっておいでなのでしょうか．㉑

この会話例5-4のワーカーの応対はいちばん最初の要約⑫を除いては，ほどんどが問題をより明確にしていくためのクライアントに対する問いかけでした．それらはクライアントから限定された答えを得ることを目的にしている「閉ざされた質問」⑯⑰⑳や，逆に相手からさらに広範な情報を得るための「開かれた質問」⑭⑮⑱の両方が使われていました．表5-2では，さらにこれらの分類以外に具体性の追求のための「問いかけ」がありますが，これに該当すると思われるのは⑭になるかもしれません．ここで注意していただきたいのは，このような問いかけがクライアントの話の流れをなるべく乱すことなく行われていることです．自分が用意した一連の質問を次々としていくのではなく，話の流れを尊重しながらも，必要に応じてはクライアントに断りを入れて，話の流れを変えることもしています㉑．専門家による目的をもった面接では，面接の焦点を失わないことも重要なのです．

さてここで，本章のまとめとしてみなさんに，もう一度，会話例5-3と5-4を続けてお読みいただきたいと思います．今度は，面接で気をつけるべきことがこのなかでどのように表現されているかの解説を加えていきます．

●面接で気をつけるべき事柄とそこで使用される言語・非言語技術のまとめ

まず最初は，会話例5-3の初めでアルファベットの記号のついたクライアントの言動のなかのⒶ〜Ⓓの解説を行い，次に面接がどんなふうに動いていくかという「面接の流れ」について説明していきます．

［クライアントの態度や言葉を読み取る］

まずⒶのところで，専門援助職者は，クライアントの話す内容だけでなく，非言語のメッセージにも常に注意を払うことが大切です．このクライアントは「おどおどした」様子を体で表わしていたようです．実際の仕事場面では，クライアントは怒りをみなぎらせてやってくるかもしれないし，また悲しみにうちひしがれてやってくるかもしれません．クライアントが言葉を発する以前のこのようなメッセージをも，面接から得られた情報として理解しなければなりません．

次にⒸのクライアントの言葉には，ワーカーに対する遠慮が表現されているようです．ここで，もしワーカーがクライアントの気持ちを汲み取れず，「ええ，忙しいんですよ」と答えたら，このクライアントはいったいどのように感じたでしょうか．おそらく「じゃあいいです」と帰っていってしまうでしょう．この事例でも，ワーカーがきちんと話を聞こうとする姿勢をみせたにもかかわらず，クライアントは自分の用事を「たいしたことはない」と片づけてしまおうとしていますⒹ．援助職者はいつも心の余裕をもてるとは限りません．仕事に追われてクライアントに対するケアが，おろそかになることもありがちです．忙しいさなかにクライアントやその家族が，話したそうにしていればどうすればよいでしょうか．少なくとも，2〜3分でよいから手をとめて，そのときすぐに話せないのであればそのことをクライアントに伝え，他の日時に会う約束をすることが必要です．この2〜3分の会話だけでも，クライアントにとって意味深いものになることもあります．

［面接の流れに関して］

この面接では，まずクライアントが最も困っているらしいことを話し出すのをワーカーが促

しています．そして，クライアントが言いよどんだときには，話が続けやすいように勇気づけをしています．また，クライアントが明確にしきれない話の内容を，明確にすることを助けてもいます．こうしたプロセスをへて，クライアントは自分にとっていったい何が最も大きな問題で，その解決のためには何が必要なのかを明らかにしていけます．この面接では，クライアントが一番困っているのは，「母親の退院後の暮らしかた」であること，それも「どこで暮らすか」「だれが面倒をみるか」ということらしいとわかってきています．

これと似たような相談で，ワーカーのもとを訪れるクライアントのなかには，明らかに今後の方針が立てられており，その具体的な実践方法を話し合うことが目的の人もいます．そのような場合には，話し合いの中心は本事例とは違ってきます．本事例では，母親は自分の病状のことをはっきりとは理解していないし，クライアントも自分がどのような形で，母親の退院後の生活にかかわっていけるかが，はっきりとしていないことがわかってきました．そこで，ワーカーはこのプロセスでクライアントにこうしたらよいといったアドバイスをするのではなく，クライアントが今後考えていくべき中心課題を，はっきりとさせることに焦点をあてて面接を進めています．そのために，いま母親は自分の病気や今後の生活のことをどの程度理解しているのか，母親の現実の生活能力はどの程度のものなのか（病状，予後，回復に対するモチベーション，経済的資源などから理解していける），母親の今後の生活にかかわっていく人がだれなのか（このクライアントの家族や他の親族，サポートをしてくれる人の存在）などに関する情報を得なければなりません．この面接ではクライアント，妻，母親のあいだの葛藤がまず浮き彫りにされましたが，このあと上記のような情報を得ていくことになります．㉑のワーカーの質問は，家族間の心理的な葛藤だけに焦点をあてるのではなく，ほかの重要な情報について尋ねていくアプローチを示しています．

この面接がさらに進行した段階では，ワーカーは自分の機関の役割および自分の現在の力の両方を考慮に入れて，当面の援助の目標や今後の援助方針をクライアントと話し合って決めていかなければならないでしょう．当面の目標はこのクライアントが奥さんときちんと話し合いをし，二人のあいだで結論を出すことを援助するのか，あるいは母親が将来の生活のことを考えるのを援助するのか，などを決めることになってきます．重要なことは，ワーカーはクライアントのもち込んできた問題のすべてを解決するために，仕事をするのではないということです．ワーカーはクライアントの抱える問題を明らかにし，そのあと，いま何ができるか，そして何ができないかをも明らかにしていくのです．そしてこのプロセスは，クライアントとワーカーが相互に共通理解をしながら進んでいくものです．

これまでみてきたように，援助の専門家が面接を行うとなると，これだけの短いやりとりのなかにも，援助職が習得しておくべき多くの技術や知識が使われることになります．これまで援助面接における言語・非言語のコミュニケーションに関して論じてきましたが，ここで5章のしめくくりとして，面接で避けたい15の応答パターンを研究ノートとしてご紹介します．私たちが気づかないうちに，陥ってしまっているかもしれないこれらの応答パターンに関する理解を，深めていただければと思います．

研究ノート 5-1　● 面接で避けたい 15 の応答パターン

　ヘプワースとラルセン（Hepworth & Larsen, 1993, 177〜191 頁）[2]）は，ソーシャルワークにおける言語コミュニケーションについて述べるなかで，クライアントとソーシャルワーカーがよりよくコミュニケーションすることを妨げる働きをする表現がいくつかあることを指摘しています．ここでは，それらをまとめて簡単に紹介してみます．

(1) **道徳的・説教的な表現をすること**

　「そんなことをすべきではなかったんですよ」といった形の表現で，クライアントが罪の意識を感じたり後悔したりするような応答をすること．このような表現は，援助職者が優位に立ち，クライアントを見下すことにもなります．

(2) **時期尚早の助言や提言，解決方法の伝達**

　クライアントから十分に相手の状況を聞かないで，援助職者が考える「一般に正しいと思う」やりかたを押し付けることになります．「頭が痛い」という訴えのみを聞いて「この薬をお飲みなさい」という医者がいてはいけないように，援助職者も十分に相手の状況を理解するだけの時間をとらずに「ショートステイはどうですか」などといえないことを自覚することが大切です．

(3) **説得や理屈の通った議論**

　クライアントは正しいことが何かは知っているけれども，それを受け入れられない何らかの事情があって相談にくることがよくあるものです．

(4) **判断，批判，非難**

　クライアントの言動に価値判断をあたえ，正しい，正しくないということを援助職者が決めることです．クライアントはこのように対応されると，かえって防衛的になることが多くなります．

(5) **分析，診断，劇的な解釈**

　「それは○○とよばれる行為ですね」などといった診断を行ったり，クライアントの行動を解釈することは，いったいどのような意味があるのかを問い直さなければなりません．クライアントは，援助職者に自分の行動の解釈をしてもらうため，あるいは診断をつけてもらうために相談にきているのでしょうか．援助職者のなかでもちろんある種の診断や解釈が行われることがあるかもしれません．しかしそれをクライアントに伝えるのであれば，その伝達された内容が何か援助に役立つという確信がなければならないはずです．

(6) **根拠や意味のない「再保証」および「同情」「言い訳」**

　選択的にかつその理由が明確なときに時期を得て使用すれば，再保証はクライアントに希望を与えたり安心感をもたらしたりします．しかし援助職者が根拠もなしに「明日になれば元気がまた出ますよ」ということは，無責任であり，かつ自分がクライアントの問題に直面することを避けていることにもなります．また，「本当にかわいそうに…」などという同情はクライアントをなおさらみじめな気持ちにさせる可能性があります．クライアントが求めているのは

同情ではなく，一緒に「困っていること」を解決してくれる相手です．クライアントはときとして，一緒に「悲しんでくれる人」を求めていることがあります．しかしそのときでも，援助職者がクライアントに対して示すのは「同情」ではないはずです．

(7) クライアントの問題を軽くみせるような皮肉やユーモアの使用

援助職者は仕事をしているうちに「ああ，また同じような悩みだ．こんなことなんで悩むんだろう．考え過ぎなんだ」などとついつい思ってしまうことがあるかもしれません．似たような問題を長いあいだ聞いているうちに，クライアントにとってはそれが「初めての経験である」ことを考えなくなっているのでしょう．そんなときついつい皮肉っぽく「あなたは（この部分を強調），そのことを問題だと思っているんですね」といって，暗に「そんなことを思うのはあなただけじゃないのですか？」というメッセージを相手に送ることをしたりします．ひょっとしてそれば事実かもしれません．しかし，援助職者はそれが事実であるということをクライアントと話し合うなかで確認をし，クライアントが自分でそのことを理解し，受け止めていく努力をすることが必要でしょう．そしてそのことが「面接の専門性」につながります．

皮肉のほかにユーモアの使用にも注意を要します．ユーモアを面接のなかで使うことは役に立つこともあります．しかしそれはあくまでもクライアントの理解が十分に進み，援助職者とクライアントがそのユーモアをプラスに使っていけると確信できているときにできることです．ユーモアというものは，その受け手がそれを楽しめるときにのみユーモアになるもので，援助職者ひとりでおもしろいと思っても意味のないものでしょう．

(8) おどし，警告

「○○しないと，あとで後悔しますよ」などといった表現は，クライアントをおどしていることになります．また，同じような内容を警告として「もしあなたが事の重大さを理解していれば，ご主人にそんなことを話さないでしょう」ということもあります．これらの表現がもつ危険性は，援助職者が「いいこと，わるいこと」を明らかに判断し，そしてそれを提示していることです．さらに，クライアントが援助職者の判断に従うように強制をしているということです．

(9) 質問責め（同時にいくつもの質問をすること）

アセスメントの段階などで，クライアントから多くの情報を聞きたいときもあります．しかし，援助職者が一方的にクライアントの気持ちを無視して同時にいくつもの質問を次々にすると，クライアントは質問のどの部分に応答したらよいのかわからなくなって焦点を失ってしまいます．

(10) 誘導尋問

裁判の場でよく聞く用語ですが，これは相手がそう答えるように誘導をするような問いかけのことです．クライアントがまだ十分に考えをかためていないにもかかわらず，援助職者のほうで自分が期待する「答え」をクライアントが出すように水を向けることがあります．

(11) 不適切，あるいは過度に話をさえぎること

援助職者は面接のなかで，どうしてもクライアントの話の流れを変えなければならない場面に出会うこともあります．しかしこれはあくまでも「どうしても必要」という判断に基づいて

行います．そして，クライアントの話の流れを中断するときには，なぜそうするのかをもクライアントにできるだけわかってもらうようにします．たとえばアセスメントの段階で，夫の介護に関する相談にきたクライアントが，すでに亡くなってしまった姑からどれだけひどい仕打ちを受けたかということを延々と述べたとします．この「姑からひどい仕打ちを受けた」ということは，クライアントの夫に対する介護にも関連してくる過去の出来事であり，無視するべきことではありません．しかし，もしこのクライアントの夫に対する今後の援助の方向を見極めるのに必要なその他の情報を得ることができないという危険性が出たときには，クライアントの「姑に対する怒りや腹立ち」を十分受け止めて，そこから，そのことが今後の夫の介護に関してどのような影響をもっているかという話に焦点をあわせていく必要が出てきます．

しかし，援助職者がクライアントの思考の流れや心の動きを考慮することなく自分の必要性のみを優先して，クライアントの話を途中でさえぎったりすることは援助の専門家の面接ではありません．

⑿ 会話の独占

これは，援助職者が閉ざされた質問などを繰り返して，一方的に面接でのやりとりの主導権を握ってしまうことによって起こります．その結果，援助職者は「尋ねる人で，主導権をもった人」，クライアントは「答える人で，従う人」といった図式が生み出されます．

⒀ 社交的な会話を助長すること

援助の仕事では，クライアントの否定的な感情や経験をも含めて，日常では表現できないことまでも表現してもらう場を提供することが要求されます．このような作業のなかでは，もちろん援助職者の気持ちが揺り動かされたり，より深く考える必要を迫られます．そのような深いかかわりかたがあるところに「だれにでもできる」ものではない「専門的な相談面接」の価値があるのだともいえるでしょう．しかし，このような作業の重さを避けようとする傾向も私たちはあわせもっています．それは自分自身の心理的エネルギーの消費を恐れているからかもしれません．よく医療の場にいる人で「いちいち患者さんの気持ちを思いやっていたら仕事なんかできない」という発言をする人がいますが，「援助的」な介入というものは，そこまでをも考えることです．自分自身が深く関与することを避けるために面接での話題をいつも「安全な」程度にしておいたり，クライアントがより深く自分を表現するのを妨げるような「社交的な会話」に終始することが起こったりします．このことのもつマイナスの面を考える必要があるようです．

⒁ 受身的な応答

問題解決を目的に行われる応答では，援助職者が単にクライアントの話を「聞いて」いるだけではありません．話を聞きながら，クライアントのおかれている状況，およびその状況に関連するクライアントの考えや思い，といったものをよりよく理解しようとしています．このような姿勢で行うやりとりは，当然援助職者がただただ「受け身」でいてはなりたちません．クライアントの問題の中核を理解するために重要な事柄が話されたときには，その内容を「深める」ことができなければなりません．この受け身の面接の典型的な例は，クライアントがいったことをとにかく何の吟味もせずに実行しようとする場合にみられます．6章の問題面接にも

この問題を含んだ例を出していますが、ただ「受け身的」な応答をするのであれば「専門家」としての面接をする意味がありません。援助職者のなかには、援助関係を形成するためには「相手の受け入れ」が大切だということを学び、それを誤って実践している人がいます。

面接の技法を学び始めた学生たちの一部は、とにかく相手の話すことを「はい、はい」「ええ、ええ」といって聞くだけで、そのほかのことは何もできない面接をしたりします。「相手を受け入れること」は「援助職者が常に思考しながら面接をすること」の対極にあるのではないのです。

⒂ クライアントの話のおうむ返しや同じ表現の繰り返しなど

クライアントの表現したことを「繰り返し」したり「言い換え」したりすることは、面接の言語技術として存在します。しかし、これをただ自動的に使うことは、クライアントにとってとても耳ざわりなものになります。また、いつも同じ表現ばかりをしていると、これも同じくクライアントにとって耳ざわりなものになる可能性が高くなります。援助職者が面接を行うときには、自分が気づかずに行っている言語習慣などにも十分に気づいておくことが必要です。

まとめ

本章では、日常生活におけるやりとりと援助面接におけるやりとりの違いを明らかにしたうえで、相談面接で使われている「言語」および「非言語」の技術を整理し解説を加えました。さらに短い事例を使って、面接場面での言語技術の応用例をみていただきました。そして最後に本章のしめくくりとして、「面接で避けたい15の応答パターン」を紹介しました。本章を通じて「専門職としての面接」の構成要素が、おわかりいただけたかと思います。

文献

1) Cormier, W.H. & Cormier, S.L.：Interviewing Strategies for Helpers：Fundamental Skills and Cognitive Behavioral Interventions, 4 th ed. Brooks/Cole, CA., 1991.
2) Hepworth, D.H. & Larsen, J.A.：Direct Social Work Practice, 4 th ed., Brooks/Cole, CA., 1993.
3) 大段智亮：面接の技法―技術・態度・基本的な考え方（In 面接の技法）．メジカルフレンド社, 1995, pp. 114-141.
4) 奥田いさよ：対人援助のカウンセリング―その理論と看護・福祉のケーススタディー．川島書店, 1995.
5) 小松源助：福祉相談ブックレット―面接とすすめ方．全国社会福祉協議会, 1996.
6) 対馬忠・対馬ユキコ訳：理解のための援助技術（In ローレンス・M・ブラマー著；人間援助の心理学）．サイマル出版会, 1978, pp.129-178.
7) 林 義子・上杉 明訳：アルフレッド・ベンジャミン新装版 カウンセリング入門―支援する心と技術．春秋社, 1997.
8) 白石大介：面接の上手な進め方に欠かせない技法（In 対人援助技術の実際：面接を中心）．創元社, 1996, pp. 61-91.
9) 福井康之・飯田 栄訳：カウンセリングワークブック（In ジェラード・イーガン著；Exercises in Helping Skills）．創元社, 1995.

6章 相談面接の実際：インテーク面接の実際

① 面接に必要な基礎知識の実践における応用

　相談面接は，機械的な言葉のやりとりではありません．援助職者は，クライアントがおかれている状況を感情と事実の両面から理解し，問題の解決方法を探求していくことを目ざして会話をします．面接の研修に行くと，「基礎はできたけれども，いざ面接となるとそう簡単に言葉が出てこない」，という感想を述べられる方が少なくありません．たしかに，基礎を学んでもすぐにそれが実践技術として使えるようになるわけではありません．相談面接の技術を磨くためには，よりたくさんの経験を積んで，そのなかからマニュアル化できない面接の個別性を学びとることが重要です．そのプロセスでは，日々，考えながら仕事をすることが要求されます．しかしながら，それとともに，個々人が相談面接の技術を磨いていく道しるべとなる方法があれば理想的です．

　そこで本章では，クライアントと援助職者が初めて出会う「インテーク面接」に焦点をしぼり，クライアントの第一声を聞いたとき，援助職者はどのようなことを考えながら応答するのかに関して演習形式で解説していきます．これらの演習では，みなさんが相談員として面接するさいに身につけてほしい考えかたの流れ，つまり「思考のプロセス」が学習できるようにしてあります．演習を通して学習した「思考プロセス」は，現場でさまざまに応用ができます．続いて援助職者がインテークでおかしがちないくつかの応答を「問題面接から学ぶ」と題して紹介してあります．

　みなさんご自身でそれぞれの面接にみられる失敗を見つけ出すことで，インテークのポイントを理解していただきたいと思います．これらの問題面接は私自身が援助職者として，そしてまた教育者として経験したことをもとにしてつくったものです．おそらくみなさんも「ああ，そうそう，こういう失敗してしまうんだ」とうなずいてくださることでしょう．このような失敗例から，インテークのみならず面接全般で重要なポイントを学んでいってください．

❷ 面接の進行と援助職者の思考：電話による初回面接の流れと留意点

―段階を追った面接応答練習：援助職者の思考プロセスの再現

● クライアントの話を正確にとらえる

まずはじめに，実際の電話面接でどのようにクライアントに対応すればよいのかを，事例に即しながら考えていきたいと思います．ここでは，段階を追ってどのような対応ができるかをみていきましょう．まず，次の相談者の話（会話例 6-1）を読んで演習 6-1 に答えてみてください．相談を受けるあなたは在宅介護サービスの提供機関に勤めており，この相談は電話で行われていると仮定してください．

会話例 6-1 ● 電話によるインテークでの相談員とクライアントの第一声

相談員：はい，〇〇センターの相談員の山下です．
相談者：あのー，うちのおじいちゃんが寝たきりで，困ってしまっているんですけれど，相談にのっていただけるでしょうか？（声からは，30〜40歳代であると推測される女性の声で）

演習 6-1 ● インテーク面接応答（パート 1）

このような電話がかかってきたとき，あなたはどのような対応をするでしょうか．ここでの対応を考えるさいにまず行うべきことは，「この会話から何がわかり，何がわからないか」を明確にして，それから「では，何をどのように聞いていくか」を考え出すことです．
以下に 4 つの質問をもうけてありますので，それぞれの質問に答えてみてください．
（Q1）いまあなたは，この会話から何がわかりましたか？　あるいは，わかりそうな気がしていますか？
（Q2）この会話で，まだはっきりとしないことは何ですか？
（Q3）（現時点で予測できる問題から）あなたの機関で取り扱える範囲の問題でしょうか？
（Q4）では，実際にこのあとどのように応答していきますか？

電話による初回相談では，そのケースを実際に自分の所属機関で担当することができるかどうかまだ明確ではありません．そのために，クライアントの抱えている問題をより正確に理解し，クライアントにとって最適の問題の対処方法を考えなければなりません．このような過程は，スクリーニングとよばれ，クライアントの相談を自分の機関で取り扱うべきかどうかを判

断することになります．この判断の材料になるのがクライアントのおかれている状況に関する情報です．ではこの相談者の場合，いったいいま何がわかっているでしょうか．

【Q1「この会話からわかったこと」の解答】

この女性は声の様子からして，おそらく30～40歳代のようです．「うちのおじいちゃん」という表現を使われましたが，この女性と相談の対象になっている要介護者との関係は何でしょうか．私たちが「おじいちゃん」とよぶときに指し示している人はおそらく3種類あるでしょう．まず自分の「祖父」です．次は自分自身の「夫」です．夫婦がおたがいを「お母さん」「お父さん」と子どもからみた役割名でよぶことはよくあり，年をとるとそれが「おじいちゃん」「おばあちゃん」に変わっていくこともあります．そして最後に自分の父または義理の父を，このようによぶ人もいるかもしれません．おそらく，この3つのうちのどれかに入っていると思われます．声が30～40歳という若さであったことから，夫である可能性は低いかもしれません．そこで考えられるのは，ご本人の「祖父」あるいは「父親（実・義理）」らしいということです．

次に，この相談者が介護をしているのかなと思われますが，相談をしてくる人が主たる介護者であるかどうかはわかりません．自分の母親の介護の大変さを見かねて，娘が電話で相談をもちかけてくることも起こり得る．ですからこの電話の訴えから推測できるのは，「父親らしい」人が寝たきりになって，「どうしたらよいか困っている」らしいことです．

こうやってみてみると，この相談者の第一声から確実にわかっていることは，ただひとつ「要介護者」が「寝たきり」であるということだけになります．しかしこれも，いったい本当に寝たきりなのか，実際にはある程度起きることができるのかはまだ確実ではありません．つまり相談の第一声から私たちが確実に理解できていることは，ほとんどないのです．

【Q2「この会話でまだはっきりしないこと」の解答】

この解答は，Q1の答えを考えていると自然と出てくるものです．ここで，上の会話から知らされていそうで本当はわかっていないことを整理してみましょう．

① 要介護者と相談者との関係
② だれが介護で困っているのか（だれが主介護者なのか）
③ 要介護者はまったく何もできないのか（要介護者のADLを含めた状況）
④ 具体的にどんなことで困っているのか

そのほか，この相談者や要介護者に関してわかっていないことは山ほどありますが，今はとりあえず第一声に関連してわかっていないことのみを考え，次の質問に移っていきたいと思います．

【Q3「自分の機関で取り扱える問題か」の解答】

少なくともこの相談者の現在の問題は「寝たきりのおじいちゃん」のことです．あなたの機関は在宅介護の相談機関なので，もしこの相談者や家族の人々が在宅での介護を望んでいるのならば，この相談はあなたの機関が担当できる範囲内にあるといえるようです．

【Q4「このあとどのように応答していくか」の解答】

まず，大切なことは，クライアントが尋ねている「相談にのっていただけるのでしょうか？」という質問に対する回答をすることです．そのさい，事務的に長々と答えるのではなく簡単に

自分の機関が果たせる役割を伝えます．次にこのクライアントが「困っている」ということが，具体的にどのようなことかを教えてもらわなければなりません．つまり，Q2で出てきた「いまわかっているようで，わかっていない重要な事柄」をクライアントから聞かせてもらう必要があります．電話をかけてきている人はだれか，寝たきりになってしまっている人とどのような関係なのか，「寝たきり」になったことで具体的にどのように困っているのかなどです．

では，具体的にどのような応答ができるか，ひとつの例をあげてみましょう．

会話例 6-2 ● その後のやりとり―1

> 相談員：はい，私どもでは，いまおっしゃったようなことに関するご相談にのらせていただきます．
> クライアント：そうですか．よかった．いったいどこに相談すればいいかわからなくて，本当に困っていたんです．
> 相談員：そうでしたか…かなり，長いあいだこのことで心配していらしたようですね．
> クライアント：ええ，そうなんです．でもよかった．
> 相談員：では，これから少し，そちら様のご事情を伺ってもよろしいですか．どのようなことができるかを考えていくうえで，少しご様子を知っておくことが必要ですので．
> クライアント：はい，どうぞ．どんなことでしょうか．
> 相談員：いまあなたが，「おじいちゃん」とよばれた方はお父さんでしょうか，それともご主人様でしょうか．
> クライアント：私の主人の父親です．今年で72歳になります．5年前に姑が亡くなってから同居を始めました．本当に元気で私が世話をすることなどほとんどなかったのですが，3年前の夏に脳梗塞で倒れてからはすっかり事情が変わってしまったんです．
> 相談員：事情が変わったといわれるのは…．
> クライアント：言葉もきちんと話せなくなりましたし，そのうえこちらのいうこともわからないらしいんです．最近では，もうほとんど寝たきりの状態なんです．

いかがでしたか．応答の仕方はもちろんほかにもいろいろあるのでしょうが，ここではどのように対応するかの，ひとつのパターンを出してみました．

さて，少なくともここでいくつか新しい情報が得られました．それらをもう一度整理して，何がはっきりとわかったか，何がまだわかっていないかをみてみましょう．

[これらの会話からわかったこと，まだはっきりしていないことの整理]

> この会話でわかったこと：電話をかけてきた人は要介護者の嫁であり，舅は3年前に脳梗塞で倒れた．5年前に舅は妻を亡くし，この家族と同居することになった．

> この会話でまだはっきりとしないこと：舅が3年前に倒れたときの様子とその後の変化，医者の見立て．電話の主である女性が主たる介護者であり，家族がいるらしいが，その家族の構成はどのようなものなのか（構成を知ることでほかの介護者となり得る人がわかったりする）．この女性は，この電話で相談にのってくれるということでほっとしたといっており，ほかには相談をもちかけていない様子なので，おそらく公的サービスは使ったことがないと思われるが，これはどうか．そして最初に聞きたかった「具体的な介護の様子」は，どの程度のものなのか．

インテークは，次にじっくりと時間を使えるアセスメント面接（在宅介護の場合，訪問によることが多い）に至るまでの，「簡単な情報収集」をする機会です．しかし，情報収集といっても，単に事務的な質問の連続ではありません．インテークの段階で「援助関係」を形成するようにしなければなりません．つまり，インテーク段階でクライアントが，「この人（あるいはこの機関）になら相談をしてもよい」「何か，問題が好転しそうだ」「私の話をきちんと聞いてくれる」「私を人間として尊重してくれている」などの気持ちをもてなければ，本当の意味での援助的なインテークとはいえません．インテークは時間的にも5分や10分といった短いものであることが多く，その結果として，クライアントが再度援助職者と会う決心をする過程でもあります．ですからあまりにも多くのことを知ろうとして，クライアントを質問ぜめにする必要はありません．しかし少なくとも，必要最低限のことはインテークのさいに理解しておきたいものです．

最低限インテークで知っておきたいことを整理すると，「介護者の病状，簡単なADLに関する情報，在宅介護力に関する情報，介護者の心身の疲労度，その他の家族・親戚などの私的サポートや，福祉サービスといったような公的サポートの利用可能性，要介護者の望み，介護者や家族の望み」といったようなことになります．こんなに多くのことをインテークで，それももしインテークが電話で行われるのであれば，いったいどうやって聞けるのか，という疑問をおもちになるかもしれません．インテークではおおよそのクライアントの状況がつかめることが第一ですから，上記のことに関して詳細に聞く必要はありません．たとえば，ADLでも，アセスメント表にあるような内容をすべて聞きとる必要はありません．ほとんど寝たきりで，排泄・食事などのすべてを介助しているのかどうかがわかればよいのです．<u>大切なことは，もしこのクライアントのアセスメントが必要になって訪問面接をした場合，インテークでわかった情報を使いながらも，もう一度きっちりと自分でその情報を確かめることです</u>．要介護者には本当は起き上がれる潜在的な力があるにもかかわらず，介護のプロセスでその力を出すのをやめているということなどもよくあるからです．

では，この面接に関する演習を続けていきましょう．

演習6-2　●インテーク面接応答（パート2）

先の演習6-1のＱ2と，そのあとのやりとりから「まだわかっていないこと」として，①主たる介護者はだれか，②だれが同居しており，それらの人の年齢や関係は何か（家族構成），③過去のサービス利用，④具体的な介護の問題点，の4点に関して知りたいと思い，かつクライアントの話の流れも尊重して面接を続けていくのにはどのような対応をすればよいでしょうか？　あなたならこの先どのように面接を進めますか？

ここで，どのような面接の進めかたがよいのかを考えていく最初のステップとして，上の4つのことをクライアントに話してもらおうとすれば，どのような聞きかたができるかを考えてみましょう．これには，「質問」を使うことになります．まずは，すべてを閉ざされた質問の形で聞いてみましょう（言語の技術に関する用語を用いますので，5章の言語技術を思い出しながら読んでいってください）．

[閉ざされた質問を使用して質問をした場合]

① あなたが，お舅様の介護をしていらっしゃるのでしょうか．
② どなたがお舅様と一緒にお暮らしですか．
③ 今まで，介護のために何かサービスを使ったことがおありですか．
④ お舅様は寝たきりとのことですが，具体的にどんなことで困っていらっしゃいますか．排泄はどうですか．

さて，このようにして順番に聞いていくのがよいのでしょうか．それともほかに方法があるでしょうか．面接では，相談員が質問しクライアントが答えるという「私は尋ねる人」「あなたは答える人」という固定した役割に従って，事務的に聞いていくのではなく，先ほども強調したように，自然な流れのなかで必要なことを「質問責め」にせずに聞いていくことが大切です．

ではここで，相談員が先ほどの会話に続けて，どのように面接を進めていけるかというひとつの例をみていきましょう．

前述したように，面接の初期で次々と閉ざされた質問ばかりを続けていくことは好ましくありません．大切なことは「いつどのような形でどのような質問をすればクライアントの話の流れを壊さずに，かつ必要な情報を尋ねることができるか，というバランスを常に考えて面接を進めていくこと」です．もちろん，面接の進めかたはひとつではないので，これ以外にもいろいろな展開の方法があることを，ご了承いただいて話を進めていきます．

会話例6-2をもう一度思い出してください．クライアントは面接の初期に，舅の簡単な病歴と今困っていることを自分から話してくれています．つまり，<u>ある程度の量の話をしてくれています</u>ので，まずは，それらの話を「要約」して，クライアントから聞いた話を確認していき

ましょう.

次に，まだわかっていないので知りたい4つの情報（演習6-2参照）のなかで，クライアントのおかれている全体像を理解するのに必要で，かつその情報がその他の3つの情報の基礎となる可能性のある，②の質問の「だれが同居しており，それらの人の年齢や関係は何か」という家族構成を尋ねてみましょう．この②の質問の導入としてまず，電話をかけてきてくれているクライアントの名前から尋ねることにします．

会話例6-3　● その後のやりとり—2

> 相談員：そうでしたか．お舅様は奥様をお亡くしになってからお宅様のご家族と同居していらっしゃるのですね．失礼ですが，あなた様のお名前をお伺いしてよろしいですか．
> クライアント：ええ，私の名前は田中礼子といいます．
> 相談員：田中さんですね．ではこれから，お舅様やご同居の方のことを簡単にお伺いしてもよろしいですか．どなたがお舅様とご一緒にお暮らしですか？（閉ざされた質問を使って②の質問をしている）．
> クライアント：私と私の主人，そして息子と娘です．
> 相談員：そうですか．先ほどお舅様は72歳とおっしゃいましたが，他の方はそれぞれおいくつでしょうか．
> クライアント：私が45歳で，主人は48歳，息子は20歳で，娘は17歳になります．
> 相談員：子どもさんたちは，もう大きくていらっしゃるんですね．
> クライアント：はい，上は大学生で，下は来年に大学受験を控えています．
> 相談員：大学受験を控えていると田中さんもそのことでお忙しいのでしょうね．
> クライアント：ええ，実はそれもあって，今困っているんです．舅の面倒を十分にみたいと思ってそちらにかかっていると（まだわかっていないことの①である「主たる介護者はだれか」を直接質問をすることなくそれに関する情報を得ている），どうも娘のことや他の家族のことがおろそかになっているようなんです．

上の会話からわかるように，面接でクライアントの話の流れに沿って質問をしていけば，クライアントは自然と関連した話をしてくれます．その結果，相談員が知りたいと思っていたことをひとつひとつ尋ねる必要がなくなります．これが望ましい面接なのです．

もし，上の会話例のように話が進めば，相談員が知りたいと思っていた残りの2つの情報も，この流れのなかで聞いていけます．最後にクライアントが語ったことは，「介護に関して困っていること」の一部でした．このように会話が進んできたとき，クライアントが続けて話したいことは「娘の世話と介護の両立のむずかしさ」でしょう．さらに，会話例6-2で語られた「最近病状がわるくなってきて寝たきり状態にある」ことを思い出してみれば，クライアントが今「本当に困ってしまっている」ことが想像できます．

相談員は，クライアントが現在話していることのみでなく，それまでに話してくれた情報をも常に記憶にとどめて，クライアントのおかれている状況および心境を理解するのです．会話例6-3のクライアントの言葉にあなたならどのように応答されますか．では，次の会話例6-4で面接を続けていきましょう．

会話例6-4 ●その後のやりとり―3

> 相談員：お舅様の状態がわるくなってきているときに，娘さんの入学試験の時期が重なってきて一層，大変なご様子ですね．
> クライアント：ええ，そうなんです．どうしたらよいのか，相談する人もなくて困っていたんです．
> 相談員：というと，今まで田中さんは，お一人でお舅様のお世話をしてこられたのでしょうか（クライアントが，③の質問であった「過去のサービス利用」に言及してくれる可能性のある質問である）．
> クライアント：はい，一応主人の姉が電車で1時間くらいのところにいることはいるんですが，舅がこの頃ずいぶんわるくなってきたことを電話で話したら，私には関係ないからっていったそうです．近所の人は，ホームヘルプサービスとかショートステイっていうんですか，そんなものを使ったらいいよって勧めてくれるんですが，まだその気になれなかったんです（③の情報に加えて本人以外の介護力の有無に関する情報も出てきている）．
> 相談員：そうでしたか．田中さんが他の方に手伝ってもらわずにお一人でがんばってこられたことがわかりました（これまでのクライアントの話をもとにして，何がわかったか，つまり相談員の理解をフィードバックしている）．ではここで，今お舅様のお世話のどのような点でお困りかを，少し具体的に聞かせていただけますか（ここで④の質問であった「具体的な介護の問題点」に質問を切り替えている）．

さて，会話例6-4がどのように進んでいったかがおわかりいただけたでしょうか．会話例のなかにカッコをつけて必要に応じて相談員が，なぜそのような応答をしたのか，また，クライアントの話のなかにどのような情報が潜んでいるか，などを簡単に解説してあります．これらの会話を通じて，相談員が面接では常に考えながら仕事をするということと，クライアントの話を尊重しながら，必要な情報を得ていくということをみていただきました．

ではここでまとめとして，インテーク面接でとくに気をつけておくべきことを整理してみましょう．

●インテーク面接のポイント

① いま何が明確にわかっているかを整理しておく．そして，クライアントがどのような状況のもとで相談をしてきているかを考え，いま最も重要な情報を知る努力をする．
② クライアントの「考えの流れ」を促進する

ような質問をする．
③ 適切な「感情の反射」を通して，相談員の理解度をクライアントに伝える．
④ クライアントの状況に応じて，必要かつ最もクライアントが答えやすい質問から始めていく．
⑤ 「傾聴」とはクライアントのおかれている状況やクライアントが抱いている感情を適切に聞き出していくことである．相談員の反応に従ってクライアントが提供してくれる情報の内容や量に違いが生まれてくるので，クライアントの話を「傾聴」する．
⑥ 何を目的に質問をするかを伝えることで，相談員はクライアントに対する尊重を伝え，今後の面接の方向性を示すことができる．必要に応じて，クライアントに質問の意図を伝える．
⑦ 面接の流れとそのときの目的を明確にしながら，クライアントの話や感情に答える．「いま，どのような情報を得ようとしているのか．この応答はクライアントから何を聞こうとして行うのか」を考慮した面接を行う．
⑧ 短い時間にクライアントのおかれている状況をより的確に理解し，次の面接につなげていく．

いかがでしたか．インテークのさいに面接相談員の頭のなかでどのようなことを考えつつ応答していくかが，少し具体的にわかっていただけたでしょうか．ではここで，インテーク面接の理解をさらに深めていくために，インテークで起こりがちな問題をみていきましょう．

❸ 問題面接から学ぶ

　面接は相手の抱えている問題の種類，その問題の背景，相手のコミュニケーションの力などによってひとつひとつが違ってきます．そのため，クライアントの個別性を尊重して，慎重に面接を進めていかなければならないことはすでに述べてきたとおりです．つまり，面接を簡単にマニュアル化することは不可能ですし，もしてしまったらその面接は援助職者が守るべき原則（「個別化の原則」）に違反をしたことになります．
　しかしながら，多くの人がおかしがちなミスにはある共通点もあります．学生や現任職員の方たちに，相談援助面接技術の講義・演習をしていくうちに，多くの方が似たような点で面接に困難を感じられるようだということがわかってきました．そこで，援助職者が面接で陥りがちな失敗のいくつかを私の経験をもとにして紹介し，まずその面接の問題は何かをみなさんに考えていただきます．そしてそれぞれの問題に解説をつけその面接から学べるポイントをあげていきたいと思います．そのさい，ときにはそれらの「うまく進まない面接」での相談員の対応を変えてみると，どんなふうに違った展開ができるかをもみてみたいと思います．ここで紹介する「うまく進まない面接」の原因は，5章の「面接における言語技術」のところで述べたことが，きちんと守られていないため，また，援助職として守るべき倫理観，基本的態度が面接に反映されていないために起こってくるものです．
　ここで使用するエピソードは，奥川幸子氏が『ケアマネジャー養成テキストブック』（白澤政和編，中央法規，1996）で提供されたものをもとにして，必要に応じて変更を加えたものと，

私が作成したものの 2 種類です．前者の事例では，在宅介護支援センターに 70 歳になる川合京子さんという女性が，90 歳のご主人のことで電話をしてきたという設定になってます．これからいくつかのエピソード（B～H）を読んでいただくわけですが，それらのエピソードの多くはご主人を入院させたいという川合さんの言葉で電話の面接が始まっています．私が作成した事例では「ホームヘルパーさんを派遣してほしいんです」という言葉で面接が始まっています．川合さんの事例では，ご主人が寝たきりになって 3 週間たって，いったいどうしたらよいかと考えあぐねて電話で相談をしてきたという設定です．さてみなさんなら下のようなエピソードの電話面接でどのように対応されるでしょうか．まず最初は自分がこのような主訴で電話をかけてこられた人にどう対応をするかを考えてみてください．そのあとで，各エピソードを読みながら，いったい何のためにこの面接がうまく進まなくなったのかを考え，自分ならここではどうするだろうかということを考えてみてください．

演習 6-3　● 入院相談対応

> あなたは，在宅介護に関する相談を受ける機関の相談員だと想定してください．あなたのところに，ある高齢の女性から電話がかかってきました．その方は開口一番「主人を入院させたいんですけれど…」といわれました．さて，あなたはこの方に対してまずどのような対応をされますか．あなたの職場は病院付属の機関ではないので，入院それ自体の相談は扱っていないと仮定してください．

さて，あなたの対応はどのようなものだったでしょうか．次にいくつかの異なる対応例を紹介していきます．それぞれの対応例では，相談員がどこかでつまずき，面接がうまく進まなくなったという設定になっています．それぞれのエピソードを読んで，そこにみられる相談員の対応の問題は何か，そしてその問題は援助面接で守るべきどのようなルールの違反によって起こったかを考えてください．各エピソードに続いて，解説を行い，援助面接で守るべきポイントをまとめてあります．

下の会話では，クライアントと相談員の心の動きもわかるように，カッコの中に小さな文字で「言外の言葉」として，それぞれの考えを入れてあります．

●自分の所属機関における役割に関して

エピソード 6-1

> クライアント：（とにかく病院に入れれば何とかなるかもしれない．主人はもうお風呂にも 3 週間入っていないし，私もここ 3 週間まともに寝ていない．何とかしてほしい）もしもし，私，川合京子といいますが，実は主人が寝たきりになってしまったので入院させたいんで

> けれど，どこかいいところはないでしょうか（せっぱ詰まった声で）．
>
> 相談員：（うちは在宅介護支援センターなのに，いったいどうして入院の相談なんかでかけてこられたのかしら．さてどうしよう．何をいえばいいのかしら）はい，入院ですか…（ちょっと戸惑った声で）．
>
> クライアント：（私が入院させたいっていったのを聞いてくれなかったのかな．とにかくもう一度いってみよう）ええ，そうなんです．入院させたいんですよ．どこかいいところないですかね（あせっている様子）．
>
> 相談員：（うちでは，入院相談をしていないことをいってしまおう．そしたら，わかってくれるかしら）あのー，入院はうちでは扱ってないんですけれど…うちは在宅の相談専門なんですが．
>
> クライアント：（えっ，困った．このあいだ病院のワーカーさんがここに電話しろっていったのに．それに在宅の相談っていったい何かしら…）あのー，じゃあどうすればいいんでしょうか…主人が緊急入院していた病院のワーカーの人がここに電話すれば相談にのってくれるっていったんですが（困ってしまった様子）．
>
> 相談員：（あっ，しまった．最初にどこからここを紹介してもらったかを聞いておくんだった．でもどこの病院のワーカーがなぜ入院したいっていうクライアントをうちに回してよこしたのかしら．ちょっと聞いてみよう）どこの病院のワーカーさんがこちらを紹介されたんでしょうか．そのワーカーさんはうちで入院の相談にのってくれるっていってましたか（ちょっととがめるような感じ）．
>
> クライアント：（ワーカーさんの名前を出すとまずいのかな，ワーカーさんは間違ったことを私にいったのかしら．とにかくここでは相談にのってもらえないみたいだ．電話を切ろう）あのー，もしお宅に電話をしたのが間違いだったら，もういいです．あのー，また病院で話を聞いてきますから（はやく電話を切りたそうに）．

　さて，この相談員がおかした最も大きなミスは何だったでしょうか．この相談員はクライアントが，「入院」という言葉を発したことで，まずこれは自分の仕事ではないと決め付けてしまいました．そして，どのような経路でクライアントが，自分のところへ電話をしてくるに至ったのかという「紹介経路」の確認もしませんでした．

　クライアントが相談員に，自分の問題を話したりこうしてほしいということを訴えたりするとき，相談員はただそれをうのみにせずに，それらの「問題」や「解決方法」がどのような経緯をへて出てきたのかを考えなければなりません．これはもちろん相談員が一人で判断するのではなく，クライアントと話をしながら考えていくのです．私たちが「○○の問題があるので×××して解決をしたい」と考えるとき，解決方法をどのようにして見つけるでしょうか．この川合さんの例を使ってこのことを考えてみましょう．

　川合さんは，ご主人が寝たきりになったことで困っています．そしてその解決方法として，入院ということをいわれています．このような結論に達する2つの場合を考えてみたいと思い

ます．

まず第1は，川合さんはもう介護でくたくたに疲れており，どのような援助やサービスを使っても，在宅で介護していくことはできないという状態に至り，「入院」を考えたということです．

第2は，川合さんは基本的にはご主人を自分が介護したいと思っているけれども，疲れてしまったのでどうしようもなくなり，自分が知っている唯一の方法である「入院」という解決方法を口にしたということです．これ以外にも異なる背景を考えることができますが，ここではとりあえず最も典型的な2つの状況を設定してみました．

この状況のどちらにクライアントがいるかによって，最終的な問題の解決方法が「入院」になるかどうかが決まってくるのです．ですからクライアントのおかれている状況を理解せずに「入院」という言葉を字面どおりに受け取っていると，適切なサービスを提供できない結果に終わることも出てきます．

川合さんの今のいちばん大きな問題が「身体的疲労」であり，その軽減があれば「在宅で主人を介護していきたい」という願いをもっていることが，電話による面接から理解でき，川合さんは「在宅介護支援のサービス」に関する知識がまったくなかったとしたら，「主人を入院させたいんです」という表現に対して，「入院サービス」提供を目指した援助は不適切になっ

てきます．このようなことを考えれば，「うちでは入院は扱っていないんですけれど…」と簡単に電話を切ってしまってはいけないことが明らかです．では，どのような形で対応していけるのでしょうか．まず，相談員が自分自身心のなかでつぶやいたように，「紹介の経路」を面接のはやい時期に尋ね，クライアントが何を期待して自分のところに相談してきたのかを理解することです．面接ではいつも同じような始めかたをするとはかぎりません．電話の相談の流れによっては「こちらをどこから紹介されましたか」と聞きづらいこともあります．たとえば，クライアントがとてもせっぱ詰まって電話をしてきて，少しでも話を聞かなければいけないと判断したようなときです．この相談の場合はどうでしょうか．エピソードではせっぱ詰まった様子がクライアントの声から聞き取れましたが，それをきちんと受け止めたうえで，紹介経路を尋ねることは可能だったでしょう．

では次に，エピソード6-1とは正反対のケースをみてください．

エピソード6-1では，クライアントから十分話を聞かずに「自分の機関では扱えないケース」であるとかってに解釈して起こった問題を取り上げましたが，次のエピソード6-2は，自分の機関で扱えないケースであるにもかかわらず，クライアントからどんどん話を聞いていき，その結果，収拾がつかなくなったケースです．

エピソード6-2

クライアント：（とにかく病院に入れれば何とかなるかもしれない．主人はもうお風呂にも3週間入っていないし，私もここ3週間まともに寝ていない．何とかしてほしい）もしもし，私，川合京子といいますが，実は主人が寝たきりになってしまったので入院させたいんですけれど，どこかいいところはないでしょうか（せっぱ詰まった声で）．

相談員：（ふーん，入院の相談ね．とにかくこの人のことをもっと聞かなきゃ）はい入院です

クライアント：（わあ，この人なら入院先を見つけてくれるのかもしれない．病院のワーカーさんは，いまひとつ心当たりのところはいっぱいだっていっていたけれど，この人，もうどんなところがいいかを聞いてきてくれたもの）ええーと，できれば家に近いところがいいんですよ．うちの住所は兵庫県の山川市なんですけれども．

相談員：（ああ，山川市なら，山川病院があったはず）ああ，あそこなら山川病院がありますね．私，あそこの内科の看護師長さんをよく知っているんですよ．山川病院なんかがいいんでしょうか．

クライアント：（すごい，山川病院に入れたらいちばんいいわ．やっぱり，この人に相談してよかった）ええ，山川病院ならうちからも近いし，評判もよいし，もし，入れてもらえるならとても助かります．あのー，入れるんでしょうか．

相談員：（あれれ，私は，病院に入れるなんていってないのに，この人勘違いしたみたい．私が最初に何の説明もなく病院のことを尋ねてしまったのがまずかったのかも…今から何とかやり直せるかしら）ええっと，それは，そんなに簡単にはいかないと思いますよ．病院がいっぱいかもしれないし．山川病院に行って直接尋ねるのがいちばんだと思いますよ．

クライアント：（ええ，最初なんだか病院に入る手続きもしてくれそうだったのに，いったいこれは何なのかしら．これならこんなところに相談しなくてもよかったみたい）あのー，じゃあ山川病院に直接行けということなんでしょうか．

さて，このエピソード6-2の最も大きなミスは何だったでしょうか．エピソード6-1と同様に「入院」という言葉にとらわれてしまっています．しかし，エピソード6-1と違うのは，自分の機関ができない業務範囲であるにもかかわらず，クライアントがあたかも「病院の紹介をしてもらえるかもしれない」と誤解をするような内容で話を進めました．

また，もうひとつ気をつけるべきだったのは，その病院の師長さんを知っているなどと，職務のなかに個人的な要素を入れて，ますますこの相談員の力がありそうに思わせてしまったことです．このような面接の失敗をする人はあまりいないとは思いますが，ちょっと油断をすると，これに近いようなことは起こる可能性があります．

さて，ではいったいどのような形で，この面接の「入院させたいのですが」という自分の機関の機能に適していない要求の第一声に応じることができたでしょうか．ちょっとこの会話をやり直してみましょう．

エピソード6-3：エピソード6-1と6-2のやり直し

クライアント：もしもし，私，川合京子といいますが，実は主人が寝たきりになってしまったので入院させたいんですけれど，どこかいいところはないでしょうか（せっぱ詰まった声で）．

> 相談員：そうですか，ご主人が寝たきりになられて，奥様もお困りのようですね．入院とおっしゃいましたが，うちは入院の紹介を直接はしていないのですが，どこかでうちに相談するように紹介されてこられたのでしょうか．
>
> クライアント：ええ，4，5日前におじいちゃんがベッドから落っこちて，腰を強く打ってどうしようもなかったので，救急車で近くの病院に運んでもらったんです．結局，腰はたいしたことなかったんです．そのとき，こんな状態で大変だから入院させてもらえないだろうかって病院のワーカーさんに相談したら，今はベッドがいっぱいで，しかもそこの病院はうちのおじいちゃんのような人はなかなか入れてもらえないということだったんです．あと，ちょっと遠いんですが，うちのおじいちゃんみたいな人でも入れる病院があるので，そこを紹介してくれたんですが，そこもかなり待たないといけないみたいなんです．そしたらワーカーさんが，ここしばらくのあいだ，家でご主人をみていくのを楽にするための方法もあるので，それを相談してみたらって，ここを紹介してもらったんです．
>
> 相談員：そうですか，できれば病院に入院させたいと考えていらっしゃるんですね．ただ，今は病院がいっぱいで，すぐにはそれができないんですね．川合さんはいまさっき，病院を，とおっしゃいましたが，病院のワーカーさんは，ここしばらくはおうちでご主人の世話をする方向をも考えていかれたらどうか，ということでうちをご紹介なさったようですが…そうでしょうか．
>
> クライアント：そうなんですけど，もしできたらやっぱりすぐに入院させられるところを見つけてもらえたらなあとも思ってるんです．でも家でリハビリとかをしておじいちゃんがよくなるのなら，私も少しは楽になって家でもいいかなあとも思うし…．

さて，相談員がクライアントの緊急性を感じ取って，そのメッセージを受け取ったことを伝達してから，紹介の経路を尋ねました．すると，紹介の経路の話から，クライアントは，病院のワーカーが入院先の病院に関しての手配はしてくれるかもしれないこと，そこに至るまでのあいだ，家での介護がより楽になる方策を見つけだす援助をしてもらうために，在宅介護支援センターを紹介したことが明らかになりました．

ワーカーがクライアントの最初の訴えにあまりにこだわりすぎた結果，エピソード6-1では，このようなことはまったくわからないまま電話を切ることになりました．クライアントの欲していることが本当はどういうことなのかを理解するために，クライアントに対して相手の話を要約してその正しさを確認し，不明な点を明らかにするために適切な質問を行っていくことが大切です．人は自分が危機的な状況に立たされたり，疲れ過ぎていたりすると，正しい判断ができないことがあります．クライアントが「入院」といっても，それが本当に「最終的に入院させること」を意味しているのか，あるいは「今の介護の大変さを何とかしたい」という気持ちを表現しているのかを，理解していくのが援助職者の仕事なのです．

ここでは，相談員が紹介経路の確認によって「入院」という解決方法がどのような理由で出てきたかを理解しようとしましたが，ほかにも応答の仕方はあります．紹介経路を尋ねるのが

不自然であったりした場合には,インテーク面接で私たちが必ずといってよいほど尋ねる開かれた質問である「どのようなご事情で入院を希望していらっしゃるのでしょうか?」と聞くこともできます.上の2つのエピソードは,相談員が自分の所属している機関が提供できるサービスと,自分に与えられている職務内容を明確にしておくこと,そしてまず最初にクライアントにとって最善のサービス提供ができるような情報を,クライアントから得なければならないと教えてくれています.

クライアントのおかれている背景を理解したのち,自分の所属機関が不適切だとわかれば,クライアントにとって最適であると思われる機関に紹介することは援助職者が守るべき倫理です(1章3節参照).自分の所属機関で扱えるかどうかは,クライアントのおかれている状況をある程度把握しなければ判断できないのです.

[エピソードから学ぶポイント]

ポイント1:援助職者は,クライアントの問題が自分の所属している機関で扱えるかどうかを判断し,たとえ自分のところで扱えないクライアントであっても,その人たちに最適の相談機関を考え出し,そこを紹介することが必要である.

●「情報収集」と「クライアントの気持ちの理解」のバランス

初回面接では,相談をしてきた人が今後継続して,自分の機関で相談にのっていくかどうかを決めること(スクリーニングともいう)をしなくてはなりません.これは非常にむずかしい仕事です.もちろんスクリーニングというからには,クライアントに関する必要最小限の情報は得ておかなければ,今後の方針など決定できません.相談機関が在宅介護支援センターあるいはそれに似通ったような機能をもつところでは,初回の相談面接で聞いておくべきことはほぼ一定しているでしょう.また,多くの機関では,インテークの記録用紙を準備しています.しかしながら短い時間に情報を得ることにばかり気をとられると,クライアントが発しているメッセージを見逃し,心の通わない機械的な面接になってしまう可能性があります.次のエピソード6-4は,そのような場面を想定したものです.この相談員は,どこでクライアントの発するメッセージを逃しているのかを考えてみてください.

エピソード6-4

クライアント:(とにかく病院に入れれば何とかなるかもしれない.主人はもうお風呂にも3週間入っていないし,私もここ3週間まともに寝ていない.何とかしてほしい)もしもし,私,川合京子といいますが,実は主人が寝たきりになってしまったので入院させたいんですけれど,どこかいいところはないでしょうか(せっぱ詰まった声で).

相談員:(えーっと,入院させてほしいか.どう答えたらいいのかな,困ったな.とにかく,

> このインテーク記録用紙にたくさん項目があるから，これから聞いていこうか）はい，川合京子さんですね．ではまずご住所と連絡先をおねがいできますか（事務的な感じで）．
>
> クライアント：（あれっ，なんだかどこかのお役所の窓口みたいな感じがするけれど，とにかく答えなきゃ．でも住所や電話番号を教えたら急にやってきたりするかもしれないし，どうしようかな…）あのー，住所は，兵庫県山川市海辺町一丁目，電話番号は，888-8888ですが．
>
> 相談員：（ああ，よかった．これでずっといける．きちんと答えてくれてるわ．次は主訴で，そしてだれが問題をもっている人かを聞いて…）じゃあ，どのようなことでお困りですか．そして，お困りの方はあなたでしょうか，それともほかの人でしょうか．
>
> クライアント：（さっきいったのに，この人聞いていなかったのかしら）あのー，主人が寝たきりで困っているんで，病院に入院させたいんです（ちょっと，もどかしそうに）．
>
> 相談員：（問題は寝たきりで入院させたいか．困っているのはご主人で…じゃあ，次は家族構成か…）ご家族の名前とそれぞれの年齢をお教えくださいますか．
>
> クライアント：（あれっ，また質問．何だか国勢調査で質問されているみたい．なんでこんなことを聞くんだろう．私はせっぱ詰まってるのに，何て鈍感な人だろう．もう電話を切ったほうがいいかな．おじいちゃんのお昼ご飯の準備もあるのに，どうしよう）あのー，質問はどれぐらいかかりますか．
>
> 相談員：（がまんのできないクライアントだな．この質問は10分もあれば終わるのに，それも待てないのかな）質問は全部で10分くらいですから，ちょっと我慢してください．

　この面接例における相談員の最も大きなミスは何か，ということに気がついてくださったことと思います．この相談員が，面接でいちばん重要だと思っていたことは面接の記録用紙の項目を埋めていくことでした．これに気をとられていると，当然の結果として起こってくることは何でしょう．まず，相談者であるクライアントの話に対する注意がおろそかになります．そして，注意がおろそかになるために，クライアントが発しているメッセージを正確に受け取ることができなくなり，相談員主導の面接を行ってしまうのです．

　私が大学で面接技法を教えていたさいには，最初に「クライアントの語る言葉に耳を傾け，クライアントの発するメッセージを理解すること」だけに専心してもらうための模擬面接（ロールプレイ）を何回も行いました．このときの焦点は，おもに「クライアントと信頼関係を作り上げるために，より正確にクライアントのおかれている状況を把握するべく，クライアントの会話に耳を傾け，クライアントの会話を促進すること」でした．学生たちは数回のロールプレイを通じて，このような面接の基本がかなり身についてきました．そこで今度はこのような「聞きかた」から一歩進んだ「情報を得るための聞きかた」に入るのですが，そうなるとそれまでしっかりと身につけたはずの「聞きかた」をすっかり忘れたかのごとく「矢継ぎ早の質問」をクライアントにあびせかける学生が必ず何人かいました．上のエピソード6-4もそのひとつの例だといえます．もちろん，私たちはインテーク面接やアセスメント面接のさいにクライ

アントから聞いておかなければならない情報があります．そして，それは私が4章のアセスメントのところで述べたように，かなりたくさんの情報かもしれません．しかしこれらの情報を聞いていくさいにも，クライアントの気持ちや考えの流れに沿いながら，その変化をも敏感に察知していくことが必要なのです．面接はクライアントの感情を読み取り，理解し，その理解をクライアントに返しつつ，必要な質問をしていくというプロセスで進めていくものです．このエピソード6-4では，感情を読み取る部分をすっかり忘れてしまっています．

[エピソードから学ぶポイント]

ポイント2：面接は援助職者に都合のよいペースで，ただ情報を得るためにだけ進めるものではない．大切なことはクライアントの気持ちを受け止め相手のペースにあった形で情報を聞かせてもらうことである．

では逆にクライアントの感情を読み取り，それに対する反応だけをしていると，インテーク面接はどのようなことになるでしょうか．それを示したのが次のエピソード6-5です．

エピソード6-5

クライアント：(とにかく病院に入れれば何とかなるかもしれない．主人はもうお風呂にも3週間入っていないし，私もここ3週間まともに寝ていない．何とかしてほしい) もしもし，私，川合京子といいますが，実は主人が寝たきりになってしまったので入院させたいんですけれど，どこかいいところはないでしょうか (せっぱ詰まった声で)．

相談員：(まあ，大変．この川合さんという人は，とても困っているみたい．ご主人が寝たきりなんて，どれだけ毎日，自分の時間もなくご主人のために働いているんだろう．川合さんのこの大変さを理解しなくては…) まあ，ご主人が寝たきりになられたんですか．それは，どれほどおつらいことでしょう．奥様は，ずいぶんと大変な思いをしていらっしゃることでしょう．

クライアント：(まあ，この相談員の人は私の大変さをこんなにわかってくれているんだわ．そうなんだ．私は，主人が寝込んで以来本当につらい毎日だったわ．この気持ちをこの人ならきっとわかってくれるわ．ちょっと話してみようかしら) そうなんです．じつは主人が寝込んで以来，私ももう毎日毎日，朝から晩まで主人の世話に明け暮れてしまって…だれも，助けになる人もいないし，全部私がしなければならないと思うとなおさらのこと，もうつらくてつらくて…楽しいことなんて，これっぽっちもないんです．もうくたくたです．

相談員：(やっぱり，私の思ったとおりだわ．川合さんはもう極限まできてるみたい．これは大変．自殺とか考えているんじゃないかしら) くたくたで，つらくてもう，みんな投げ出してしまいたいと思われることも，おありでしょうか．

クライアント：(そういえば，私なんだかすごく疲れている気がしてきたわ．今まで気が張り

詰めていたので，気がつかなかったけど…）そうですね．本当に，そういえば私，本当に疲れきっているように思います．今までそれほど強く感じなかったんですが，なんかもう何もかも捨ててしまいたい気になりますよね．主人はこれ以上よくなることもないだろうし…いったいどうしたらいいんですかねえ．やっぱり主人を入院させるのがいちばんですよね．もう，私ではとうていみきれませんものね．

相談員：（ずいぶん疲れているんだわ．もう，この状態だったら，どうしてもご主人が入院できるところを見つけて，奥さんを楽にさせてあげなきゃいけないわ）そうですよね．ご主人が入院なされば，奥様もずいぶんと楽になられますよね．

クライアント：（そうだ，やっぱり入院しか道はないんだわ．この相談員の人もそういっているもの．でも，病院のワーカーさんは，今すぐに入院できるところはないっていってられたけれど…どこか，探してくれるかな，この人なら）じゃあ，入院する病院を探してくださるんでしょうか．この前，主人が緊急入院した病院のワーカーさんは，今すぐに入れるところはないようにいってられたんですが…相談員さんとお話ししていたら，もう入院しかないんじゃないかなと思い出しました．とにかくもうこれ以上私一人では，一日もやっていけないように思います．入院すぐにさせてくれるところを紹介してくれますか．

相談員：（あっ，どうしよう．私ちょっと間違った方向にきてしまったみたい．うちはそんなに簡単に入院先を見つけられないもの．それにご主人が緊急入院したことも知らなかったし，そこのワーカーさんが，入院はすぐには無理だっていったことも，いま初めて聞いたことだもの．どうしたらいいのかしら．しょうがない，やっぱり感情の反射をしよう）いま，本当にせっぱ詰まっていらっしゃるご様子ですよね．何としてでも，入院させたいと強く思っていらっしゃる．

クライアント：（もう，さっきからそのことは何回もいっているのに，いったい，この相談員さんは病院を紹介してくれるのかくれないのか，どっちなんだろう．じれったくなってきた）ええ，そうなんです．それはさっきから申しているとおりなんです．だから入院させたいんです．入院先は見つけてくれますか．

さて，この相談員がおかしたミスは何だったのでしょう．相談員自身がエピソードの後半で気がつきだしたように，この面接は相談員がクライアントの感情にばかり焦点をあて，<u>十分にクライアントの情報を聞かなかったことに問題があります</u>．

<u>情報が十分でない場合に起こる問題は，クライアントの述べる話の解決方法の単純化</u>です．つまり，最初にこのクライアントが述べた「入院」という問題の解決方法から離れることができなくなるのです．その結果，クライアントは自分が述べた解決方法を，十分吟味するチャンスを与えられません．面接は短い時間で終わってしまい，かつクライアントにとって最善の解決方法が探求されなかったということになります．さらにこのエピソード6-5でもうひとつ気がついてほしいことは，私たちは人と会話をするときに，相手の反応によって自分の考えや感情を左右されるということです．

ある文化人類学者が老人ホームで行った研究

にあったのですが，老人ホームの入居者は多くの時間をおたがいの「体調」に関する，それも「よくない部分」に関する会話を交わしており，その結果入居者たちは，「自分たちは，体調が優れないんだ」とよりいっそう思い込んでいくというものでした．

もちろん援助の仕事をしていくうえで，相手の顔色をみて，感情を察して，それを相手に返していくことはとても大切なことです．しかし，あまりにもマイナスの感情部分にばかり注目すると，話をしている人もそのマイナス部分ばかりに目を向け始める危険性があるということです．もちろん，相手の感情を無視してはいけません．しかし，必要以上に感情にばかりとらわれていてはいけないということです．私たちは，自分の仕事においてそのゴールを見失ってはいけません．この場合はインテーク面接ですから，「クライアントを理解し，それを相手に伝え，必要最低限の情報を得てそのクライアントにサービス提供をするかどうかを決定する」ということがゴールなのです．そのようなゴールを考えると，このエピソードの面接は，「ゴールを見失っている」ということになります．また，クライアントを必要以上に自分のマイナス面に目を向けさせてしまってもいます．では，この面接は，どこでどう変えることができたのでしょうか．

まず，クライアントの最初の話に対する相談員の最初の応答はどうでしょうか．この応答自体は，クライアントのおかれている状況を相談員が再度述べて（一種の「言い換え」といえる），そのあと，クライアントの気持ちはきっとこのようなものであろうと推測し，そのクライアントの気持ちに対する共感を示すべくクライアントの「感情の反射」を行っています．ここまでの部分でもし相談員の共感が的を射たものであれば，クライアントは「わかってもらえた」という気持ちになり，さらに心を開いてくれる可能性の大きい対応をしているといえます．つまり，この部分での相談員の対応自体は問題のあるものではなく，むしろよい対応といえるでしょう．クライアントのおかれている立場，気持ちなどを理解し，それに共感を示す対応は非常に大切なものです．しかし，この面接は，このあとの対応でつまずいています．

相談員はインテーク面接を，感情の反射のみで進めていってしまいました．<u>クライアントの「自分の気持ちをわかってほしい．話を聞いてほしい」という気持ちにこたえた面接をすることは大切です．しかしこのことは「共感のみ」で面接を進めることではありません．</u>クライアントが欲していることに敏感でなければなりません．

真にクライアントを理解するためには，聞いておかなければならないこともあれば，クライアントが抱いている疑問に答えることも必要です．ここでこのクライアントは，「入院させてくれるのかどうか」と何度か相談員に尋ねています．相談員は少なくとも，クライアントが尋ねていることにきちんと反応することが必要です．またこの相談員の立場に立ってクライアントの話を聞けば，いくつかの疑問点が出てくるはずです．電話をかけてきたクライアントは，いま入院を急いでいるようだけれども，そのあてはあるのかということもそのひとつです．つまりこれが可能かどうか，クライアントはすでに何らかの形で入院を確かめているのかがまだわかりません．いちばん最初にクライアントが訴えることを「主訴」とよびますが，この主訴が真のニーズに直接結び付くかどうかは話を聞かなければわかりません．私たちが，「○○したい」というとき，いくつかの異なる背景が考えられます．たとえば「主人を入院させたいんですけれど…」と在宅介護支援センター（病院

ではない）に電話をしてきた人が，このように訴える背景はひとつではないでしょう．

　ある人は「できればこのまま主人を家で介護していきたい．しかし体力や気力に自信がなくなってしまった．病院のソーシャルワーカーに相談したときには，今すぐには入院できるところはないが，あと３週間ほどすれば入院できるＴ病院があるといわれた．それまでのあいだ，何とかがんばろうと思ったけれど，それが無理になってきた．持病の腰痛に悩まされてここしばらくほとんど寝ていない．病院に入れるまでのあいだどこかを紹介してもらいたい．在宅介護支援センターというのが何をするところかよくわからないけれど，病院のソーシャルワーカーが一度相談してみたらといってくれていたので，とにかく聞いてみよう．この３週間のあいだ，緊急入院させてくれるところを見つけてくれるかもしれない」と思っているかもしれません．またある人は「主人は，ここ３週間寝たきりになってしまった．自分で何とか主人の面倒をみていこうと思いそうしてきたけれども，どうも疲れてきた．こんなときは，病院に入れるしかないんだろうか．主人が家にいてくれるのがいちばんだけれども，ほかには方法がないと思うし．在宅介護支援センターが何をするところかはわからないけれども，とにかく電話してみよう」と思っているのかもしれません．<u>相談してくる人のなかには，かなりはっきりと自分のしたいことも，また自分のしたいことをかなえるための方法もわかっていて相談してくる場合と，自分の欲していることの整理がついておらず，現在の苦しさから逃れる方法をとにかく何か考えついてそれをしてほしい，と訴えてくる場合があるはずです．</u>

[エピソードから学ぶポイント]

　ポイント３：面接は単なる感情の反射の連続だけではない．クライアントの感情を理解し，それに対する共感を示すことの重要性はいうまでもないが，そのときどきに必要な情報を聞き取り，問題解決のための最善の方向を見つけるというゴールを見失ってはいけない．

●情報提供：アドバイスに関して

　次は，上の川合京子さんとは異なるケースを使って，情報提供・アドバイスのタイミングについて考えてみましょう．

エピソード6-6

クライアント：（主人が寝たきりになってからもう１年．主人は何かあるとすぐに私にあたりちらしてひどい言葉を投げつけてくる．もうたまらない気持ち．家政婦さんに週に２回，２時間来てもらっているけれど，家政婦さんには「ありがとう」とか，やさしい言葉をかける．家政婦さんが帰るとやっぱり元どおり．かえって「家政婦さんのほうが，もっとうまくやってくれる」といって私のことをなじる．どうしたらいいのかな．私の大変さはだれもわかってくれない）もしもし，私，山田美智子といいますが，じつは主人が寝たきりになって１年たつんですが，どうしたらよいか相談したいと思って電話したんですけれど…（せっぱ詰

まった声で).
相談員：(寝たきりで1年か．これは在宅サービスでホームヘルパーさんを派遣すればうまくいくケースみたい…) それなら，ホームヘルプサービスとか，ショートステイとかいろいろ在宅で介護をしていくためのサービスがあるので，それらを使ってみたらどうですか．ホームヘルパーさんは，家事や介護のお手伝いをしてくれます．奥様の体もそれで楽になると思いますよ．それから，どうしても疲れて，ゆっくりとしたいときには，一定の期間ご主人をお預かりするショートステイという方法もありますし，これらをお使いになったら，きっと奥様の疲れが少なくなって，元気を取り戻されて，介護を続けていけると思いますよ．1度ご自宅に伺わせていただいて，どんなサービスが適切か見せていただきたいと思いますが，いかがでしょうか．

クライアント：(ホームヘルパーのことなら，近所の人も教えてくれたわ．いま家政婦さんに来てもらってもかえって大変さが増したくらいだから，それで問題が解決するとは思えないし．でもこの人，ヘルパーとかショーステイが私にいいって決めているみたい．どうしたらいいのかな．ちょっと違うんだけれど…) あのー，いま家政婦さんには，週2回ほどきてもらっているんですけれど…それでも，あまり楽になっているような気がしないんですけれど…．

相談員：(この人は家政婦とホームヘルパーを同じように思っているみたい．ここできちんと説明をしなければ…) あの，家政婦さんとホームヘルパーさんはずいぶんと違いますよ．介護をしてるんだったら，そのあたりの違いはしっかりと知っておく必要がありますよ．ホームヘルパーさんは，きちんとした訓練を受けているから，そうでない人とは介護の仕方も違うし…ホームヘルパーさんがどのような仕事をするか聞かれたことがあります？

クライアント：(私がサービスのことをよくわかっていないと思っているみたい．でもこの人，私の話を聞いてくれる気がないみたいだし，もういいかな．今までのことを説明するのも面倒臭いし…) あのー，近所でヘルパーさんにきてもらっている方がいるので，だいたいのことはわかります．でもきっとよくわからないこともあるかもしれないので，またその人に聞いて，それからお電話し直します．ありがとうございました．

相談員：(あら，近所の人に聞くよりも私が家に行って説明したほうがいいのに．この人遠慮しているのかな) それよりも，私がお宅に伺って，ご主人の様子も拝見させていただいて説明したほうがいいと思いますけれど，ご住所とお名前を教えてください．明日にでも伺えると思いますので．

クライアント：(この人が家に来ると，主人はまた機嫌がわるくなって大変．でもこの人にそれをいってもわかりそうもないかな) ありがとうございます．またよく考えてからこちらから電話しますので．

相談員：(変な人．私がせっかく親切にいろいろ説明したり，訪問するっていってるのに．いったいこの人は何を考えているんだろう)

さて，この電話の相談員の対応の最も大きな問題は何だったでしょうか．たしかに，相談をしてきた人にサービス・資源の説明をすることは大切です．それによって，クライアントが今後どのような形で自分の生活を変えていけるかの目安をつけ，クライアントは安心することができます．しかしクライアントがどのような状況にあるのかを十分尋ねることなく，相談員が一方的にクライアントに適切だと思うサービスを考えてその説明を始めてしまうと，相談員とクライアントの関係は「教える人」「教えられる人」というような固定したものになりがちです．相談員は，クライアントに適切だと思われるサービスや，資源に関する知識をもっていなければなりません．そしてそれらを，クライアントがよくわかるように説明することも大切です．しかし，この情報提供やアドバイスをするタイミングを考えなければなりません．

まずクライアントのおかれている状況を，理解することが必要なのです．この過程を省略すると「アセスメントなきサービス計画」が立てられ，クライアントのニーズとは異なるサービス計画を提供するというミスをおかしてしまいます．

会話のなかで，相談員はクライアントが家政婦さんのことをいい出したことをうけて，クライアントが十分に在宅介護サービスの知識をもっていないことを軽く非難しています．援助の専門家は「非審判的態度」をとることが必要です．このような「非難」をされることが，クライアントにとってどれほどつらいことかを十分理解しておく必要があります．

[エピソードから学ぶポイント]

ポイント4：クライアントから十分に情報を得ることなくして，つまり適切なアセスメントなくして問題解決のための情報提供・アドバイスはできない．

ポイント5：クライアントに自分の価値観を押し付けて，クライアントの行動の是非を判断してはならない．

● アセスメントの意味に関して

次にみなさんに考えていただきたいのは，インテーク面接でクライアントから情報を得る，つまりアセスメントをすることの意味です．エピソード6-7では応答（A）と応答（B）2種類の相談員の対応を出してあります．まずこれらを読んでみてください．

エピソード6-7

クライアント：もしもし，私，山田幸子と申します．実は主人のことでご相談したいんですけれど….

相談員：はい，どのようなことでしょうか？

クライアント：主人が2年ほど前にお医者さまに老人性の認知症だと診断されたんですが，最近それがどうもひどくなってきたようなんです．それで，ホームヘルパーさんていうんですか，そういうサービスがあると聞いたので，そのサービスをうけたいと思いまして….

相談員：
応答（A）ああ，ホームヘルプサービスですね．それならうちから派遣できますよ．だいたい，週に何回ぐらい必要ですか？　あと，時間は1回についてどれぐらい必要でしょうか？
応答（B）ああ，ホームヘルプサービスですね．それならうちから派遣できますよ．ホームヘルプサービスがどの程度必要かを知るために，お宅を訪問させていただいてご主人の様子を見せていただきたいと思います．明日にでもお伺いしてもいいですか？

演習6-4　● 問題探し

さて，あなたはこのエピソード6-7の（A）と（B）の応答の問題は何だと思いますか．あなたが相談員であれば，どんなふうに対応するでしょうか．また，それはどのような理由からですか？

エピソード6-7の応答（A）（B）の問題は，クライアントから十分事情を聞かないまま「すぐに，ケア計画を提案」したり，「とにかく，訪問してみよう」としているところです．

応答（B）では相談員は訪問しようとしているのだから，少なくともそこでクライアントから話を聞けるのではないか，という質問が出るかもしれません．たしかに訪問したときに，クライアントから話を聞くことはできます．しかし，電話でクライアントが相談をしてきたさいに，相手がおかれている状況の概要を知る努力をしないでいると，つまり，「クライアントのおかれている状況を理解する」ことをおこたる相談業務をしていては，訪問したとき急によいアセスメント面接はできないでしょう．もちろん実際に相手に会って初めてわかることもありますが，今まで何度か強調してきたように，インテークやアセスメントでの面接はクライアントを尊重し，相談員とクライアントのあいだにパートナーシップを作り上げながらクライアントの気持ち，おかれている状況を知的かつ情緒的に理解していく作業でできあがっています．

クライアントを訪問してそこで多くの情報を聞いても，それらが包括的に理解できるものにならなければ何の意味もありません．面接の目的は「情報を聞いてくる」こと自体ではなく，「クライアントを理解するために情報を聞く」のです．応答（A）ではその努力をせず，クライアントがいったことをそのままただ実行しようとだけしています．そして，応答（B）では，訪問のさいに何に焦点をあてて，クライアント理解を深めていくのかを考えるためのコミュニケーションを省いて，とにかく「訪問しよう」という行き当たりばったり的な仕事の姿勢がみえます．

みなさんがこの相談員であれば，どのようにクライアントの第一声に対応されたでしょうか．クライアントの言葉では何が語られたでしょうか．クライアントの「夫」（要介護者）が「認知症と診断され」（病名），最近「様子がわるくなってきている」（症状の変化）ので「ホームヘルパーさんを頼みたい」（クライアントが要求しているサービス）といったことがわかっています．これだけでみなさんは，すぐにホー

ムヘルプサービスの派遣回数などの話に入っていけるでしょうか．これではアセスメントとして，十分なことが理解できていないことはおわかりいただけることと思います．ここで相談員ができた応答は，おそらく次のようなものでしょう．

応答例 6-1

> 相談員：そうですか（相手の話を聞いたことを伝達する）．3年前にご主人が認知症と診断されてから（クライアントの話の要点を繰り返して確認），今までは奥様お一人あるいはご家族だけで介護をしてこられたようですが，そうでしょうか？（クライアントの話から相談員が推測した介護状況を確かめている．いま，ホームヘルパーを必要としているということの背景にある現在までの介護の状況，介護者の疲労度などをここからさらに尋ねていこうと意図した場合に出る質問）

応答例 6-2

> 相談員：最近ご主人の症状がひどくなってきたので，お手伝いが必要になられたのですね（ホームヘルパーさんをと要求しているクライアントの要求そのものに焦点をあて，確認をする）．私どもではホームヘルパーさんの派遣のお手伝いができると思います（クライアントのいちばんの要求に関して自分たちで何かができることを伝える）．また，サービスはいろいろありますので，ほかにも奥様のお役に立つことがあるかもしれません（ホームヘルプサービス以外にも可能性があることをも伝える）．そのあたりのことを考えていくうえで，少し現在のご主人のご様子などについて伺わせていただいてよろしいですか（さきに述べたサービス提供のために情報を得ることが必要だということをクライアントに伝え面接の目的を理解してもらう）．
>
> 注：もしここでクライアントの承認が得られれば，開かれた質問を使って「この3年間ご主人のご様子についてお話くださいますか？」とご主人の病状の変化を尋ねることができます．

このエピソード6-7に対する応答で，私たちが考えておくべき点は下の2つになるでしょう．

[エピソードから学ぶポイント]

ポイント6-1：クライアントを尊重することはクライアントのいうことをそのまま単に実行することではない．クライアントと話し合い，そこでおたがいが合意を得るというプロセスにクライアントへの尊重が表現される（「ホームヘルパーさん必要？」「はい何回にしましょう

か？」ではない）

ポイント 6-2：「とにかくクライアントの家を訪問すれば」と考えて訪問するアセスメント面接は目的意識の不明確なものになる．常日頃から，自分の仕事のおおよそを頭のなかで組み立てる練習をし，クライアントとの面接ができるようにしておくことが必要である．目的のはっきりしない面接から生み出されるものは少ない．ただし，クライアントのコミュニケーション力などによっては，電話での情報収集が無理になり，直接訪問面接する必要が出る場合もある．

最後に，インテークでクライアントとの対応にあたる援助職者が忘れてはならないことがあります．それは，以下のポイントです．

[エピソードから学ぶポイント]

ポイント 7：クライアントはいろいろな感情を相談員にぶつけてくる．クライアントが「相談員の実際の対応の仕方」に反応しているのか，あるいは「自分のおかれている全般的な状態」に反応しているのかをしっかりと見極める．

私たちはクライアントが望んでいることを今すぐその場でできないこともあります．そのような場合，そのことを話し合って共通認識していくことが重要です．クライアントはせっぱ詰まって相談してきているかもしれません．そして，援助職者に対する感情以外の自分の日常生活での不満や怒りを，たまたまそこにいる援助職者にぶつけてくるかもしれません．

たとえば，すぐに夫を入院させたいというクライアントに対して，相談員が即刻入院はできないことを十分に説明したさいに，「ほんとに優秀な相談員さんだと聞いたから電話したのに，そう，入院すぐにさせてくれないんですね」というような反応が返ってくることもあります．ここで，相談員は単に自分をよりよくみてもらうために，意味のない妥協やいいわけをする必要はありません．

あるとき，ロールプレイでこれと似たようなクライアントからの反応に出会った方は，「そう，私のことをそんなふうにいってくれる人がいるんですか．今回は○○さんのいうことをそのとおりにすることができなくて申しわけありませんでした」と，クライアントの批判を個人的なこととしてとらず，しかも感情をうまく統制して答えてくださいました．もちろん，ロールプレイを実際にやってくださったご本人は「あそこでどきっとしました．やはり，傷つきましたね」と，あとで語ってくださいました．援助職者は 2 章で述べたように自らの感情反応に気づき，そしてそれを援助の目的と照らし合わせてどのように反応するかを決めることが大切です．

まとめ

本章では，インテーク面接の実際を使って，面接のさいに相談員が陥りがちな問題を指摘し，面接でのコミュニケーションの失敗を避ける方法を考えてきました．本章でとりあげた問

題を抱えた面接のエピソードは，それぞれがあまりにもステレオタイプ化され過ぎていて滑稽であったかもしれません．これらのエピソードは，学習目的のためにある特徴を強調し過ぎていますが，実際の相談面接でこれに近いことが行われているのが現実です．ここでは，「インテーク面接」という限定つきで話を進めてきましたが，これらの問題や問題から得られた重要ポイントは，相談面接のどのプロセスにも応用できるでしょう．

　面接で大切なことは，クライアントの話を聞きながら，「常に頭のなかで，それらの話を統合する作業を行う」ことです．つまり，情報を入手することが目的の面接であっても，その面接は単なる情報の寄せ集めのために行うのではないのです．もちろん，どのような情報が必要であるかをしっかりと頭のなかで整理しておき，クライアントが語ってくれる話の流れのなかで，「いま何が明らかで，何がはっきりとしていないか」を考えます．アセスメントでクライアントに尋ねるべき項目のリストを手元においてそれに従って質問していけば，このような面倒な思考を避けることができる，という人がいるかもしれません．しかし，ここまで，本書を読み進めてきてくださった方には，細切れの情報の寄せ集めでは，実際の「クライアントの姿」あるいは「臨床像」の十分な把握ができないことがわかっていただけると思います．<u>面接のプロセスで，今までぼんやりとしていたクライアントの姿が，より明らかになってくるところに，面接の意義があるのです．</u>

7章 高齢者を対象とする援助職の意味

―クライアントが高齢者の職場で仕事をすることとは

❶ 高齢者のイメージ

　本書で対象としてきたクライアントは，社会で「高齢者」とよばれる長い人生経験をもつ人々です．しかし，援助職者の多くは，クライアントより若く，ときには，施設によっては，ほとんどの職員が20歳代というところもあります．これまで援助の基本として，クライアントである高齢者の方々が，それぞれユニークな歴史をもって生きてきていることを強調してきました．さらに，それぞれのクライアントがもつ価値観を大切にしながらアセスメントを行うこと，そのアセスメントの結果を援助計画および援助の実践に生かしていくことの大切さを述べてきました．しかし若い援助職者の方にとっては，80歳のクライアントが生まれた時代背景や文化，その世代の人々が共有してきた価値観といったものを理解しろと言われても，それは，そう簡単ではないでしょう．

　私たちは「高齢者」あるいは「老人」という言葉を聞いて，何を想像するでしょうか．おそらく，「皺」「しみ」「隠居」「定年退職」などの「退いていく」イメージが多いのではないでしょうか．確かに，人生を一日にたとえて，老年期を「たそがれ時」と呼んだり，一年にたとえて「冬」と呼んだりするように，老年期にはさびしい暗いイメージがつきまとうことが多いようです．

　また，テレビや雑誌などのメディアでも，高齢者はステレオタイプをもって描かれがちです．もちろん老人や高齢者に対するプラスのイメージも存在し，「老賢人」などに象徴されるような「老い＝経験の集積＝知恵」といった図式を描き出すこともできます．実際に大学の老年学の授業で，学生たちに高齢者のイメージを尋ねてみると，プラスイメージとしての「経験の豊かさ」「落ち着き」などがあげられる一方，マイナスイメージともなる「頑固さ」なども少なからず出てきます．このような高齢者に対するイメージは，援助の仕事を専門にしているみなさんにとっても影響を与えているのではないでしょうか．自分自身が気づかないままに，抱

いている高齢者に対する先入観が，仕事に影響を及ぼすこともあります[注1]．

　私は，以前勤めていたアメリカの大学で実習教育を担当していました．実習先は，老人ホームが多かったのですが，このときの経験はまさにアメリカにおける老人や，老人福祉施設のとらえられ方を教えてくれました．前任校のひとつでは，学生は修士課程の1年目に，自分が望む実習先を3つまで書いて学校側に提出します．しかし，すべての学生が望みの実習先に行けるとは限りません．老人ホームをトップ3に記入する学生はほとんどいませんでした．つまり，本人が老人ホームを実習先として望まなくても，だれかはそこを実習先にしなければならなくなるのです．実習先選択の時期，私は少なくとも週に3〜4時間は「老人ホームで実習をしたくないのに，実習先として割り振られた．何とかほかのところに変えてほしい」という学生たちの苦情対応をしていました．この過程で私が学んだことは，たいていの学生は老人ホームに行ったことがないにもかかわらず，そこに対するマイナスイメージをもっているということでした．学生たちの多くが「子どもを対象にした仕事には夢があるけれど…」というのでした．私は昔自閉症児や情緒障害児とよばれる子どもたちの心理療法に携わったこともあり，また児童虐待のケースも知っているので，必ずしも「子どもと仕事をすることだけが夢のある仕事」とは思っておらず，学生にその話をしたりもしました．かなりの時間をかけたやりとりの末，やっと学生たちは，今までのステレオタイプを見直そうとしてくれました．

　しかし，このように老人施設にあるステレオタイプをあてはめているのは，学生たちだけではないことがその後判明しました．老人ホームに対するマイナスイメージは，実習先を決定する教員たちにもあったのです．「あの学生は実践経験もあまりないし，老人ホームに実習に出したらどうかな」という声は，教員間の会話として珍しいものではなかったのです．またこれは実習先の担当者にもいえることでした．「うちに実習にくる学生には多くを望まない」と最初から考えている老人ホームも少なくありませんでした．もちろん，老人ホームには非常に優秀な援助職者たちもたくさんいました．また，最初はいつでも実習をやめたいと思っていた学生が「あそこに行ってよかった」といってくれることもありました．そのような施設は，スーパーバイザーとよばれる指導者が「いかに入所者ひとりひとりと関係をつくるか」「何をゴールにして仕事をするか」「記録はどのように書くか」などを懇切丁寧に教えてくれているところでした．

　このような「高齢者入所施設」内外での施設に対する偏見は日本でもみられます．特に，ここ数年は，マスコミ報道の影響もあり，「きつい職場」「給与の低い仕事」といったとらえ方をされがちです．それでも，日本のほうが，仕事をする本人そして部外者も，「高齢者施設で働くこと」に対してアメリカより高い評価をされているように思えます．しかし，高齢者を援助する人の数が増え，社会でその存在が認められるようになってからまだ歴史も浅く，仕事の

注1）心理学において，老年期が研究対象として取り上げられてから，それほど長い年月がたっていません．しかしエリクソンやハヴィガーストらに代表されるように，老年期を発達課題の側面から研究する学者もいます．本書では，このような老年期の社会・心理的特性に関して論じることをしませんが，高齢者援助の仕事につく人には，ぜひこの分野の書物を読んでいただきたいです．多くの文献があるので，すべてをここで紹介することはできませんが，中西信夫『ライフ・キャリアの心理学』（1995年12月，ナカニシヤ出版）は，中高年期の特性を心理・社会的な側面から概観していくのに適切かと思われます．また，老いの意味を多方面から検討しようという意図で書かれた多田富雄・今村仁編の『老いの様式―その現代的省察』（1987年，誠信書房）や，伊藤光晴・河合隼雄・副田義成・鶴見俊輔・日野原重明編『老いの発見』第1〜5巻（1986-87年，岩波書店）などがあることを紹介します．

意味や意義は正しく理解されていないことも少なくありません．そこで，本章では，高齢者をクライアントとして仕事をする援助職の現状や課題を取り上げていきます．まず最初に，高齢者がクライアントとなる援助の場で働こうとする人々は，より若い年齢層のクライアントを対象にして，援助の仕事をしようとする人々と職業選択の段階で何らかの違いがあるのだろうかということを，私がアメリカの社会福祉系の大学院生を対象にして実施した調査の結果をもとに説明していきます．次に実際に老人ホームで働く職員の人々は，自らの仕事でどのような問題を抱え，どのような知識や技術が必要であると感じているのかについて，日本の高齢者施設の職員の方から得られたデータの分析をもとにして解説していきます．そして最後に，いったいどのような条件が高齢者，それも認知症をもつ高齢者を対象とする援助職の職業満足度を高めることができるのであろうかという疑問に答えるべく，アメリカの老人ホーム（正式名はナーシングホーム）の職員を対象に実施した調査結果をみていきます．

❷ だれが高齢者を対象とした援助の仕事を選択するのか
——アメリカの社会福祉系大学院生たちの高齢者福祉職に対する考えかた

　高齢者に対するイメージは，職業選択のさいに影響を及ぼすようです．私がアメリカの社会福祉系の大学院で教鞭をとっていたとき，学生たちが希望する将来の職場のなかで，最も人気のなかったのが「老人」あるいは「高齢者」対象の福祉の職場でした．これにはもちろん，アメリカと日本における福祉職を取り巻く環境の違いが大きく影響していると思われます．まず第一に，アメリカではソーシャルワーカーが専門職として働く場所が多く，対象となるクライアントも選択できる状況にあります．一方，日本ではまだ福祉職が専門家として活躍できる場所が少なく，仕事の場として「老人」施設や「老人」関連分野の比率が高い，という事実があげられるでしょう．次にこれはいくぶん意見の分かれるところであると思いますが，アメリカは「若者の国」であり，老いたものに対して日本よりももっと厳しい見かたがされるからかもしれません．現実には日本もこのようなアメリカ型の若者中心の社会になりつつはあるものの，かつて高齢者を敬う文化をもっており，それがまだ完全になくなってしまったとはいいがたいようです．

　ここではこのような2国間の違いを念頭におきながら，アメリカで社会福祉を学ぶ大学院の学生たちが，高齢者を対象にした職場で働くことや高齢者に関して学習することに対して，どのような態度を示しているのか，またその理由は何かということを理解するために，私が行った研究を紹介していきます．

●調査の背景

　アメリカのバッファロー大学の社会福祉系大学院で教えていたころ，学生たちはどの年齢層あるいは問題をもつ人々を対象に将来仕事をしていきたいかによって「専攻」を決めていきました．これらの専攻は「児童・家族」「精神・

身体障害者」「高齢者」の3つでした．私はこのうちの「老人」専攻の学生の担当教員でしたが，常に「今年この専攻にいったい何人の学生がくるだろうか」ということを心配しなければなりませんでした．専攻として「高齢者福祉」が存在していても，実際にその専攻にやってくる学生数が一定数に満たなければ，残念ながらこの専攻は存在しなくなるのです．これはバッファロー大学に限ったことではなく，多くの社会福祉系の大学が抱える問題でした．多くの社会福祉専門職の養成機関で，老人のために仕事をするソーシャルワーカーをより多く養成することの必要性が論じられていました．

1985年当時では，社会福祉系の大学院の半数しか高齢者福祉専攻を設けておらず，そのうえその専攻を選択するのは全学生のたった4%以下にしかすぎないという衝撃的な統計が発表されました（Nelson & Schneider, 1985）[1]．その後10年を経過しようかというころにも，このような状態は大きな変化をみせていませんでした．バッファロー大学の大学院生を対象にバトラー（Butler, 1989）[2]が実施した調査では，16種類のクライアントグループ（障害者，高齢者，貧困層など）のなかでも高齢者は人気が低く，16のクライアント中13番目でした．このような人気のなさとは反対に実際の臨床現場では，高齢者のクライアントの数が増加し，高齢者のクライアントを専門にしていない専門家の半数を優に超える62%もの人々が，仕事において高齢者に関する知識が不可欠だと述べていました（Peterson, 1990）[3]．

このような状況のもとで，私は自分が教えている大学院の学生を対象に，いったいどのような要因が高齢者を対象としたソーシャルワークを専攻することを阻んでいるのかを調査することにしました．この調査で私が知りたかったことは大きく分けて3つありました．まず，第1

は，学生などのもつ高齢者に関する興味を知ることでした．老年学や高齢者福祉などの授業を通して高齢者に関して学習することと，高齢者がクライアントとなる職場で仕事をしていくことに関する潜在的な興味です．専攻として選ばなくても，将来高齢者がクライアントである職場で仕事をする希望はもっているかもしれない．もしそうなら，どれぐらいの割合の学生がそのような考えをもっているかを知りたいと考えたのです．第2は，高齢者がクライアントである場合とそれ以外の対象者がクライアントである場合の違いを，学生たちがどのようにとらえているのかを把握することでした．そして，第3は，高齢者について学習したい，あるいは高齢者のために働きたいという意志を表明する学生たちは，ほかの学生たちにはない特徴があるのかを知ることでした．もしみなさんが現在まだ専攻を決めていないなら，試しにこれから紹介する質問票の質問3と質問4に（⑤を除く）答えてみてください．また，みなさんがすでにこの領域で仕事をしていらっしゃるなら，自分が仕事を始める前もしくは現在，これらの質問にどう答えるかを想像して回答してみてください．

●調査対象者と方法

この調査は，1991年に実施され，対象となったのは187人のニューヨーク州立大学バッファロー校の社会福祉系大学院の学生でした．この研究では，これらの学生たちに以下のような質問を含んだ質問票を配布して，それぞれが最も該当すると思われる回答番号に○をつけてもらいました．

[調査に含まれた質問と回答]
質問1：もし2つの専攻が可能であれば，私は

高齢者福祉を第2番目の専攻としたい．
5＝強く同意する　4＝かなり同意する
3＝どちらともいえない　2＝あまり同意しない　1＝まったく同意しない

質問2：あなたが高齢者福祉以外の専攻をしたと仮定してください．そこで専攻以外の授業をとる余裕があれば，高齢者福祉コースの授業をとりたいですか．
5＝強く同意する　4＝かなり同意する
3＝どちらともいえない　2＝あまり同意しない　1＝まったく同意しない

質問3：もし，クライアントがおもに高齢者である福祉機関から就職の誘いがあったとすれば，あなたがその仕事につく可能性はどのぐらいですか．
5＝非常に高い　4＝かなり高い
3＝よくわからない　2＝あまり高くない　1＝まったく高くない

質問4：あなたが専攻したい，あるいはしているクライアントグループの選択理由として以下の8つの記述は，どの程度あなたの考えにあてはまっていますか．以下の8つの記述にどの程度同意するかを，5つの回答のなかから選んでください．
5＝強く同意する　4＝かなり同意する
3＝どちらともいえない　2＝あまり同意しない　1＝まったく同意しない

① クライアントグループが好きであるため．　　　　　　　　　5 4 3 2 1
② クライアントグループにみられる問題領域に関して仕事をしたいため．
　　　　　　　　　　　　5 4 3 2 1
③ 仕事の機会が多いため．　5 4 3 2 1
④ クライアントグループの特徴をよく知っているため．　　　　　　　5 4 3 2 1
⑤ クライアントグループを専攻すると，そこで履修できる授業の質がよいため．5 4 3 2 1
⑥ この専攻で学べる技術や知識は他のクライアントグループと仕事をするときにも応用しやすいため．　　　　　　5 4 3 2 1
⑦ このクライアントグループのために仕事をする専門家が受けた教育や技術は，就職市場での需要が高いため．5 4 3 2 1
⑧ このクライアントグループの援助に用いられる介入方法（ケースマネジメント，家族療法，行動療法など）が好きであるため．
　　　　　　　　　　　　5 4 3 2 1

質問5：あなたからみて，高齢者福祉を専攻した学生たちはなぜそのような選択をしたと想像しますか．（この質問は高齢者選択以外の学生に行われた．質問項目は上の質問4と同じ8個である）

[調査の結果]

この調査票は，配布した学生の75％から回収することができました．その学生たちの対象クライアントの内訳は86人が「家族・児童」の専攻で，「保健・精神衛生」専攻が11人，そして問題の「高齢者」は8人という結果でした．学生たちの平均年齢は33歳でした．

では，学生たちはそれぞれの質問に対して，どのような回答をしたのかをみていきましょう．まず質問1に答えて，もし専攻が2つあれば「高齢者福祉」を選択することに「強く同意する」とした人は全体の10％程度で，やはりそれほど学生たちにとって魅力的な専攻ではないと思わせる結果がみられました．しかし「高齢者福祉を第二専攻にすること」に「強く同意する」と「かなり同意する」のどちらかに○をつけた学生たちの回答をあわせると，全回答者の約4分の1には達していました．質問2にあ

る，専攻としてではなく授業として「高齢者福祉専攻」のコースをとるかどうかでは，「強く」と「かなり」の両方の同意をあわせると66%にのぼり，「高齢者福祉」の知識の必要性はかなり認知されていることがわかりました．これがいざ就職のこととなると，「高齢者福祉」以外の専攻学生でも半数以上の53%が「非常に」あるいは「かなり」の高い確率で高齢者関連の仕事につくと答え，就職という現実を前にしたときには，自分たちの希望にはこだわらず，高齢者対象の仕事につくことがわかりました．つまりこの大学院生たちは，高齢者を対象とした福祉の勉強や仕事を第一選択することは少ないものの，高齢者への潜在的関心度はそれほど低くないようでした．

表7-1は，「家族・児童」，「保健・精神衛生」の専攻学生と，「高齢者」の専攻学生の3つのグループがそれぞれ自分の専攻を選択した理由を比較したものです．この比較をしていくさい，家族・児童専攻以外のグループの数が小さいので，このグループ比較を厳密に統計処理することはやめ，おおよその結果をみていくことにします．しかし一応は資料として，3つのグループの平均点のあいだに統計的に意味のある差がみられた場合には，いちばん右の欄に*をつけてあります．この表からみてとれるのは，高齢者福祉を専攻している学生たちは，その理由として「仕事の機会の多さ」と「高齢者の特性をよく知っている」ことの2つをあげていることでした．

表7-2は，「高齢者福祉」以外を専攻した学生たちに，「高齢者福祉」を専攻した人はどのような理由でその専攻を選んだかを想像してもらった結果出てきた専攻理由の平均点と，自分たちの実際の専攻グループの選択理由の平均点とを比較したものです．この平均点で統計学的に有意であるといわれる差がみられたもの（*）は8つの理由のうちの6つで，自分たちの専攻である「家族・児童」あるいは「保健・精神衛生」に高い得点をつけています．言い換えれば，これらの学生たちは，高齢者を対象にして仕事をしようとする同級生たちは，自分たちが選択した子どもや家族といったクライアントに自分たちが感じているほどの「好意」をもっていないだろうと想像し，また，問題領域やその問題解決に使える技術・知識・援助介入方法に関しても高齢者がクライアントである場合よりも，自分たちのクライアント，つまり児童・家族などのほうがより応用がきくと考えているようです．

このような結果をみてみると，高齢者を対象にした社会福祉援助があまり魅力のないものとみなされる傾向にあることがみえてきます．ではいったいどのような理由で，高齢者はその他の年齢層よりも魅力のない存在だととらえられているのでしょうか．そして，このような考えかたは変化する可能性を秘めているのでしょうか．この問いかけに対する答えを求めるために，少し過去の研究結果をたどってみましょう．

研究ノート7-1 ●高齢者に対する態度の変化に関連する要因

ソーシャルワークの領域でも，高齢者よりもより若い年齢層のクライアントが好まれる傾向がありますが，その理由としてあげられるのは，「高齢者」に対する一般的なマイナスイメージです（Davis-Berman & Robinson, 1989）[4]．
高齢者は，若者に比べると変化に抵抗し，身体的かつ精神的に障害をもっていることが多い

などととらえられています．それに反して，子どもや青年期のクライアントには，希望を見出す人々が多いことは否定できません．しかしながら，これらの現実性に基づいた，あるいは基づかない高齢者に対する偏った見かたが，高齢者と個人的な関係をもつことによって変わっていくことが医者を対象にした研究結果から見出されました．

この研究では102人の医学生が4週間ナーシングホームの受付事務の研修に行き，行く前と行ったあとでの医学生の高齢者に対する態度を比較しました．その結果わかったことは，この4週間の研修後に医学生たちが，自分の将来の仕事において高齢者に対してよりポジティブな考えかたをしだしたということでした（Murden & Meier, 1989）[5]．

また医学生が個人的に高齢者と接触する機会をもったあとには，高齢者に対する態度が変化することも報告されています（Woolinscroft, Calhoun, Mazim & Wolf, 1984）[6]．

このような高齢者との実際の接触の重要性は「老年学」を学ぶ修士課程の学生の研究でも実証されています．「老年学」を専攻した学生で，過去に高齢者と接触する機会をもつ仕事などをしていない者は，入学後「老年学」のプログラムにとどまる率が低かったという研究結果があります（Doka, Smith-Fraser, 1986）[7]．

また，このような高齢者と接した経験のほかでは，高齢者に関して学習することにより，人々の態度が変化することも見出されました（Yeo & Fowkes, 1989[8]；Gatz & Pearson, 1986[9]）．

表7-1 家族・児童，保健・精神衛生，高齢者の3種類のクライアントの専攻学生たちの「自分の専攻コース」の専攻理由
―8つの専攻理由の平均点の比較（N = 105）

専攻理由	家族・児童 (n = 86)	保健・精神衛生 (n = 11)	高齢者 (n = 8)
①クライアントグループが好きであるため	4.6	4.6	4.8
②クライアントグループにみられる問題領域に関して仕事をしたいため	4.5	4.6	4.8
③仕事の機会が多いため	3.3	3.6	4.3*
④クライアントグループの特徴をよく知っているため	3.7	4.4	4.5*
⑤クライアントグループ専攻で，履修できる授業の質がよいため	3.4	3.1	3.5
⑥この専攻で学べる技術や知識は他のクライアントグループと仕事をするときにも応用しやすいため	4.1	3.8	4.5
⑦このクライアントグループのために仕事をする専門家が受けた教育や技術は，就職市場での需要が高いため	3.7	3.9	4.1
⑧このクライアントグループの援助に用いられる介入方法（ケースマネジメント，家族療法，行動療法など）が好きであるため	3.8	3.7	4.1

（注：*は p < .01 で有意）

表 7-2 「高齢者福祉」以外を専攻した学生たちの想像した高齢者福祉学生の専攻理由の平均点と，自分の専攻理由の平均点の比較（N = 117）

専攻理由	高齢者福祉専攻の学生の理由を想像した場合の専攻理由平均点	自分の専攻理由平均点
①クライアントグループが好きであるため	3.5	4.5*
②クライアントグループにみられる問題領域に関して仕事をしたいため	2.9	4.6*
③仕事の機会が多いため	3.5	3.4
④クライアントグループの特徴をよく知っているため	3.0	3.8*
⑤クライアントグループ専攻で，履修できる授業の質がよいため	3.0	3.4*
⑥この専攻で学べる技術や知識は他のクライアントグループと仕事をするときにも応用しやすいため	3.5	4.1*
⑦このクライアントグループのために仕事をする専門家が受けた教育や技術は，就職市場での需要が高いため	3.8	3.7
⑧このクライアントグループの援助に用いられる介入方法（ケースマネジメント，家族療法，行動療法など）が好きであるため	3.1	3.8*

（注：*は p < .01 で有意）

　これまで紹介してきた調査結果と，先行研究の結果をみることでいえることは何でしょうか．それはおそらく，実際に高齢者を対象に仕事をしたことがない若者にとっては，「高齢者」が魅力的なクライアントとなることはむずかしいということです．この理由としては，いくつかのことが考えられると思います．まず第1は，すでに何度も述べたように，高齢者に対するマイナスのイメージでしょう．これは，心身ともに「老年期」は終末に向けて移行する時期であるために，子どもやより若い人を対象にした援助で期待できるような形での変化がないということもあげられるかもしれません．病院でも「死にゆく」患者に対して医療職者があまり時間を使いたがらないように，人は「生き生きしている」あるいは，「成長していくもの」に魅かれるのかもしれません．しかし，視点を変えて「老いていく」ことも私たちの人生に組み込まれたひとつの成長段階であると理解すれば，このような考えかたはなくなるかもしれません．また，このようなマイナスイメージは，実際に高齢者と接する機会が少ないことから生み出されている誤ったイメージなのかもしれません．このことは，前述の医者のインターンの「高齢者に対するイメージの変化」からも明らかです．第2は，若者にとって「老いる」ことは未経験の分野であり，想像することがむずかしく，クライアントの問題に共感しにくいということでしょう．この解釈はあながち外れているとはいえず，最初は「児童」を対象として援助の仕事をしていた人が自分自身の加齢によって，高齢者を対象とした援助職に変わったということもよくあります．

　若くしてこの職場を偶然に選択してしまった

方には，ぜひとも上の結果から「対象者をよりよく知ること」で，対象者に対する理解が深まり，かつ仕事の楽しみを見つけだすことができることを理解していただきたいと思います．

❸ 高齢者施設で働く若い職員は何を考えているか
—日本の高齢者施設職員の調査から

老人ホームで仕事をしている介護職員（介護士など）・看護職員・生活相談員といった方々の研修会で，講師を務めさせていただく機会があります．そのようなおりには，研修を実施する前に，受講者の方たちの経験している現実を理解するために，無記名のアンケートを実施させていただきます．それによって，受講者の方たちが直面している課題を知り，少しでも研修内容がその方たちのニーズにあうものになるようにしたいと思うためです．このようなアンケートから得られた情報は，現場の実践家と私のような研究者との懸け橋となるばかりでなく，私自身の今後の研究課題も示唆してくれます．そこで，このようなアンケートから得られたデータを紹介しながら，老人施設の職員の方たちが抱える問題について考えていきたいと思います．

表7-3は，ある都道府県の老人施設の新任研修に参加された合計150人の方を対象にした，アンケート結果から得られた「仕事で必要だと思われる知識」のリストです．回答者の年齢は

表7-3　高齢者施設新任研修参加者が考える仕事に必要な知識（複数回答合計385回答項目）

必要な知識のカテゴリー	回答総数	主要な内訳
①個別援助に関するもの（クライアントとの関係形成，クライアントの心理的ケアなど）	155	クライアントの個別的理解（生活歴，趣味，特技，対人関係などを含む個人データの収集），ニーズの把握，コミュニケーション（ふれあい，安らぎ，気持ちのはり，信頼関係などを作り出せるもの），相談援助（個人の心理状態把握，精神的問題の軽減）など
②医学・介護知識	136	健康状態の変化・管理（食生活を含む），認知症の症状（身体機能低下・動作の低下を含む），リハビリテーション，身体安全，応急処置，一般的な病気（発熱・再発・障害），介護の方法，一般看護知識など
③法律，政策，地域資源に関するもの	46	国・都道府県・市町村レベルでの老人ホーム・老人福祉施策理解，関連機関に関する理解と連携，民間の福祉活動，法律知識など
④援助職における価値観に関するもの	31	クライアントの自立に関すること（自主性の尊重，自立性の援助，社会復帰，能力の保持と向上），人間としての尊厳，プライバシーの保護，ノーマライゼーション，死の受容など
⑤事務処理能力	7	報告書作成，事務処理など
⑥その他	10	一般的常識，教養としての高度な知識（芸術，文化，哲学），美しい言葉づかい，自己向上意欲，柔軟性

20歳代が最も多く全体の半数以上である57%になります。あとは30歳代が15%，40歳代11%，50歳代6%，無回答3%でした。アンケートの質問は「老人福祉施設職員として働いていくうえで，どのような知識と技術が必要だと感じていますか」というものでした。この自由記述式のアンケートの回答をそのなかに含まれる知識や技術の内容ごとに分けると，知識では総数385項目，技術では250項目が得られました。150人の回答者に対してこれほど多くの項目があがった理由は，回答が複数あったためです。

アンケートの回答者には自由記述をしていただいたので，その内容は多岐にわたっていました。表7-3では便宜上それらの回答を5つのカテゴリーとその他の計6つに分けてみました。この6つのカテゴリーは，クライアントの心理・社会面を支えていくのに必要な個別援助に関するもの，クライアントの生命を支えていくことに必要な医学や介護の知識に関するもの，サービス提供などに関連する法律・政策に関するもの，クライアントの援助方針の決定などのさいに出てくる価値判断に関するもの，事務的な仕事に関するもの，その他でした。そのカテゴリー別分類の割合をグラフにしたものが図7-1です。ここからわかることは，新任の職員の方々の最も多くが必要だと思っていた知識は，クライアントの理解の方法や援助関係の形成に関する「個別援助関連」であったことです。これは全体の40%を占めていました。続いて，クライアントの生命維持に関する「医学・介護関連」の知識が35%となっていました。ここでみるかぎり，老人施設で仕事を始めようとしている職員の方々は，クライアントの生命や健康とともに，その心理・社会面でのニーズをも満たすべき知識の必要性を認識しているようです。

このアンケートは，新任職員を対象にしたものでしたが，おそらくすでに現場で働いている施設職員の方々の多くも，このような知識や技術を習得して現場で仕事をしていくことの大切さをご存じでしょう。しかし，中堅施設職員の方々からよく聞くことは，大切さは知っているけれども，それらを実行していくのがむずかしいということです。その理由のひとつには，このような理想的な仕事を目指す一方で，日々直面する現実的な業務上の問題に必要とされる時間が多過ぎることもあるでしょう。

たとえば，日々の仕事があまりにも忙しくて業務に追いかけられている，おむつ交換や食事

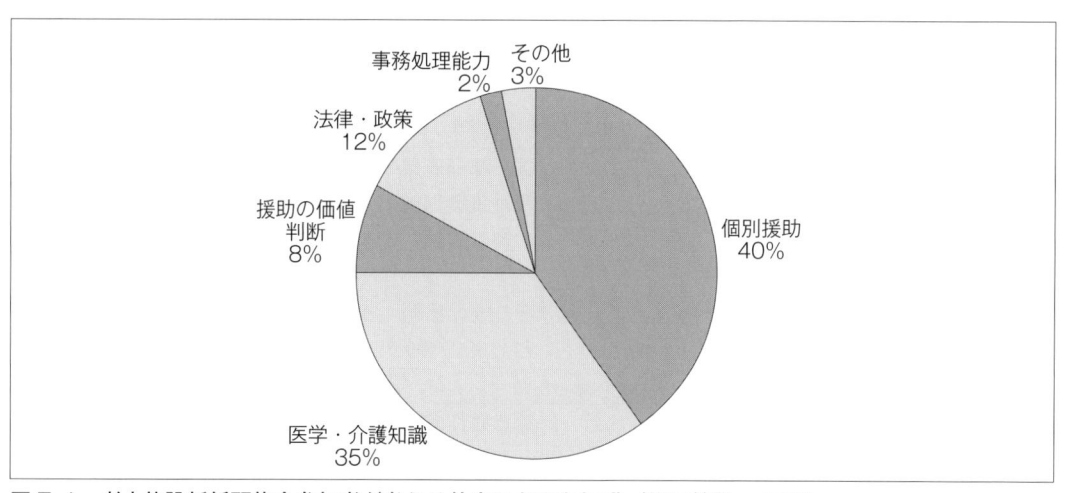

図7-1 老人施設新任研修会参加者が考える仕事に必要な知識（総回答数＝385）

の世話といった日常生活の基本的ニーズを満たすための仕事にかかりきりになり，入所者ひとりひとりを「尊重」したいと思っても，とてもできない，「自己決定」を適用しようとしても入所者は自分で意思表示を十分にできない，そのようななかでいかにして「自己決定の原則」を守れるのか，といった悩みをよく耳にします．これらの問題の克服は，けっして簡単なことではありません．現場で直面する問題には，個人が知識や技術のレベルを向上させることで解決できるものと，所属組織全体の方向性や方針の変化があってはじめて解決できるものとの2つの種類があるでしょう．本章では最後に，高齢者を対象として，職場でどのような条件が整っていれば「満足しながら仕事をしていけるのか」という問いかけに答えていきたいと思います．

❹ 認知症の高齢者とともに仕事をしていくさいのストレスとその解決に関する要因
―アメリカのナーシングホームにおける職業満足度に関する調査結果

●認知症高齢者施設の職員が直面する問題

すでに述べたように，老人施設で仕事をしている人々にとって，援助職に必要な知識や技術を習得することの大切さが明確に認識されているにもかかわらず，日常の業務では瑣末なことのように思われる仕事に多くの時間を要するために，理想的な業務を実践できないという現実があるようです．このような理想と現実のギャップが大きくなれば，当然私たちは自分の仕事からストレスを多く感じたし，ひいては仕事に対する満足度が低くなり「燃えつき」や「離職」が増えると報告されています．では，現実にはどのような要因が老人施設職員間での仕事の満足度に関係しているのでしょうか．

本節では私がアメリカのニューヨーク州で実施した，認知症高齢者専門のナーシングホームにおける「職業満足度に関連する要因」についての研究を簡単に報告したいと思います．

日本の特別養護老人ホームと同じであるとはいい難いのですが，並列にみなされる施設として，アメリカの「ナーシングホーム」があります．日本と同様に，このナーシングホームという職場では入所者，職員の両方の生活の質の問題が問われ続けてきましたが，この研究では職員側に焦点をあてています．ナーシングホームが抱える問題のうち最も大きなものは，離職率の高さといえるかもしれません (Lore, 1988)．この離職率の高さがどこからくるものかを追究しようとした研究者たちは，仕事自体につきまとうマイナスイメージの強さ，職員に専門訓練が行われていないことなどを離職の大きな原因としてあげています (Parry & Smith, 1987[11]; Penn Romano & Foat, 1988[12])．認知症に関しては，治療方法も確立されていなければ，問題行動に対する対処方法も試行錯誤の段階でしかありません．このような要因が忙しい職員にとって，一層の無力感を生み出すといえるかもしれません．

これから私の調査の結果を報告していきますが，その前に一度みなさんご自身で次の演習を考えてみてください．

演習7-1 ●職業満足度に関連する要因

人がある職場に満足しているとか満足していないとかよくいいますが，みなさんにとって，職場の満足度を決める要因はどのようなものですか．言い換えれば，どのような条件があればみなさんは職場に満足するでしょうか．思いつく限り述べてください．

●スタッフの職業満足度あるいは燃えつきに関係すると思われる要因

では具体的にはどのような要素・要因が，ナーシングホームの職員のストレスや職業満足度に関連している，といわれているのでしょうか．つまり，どのような条件がそろっていれば，老人施設の職員は日々の業務からストレスを感じ過ぎることなく，「仕事にいきたくない」と思わず，自分の仕事を受け入れられるのかということです．給料がよければ大丈夫という人がいるかもしれないし，ある程度の人生経験があればストレスに耐えやすいからと，年齢を主要な要因であるという人があるかもしれません．また，高齢者が好きだから少々のことではいやな思いをしない，という人もいるかもしれません．ではこれまで行われた研究では，どのような要因が重要であるといわれているのでしょうか．ここで少し過去の研究の結果を，振り返ってみたいと思います．

[これまでの研究より抽出された要因]
(1) ソーシャルサポート

いちばん最初にあげられるのが，近年日本でも注目をあびているソーシャルサポートというものです．これは私たちがほかの人から自信を与えてもらったり癒してもらったりという感情的な側面でのサポートや，実際に必要な情報を教えてもらったり，手助けをしてもらったり，金銭や物品の援助をうけたり，という道具的ともいえるサポートなどが含まれます．このようなソーシャルサポートが，職場における精神衛生に関連しているという研究結果を発表したのは，ヒムリー，ジャラトニー，サイネスら（Himle, Jayaratne & Thyness, 1989）[13]でした．彼らは，399人のノルウェー人と639人のアメリカ人のソーシャルワーカーを対象に調査を実施し，スーパーバイザーや同僚からのサポートを得ているワーカーには，「燃えつき」「職場における不満」「精神衛生上の問題」が少ないことを見出しました．またカーケスら（Koeske & Koeske, 1989）[14]は同僚からのサポートが得られないソーシャルワーカーは，同僚からサポートされているソーシャルワーカーよりも「燃えつき」やすいという報告をしています．同様な結果は，ナーシングホームにおける138人の看護助手を対象にした研究にもみられ，ここではスーパーバイザーからサポートされていると報告した看護助手のあいだで，より職業満足度が高かったことが報告されています（Gerlan, Oyabu & Gipson, 1989）[15]．そのほか，老人施設以外の社会福祉援助職や看護職者の人々（家族・児童相談所，精神科の第一線スタッフなど）のあいだでも，スーパーバイザーからサポートされていると「燃えつき」が少なく「職業満足度」が高くなるという報告があります（McIntosh, 1990[16]；Robinson, Roth, Keim, Levenson, et al., 1991[17]；Martin, 1991[18]；Sullivan, 1989[19]）．これらの結果は仕事上の助

言・指導や仕事で問題にぶつかった場合の励ましや慰めといった形でのサポートが，どれほど仕事全体に対する考えかたや態度と関係しているかを示しているようです．

(2) 高齢者を好きであるかどうか

第2は高齢者を好きかどうかです．たとえば小学校の先生の多くが「子どもが好きだから先生になった」といわれます．このように，自分が常に職場で接する人を一般的に好きかどうかは，日々の仕事を楽しめるかどうかに大きくかかわってくるはずです．本章のはじめですでに論じたように，一般的に「老人・高齢者」はあまりよいイメージでとらえられていません (Meyers, 1990)[20]．つまり，一般にはそれほど好まれない年齢層なのかもしれません．もしそうであるならなおさらのこと，高齢者施設で仕事をする人は，高齢者に対して「好意」をもっていることが必要となってくるでしょう．この要因を職業満足度の項目として取り入れた調査研究は，今までのところ見あたらなかったのですが，私の経験からはこれは重要な要因であるとみてよいように判断されました．

(3) 専門知識（高齢者に関する知識）

第3は自分の職務に関する専門的教育・知識の有無です．どれほど能力の高い人であっても，自分がまったく専門的なトレーニングを受けていない職務を担当させられれば，わからないことやできないことに取り囲まれていらいらし，あせり，そのあげく無力感を感じてだんだんと職場に行くのがいやになるかもしれません．みなさんが新しい電子機器を購入して，その使用説明書を読まずに機械を操作しようとしている場面を想像してください．使用説明書は200頁にもわたる長いものです．これを読まなければ操作はむずかしいとします．まずどのようにしてスタートするのか，どのボタンが何をしてくれるのか，機械が好きな人にとってはそれほど大変なことではないかもしれませんが，あまり機械が好きでなくそのような機器を初めて購入した人にとっては，これはかなり大変なことです．しかも操作の仕方はだれも教えてくれないとします．機械に関する基本的知識や訓練を受けている人なら，ある程度の操作はできるようになるかもしれません．しかしそれ以上の高度な使用方法は，やはり説明書をじっくり読んで実際に操作をしてみなければわからないでしょう．

ある作業をするための基本的および専門的知識が欠けていれば，その作業を効率よくこなすことはできないはずです．また問題にぶつかったときもどうしたらよいかわかりません．自分がやっていることの意味がわからないときには「何が問題か」を探り当てることはほぼ不可能に近いからです．何とか試行錯誤である程度の仕事はこなせても，それ以上自分の仕事を発展させること，工夫をこらしてよりよい仕事をすることはできないでしょう．専門教育を受けていない人は「職場で自分がクライアントに対して十分な仕事をしていない」という気持ちを抱きやすく (Koeske & Koeske, 1989)[14]，「能力があると思えなくなる」(Jayaratne & Chess, 1986)[21] という研究報告があります．

(4) 職種の違い

第4は職種です．同じ高齢者施設といってもそこで働く職員の人たちはそれぞれが異なる役割を与えられています．それぞれの職務の違いはおそらく職務内容の明確さ，責任の重さ，権限の範囲，クライアントとの直接接触の度合いなどの違いを含んでいると思われます．看護職，介護職，PT，OT，ソーシャルワーカー，栄養士，介護士，ケアワーカーなどの職種に

よってぶつかる問題を共有したりしなかったりするでしょう．

(5) 個人の問題処理の仕方

第5は「ローカス・オブ・コントロール（Locus of Control）」とよばれるものです．これは私たちが問題にぶつかったときの問題処理の仕方によく反映される「問題の原因はどこにあると思うか」のとらえ方です．ローカス・オブ・コントロールの研究者たちは，一般にこの「責任の所在」を「自分のなか」にみるか，あるいは「自分の外にある環境」にみるかの2つに分けて考えています．みなさんがある日，職場で何かミスをおかしたと仮定してみましょう．その原因の半分はみなさんにありますが，半分はあまりにも厳しい時間的制約という外的な要因にあったとしてみましょう．そのときみなさんは，「私にはこの仕事をこれだけの時間でするのは無理だった．次に同じようなことにならないために，仕事を頼まれたら，自分がその制限時間内で業務をこなせるかどうか考えてから返事をしよう」と原因を自分のコントロールのきく範囲で見い出す傾向を示すか，あるいは「うちの職場ではいつもこうだ．上司はとうていできないような，たくさんの仕事を私に押し付けてくる．またこれからも同じようなことが続くに決まっている．私にはどうしようもない」と問題の解決は自分のコントロールのきかない領域にあるとする傾向を示すかのどちらかでしょう．個人がもつこれらの傾向を示すのがローカス・オブ・コントロールであり，その傾向を知るための一連の質問が研究者たちによってつくられてきました．その質問はいく通りかのものがありますが，参考に，私がこの研究で使用したダットワイラー（Duttwiler, 1984）[22]作成の内的コントロール指標（Internal Control Index）を表7-4に示してあります．

もし興味があればみなさんもこれらの質問に答えてみてください．

(6)(7) 収入と年齢

第6と第7は収入と年齢です．これらの要因は，多くの研究者によって職業満足度に関連するといわれてきました．仕事が少々つらくても給料がよければそれによって仕事に対する満足度が上がる，ということがよくいわれます．また年齢に関しては，高齢者を対象にした仕事では，若い人よりも年をとっている人のほうが，人生でより多くの生きかたを経験する機会が多かったために，クライアントの気持ちを理解しやすいので，高齢者施設で出会いがちな問題にもよりよく対応していけるということがいわれています．

● 職業満足度の調査

これまで，一般に高齢者施設で働く人の職業満足度を考えるさいに関連してくると思われる要因をあげて，簡単にそれぞれの要因に関して説明を加えてきました．次に，職業満足度に関すると思われるこれらの要因が，実際にナーシングホームで仕事をしている人にとって，どのように受け止められていたか，という研究の具体的な方法を説明していきます．

[調査対象者]

この調査は，ニューヨーク州西部の郊外都市のひとつにあるキリスト教系列のナーシングホームの職員を対象に1991年の2月に実施されました．このナーシングホームのおもなクライアントは認知症の高齢者であり，入所施設とともに在宅のケアも行っていました．そこで働く人々は，①おもにプログラム作成をするソーシャルワーカー，②ケアマネジメントを実施す

表 7-4　ダットワイラーの内的コントロール指標[22]　　　　　　　　　　　　　　　（出典：Duttwiler, 1984）

> 下の文章に最も適切な表現を次の5つから選び，その記号を書き入れてください
>
> A＝ほとんどそのようなことはない（その頻度は10%以下）
> B＝たまにそのようなことがある（30%ぐらいのとき）
> C＝ときどきそのようなことがある（50%ぐらいのとき）
> D＝しばしばそのようなことがある（70%ぐらいのとき）
> E＝たいていそのようなことがある（90%以上のとき）

(1) 問題にぶつかったとき，私はそのことを忘れようとする　　（　　）
(2) 私はむずかしい仕事をするときには，頻繁に元気づけてもらわなければならないことがある　（　　）
(3) 私は，自分で決定をし，責任をとる仕事が好きだ　　（　　）
(4) 私が尊敬している人と自分の意見が違えば，私は自分の意見を変える　　（　　）
(5) もしほしいものがあれば，それを手に入れるために一所懸命がんばる　　（　　）
(6) 私は何かを学習するとき，自分で見つけ出してくるよりも，だれかから事実を教えてもらうほうを好む　（　　）
(7) 私はほかの人を監督・指導する仕事を引き受ける　　（　　）
(8) もし，だれかが何かを売り込みにきたら，「結構です」と拒否するのはむずかしい　　（　　）
(9) 私は自分が所属している集団が何かを決定するときには，自分の意見をいうのが好きである　（　　）
(10) どのような決断であろうと，決断をする前にはその問題の別の面も考えようとする　（　　）
(11) ほかの人の考えは，私の行動に大きな影響を与える
(12) 何か自分によいことが起こったら，それは自分の手で勝ち得たものだと思う　　（　　）
(13) 私はリーダーシップをとるのが楽しい　　（　　）
(14) 私は自分で自分のしたことに満足するためには，ほかのだれかの賞賛が必要である　（　　）
(15) 私は自分の意見を信じており，それがほかの人に理解してもらえ，影響を与えられることを信じている　（　　）
(16) もし何かが私に影響を与えるとすれば，私はそのことに関してできるかぎり調べようとする　（　　）
(17) 私は直前になって何かをすることを決める　　（　　）
(18) 私にとっては，自分が何かをうまくやり遂げたと思うことのほうが，ほかのだれかから賞賛されるよりも重要である　（　　）
(19) 私は自分のしたいことを我慢してほかの人の要求を通させる　　（　　）
(20) 私はほかの人が自分と反対の意見をもっていても，自分の意見を曲げない　　（　　）
(21) 私は，ほかの人が私にこのようにすべきだということをせずに，自分がやりたいと思うことをやる　（　　）
(22) 結果が出るまで時間がかかることをするのは，勇気をくじかれる　　（　　）
(23) 集団の一員であるときは，ほかの人がすべての決定をすることを好む　　（　　）
(24) 何か問題があるとき，私は友人や親戚の助言に従う　　（　　）
(25) 私は簡単なことよりもむずかしいことをするほうを好む　　（　　）
(26) 私は，自分の力だけに頼るよりも，ほかの人に頼ることができる状況を好む　（　　）
(27) だれか重要な地位にいる人が私によくやったといってくれるほうが，自分がよい仕事をしたと感じるよりもより大切である　（　　）
(28) 何かをやっているとき，たとえばほかの人が責任者であっても，何が起こっているかについてすべてを知ろうとする　（　　）

　採点方法：Aを5点にし，Eを1点にして計算する．ただし，質問番号1，2，4，6，8，11，14，17，19，22，23，24，26，27は，その逆でAを1点に，そしてEを5点に換算して計算する．点数は28点から140点となる．

　このテストからはおもに「自信」と「自発性」の2つの傾向がみられる．1,365人の人にこのテストを実施した結果，年齢，性別，人種，教育レベル，社会経済レベルなどで差があることがわかっている．これらすべての人たちの平均は，99.3から120.8にわたることがわかった．

る在宅専門の看護師，③入所者専門の看護師，④PT，OTなどのセラピスト，⑤介護助手，の5つのタイプに分けられました．合計223人の職員に質問紙を配布し協力を求めた結果，125人の職員が調査表に記入して提出してくれました（回収率＝56％）．

この調査表に協力してくれた人たちの平均年齢は35～45歳のあいだであり，教育年数の平均値は約15年，つまり短期大学あるいは専門学校卒業程度でした．平均収入は2万ドルで，この州の物価から考えてとくに低いとは思われない額でした．回答者の約90％に近い人は女性で，このうちの約37％がここで仕事をするにあたって「認知症老人のケア」に関する専門教育を受けていました．

[職業満足度とそれに関連する要因の測定の仕方]

この研究では，ナーシングホームに勤務する職員の人たちに年齢，職種，勤続年数，収入，といった基本的な情報（基本属性とよばれる）とともに，上であげたような要因に関する情報を得ることができるような質問項目からなる質問紙を配布し，無記名でそれに回答してもらうという形をとりました．それらの質問項目のなかで，実際の分析に用いられた調査項目がどのような形で質問されたかを簡単に記述してみます．

まず職業満足度に関しては「仕事に関するすべてのことを考慮してみてください．その結果，あなたはどれぐらい現在の仕事に満足していますか」と尋ね，その満足度を「完全に満足している（7点）」から「まったく満足していない（1点）」までの7段階で回答してもらいました．サポートに関しては過去の調査の結果から，「スーパーバイザーのサポート」と「同僚からのサポート」はそれぞれ異なる役割があるかもしれないということがわかったので，2種類に分類しました．そして「仕事で何か問題に直面したさい，あなたはスーパーバイザー（同僚）に相談しますか」という質問に「はい」か「いいえ」で回答してもらいました．高齢者が好きであるかどうかは，回答者が高齢者といてどの程度心地よいかを尋ね，その程度を「非常に心地よい（5点）」から「まったく心地よくない（1点）」の5段階で回答してもらいました．仕事をする本人の特性のひとつとして「コントロール感」がありましたが，これはすでに紹介した「ローカス・オブ・コントロール」とよばれる尺度を使い，その総得点を使いました．年齢は実年齢，収入はいくつかの収入のランクを設けてそのどれにあてはまるかを尋ねています．最後の「職業の違い」は，調査の対象となったナーシングホームの職員をソーシャルワーカー，在宅専門のケアマネジメントを実施する看護師，ホーム専門の看護師，PTやOTといったセラピスト，介護助手の5種類に分けたものです．

[調査の結果：職業満足度に影響を及ぼした要因と職種の違いにみられる問題の種類]

(1) 職業満足度に影響を及ぼした要因

表7-5はこの研究の結果を示したものです．分析方法は重回帰分析とよばれるもので，それぞれの要因が職業満足度の上昇や下降を予測する要因になり得るかをみることができます．この分析では，表7-5の左の欄にある要因（表では「変数」）が，どの程度各スタッフの職業満足度（回答者に「どの程度今の仕事に満足しているか」と尋ねて，5段階評価で回答してもらったもの）に関連しているかをみることができます．左の欄にあげられた要因は，前述した，職業満足度の予測要因になり得ると思われるもの

で，サポート（スーパーバイザーからのもの，同僚からのもの），高齢者を好きであること，専門知識（高齢者に関する知識），コントロール感（ローカス・オブ・コントロール），年齢，収入，職種の違い（ソーシャルワーカー，在宅専門のケアマネジメントをする看護師，ホーム専門の看護師，セラピスト）の順に並んでいます．

＊印を右端につけてあるのは，職業満足度にそれらの要因が有意に関連しているというものです．この＊印のついているものをみると，スーパーバイザーからのサポート，高齢者が好きであること，専門知識，の3つとなります．本研究においては，その他の要因は職業満足度の予測要因とはならないということがわかりました．

(2) 結果の可能な解釈

この結果をみてみなさんはどのように思われたでしょうか．納得のいく結果でしょうか．それとも納得のいかないところがあるでしょうか．このような調査結果は，質問に回答してくれた人々がどのような人たちであったか（代表的なサンプルであったか），各質問がどのような形でなされたか，分析で使用した統計方法は何であったか，などによって変化する可能性をもっています．そのためこの結果が絶対と断定できません．そのためこの研究の結果は，ナーシングホームで仕事をする人々の職業満足度を考えていくさいの「ひとつのデータ」として，参考に使っていただければと思います．

このようなことを念頭におきつつこの研究結果が高齢者，それも認知症老人の多い施設で仕事をする人にとって，どのような意味をもつかを考えてみましょう．

私がこの研究を実施するさいには，上で述べたすべての要因が，職業満足度に関連しているという仮説を立てていました．つまり，スーパーバイザーと同僚の両方からのサポートが，どちらも職業満足度にプラスになり，高齢者を好きであること，専門知識があること，コントロール感が高いことなどのすべてが同じくプラスに働くと仮定していました．しかし実際のデータは，「同僚からのサポート」ではなく，「スーパーバイザーからのサポート」が職業満足度を予測するという結果でした．この結果は私には簡単には納得のいかないものでした．し

表7-5 ナーシングホームの職員の職業満足度に影響を与える要因（重回帰分析の結果）

変数（予測要因）	ベーター	T
サポート：スーパーバイザーからのサポート	.31	3.06*
サポート：同僚からのサポート	−.04	−.37
高齢者が好きであること	.29	2.78*
専門知識	.25	2.73*
コントロール感（ローカス・オブ・コントロール）	.12	1.23
年齢	.01	.10
収入	−.05	−.51
職種の違い：ソーシャルワーカーであること	.20	1.90
職種の違い：在宅専門のケアマネジメントをする看護師	.05	.47
職種の違い：ホーム専門の看護師	.09	.86
職種の違い：セラピスト（PT，OT）	−.08	−.81

（注：*は，$P<.01$ 以下が有意）

かし，しばらくこのことを考えているうちに，ある解釈にいきあたりました．過去の職業満足度の研究でも，スーパーバイザーと同僚のどちらのサポートも予測要因になり得たというものもあれば，そのどちらかだけであったものもありました．もし，この結果を受け入れるのであれば，可能な解釈として，「ある種の仕事ではスーパーバイザーからのサポートがより重要な意味をもつ」と解釈することができるかもしれません．仕事で何か問題にぶつかったとき，もちろん同僚から心理的に支えてもらうことは重要でしょう．しかし職場，それも認知症といった，いまだ確立された援助方法のない領域では，そこで働く人にとって「こんなときはどうすればよいのだろう」という疑問にしょっちゅうぶつかるでしょう．仕事の実践方法がかなり明確になっている領域であれば，このような悩みはより少ないでしょう．しかし，認知症老人を中心にケアしているナーシングホームでは，少しでも明確な経験・知識をもっているであろうスーパーバイザーからのサポートが重要になるということがいえるのかもしれません．

さらに，自分が仕事で日々接するクライアントである高齢者と一緒にいることを「心地よい」と感じることも，仕事の満足度の高さに関連していました．そして，自分が仕事をしている高齢者の問題に関する「専門的な知識」をもっている人，つまり就職前あるいは就職してから高齢者に関する知識を身につけている人は仕事に満足していました．この3つの要因は，まさに認知症の高齢者，といったケアのガイドラインもはっきりとしていない職場で働くさいに，重要であろうとうなずけることでしょう．この研究の結果が私たちに示唆してくれたことは，老人ホームといったような職場で働く人々にとって，「仕事上の問題の解決に力になってくれる先輩格の人の存在」と，「専門知識をもってい

ること」がいかに大切かということでしょう．

まとめ

本章では，研究実施年は少々昔ですが，私が日本とアメリカで行った3つの研究をもとにして，高齢者を対象とした援助職の抱える課題ともいうべきものを概観してきました．これらの研究結果からわかったことは，まず第1に，アメリカにおける高齢者一般，そして高齢者を対象として仕事をする援助職に対する認識の低さでした．社会福祉を専攻する大学院生のあいだでは，高齢者は人気の低いクライアントグループであり，多くの学生たちは，実際に高齢者を対象とした援助をしようとしている人々の現実よりもずっとネガティブに高齢者に対する援助職をとらえていました．

その理由の第1に，高齢者というクライアントグループに接する機会が少ないことがあげられるようでした．先行研究の結果は，高齢者と接する機会を与えられた人々は，それまで高齢者にもっていたネガティブなイメージを，よりポジティブなものに変え得ることを指摘していました．

第2に，日本の特別養護老人ホームなどの高齢者入所施設で働いている若い人々が，自分の仕事をしていくうえで重要だと感じている知識や技術で最も多くあげられたのが，「クライアントとの関係を形成していく技術・知識」であり，「医学・介護知識」を上回ったということでした．

第3は，アメリカの研究をもとにしてはいますが，認知症の高齢者を対象に仕事をする援助職者の職業満足度に関連しているのは，「高齢者というクライアントグループを好きであること」「スーパーバイザーなど上司からのサポートが得られること」「高齢者を援助していくための専門知識を有していること」などでした．

これら3つの研究は，それぞれ趣旨も，またそこで得られた結果にも異なりはありますが，高齢者を対象として仕事をするさいに必要な，いくつかのポイントを示唆してくれているようです．まず第1は，高齢者を対象として仕事をするためには，高齢者に対する偏見を捨てるべく，実際に高齢者に接していくということです．それも，広範な高齢者像を知る機会をもつことでしょう．第2に，高齢者を対象とした援助の仕事の中心は，ともすれば身体面のケアであるように思われがちですが，それだけでは真の援助職とはなり得ないということでしょう．たとえ，身体ケアや家事援助が中心になるクライアントの場合でも，それらのケアを行うさいにクライアントとの関係形成ができ，かつ，クライアントやその家族の心理・社会的なニーズをも，理解することができていなければならないはずです．第3は，高齢者，それも治療方法や援助方法が確立されていない，認知症のクライアントを対象に仕事をするような場合の，専門的知識や技術の重要さでしょう．もちろん，どのような職場においても教育は必要ですが，援助職が単なる優しさや常識範囲では務まらないことを再認識することが大切です．教育とは，学校教育だけではなく，スーパーバイザーといった自分より経験の深い人々からのサポートや現任訓練をも通じて身につけていくものです．専門知識や技術を高めていくことが，職業満足度を高め，ひいてはクライアントにもよりよいサービス提供ができることになります．

文献

1) Nelson, G.M. & Schneider, R.L.：The Carrent Status of Gerontology in Graduate Social Work Education. Council on Social Work Education, Washington, DC, 1985.
2) Butller, A.C.：A Reevaluation of Social Work Students' Career Intervests ; Grounds for Optimism. Presented in SUNY at Baffalo, 1989.
3) Peterson, R.E. et al. (eds.)：Adult Education, Opportunities in Nine Industrialized Countries. Education Testing Service, Vol. 1, 1990.
4) Davis-Berman, J. & Robinson, J.D.：Knowledge on Aging and Preferences to Work with the Eldery：The Impact of Course on Aging. *Gerontology & Geriatrics Education*, 10 (1)：23-25, 1989.
5) Murden, R.A. & Meier, D.E.：Medical Student Outlook on Practice in Nursing Homes. *Gerotology & Geriatrics Education*, 7 (2)：29-37, 1989.
6) Woolinscroft, J.O., Calhoun, J.G., Mazim, B.R. & Wolf, F.M.：Medical Education in Facilities for the Elderly. *Journal of American Medical Association*, 252：3382-3385, 1984.
7) Doka, K.J. & Smith-Fraser, D.：The Goals of Master-Level Gerontological Students：An Institutional Study. *Gerontology & Geriatrics Education*, 7 (1)：75-84, 1986.
8) Yeo, G. & Fowkes, V.：The Effects of a Program for Faculty Development in Geriatrics for Physician Assistant Teachers. *Gerontology & Geriatrics Education*, 9 (4)：83-94, 1989.
9) Gatz, M. & Pearson, C.G.：Training Clinical Psychology Students in Aging. *Gerontology & Geriatrics Education*, 6：15-25, 1986.
10) Lore, K. Wright：A Reconceptualization of the "Negative Staff Attitudes and Poor Care in Nursing Homes" Assumption. *The Gerontologist*, 28 (6)：813-820, 1988.
11) Parry, J.K. & Smith, M.J.：A Study of Social Workers' Job Satisfaction as Based on an Optimal Model of Care for Terminally Ⅲ . *Journal of Social Service Research*, 11 (1)：39-58, 1987.
12) Penn, M., Romano, J.L. & Foat D.：The Relation between Job Satisfaction and Burnout ; A Study of Human Service Organization. *Administration in Mental Health*, 15 (3)：157-165, 1988.
13) Himle, D.P., Jayaratne, S. & Thyness, P.：The effects of emotional support on burnout, work stress and mental health among Norwegian and American socia workers. *Journal of Social Service Research*, 13 (1)：27-45, 1989.
14) Koeske, G.F. & Koeske, R.D.：Work load and burnout：Can social support and perceived accomplishment help ? *Social Work*, 34 (3)：243-248, 1989.
15) Gerlan, T.N., Oyabu, N. & Gipson, G.A.：Job satisfaction among nurse assistants employed in nursing homes：An analysis of selected job characteristics. *Journal of Aging Studies*, 3 (4)：369-383, 1989.

16) McIntosh, N.J.: Leader support and espouses to work in USA nurses: A test of alternative theoretical perspectives. *Work & Stress*, 4 (2): 139-154, 1990.
17) Robinson, S.E., Roth, S.L., Keim, J., Levenson, M. et al.: Nurse Burnout; Work related and demographic factors as culprits. *Research in Nursing and Health*, 14 (3): 223-228, 1991.
18) Martin, U.M.: Determination of job satisfaction and burnout of community social service workers. *Dissertation*, 27 (3): No. 1009, 1991.
19) Sullivan, I.G.: Burnout; A study of a psychiatric center. *Loss, Grief & Care*, 3 (1-2): 81-91, 1989.
20) Meyers, J.E.: Aging; An overview for mental health counselors. *Journal of Mental Health counseling*, 12 (3): 245-259, 1990.
21) Jayaratne, S. & Chess, W.A.: Job satisfaction, burnout, and turnover: A national study. *Social Work*, 29 (5): 448-453, 1984.
22) Duttwiler, P.C.: The Internal Control Index: A newly developed measure of locus of control. *Educational and Psychological Measurement*, 44: 209-221, 1984.

8章 援助職者の「燃えつき」を防ぐためには

——燃えつき,ソーシャルサポート,スーパービジョン,組織分析の視点を通して考える

> **演習 8-1** ● 本章を読み始める前に考えていただきたいこと
>
> もしあなたが実践をしていらっしゃるのなら,以下のことをご自分に問いかけてみてください.
>
> (1) 今の仕事をやめたいと思うことが,よくありますか?
>   　　　　はい　　　　　　　　いいえ
>
> (2) その理由は,何ですか?
>
> (3) 今の仕事で,一番問題だと考えることは何ですか?
>
> (4) その問題は,どうすれば解決できますか?

1 対人援助職者は,なぜ「燃えつき」やすい?
——研究結果のレビュー

　上記「演習」にお答えになりながら,みなさんはどのようなことを考えられたでしょうか.対人援助の仕事をしている方なら,職場の仲間が「なんだか疲れてやる気が起きない.仕事をやめようかな」というのを1度や2度は,聞いていらっしゃるでしょうし,ご自分も仕事をや

めたいと思ったこともあるかもしれません．も
し仕事をやめたいと思ったことがおありなら，
その理由はどんなことでしたか．「疲れがとれ
ないほど疲労がたまってしまっている」「通院
して服薬が必要なほど疲れている」．このよう
な「極度の疲労状態」は，「<u>燃えつき（バーン
アウト）</u>」という言葉で表現され，その実態や
原因，予防法に関して数々の研究が行われてい
ます．

「燃えつき」の研究の第一人者で，現在多く
の人に使用されている「マスラックのバーンア
ウト尺度」(Maslak Burnout Inventory ＝
MBI) をつくった<u>マスラック</u>（<u>Maslack</u>）は，
燃えつきを「情緒的消耗感」「脱人格化」「個
人的達成感」の 3 つの側面から測定しようとしま
した．

情緒的消耗感は，「自分をこれ以上使うこと
ができないという感情疲労」，脱人格化は，「否
定的でシニカルな態度と感情をクライアントに
対して抱くこと」，個人的達成感は，「自分の仕
事を否定的にみて達成度に不満をもっているか
どうか」，と定義されています (Lloyd, King,
& Lesley, 2002, P256)[1]．

もしみなさんが，上記演習の (2) に「疲れ
てしまった」「クライアントや同僚に対してき
ちんと向き合えなかった」「自分のやっている
仕事の意味がないように思われた」などという
理由を書いていらっしゃれば，それらは「燃え
つき」の症状といわれている行動や思考に気づ
いたといえるかもしれません．

もし，(2) の回答にこのような内容ではなく，
「上司が自分を適切に評価してくれないから」
「自分は仕事に向いていないように思えるから」
「クライアントの問題が深刻で自分にはどうし
ようもないから」などということを書かれてい

るのならば，それは燃えつきの原因となる要因
をあげているといえます．「燃えつき」に関す
るこれまでの研究では，長い年月をかけて数々
の実際例や研究を集積した結果，なぜ燃えつき
が引き起こされるのか，どのようにすれば燃え
つきを少しでも減らすことができるのかに関し
て，ある程度共通認識ができたようです．これ
が，みなさんに前述の演習でお尋ねした (3)
と (4) に関する内容です．

対人援助職者がよい仕事をするためには，自
分自身の精神衛生を適切に保つことが重要で
す．そこで，本章では，燃えつきがなぜ起きる
のか，どうすれば燃えつきを予防できるのかに
焦点をあて，燃えつきの原因，燃えつきの解決
法のひとつといわれているスーパービジョン，
また，燃えつきを防ぐのに大切な自分の所属し
ている組織の理解（組織分析）についての基本
的な考えかたを，習得することを目的にしてい
ます．燃えつきやサポートに関しては，このあ
との 9 章と 10 章でも，介護職者とケアマネ
ジャーのデータ分析を通してさらに理解を深め
ていきます．

本章では，まず，これまで行われてきた燃え
つき研究の結果を 1980 年代，90 年代，2000 年
代に区切り，時間の流れに従って紹介し，すで
にわかっていること，まだよくわからないこと
を整理していきます．このように時間の流れに
沿ってみていくことで，ある時期に当然とされ
ていた考えかたが，その後実際にデータを収
集・分析したことで，修正されていくというこ
ともわかります．では，時間の流れに沿って代
表的な研究を紹介しながら，どのようにすれ
ば，燃えつきを防ぐことができるといわれてい
るかをみていきましょう．

●1987年に出版された研究から：燃えつきをつくる「対人援助職者要因」「サービスを提供する組織の要因」「クライアント要因」

みなさんは，援助職者が燃えつきる原因は何だと考えられるでしょうか．表8-1は，1987年に，クーリッジたち（Courage & Williams）[2]が，その当時すでに出版されていた研究論文をレビューして導き出した「バーンアウトに関係する3つの要因」を，私が翻訳し表にまとめたものです．表8-1の1番左欄にあるのが，クーリッジたちがまとめた燃えつきに関連する3つの大きな要因です．第1番目は「<u>援助職者要因</u>」で，援助職者がもっている性格や年齢などの属性，専門性などを意味しています．第2番目は「<u>所属組織要因</u>」で，仕事をしている組織での仕事量，構造，権力の所在と形，資源，外部へ

表8-1 CourageとWilliamsによる「燃えつき」に影響を与える3要因の整理[2]　Courage & Williams, 1987

援助職者要因	①性格特性	共感の高さ．理想主義的であること，博愛主義であること，自己関与し過ぎること，自己表現ができないこと，我慢ができないこと，従順であること，恐怖心が強いこと，援助関係において相手との限界をつくることができないこと
	②基本属性	年齢が若いこと，未婚あるいは離婚（シングル），実践経験がない，教育が高いこと
	③専門職としての立場	自分が所属している専門職組織がもつ仕事の基準や自立性の程度が低いこと，サービスを提供する組織と専門職組織の要求間の葛藤が大きいこと
	④専門性	クライアントと組織の期待が大きいこと，対人援助職がもっているテクノロジーがあいまいなこと，
所属組織要因	①課題	過剰な業務量，無意味な仕事，ケアの受け手，あるいは，ケアの提供者とのあいだでの接触の種類と量
	②構造	組織がもっている構造に柔軟性がないこと
	③権力・権威	援助職者がもっている決定権の大きさ．複数の人間が決定にかかわれるかどうか
	④資源	制限された状態
	⑤機能	さまざまな外部のコントロールへの影響力
	⑥役割	組織のなかでの地位に従い期待される役割葛藤，多重役割
クライアント要因	①行動	怒り，不安，失望などの感情表現
	②属性	年齢，性別，結婚や家族の状況，教育，民族，社会経済的な地位，教育レベル，社会経済的な地位，民族などの類似性の少なさ
	③慢性度	クライアントの問題の慢性度（児童虐待，知的発達障害，慢性精神病のクライアント）
	④緊急度	問題の緊急性
	⑤複雑度	問題の複雑さ，複数の問題の存在

（文献2をもとに筆者が整理・翻訳・一部加筆．もとの論文では，「ケア提供者」と「ケアの受け手」と表現されていたものを「援助職者」「クライアント」という表現に変更）

のコントロール，期待される役割などを含んでいます．第3番目は**「クライアント要因」**で，クライアントがもつ特徴である，行動，年齢などの属性，問題の慢性度，緊急度，複雑さ，を含んでいます．では，これらの3つの要因をもう少し詳しくみていきましょう．

【対人援助職者要因】

対人援助職者要因の1つ目は性格特性です．もし対人援助職者が，<u>共感性が非常に高く，理想主義であり，自分を仕事に関与させすぎて，自己表現がうまくできない，クライアントとの限界づくりがむずかしい</u>，といったような「**性格特性**」をもっていると，**燃えつきやすい**と考えられました．

私たちが日頃出会うクライアントは，その程度に差はあるものの，おのおのが何らかの問題を抱えています．そして，その問題のために悲しみ，苦しみ，怒り，といったネガティブな感情をもつことも多く，そのような感情を援助者に対してぶつけることも少なくありません．援助職者は，共感性をもつことが必要不可欠ですが，その度合いが過ぎると，クライアントに会うたびにつらくてたまらなくなるでしょう．また，あまりにも理想主義的であれば，「世の中に不幸な人がいることは許せない」「すべての人が幸せにならなければならない」といった極端な考えかたになってしまい，自分が担当しているクライアントのなかのひとりでも，幸せになることができなかったり，生活状況を改善することができなかったりすると，失望落胆する程度が大きいことは想像できます．

共感性も理想ももっていなければ，この仕事に就いていてもよい仕事はできませんが，共感性や理想が高すぎると，現実とのギャップを受け入れられず，自分自身がつぶれてしまいます．また，援助職者が，仕事の範囲を越えクライアントの生活に深くかかわりすぎたり，相手との限界をつくることができなかったりすると，自分自身がクライアントの生活に巻き込まれてしまう危険性もあります．

2つ目の援助職者要因は，**基本属性**とよばれるもので，年齢や婚姻状況，教育の程度などを意味しています．クーリッジたちは，<u>若くて，結婚しておらず，実践経験がなく，高い教育を受けている人のほうが，燃えつきやすくなるだろう</u>と述べています．

3つ目は，**専門職としての立場**に関連する要素です．それは，援助職者が所属している組織が，どの程度**自立性**を与えてくれているのか，また仕事にどんな基準を設けているのか，といったことで，これらの内容によっては，援助職者が自分の所属している組織とのあいだに葛藤を感じる度合いが変わってきます．

4つ目は，「**専門性**」です．たとえば援助職者が，高齢者領域で仕事をしているにもかかわらず，自分が対象としている年齢層のクライアントや，その人たちがもっている問題に対する十分な知識がなければ，専門性が欠如しています．クライアントの問題を解決するべき知識も手段も何ももたないために，援助職者はつらい思いをすることになります．そのため「専門性」とよばれる知識や技術を身につけることを心がけるのですが，残念ながら問題によっては，その軽減法や解決法が明確でないことも多く，結果として，援助職者が疲弊してしまうということも起こります．「ここに困っている人がいる」ということを知りながら，「私にできることは何もない」となれば，そこで悩むことは想像に難くありません．

【サービスを提供する組織の要因】

サービスを提供する組織要因は，対人援助職者が仕事をしている社会福祉法人や，病院と

いった所属組織がもつ特徴のことです．組織要因には，**課題，構造，権力・権威，資源，機能，役割**という6つの要素が含まれています．このままではわかりにくいので，これらの6つの要素が，どんなものかを，下の**事例8-1**で具体的に説明していきます．事例記述中で括弧書きしたものが，これら6つの要素です．

事例8-1：所属組織要因の6つの構成要素

▶特別養護老人ホームで働いている三井さんは，毎日仕事に追われています．どう考えても，時間内に終わらせることができないほどたくさんの仕事が与えられ，自分が大学で習ってきた介護福祉士の仕事とは異なり，意味を見出せないような仕事の割合がとても多い毎日です．重度の認知症の入所者とのコンタクトが多く，その人たちにとってむずかしいだろうと考えられることを要求しなければならないことも多いのです（課題）．

▶三井さんの働いている特別養護老人ホームは，長い歴史をもつ有名な組織ではあるのですが，その歴史のせいか，仕事をやっていくさいの仕組みが官僚的です．ちょっとしたことに対して，提案をしても今までそんなことはしてきていないから，といってほとんどとりあげられません（構造）．

▶自分がどんなふうに仕事をしていったらいいかに関しては，常に上司の指導を仰がなければいけない状態です．自分で「よい」と判断してやったことを上司に報告すると，「どうしてそんな勝手なことをしたのだ」といって叱られたことが何度かありました．他の施設で働いている大学時代の同級生が同じようなことをして，「よく考えて仕事をしてくれた」といって上司から褒められたという話を聞いたとき，三井さんは同級生がとてもうらやましくなりました（権力・権威）．

▶そのうえサービスを提供するのに必要な資源が不十分です．自分自身が，高齢の人たちの生活を少しでもよくしていきたいと考えてこの仕事に就いたにもかかわらず，人材資源を確保するのに必要な財源がなく，制度的に限界を感じています（資源）．

▶しかしそのような限界をいったいだれに対してどの方法で，「変えてほしい」と言えばいいのかわかりません．問題の責任者や，解決のためにとるべき方法もあいまいに思われます（機能）．

▶一方で，介護職を始めて2年の年月が流れたことで，施設のなかで，自分よりも若い1年目の介護職員にアドバイスをする役割が期待されています．しかし，そのアドバイスは，施設の規則を守ることなどが中心で，介護職者として入所者の人々にどのような接しかたをすればよいのか，といった第一線の援助職者としての指導者の役割ではありません．自分のなかで，この2つの役割が葛藤を起こしているのに気づいています（役割）

【クライアント要因】

クライアント要因の1つ目は，クライアントが援助職者に対してみせる行動で，怒りや不安，悲しみ，失望といった感情表現です．クライア

ントのこのような感情表現が激しければ，援助職者は疲労しがちです．

2つ目は，援助職者とクライアントの**基本属性**の類似性です．クライアントと援助職者が，年齢や性別などといった基本的な属性で類似していればいるほど理解することが容易になると考えられています．

3つ目から5つ目は，クライアントが抱えている問題に関するものです．問題が**慢性的**に続いてきたものなのか，**緊急性**のあるものなのか，**複雑**なものなのか，といった要素が，ケース対応のむずかしさを規定してきます．事例8-2でこれらの要素を説明します．事例記述のあとに括弧書きで，5つの要因を指摘していますので，参考にしてください．

事例 8-2：クライアント要因の5つの構成要素

▶安田さんは地域包括支援センターで，社会福祉士として仕事をしています．最近よく「高齢者虐待」ケースを担当します．つい最近も，86歳になる父親を60歳の息子が虐待しているという通報があって，その親子の住む自宅を訪問しました．父親は20年前に妻を亡くし，今は30年前に離婚し，その後独身生活をしている息子との二人暮らしです．息子は7年前に長年勤めていた会社を早期退職しており，その後は，とくにこれといった仕事にも就かず，父親の年金を当てにして暮らしていました．これまでも近所の人から息子が父親の食費をギャンブルに使い込んで父親が十分に食事をしていないようだ，などという通報が入ってはいたのですが，そのたびに父親が，「あいつはそんなことをしていない」と息子をかばい，息子も「きちんと父親にごはんを食べさせている」と言っていました．しかし，この半年ほどのあいだに，父親に認知症の症状がみられるようになり，近所に住む民生委員が，「風呂にも入れてもらっていないようだ．ときおり外から鍵をかけて，息子が出かけている」と心配するようになりました．安田さんが，この親子の自宅を訪問すると，息子は，ものすごい形相で，「人の家になんで勝手に入ってくるんだ」と怒鳴りちらしました（行動）．

▶安田さんは，この息子の子どもと言っていいほど若く，独身です．社会福祉の仕事をしたいと思って理想に燃えて大学に行きました．安田さんの父親は，サラリーマンで，両親とも大学教育を受けており，民主的な考えかたをする人でした．子どもの頃から，両親に，手をあげられたり，怒鳴られたりしたことは1度もありませんでした（属性の違い）．

▶一方，クライアント親子は，決して経済的に豊かだと思えない生活をしているようでした．父親の年金額も高くなく，息子は高校を中退しさまざまな職を転々としたという経歴をもっていました．息子はアルコール依存症と診断されて1度は治療を受けたのですが，また大量の飲酒をするようになっています．酒代とギャンブルのためにさまざまなところで借金をしているようでもあります．さまざまな人からの話を総合すると，父親は息子が小さい頃から，何かあれば大きな声で怒鳴ったり，殴ったり，家から締め出したりしていたそうです（問題の慢性度）．

▶安田さんにとっては暴言とも思える言葉も，ひょっとすればこの家族では日常使っている表現かもしれないとも想像されました．息子の介護放棄や暴力は，父親の認知症の進行もあっ

てか，最近ますますひどくなってきているようです（緊急度）．
　▶父親の認知症に対する働きかけも必要であるうえに，息子からの暴力のことも問題となってきています．父親と息子との葛藤の多い関係は，長年にわたって続いてきているにもかかわらず，父親は「私の育てかたが悪かったから，今息子がこんなことをするのだ」と息子をかばいます．息子もお酒を飲んでいないときには，父親の好物を買ってくるなどしています（複雑度）．

　この事例は，私がつくった架空のものですが，援助職者の担当するケースが似たような特性をもっており，このようなケースを担当する頻度が高ければ，燃えつきやすい状況におかれているといえます．逆に，もしクライアントが援助職者にとって，非常によく理解できるような援助職者とよく似た属性をもっており（属性），抱えている問題も手術後の不安という一時的なものであり（慢性度），今すぐ何とかしなければならないという状態ではなく（緊急度），その問題以外にはたいした問題が存在しない（複雑度）ものであり，援助職者に対して双方のねぎらいの言葉をかけてくれる（行動）ようであれば，援助職者側の疲労度はずいぶんと違ったものになるでしょう．

● 1900 年代に出版された研究から：対人援助職者は，燃えつき度が高くないかもしれない？

　では，これら 3 つの要因は本当に燃えつきに大きく関係していたのでしょうか．援助職者の燃えつきが脚光を浴びたために，援助職者は本当に他の職業に比べて燃えつき度が高いのか，また，これまで指摘されてきたような要因が本当に燃えつきに関連しているのかを，さらに深く研究する人々が現れました．"Burnout in Social Work 1995[3]" という論文を書いたサーダーフェルトたちは，ソーシャルワーカーの燃えつきをテーマにして，それまで発表されてきた先行研究のレビューを行いましたが，その結果は少々驚くべきものでした．この時点で燃えつきをテーマにとりあげ，実際にデータ分析をした論文は 18 本しかなかったうえに，ソーシャルワーカーは燃えつきやすい職業だ，ということが当然のことのように論じられていたにもかかわらず，他の専門職グループと比較して，より高い燃えつきを示しているということはなかったのです．

　このような少々驚くべき結果がでたものの，燃えつきに関連する要因が数々あることもわかりました．マスラックのバーンアウト尺度を使った研究の知見を簡単にまとめると，「自分の仕事の役割があいまいだったり，役割に葛藤を感じたり，仕事が退屈だと感じたり，仕事に満足感を感じられなかったり，仕事をやめる意思をもっていたり，慢性疾患をもっているクライアントと長い時間仕事をしたり，仕事で価値が相反することを要求されたり，昇進が不公平だったり，働く場所の環境が悪かったり」という要因が，燃えつき度と関連が高いということでした．さらに，「若いこと，公的機関で働くこと，几帳面なタイプ A といわれる性格であること，チームやスーパーバイザーからサポートが得られないこと」も燃えつき度の高さに影

響しているということがわかりました[注1]．

これらの研究はソーシャルワーカーが，燃えつきないために何をすべきかの提案もしているのですが，それらをまとめると以下のようになります．

燃えつきを防ぐために必要なこと

① スタッフ間のコミュニケーション，組織の構造上の方針を改善すること，職員が参加できるようなリーダーシップを実践し，働く人たちのサポートをすること
② 仕事の目的を明確にすること，ひとつの仕事で疲れてしまわないように仕事でローテーションを組み，バラエティーをもたせること
③ 仕事と学習に自由を与えること
④ 支持的な環境を提供すること
⑤ 先輩からの理解をみせること
⑥ 仕事が何を要求しているのかを明確にすること，自立性の必要性を認識すること，自尊心を高め，受容をしてサポートすること
⑦ 仕事からのプレッシャーを低くし，仕事の安全性を高めること，威嚇や強制を使わないこと
⑧ 適切なトレーニングをすること
⑨ スーパーバイザーのトレーニングをすること
⑩ 財政的な資源を高めること

①～⑩をみていくと，同じようなことが異なる表現で繰り返されていることがわかります．ひとつは，ワーカーを支援することで，普通はスーパーバイザーという役割をもつ人が実施するスーパービジョンを通して行うことができます（⑤，⑥，⑧，⑨）．もうひとつは，組織の管理者あるいは制度的な課題への働きかけで，ワーカーが働きやすくなるように組織が財政資源を確保し（⑩），職務上の目的を明確にするとともにワーカーの自立を尊重して（①，②，③，⑥）いくことです．

注1) これらの要素はどれもが，すでに燃えつきに関係するであろうといわれていたもので，後のデータをもとにした研究がそれを証明したということになりますが，すべての研究が同じような条件で行われたわけではなく，データを集めたさいの対象者，アンケートで使われた質問，分析の統計方法などが違っていることは，考慮しなければなりません．

●2000年代に出版された研究から：ワーカーの個人要因は，大きな影響を及ぼさない，組織要因が最も重要な要因，スーパーバイザーのサポートが役に立つ，ソーシャルワーカーにストレス・燃えつき度の高さはある

ロイドたち（Lloyd, King, & Lesley, 2002）[1]は，おもにイギリスで行われた燃えつき研究のレビューを行いました．この論文では，上で紹介した1995年のレビュー論文に触れたうえで，その後の主要な研究のレビューを行い，燃えつきの理解に新たな視点を提供しています．筆者たちが結論で述べた主要なポイントは，次のようなものでした．

燃えつきに影響を与えている要因と燃えつきの状況に関する先行研究のまとめ

影響を与えている要因について
① 基本属性は燃えつきと有意な関連がなかった
② ソーシャルワーカーの個人的な特性要因は燃えつきとストレスにほとんど関連していなかった
③ 仕事のプレッシャー,仕事量,役割のあいまいさ,スーパーバイザーとの関係性,といった組織要因が,最も重要な予測要因であった
④ クライアントに関する要因としては,2～3の要因が関連しているだけであった
⑤ 燃えつきに関連している危険要因は,「仕事でのチャレンジの欠如」,「自立度の低さ」「役割のあいまいさ」,「クライアントにサービスを提供することの難しさ」,「専門職としての自己評価の低さ」であった
⑥ スーパーバイザーからのサポートは媒介変数である

燃えつき状況について
⑦ 非常に高いとはいえないが,マスラックバーンアウト尺度を使った研究では,ソーシャルワーカーが個人達成感の領域で高いストレスを感じていた
⑧ ギブソン(Gibson)ら1996年の研究結果では,ソーシャルワーカーの73%は,やめようと思ったことがあり,50%が1年以内にやめることを考えていた
⑨ 個人的達成感の欠如が明らかに出ており,理想をもって職業に就いた人々の理想がこわされたからだと解釈できる

(Lloyd, King, & Lesley, 2002[1], p261-263 をもとに筆者が翻訳・要約・リスト化)

　ロイドたちの研究には,先のサーダーフェルトたちの研究結果の一部を否定する,かつ,重要な発見があります.それは,他の職業と比べた場合,ソーシャルワーカーの燃えつき度が「非常に高い」とは結論づけられないものの,「個人達成感」という下位尺度では,「高いストレス」を感じているという点でした.ロイドたちは,これまでの研究者の知見を引用しながら,地位と自立に関して,対人援助職者が抱える課題を議論しました.それらは,「ソーシャルワークは誰にもできる仕事であると誤解されている,いい人が常識を使って,できる仕事である,と考えられていること」(Dillon, 1990),さらに「クライアントの選択支援方法に付随する価値観にコントロールをもたない」「精神衛生の領域で役割スキルの範囲が適切に理解されない」(Reid, et al, 1999),「よい実践」に関する不一致があり,「仕事の認知度が低い」(McLean & Andrew, 2000),「社会政策と法制度の変化に敏感に反応しなければならない」「実践技能の過小評価」「サポートとスーパービジョンのカットバック」「キャリアの機会の欠如」(Balloch, 1998)[注2],といったものでした.さらに,新たに制定された法律が,「より重い責任」を課するとともに,「より制限の強くなった状況」で

注2) Lloyd, King, & Lesley : Social work, stress and burnout. *Journal of Mental Health*, 11 (3) 255-265, 2002. の原文を参照.

した．こうしてみていくと，対人援助という仕事の特色である「明確な問題解決法がないために専門性が理解されない」ということが，ストレスを生み出しているということができるかもしれません．この論文は，海外での援助職者を対象にしたものであるにもかかわらず，そこで指摘されている状況は，日本の援助職者が直面している問題とほぼ重なるようにみえます．

② 自立した援助職者になるためには，どのようなサポートがあればよいのか？
—スーパービジョン

これまでみてきた燃えつき研究では，燃えつきを予防する方法のひとつとして，「ワーカーの支援」が指摘されてきました．日本の介護職員の方を対象にした調査でも，アメリカの研究結果ほど強くはないものの，サポートの有効性がみられ，サポートの必要性を裏づけました．アメリカではこのようなサポートを，スーパービジョンという形で提供するのが普通ですが，日本では残念ながら，このようなサポートを提供するスーパービジョンにシステム化されていません．アメリカの対人援助職者は，職場で「経験・知識」の豊かさをもとに資格があると認められた人が「スーパーバイザー」とよばれて，経験の浅い職員は一定の期間，「スーパーバイザー」のもとでスーパービジョンを受けます．アメリカのソーシャルワーカーのなかには，スーパービジョンが主要業務である人が約2割以上おり，全国組織であるNASW（National Institute of Social Work）の1995年調査では，86,000人のメンバーの5.5％が主要業務，さらに18.3％が第2番目の業務であると報告しています（Kadushin & Harkness, 2002）．第2節では燃えつきの予防に有効であるといわれ，対人援助職者の精神衛生に大きな影響をもつといわれる，スーパービジョンとはいったいどのようなものであるのかみていきます．

● スーパービジョンのゴールと，そのゴールを達成するために必要な機能

下の2つのエピソードを読んで，みなさんはどうお感じになりますか．みなさんの経験年数に応じて，エピソードの若手職員あるいは上司のどちらかに，自分を置き換えて考えてみてください．

エピソード8-1 ● やる気のある職員の意欲を喪失させるスーパーバイザー

▶ Aさんは，もともと社会福祉に興味があり，また，祖母と仲がよい「おばあちゃん子」でもあったため，あまり迷うことなく高齢者福祉の道を選びました．介護福祉士の養成校を卒業後は，迷わず特別養護老人ホームに就職しました．学校で習ったさまざまな知識を実践で活かしていこう，入所者の個別のニーズにあったケアを目指していこうと意気込んでいました．
職場の直属の上司は30歳になる経験年数10年のBさんです．
▶ 仕事を始めて6か月経った9月の少し肌寒いある日，施設ではまだ暖房がはいっていま

せんでした．Ａさんは，レクレーションの時間に寒そうにしている入所者の女性Ｃさんに「寒いですか」と尋ねました．するとＣさんは「待っていました」とばかりに「ええ，寒いです」と答えました．いつも遠慮がちで，やってほしいことも言わずにがまんするＣさんが，このように話してくれたことは意味のあることだとＡさんは考えました．Ｃさんは，自力でカーディガンを取りに行くことができません．そこでＡさんが，「カーディガンをもってきましょうか」と声をかけると，Ｃさんは嬉しそうに「いいんですか？　助かります」と応じました．Ａさんはこの会話をきっかけに，これまでほとんど職員と話をすることのなかったＣさんと少し話すことができ，嬉しく感じていました．

▶ところが，Ａさんはその日の帰り際に，上司のＢさんに呼び出されました．そこでＢさんは，「Ｃさん一人だけにそんな特別なことをしたら，みんなにしなければいけなくなるでしょう．これからはみんなに同じケアをするように心がけなさい．少々寒くても本人から何も言ってこなかったのに，それをあなたがわざわざいらないことをする必要はない．そんな暇があれば，たまっている書類を片づけなさい」と言われました．Ａさんが，「利用者の思いをできる限り引き出していこう，それを叶えていこうと，このあいだのミーティングでＢさんは僕たちに教えてくださったのですが……」と恐る恐る言ってみると，「それは時と場合による」と話を打ち切られてしまいました．このようなことは，今回に限ったことではなく今までもたびたびありました．

▶Ａさんは「いったい，どんなときに何をすれば正しいということになるのだろうか」と疑問に思いました．仕事がむずかしくなる理由として，まだ経験がなく未熟だというだけでなく，施設自体のルールのために，利用者にとってよいケアが提供しにくいことにＡさんは気づいていました．しかし，そのようなときも，Ｂさんは「これまでずっとそうやってきたんだから，今まで通りにしていきましょう」という返事をします．Ａさんは，これまで仕事で疑問に思ったことをいくつかぶつけてきた結果，何も変わらなかったために，もうこれからは自分が考えていることをいうのはやめにしようか，と思い始めてきています．

エピソード 8-2　● 職員の力を高めるスーパーバイザー

▶Ｄさんは，今年から特別養護老人ホームの介護職として仕事を始めました．職場には自分とほぼ同時に就職した新人が５人います．この５人の新人グループに指導をしてくれるのが，30歳で経験10年の主任Ｅさんです．職場では，Ｅさんは毎週１回金曜日に約１時間半「スーパービジョン」をしてくれます．緊急時以外この時間を必ずとることを，施設長が承認してくれるようになったのは，Ｅさんの尽力だということです．

▶このグループスーパービジョンでは，毎回，新人１人１人が約５分ほどを使って自分がその週にどのような仕事をしたか，またそれによってどのような感想をもったかということを報告しあいます．そして残りの１時間は毎週担当を決めて，自分にとってむずかしかったケースを報告し，Ｅさんがスーパービジョンを行ってくれます．その方法は，Ｅさんが「スーパー

バイズを受ける職員たちが自分自身で考えて仕事ができる介護職員になる」という目的に最適だと判断した，職員の内省を促す「グループスーパービジョン」だということでした．新人研修のさいにEさんは，自分がこれから行うグループスーパービジョンの基本になっているテキストや理論を紹介してくれ，ビデオも見せてくれました．

▶先週の事例報告担当はDさんでした．Dさんは，ここ3週間ほどナースコールを頻繁に押し続けるFさんのケースを報告しました．自分自身で，「どこに課題があると考えるか」を述べてから，簡単にそのケースについての説明を行いました．ケースについての説明が終わると，スーパーバイザーのEさんは，「ああすればいい，こうすればいい」といったような直接的なアドバイスをするのではなく「いつからそんなふうになりましたか」「1日に何回ぐらいナースコールを押すのですか」「そのときあなたはどんなふうにしていますか」「そのときFさんはどんなことを言われますか」といったように，さまざまな問いかけをしてくれます．興味深いのは，Eさんは，5人にまったく同じようなアプローチをするのではなく，それぞれのバックグラウンドや強さをわかって問いかけをしてくることです．5人のうち3人はこの職場では新人ですが，他の2人は社会人経験があります．

▶Dさんは，スーパーバイザーのEさんと話していると，「自分が信頼されている」と感じます．施設の新人研修があったさいに，利用者をどのように理解するかについて，Eさんが，「ソーシャルワークで使われているアセスメントの枠組み」を教えてくれました．スーパービジョンのときにも，このアセスメントの枠組みに従って，利用者理解を深めていきます．また，事例報告のさいに，利用者とのやりとりを会話形式で記述し，そのときの雰囲気がよくわかるような工夫がされています．Eさんは，どんなときでも職員の話をよく聞いて，職員自身が課題に気づくようにスーパービジョンを進めてくれます．気がつくと，自分が本当は隠しておきたかった失敗も正直に話せています．

▶今回の事例検討会で報告した事例のクライアントのFさんは，Dさん自身がその頻繁なナースコールを面倒に思い始め，「放っておけばいつか終わるかもしれない」と考えたこともありました．しかし，Eさんとのやりとりのなかで，このことも正直に話すことができました．するとスーパーバイザーのEさんは，Dさんがこのように自分で自分の課題を同僚の前で話せたことを高く評価してくれました．また，Dさんが，「なぜ，Fさんはこんなにナースコールを押すのか，自分が十分Fさんに必要な時間を使えていなかったからかもしれない」と考えて，何度か時間をつくってFさんを訪ねたという試みに関しては「そうやって自分で問題意識をもって，解決策を探ろうとする態度はとてもいいですね」と言ってくれました．

▶Eさんは，Dさんが最近忙しくてかなりストレスがたまっていたことを知っていたようで，そのように思わざるを得なかった状況に対する理解も示してくれました．しかし，その一方で何がDさんにそのような考えをもたせたのかを検討することを忘れませんでした．そして，Dさんたちが，どうしても理解できなかったFさんの行動の背景については，「行動理論」という考え方の紹介もしてくれました．そのおかげで，Dさんが忙しく部屋を見に行けない日にはFさんのナースコールをが増え，Dさんに時間の余裕があってFさんの部屋をきちんと訪問した日には，その頻度が減っていたのかがわかりました．

> ▶ときおりスーパービジョンのセッションで，個人がどれだけがんばってもどうしようもない問題にもぶつかります．それは，施設の上司や施設長の決定が必要な内容だったりもします．そのようなときにEさんは，「一番いい現実的なやりかたはどんなやりかただろうね」とみんなに尋ね，話し合いで出てきた結論を管理職者や施設長に話してくれます．これまでも，幾度かそのようなことがありました．もちろん，毎回自分たちの要求が通るわけではありませんでしたが，Eさんが施設長と話をしてくれたおかげで，仕事のやりかたが改善されたことも何度かありました．

みなさんは，上の2つのエピソードを読んでどのように感じられたでしょうか？ ではここで，この2つのエピソードのスーパーバイザーのとった行為がスーパービジョンの理論から，どう解釈できるのかをみていきましょう．**表8-2** は，カデューシンとハークネス（Kadushin & Harkness, 2002)[4] というスーパービジョン研究の第一人者の著書の「スーパービジョンのゴールとその3つの機能」に関する記述をまとめて表に表したものです．まず，この**表8-2** をみて，もう1度上の**エピソード8-1** と**8-2** の「問題点」と「評価できる点」を考えてみてください．

●スーパーバイザーとは？

スーパーバイザーとは，いったい何をする人なのでしょうか．少々長いのですが，Kadushin と Harkness,（2002）の定義を引用します．スーパーバイザーは，「……職務上のスーパーバイジーの仕事のパフォーマンスに指示を出し，コーディネートし，仕事の質を高め，評価をするその権限が与えられている人である．……スーパーバイザーは，スーパーバイジーの仕事に対して責任をとらなければならない．このような責任の実践は，スーパーバイジー（スーパービジョンを受ける人）との良好な関係性のなかで相互作用として，管理的，教育的，支持的機能により果たされる．スーパーバイザーの究極のゴールは，機関にやってくるクライアントに対して，質と量の両方において可能な最善のサービスを提供することである．……スーパーバイザーは，クライアントに直接にサービスを提供することはしないが，スーパーバイジーを通した影響を通して，そのサービスのレベルに間接的に影響を与えるものである……」（Kadushin & Harkness, 2002, p23)．

つまり，スーパーバイザーは援助職者がクライアントに対して，現実的で最善のサービスができるよう「一人前」になるトレーニングをしてくれる人，と言い換えられるでしょう．そして，そのトレーニングには，「管理，教育，支持」という3つの機能が含まれています．それらの3つの機能が具体的にどのようなことを意味するのかを示したのが，**表8-2** の(A)と(B)です．以下，表の順番に従って解説をしていきます．

8章 援助職者の「燃えつき」を防ぐためには

表8-2 スーパービジョンのゴール・スーパーバイザーが果たす3つの機能とその機能を最大限に発揮する方法[4]（CLT＝クライアント，バイジー＝スーパーバイジー）

(Kadushin & Harkness, 2002, pp324-326 をもとに筆者が翻訳・要約・リスト化)

(1) スーパービジョンのゴール・スーパーバイザーの3つの機能と目的・機能を最大限に発揮する方法				
大ゴール＝CLTに質と量の両方で可能な最善のサービス提供（権限と責任の付与）				
		① 管理的機能	② 教育的機能	③ 支持的機能
(A) 目的 (最も近い職業)		バイジーが組織内で適切な役割遂行ができるようにする（マネジャー）	バイジーのゴール達成を可能にするように知識不足を補ってトレーニングをする（教師）	効果的なサービス提供のため，仕事関連ストレス適応を助け不満を解消（適応を促進するカウンセラー）
(B) 機能を最大限に発揮する方法		1. 権威的にならず「力」の行使に躊躇しない 2. 組織のルール・実践方法を体系立てて明確に伝えられる 3. <u>バイジーと組織の生産性のニーズバランス</u>を図る 4. 押しつけずスーパーバイザー存在を認識してもらう 5. 心理的・物理的に身近にいる 6. バイジー間でよい人間関係を維持できるようにする 7. 管理職者・部下の両方に効果的にコミュニケーションができる 8. 組織の安定性を保ちつつ，<u>変化が必要なときにはアドボカシーができる</u>	9. 行動を通してSWへの<u>ポジティブな姿勢，職業価値をみせる</u> 10. バイジーの<u>成長に真摯な関心を示す</u> 11. 専門性，SWの理論と実践に関する<u>最新の知識を保持・提供できる</u> 12. 問題解決に民主的な共同関係に基づいた方向性をもつ 13. 柔軟で明確なバイザー・バイジー関性の枠組みを提供できる 14. 実践内容とバイジーの知識量の両方の振り返りができる 15. 文化の違いに敏感である 16. 安心できる環境を保持し，支持的に接しながら必要に応じて建設的フィードバックができる真剣なかかわりかたをする 17. 学習効果を最大にできる教育方法を習得し実践できる 18. 専門的なスキルを示し，バイジーの仕事を支援する） 19. 失敗を受け入れ乗り越えられるようにする	20. <u>自立性と自由裁量を最高にするため，バイジーに対する信頼を態度で表す</u> 21. バイジーの評価すべき仕事に<u>肯定と賞賛を与えられる</u> 22. <u>ストレスの度合いを感じ取り，それに従って仕事量を変化させる融通性をもっている</u> 23. <u>バイジーが正直に感情表現できるような対等なコミュニケーションをする</u> 24. 逆転移や否定的なフィードバックにも<u>防衛的にならず気持ちよく受け入れられる</u> 25. 支持的でありながらバイジーの個人的な領域に侵入しない

【管理的機能】

「管理的機能」の目的の一部は、スーパーバイジーが所属している組織のなかで規則や仕事のやりかたを守って仕事をし、組織人として適切な行動をとることを促進することです。一般にこのようなスーパーバイザーの仕事は「マネジャー役割」に例えられ、日本の援助職者で「私はスーパービジョンなど受けたことがない」という人でも、この管理的機能の一部は経験しているはずです。上のエピソードで紹介したAさんが、上司のBさんから助言された内容が、Aさんの職場である特別養護老人ホームの決まりごとであれば、Bさんは管理的機能を果たしているといえるでしょう。しかし、みなさんがお気づきになられたように、この「決まりごと」自体が「利用者に可能な最善のサービスを提供する」というスーパービジョンの大きな目的に合致していません。そうなれば、真の意味で有益なものにはなりません。

表8-2の(B)—①に、スーパーバイザーが管理的機能を最大限に発揮するためにすべきことが8つあげられています。これをもう少し詳しくみていきましょう。スーパーバイザーは、スーパーバイジーの指導役として、ときにはネガティブな内容も話し合わなければなりません。そのようなときに、上から押さえつけるのではないけれど、きちんと自分がスーパーバイザーとしての役割を果たすことを恐れないということが「1. 権威的にならず『力』の行使に躊躇しない」です。「2. 組織のルール・実践方法を体系立てて明確に伝えられる」は、ルールがどのようなものかをきちんと理解できるように、体系立てて伝えるということです。エピソード8-1のCさんは、残念ながらそれができていませんでした。もちろん、いつでもスーパーバイジーのニーズを満たすことは不可能ですが、スーパーバイザーは「3. スーパーバイジーと組織の生産性のニーズバランスを図る」努力が必要です。そのためには、スーパーバイジーがどのようなニーズをもっているのかに敏感でなければなりません。そこで、「4. 押しつけずスーパーバイザー存在を認識してもらう」「5. 心理的・物理的に身近にいる」必要がでてきます。四六時中、スーパーバイザーがウロウロとスーパーバイジーのまわりでその仕事を監視はしませんが、必要なときには相談にのる、ということをスーパーバイジーがわかるようにし、かつ、実際に必要なときにはその場にいなければなりません。「いつでも相談にのるから」と言っていたスーパーバイザーが常に出張でいなかったりすると、自分が言ったことを行動を通して否定していることになります。「6. バイジー間でよい人間関係を維持できるようにする」というのは、複数のスーパーバイジーが存在するときに、その人たちのあいだによい関係性が保たれるようにすることです。「7. 管理職者・部下の両方に効果的にコミュニケーションができる」「8. 組織の安定性を保ちつつ、変化が必要なときにはアドボカシーができる」ということが2つ目のエピソード8-2によく現れています。

職場で問題にぶつかったとき、必ずしもその問題が個人の努力で解決するとは限りません。組織全体でその問題解決を考えなければならないことがあります。特別養護老人ホームという施設で、これまで当たり前のことのように行われてきた組織活動やルールなどを変えなければ、問題が解決しないことも起こります。よいスーパーバイザーは、管理的機能として部下と管理職者のあいだの橋渡し役をとることができなければなりません。もちろん、このような役割は簡単ではありません。ときとして組織あるいは、職員のどちらかのニーズをサポートしてしまいそうになるかもしれません。もちろん、

組織をつぶしてしまってはいけないのですが、その組織が維持されながらも、必要に応じて変化をつくり出していくための活動も行います。

エピソード8-1のAさんと、エピソード8-2のDさんを比べてみましょう。Aさんのスーパーバイザーといえるさんは、一部の管理的機能を果たしてくれてはいますが、全体として、望ましい管理的機能を果たしてくれているとはいえません。一方、Dさんのスーパーバイザーであるさんは、新人職員のために、毎週定期的に時間を割いてスーパービジョンを提供してくれています。そして、このスーパービジョンの時間の提供は、施設全体が支えています。そのために、定期的にスーパービジョンを行うことが、日本でよくあるスーパーバイザーの「ボランティアワーク」にならないですんでいます。Eさんがスーパーバイザーの管理的機能を適切に果たしているため、新人職員のDさんも、自分自身で考えながら仕事をし、何か問題があったときにはスーパーバイザーに話せば、そこで解決は見つかるという安心感をもつことができています。これは、職員を「エンパワー」できるスーパーバイザーといえるでしょう。

以下、同様に教育的機能と支持的機能に関してもエピソードを使って解説をしていきますが、表8-2の(B)の番号は、必要に応じて括弧のなかで示します。

【教育的機能】

スーパーバイザーが教育的機能を発揮するために必要なことは、表8-2の(B)-②の9から19までに記されています。これらのいくつかが、エピソード8-2のスーパーバイザーのEさんの行動を通してみられます。Eさんは、新人の職員に対して、毎週一所懸命かかわっていくことで、対人援助職者としてポジティブな姿勢や職業価値をみせることができているようです(9)。また、それと同時に、この新人の5人の成長に真摯な関心も示されています(10)。新人たちがわからないことで困っているときには、エピソード8-1のスーパーバイザーのBさんとは異なり、経験だけで話をするのではなくて、対人援助職に必要な専門性や最新の知識を使って、スーパーバイジーに教育を行っています(11)。またスーパーバイジーが自分たちで解決することができない問題に出合ったときには、「どうしたらいいのだろうね」というふうにみんなと一緒にその解決を探し(12)、管理的機能も発揮させながら、組織と職員の橋渡しとして仕事をしています。Eさんは、5人の新人職員のそれぞれの力や実践の内容をきちんと理解し、それぞれにあった形で指導をしています(14)。指導のさいに、スーパーバイジーが間違った行動をとっていたり、自分でもう少し考えてみる必要があったりする場合には、支持的ではあるけれども、必要に応じて建設的なフィードバックをしています(16)。また、5人のスーパーバイジーが、一番よく学習できるように教えかたにも工夫を凝らし(17)、スーパーバイジーのDさんが失敗をしたときにも、それを受け入れて乗り越えられるような助言をし、燃えつきの予防をしているようです(19)。

【支持的機能】

表8-2の(B)-③には20から25まで、スーパービジョンが支持的機能を果たすために、スーパーバイザーがどのようなことをすればよいかについて書かれています。残念ながらエピソード8-1のスーパーバイザーのBさんには、「スーパーバイジーに対する信頼を態度で表す(20)」ということはみられませんでした。Aさんに対して「○○はしないように」とだけ言って、自分で考えて自分で仕事の判断をしていく

ことを促進しているようではありません．一方，エピソード8-2のスーパーバイザーのEさんは，その反対に，スーパーバイジーのDさんが，自分で判断し行動していくことに対する信頼を表しているようでした．Dさんの仕事で評価できることには肯定や称賛もきちんと表現しています（21）．さらに，Dさんがストレスを感じていることを察して今後の仕事量を減らす努力をしてくれています．スーパーバイジーが素直に気持ちを表現できるようなコミュニケーションをつくり（23），そのおかげでDさんが自分の間違いも素直に認め，次に何をしていったらいいかという問題解決に入ることができています．このエピソードではとりあげなかったのですが，24番の「防衛的にならない」，25番の「スーパーバイジーの個人的な領域に侵入しない」ということも，スーパーバイザーたちが気をつけておかなければならないことです．スーパーバイザーはときとして非難めいたことを言われることもあります．スーパーバイザーがスーパーバイジーに対して，建設的なフィードバックを行うのと同じように，スーパーバイジーも，スーパーバイザーに対して建設的なコメントをすることがあります．そのようなときに防衛的になってしまえば，今後スーパーバイジーが自分自身の考えを素直に表現することができなくなってきます．

もうひとつ注意すべき点は，スーパービジョンにおける関係性の線引きです．スーパービジョンのなかで，スーパーバイジーの個人的な問題が明らかになってくることがあります．そのことが，仕事に障害となっているのであれば，仕事上の障害を取り除く範囲でそのことを話していかなければなりませんが，スーパーバイザーの興味で，スーパーバイジーの生活に深くかかわることは慎まなければなりません．

●どうやって援助職者としての力を判断する？

これまで，スーパーバイザーが果たすべき3つの機能を，エピソードを使って説明してきましたが，スーパーバイザーは，援助者が「一人前」になることをゴールにして，このような機能を果たします．そこで「一人前」になるとは，具体的に何をどのようにできることなのかを表8-3のⅠ，Ⅱ，とⅦに焦点をあてて簡単にみていきましょう．これらの内容のほとんどは，すでに本書の最初のほうの章で解説ずみのものですが，もう1度みなさんがどの程度それらを理解しているか，復習の意味で演習を使ってチェックしてみてください．

表8-3 援助職者に必要な姿勢・知識・技術（＝8つのソーシャルワーカーの評価基準項目）[4]

(Kadushin & Harkness, 2002, pp358-360をもとに筆者が翻訳・要約・リスト化. 本稿の議論との関連性で (3) 上記ではⅠ. Ⅱ. Ⅶ. のみを詳しく説明している.)

援助職者に必要な姿勢・知識・技術（＝8つのソーシャルワーカーの評価基準項目）	
Ⅰ．意味のある効果的で適切な「専門職としての人間関係」を形成・維持していく能力	A. クライアントに対するワーカーとしての適切な行動が態度として現れていること （役に立つことに対するという関心と役に立ちたいという気持ち，クライアントへの尊敬，共感的な理解，非審判的な受容的態度，偏見をもたず，個別化してクライアントをみることができる，自己決定の尊重，暖かさと関心）
	B. 客観的かつ十分訓練された形で，自分自身を使えること
	C. 専門職としての価値と倫理を，クライアントとの関係で受け入れられること
Ⅱ．ソーシャルワークプロセスに必要な知識と技術をもち，使えること	A. データ収集の技術 ：心理社会的‐文化的な要因を識別し区別する力，面接以外にも必要な情報を収集する力
	B. 診断的技術 ：心理，人間関係，環境の要因間の関係性を理解すること，人間行動と社会システムに関する知識を効果的に応用する力；アセスメントを文章化する力
	C. 介入の技術 ：事実（社会診断）から導き出された理解をもとに，クライアントのおかれている状況の改善を目指した行動プログラム計画し，実施する能力．環境の改善，心理的な支援，明確化，洞察，アドボカシー，ブローカー，ソーシャルアクションなどの介入法が使えること．介入の時期と方法をクライアントにあったものにできること
	D. 面接の技術 ：クライアントとともに「明確な面接の目的」を導き出す力，目的達成のために面接で焦点を維持し続ける力，クライアントのリードに従いながらも，適切な方向性やコントロールを提供し，融通性と責任感のあいだのよいバランスを維持する力，クライアントが事実と感情の両方を語ってくれるように，威嚇をせず支援していく力
	E. 記録の技術：記録を弁別的，選択的，正確，簡潔にする能力
Ⅲ．組織の管理職がもつ方向性の理解と実施できる力	
Ⅳ．スーパービジョンに対する責任性をもち使用	
Ⅴ．スタッフとのよい関係性形成力	
Ⅵ．仕事の内容・量のマネジメント	
Ⅶ．専門職として適切な特質と態度を保持する力	自分自身の限界の現実的で批判的なアセスメントができること．適切なレベルの自己覚知と自己評価の能力．融通性と協調性．仕事に対する熱意と信念．専門的価値と倫理に従って行動できる力．専門職としての成長を継続する努力をすること
Ⅷ．文化的な力の評価力	

Ⅰ．「専門職としての人間関係」を形成・維持していく能力

　対人援助の仕事で，クライアントと援助者がつくり上げる関係性については，すでに1章，2章で解説しましたが，再度思い起こしていただきたいのは，「専門職としての人間関係」という言葉がもつ意味です．それは日常の関係性にはとりたてて要求されない「客観性」を保ち，一連の原則に従った関係性をつくることです．

　その理由は，援助関係はクライアントの問題の軽減，解決といった明確な目的のためにつくり上げられるからです．私たちが問いかけるべきことは，対人援助職者が守るべき価値・倫理を守った仕事をしているか，バイステックの7原則がきちんと守られているかといったことです．援助職者は自分のもっている個人的な価値を認識し，それがクライアントの理解の邪魔にならないようにしなければなりません．そのためには「自己覚知」が必要になります．

Ⅱ．ソーシャルワークプロセスに必要な知識と技術

　アセスメントの構成要素であるデータ収集技術と診断技術は3章で，面接の技術は4章と5章で説明しました．クライアントとクライアントがおかれている状況を，統合的に理解するためにはクライアントの全体像理解が必要で，そのような理解を助けるアセスメントの枠組みを先に紹介しました．

　データ収集は，適切な援助関係が形成されたうえで初めて可能になります．そして，統合的アセスメントの枠組みに従い，クライアントの話の流れに沿いながら，適切な言語・非言語表現を用いて情報を収集し，その情報を統合・分析することで，何が問題の背景にあるのかがみえてくるのです．介入の技術というのは，クライアントの問題の軽減や解決のために使う技術です．

　一例をあげれば，クライアントがおかれている環境を改善すること，クライアントの話を聞いて心理的な支援を行うこと（**カウンセリング技術**），問題が何かを明らかにしていく技術（**明確化**），クライアントが自分の課題に気づいていくことの支援（**洞察を促進すること**），クライアントのために必要な資源や適切な処遇を要請したりすること（**アドボカシー**），必要なサービスとクライアントを結びつけること（**ブローカー**）など，さまざまなものがあります．

　どのような介入技術が，どんな課題やクライアントに有効であるかは，専門書や専門誌で事例研究や調査研究を通じて紹介されているので，最近の動向をきちんと把握しておくことが大切です．記録は，クライアントとのやりとりを思い起こして，できるだけ正確に書き記す「**逐語録**」から，クライアントの状況を端的にまとめて記録する「**要約記録**」まで，その記述内容の詳細さには幅があります．自分の臨床を振り返る目的であれば，逐語録が有効ですが，ケース会議に提出する記録は要約記録が適切です．用途に合わせて記録ができること，また，他者にわかりやすく，かつ正確な言語表現で記録ができるように，日頃から文章力をつけておくことが大切でしょう．

Ⅲ．専門職として適切な特質と態度を保持

　援助者は，常にクライアントに対して最善の支援をすることを目的に仕事をしますが，この「最善」はあくまでも適切なアセスメントに基づいたものです．援助職者が，自分自身のそのときどきの力をきちんとアセスメントしておくことが，ひいてはクライアントの福利につながります．到底自分にはできないようなゴールを，クライアントに約束してはいけないということです．しかし，援助職者に力がついてくる

③ 所属している組織の全体的な理解
―燃えつきを防ぎ，より大きな視野から仕事を見つめるために

●組織理解と分析―自分のおかれている状況を整理する

［組織のなかの自分］

「私は一所懸命クライアントの福利向上のために仕事をしているのに，職場の上司は私の仕事を認めてくれない．もう仕事をやめてしまおうか」．みなさんは，こんなふうに考えたことがあるでしょうか．あるいは，同僚がこのようなことを言うのを聞いたことはないでしょうか．これまで本書ではクライアントの問題解決のために必ず問題の「アセスメント」を行うことの重要性を述べてきましたが，私たちがクライアントのために仕事で使っているこの知識と技術は，援助職者が自分のためにも生かしていくことができます．

最近，ソーシャルワーカーで「ブーム」とでもいえる動きをみせている考えかたに「エンパワーメント」という言葉があります．これは，ケアマネジメントやセルフヘルプグループでよく使われる言葉で，そのままカタカナ書きをすることが多いのですが，要するに，援助の段階でクライアントが，単に「人に援助してもらう」のではなく，「本人が自分の問題を解決する力を身につけていく」ことを目指した援助方法を指します．この「エンパワーメント」を志向する援助職者は，まず自分自身がエンパワーされていなければいけないでしょう．自分自身の問題を分析し，解決する方法を身につけていない援助職者が，クライアントの問題分析・解決を

行うことはむずかしいでしょう．もちろん自分の問題がいちばんみえにくいということはあります．しかし，自分自身がエンパワーされることを目指して実践していけば，それ自体が援助職者としての向上につながるのではないでしょうか．

毎日の仕事で，問題にぶつかったとき，その問題のおもな原因がどこにあるのかを探ることが大切です．仕事でぶつかる問題の原因は，もちろん単純には語れませんが，原因のおおもとがどこにあるかを考えると，大きく4つにまとめられるかもしれません．それらは，援助職者自身，クライアント，援助職者とクライアントとの相互関係（組み合わせ），そして，援助職者がおかれている環境でしょう．最初の3つの問題解決は，スーパービジョンや事例検討会などを通して行われることになります．そのためここではそれ以外の場合，つまり問題の原因が自分の所属している機関の特質のために起こる場合に，解決方法を見つけだしていく手段となる「所属機関・組織の分析的理解」について説明していきます．所属機関の分析は，援助職という職種で力を発揮するとともに，所属している機関のその他の職種の人や管理職の人たちの考えかたを理解し，機関の一員として力を発揮するためにも有効性をもちます．組織分析の解説に入る前にまず，私の経験を少しお話ししたいと思います．

私がアメリカに留学してミシガン大学の社会福祉の大学院に入ったとき，私にとっていちば

ん大切だったのは援助の知識・技術を学習することでした．ところがミシガン大学の大学院では，主専攻と副専攻というものがあり，実際の援助方法（通常ミクロとよばれていました）を主専攻にした学生は必ず，政策，地域福祉，あるいはアドミニストレーション（マクロとよばれていました）のどれかを副専攻としてとらなければなりませんでした．せっかくこんな遠いところまで勉強にきたのに，なぜ自分にとって興味のない副専攻をとらなければならないのかと，私はこの制度に不満をもっていました．

そして消極的に私が選択したのは，アドミニストレーションとよばれる経営管理でした．このアドミニストレーションの授業に出席しだしてしばらくすると，まさに「目からうろこが落ちる」経験をしたのです．あるとき授業で出された宿題は，当時私が実習をしていた機関の組織分析でした．当時の私の実習先は大学付属の相談機関で，スタッフも経験豊かな優秀な人たちばかりでした．しかし，スタッフ会議では，機関の方針と自分の仕事の方針があわないとか，ケースの数が多過ぎるとか，自分が仕事をしている組織や管理職者に対する不満がもらされました．

そのようなとき，スタッフが「自分はクライアントに対しては非常によい仕事をしているのに，職場という組織が私の仕事を認めてくれない」という不満をもらすのを聞くことも珍しくはありませんでした．そのような不満が重なってくると第一線にいる援助職スタッフと管理職との衝突が起こり，ひいては第一線の仕事もうまくいかなかったりすることもありました．スタッフがどんなに一所懸命に日々の仕事をこなしていても，それはなかなか外部にはみえません．うまく管理職者とコミュニケーションを行い，自分たちの仕事をわかってもらえなければ，下手をすれば自分の仕事自体がなくなることもありました．私が学校で与えられた宿題の「組織分析」は，自分の働いている職場をいつもとはまったく違った角度からみせてくれました．

[組織分析]

表8-4は，そのとき私が宿題で使用したそのものではありませんが，当時習ったことをもとにして，組織を分析してみるさいに役立つ項目をリストにしたものです．以下これらの項目のいくつかを例にあげて説明したいと思います．そのさい，どの項目についての話かを明らかにするために，項目番号をカッコ内に示していきます．

私はこの宿題をするまで自分の職場の財源がどこか，ということさえもあまり気にもとめていませんでした（①）．しかし当然のこととして，財源とその金額，そして今後同様な予算が継続できるかを分析してみないことには，自分がやっている「よい仕事」の今後の存続も危うくなるかもしれないことに気がつきました．そのときの私の実習機関は，アメリカのある州の政府から資金を得ていました．つまり州の経済状況がわるくなれば，私たちにも大きな影響が及ぼされるのです．

組織と地域との関係の分析（⑮）では，組織のイメージがどれほど明確であるか，一般のイメージをよくするための努力をしているか，地域における評判はどうか，地域の要請にどれだけ応えているかということでした．これらの質問に答えることは，日頃自分が行っているクライアントに対する直接的な援助の提供とはまた違った角度から自分の職場をとらえることになります．地域での評判のよさは，もちろん日々の仕事の質の積み重ねでできていますが，それ以上の努力もすることが必要です．

当時，私が知っていたソーシャルワーカーにこのようなことの重要さを考えて仕事をしてい

表 8-4　組織分析でカバーすべき項目一覧

①財源	⑨組織構造	⑭個人的な考えかたとその過程
②現金以外の歳入	⑩管理職，マネジメント，リーダーシップ	⑮組織と地域との関係
③クライアントとその資源		⑯経済的マネジメントと責任
④他の規則	⑪組織のもつ文化の認識	⑰施設，設備，コンピューター化，記録の管理
⑤クライアントとの関係	⑫組織でのプログラムとサービス	
⑥資源との関係	⑬組織のもつテクノロジー	
⑦競争相手との関係		
⑧企業体の権威とその使命		

る人がいました．この人は援助職者としてでなく管理職者としても優秀で，自分の所属している機関が自分たち援助職の存在意義を認めるための努力もおこたっていませんでした．彼女は，まず自分たち援助職部門が，地域のクライアントだけでなく一般の地域の住民の人たちにも利用してもらえるように，新しいプログラムを考えました（⑫）．そのプログラムが地域のより多くの高齢者へのサービスをするということで，新聞やその他のマスコミにもとりあげられました．援助職部門が果たしてくれた地域への貢献が，彼女の職場の他の職種の人や管理職の援助職部門の再評価につながりました．

より広範な高齢者へのサービスを提供することで組織のイメージがより明確になり，このプログラムに参加した人々の満足感から，組織の評判が高まりました．また彼女は，自分のところに援助を受けにくる高齢者やその他のプログラムに参加してくれる人たちが，どのようなサービスを必要としているかを見つけだす努力も行いました．これによって，地域が要請していることをいちはやく知り，その要請に見あったサービスをつくり出す努力も行いました．

この話は，<u>援助職者が自分の仕事を大きな視野から見直すことで，援助職が組織の一部として他からも認められ，その結果として自分たちの仕事への協力も得やすくなったよい例です</u>．

では，この組織の理解が，どのように援助職者の抱える問題の理解と燃えつきの予防に役立つかをもう少しみてみたいと思います．表の⑨に「組織構造」というものがあります．これは組織がもつテーマ，組織のもつ構造の論理性，使命と構造の一致，スタッフのあいだでの組織構造の理解度，スーパービジョンの論理性と機能性，組織内にある派閥の理解，管理職と第一線スタッフ間の区別の存在などで理解されます．

自分の所属している機関で，どれだけ一所懸命に仕事をしてもそれを認めてもらえない，あるいは逆に，仕事をすればするほど，機関は援助職に対して不満を漏らすようになる，ということが起こることがあります．なぜなのでしょうか．これは組織というテーマに関連してくるかもしれません．

私は以前，ある病院のソーシャルワーカーの方をインタビューしたことがあります．その方の所属している病院は，経済的に困難な状態に陥っていました．これはアメリカの例なので，日本では少々状況が違ってくるかもしれませんが，その方はそれまでやっていたクライアントの援助の仕事ではなく，いかに効率的に時間をむだにせず患者を退院させることができるか，つまり管理の仕事をさせられていました．アメリカは患者の入院日数の短いことで有名です

が，もし必要以上に長く患者を入院させれば，そのぶんの費用を保険会社が認めてくれず，病院の赤字となるのです．

このソーシャルワーカーは，自分の仕事に非常に不満を感じているようでした．この方の不満は，病院という組織がもつテーマ「赤字を出さないことが第一」というものと，自分が理想とする仕事内容とのあいだに生じたギャップのために起こったと思われます．また，このような問題は⑧の「企業体の権威とその使命」の一致度とも関係してくるかもしれません．たとえ上の例であげた病院の使命が「患者の福利に貢献すること」であって，多くのスタッフがその使命を守るために仕事をしていても，病院の運営上の権威者がこの使命とは異なった「利益追求」を使命として掲げたときには，本来の使命の実施が二の次になることも考えられます．

このような状況にあるとき，援助職者がフラストレーションを起こすことは目にみえています．そして，このような組織の構造自体が変わらないかぎり，あなたやあなたのまわりの数人のスタッフが，自分の仕事を一所懸命しても，それが報われる可能性は高くないように思われます．

私たちが一所懸命に仕事をしていると思っているにもかかわらず，それが理解されていないというジレンマに陥ったとき，自分を単に責めずに客観的に分析してみる価値のあることがあります．これは表の⑬にある「組織のもつテクノロジー」で，仕事に期待されていること，仕事に必要な教育バックグラウンドと経験，スタッフの能力と期待の満足度，知識・価値観・技術面で要求されている資格要件，異職種の人とのつながりのよさなどから理解できます．自分の仕事がどうもうまくいかないというとき，その原因として，自分が所属している組織が要求している，または期待している役割を果たすのに必要な教育のバックグラウンドや知識・技術が欠けていることがあります．とくに新しいテクノロジーがどんどん導入されたり，職場で自分に今までと違う仕事が与えられたりしたときに，この問題が起こりがちです．

たとえば，おもに医療の分野の教育を受け，医療関連の知識・技術をもつ看護職の人に，ソーシャルワークやカウンセリングの知識や技術が要求されたり，また逆にソーシャルワーカーの人に医学知識が要求されたり，マネジメントの知識が要求されたりします．

このようなことが，自分の職場でのフラストレーションにつながっていることがわかったときの解決方法は明快でしょう．もしみなさんの職場が教育に熱心であれば，職場内教育として講師を招いて勉強を行うこともひとつのやりかたです．この講師を招くという大がかりな方法をとらなくとも，職場のなかで違った職種の人がその面の知識や技術にたけていれば，その人から学ぶこともできます．これはまた，違った職種間での相互理解にもつながっていくかもしれません．外部で催されている講習会や，ときには通信教育などを利用することも可能です．また，その知識や技術の大まかな部分は適切な本を読むことで理解できたりもします．

このような組織に関する情報を正確にとらえ，自分がどのような「職場」で「何をすること」を期待され「実際には何ができる」のかなどを明確にさせておくことは，援助職者が自分のおかれた場所における可能性と限界を知り，燃えつきを防ぐとともに，クライアントへのサービス提供の質を高めることにもつながってきます．

奥川（1996）[5]は，著書『未知との遭遇：癒しとしての面接』のなかで「人が人を援助するためには，援助者側が〈私は誰に対して，どこで，何をする人か〉そして〈その誰とは，どの

ような人で，どのような問題を持っている人か〉という視点を明確に持っていなければならない」(p. 99) と述べ，クライアントのみならず援助職者が自分の立場を明確にしておくことの重要性を強調しています．援助活動を行っている人々は，自分のできることの可能性と限界を把握していなければ，クライアントに過大な期待を抱かせることが起こることもあります．また反対に，援助職者が自分は本来はできるはずの業務を遂行せず，クライアントが不利益をこうむることもあります．そこで，現在ある組織で仕事をしていらっしゃる方は，ご自分の所属機関に関して，そしてもし実習生として実習をしている人は，その実習先に関して以下の質問に答えられるように，情報を収集してみてください．

演習 8-3 ● 自分の働く組織の力と構造，そして組織内での自分の立場を理解する

自分が仕事をしている組織について，もし組織を説明するパンフレットあるいは職務規約などがあれば，それを入手したり，先輩の職員や管理職者に尋ねたり，あるいはあなたの観察から得た知識をもとにして，下記のような事項について答えてください．

演習 8-4 ● 組織を理解するための質問項目

■あなたの組織について以下の項目をチェックしてみましょう．
① あなたの所属組織の収入源は，どこですか？（例：もし病院であれば，診療報酬など）
② あなたの所属機関で働いている人は，おもにどのような職種の人ですか？（例：看護師，医師，保健師，介護福祉士など）
③ あなたの職種は何ですか？
④ あなたの上司の職種は何ですか？
⑤ あなたの所属組織は，その地域でどのような仕事をするところであると考えられ（地域の人がよく知っているあなたの組織の提供できるサービス），どのような評判がありますか？
⑥ あなたの所属組織自体のゴールは何ですか？（例：医療機関であれば，「病気の治療」，老人保健施設であれば「在宅療養に向けての機能回復」など）
⑦ あなたの職務上のゴールは何ですか．言い換えれば，あなたは組織内でどのような仕事をすることを期待されていますか？（例：退院を円滑に行う，など）
⑧ あなたの職務で対象とするクライアントは，どのような特徴をもった人ですか？
⑨ あなたの所属組織では，実際にクライアントに対してどのようなサービスが提供できますか？
⑩ あなたの所属組織がクライアントにサービス提供するさいに，協力が必要な他の機関や組織はどこですか？
⑪ 上の⑩であげられた機関や組織は，現在あなたの仕事のゴールを達成するのに十分機能し

> ていますか？　もししていなければ，どのような部分でですか？
> ⑫　あなたの所属組織では，管理職は第一線ワーカーの仕事内容をどの程度理解していますか？
> ⑬　あなたの所属組織には派閥がありますか？　あれば，その仕事への影響はどのようなものですか？
> ⑭　あなたが日常の業務で出合う問題の解決方法に関して，明確な指示を出してくれる人がいますか？　それはだれですか？
> ⑮　あなたの所属組織では，現任教育に対して一貫した姿勢がありますか？　あれば，それはどのようなものですか？
> ⑯　あなたの職場では，経験年数の長い職員がより豊かな実践知識を身につけていますか？　もしそうであれば，それはどのようなものですか？
> ⑰　あなたが，個人的に考えるあなたの仕事から得られる喜びは何ですか？
> ⑱　上の⑰は組織のゴールと一致していますか？

まとめ

　高齢者を対象にした仕事に就いている人だけでなく，ほとんどの対人援助職者は「燃えつき」と呼ばれる状況に陥りやすい，と言われてきました．そのため自分自身や同僚がどのような状況の時に，「燃えつき」状態になりかけているのかをいち早く察知し，その対策を考えていくことは必要不可欠なことです．そこで，本章では，この「燃えつき」と呼ばれる現象を解説し，燃えつき予防に効果があると言われているスーパービジョンの理論と実践法を述べてきました．第1節では，いったいどのような要因が燃えつきを引き起こすのかということを，燃えつきに関する理論と先行研究の結果から見てきました．その結果，燃えつきには「対人援助職者要因」「サービス提供組織要因」「クライアント要因」の三つが関連していることが分かりました．さらに先行研究を見ていくと，対人援助職のソーシャルワーカーに燃えつきが非常に高いとは結論づけられない，という少し驚く結果が出ました．しかし，「個人的達成感」と呼ばれる燃えつき尺度の一部に関しては，高いストレスを感じているということも同時にわかりました．この燃えつきを防ぐ一つの方法として，スーパービジョンが存在します．第2節では，スーパービジョンを取り上げ，スーパーバイザーに要求される三つの役割と有効なスーパービジョンをするために必要な条件を見てきました．さらにここから一歩進んで，ソーシャルワーカーに必要なスキルの評価表も提案しました．自分自身が対人援助職者としての力をつけていくプロセスで自分の力を評価する時，またスーパーバイザーになり同僚の「燃えつき」を未然に防ぐために習得しておくべき力を確認する時，本章で述べてきた内容を応用していただきたいと思います．

文献

1) Lloyd Chris, King Robert, Chenoweth Lesley：Social work, stress and burnout：A review. *Journal of Mental Health*. 11 (3). 255-265, 2002.
2) Courage, Myrna, M., & Williams, David：An Approach to the Study of Burnout in Professional Care Providers in Human Service Organization. Burnout among Social Workers. NY：The Haworth Press, pp 7-22, 1987.
3) Söderfeldt, Marie, Söderfeldt, B., & Warg, Lars-Erik："Burnout in Social Work". *Social Work*, 40 (5), 638-645, 1995.
4) Alfred Kadushin & Daniel Harkness：Supervision in Social Work. Columbia University Press, New York, pp 324-326, 358-360, 2002.
5) 奥川幸子：未知との遭遇―癒しとしての面接．三輪書店，1996.

9章 高齢者介護の現実
――アンケート調査と処遇困難事例からみる介護職員の課題とその課題解決法

8章では，対人援助の仕事に就いている人たちが，しばしば経験する「燃えつき」を取り上げ，それはどのような状態を指しているのか，その原因は何か，をこれまでの研究結果のふり返りを通してより深く理解しようとしてきました．そしてさらに，燃えつきの予防に効果があるといわれている「スーパービジョン」をとりあげ，これまでの研究から何がわかっているのかを整理しました．本章は，8章の応用編ともよべるもので，高齢者を対象にした援助職のなかから，介護職者に焦点をあて，日本の介護職者のおかれている現状を明らかにしていきます．1節では，介護職員の方々を対象にしたアンケート調査の結果から「介護職員の燃えつき状況」と「先輩・上司からのサポート」の現状をみていきます．そして，2節では，介護職員の人々が具体的にどんなふうに仕事をしているのか，どうすれば日々の実践で出合う問題を対処できるのか，を「職場で遭遇した困難な事例の事例検討会」記録とその分析を通して考えていきます．言い換えれば量的研究と質的研究の両方から，介護職の現状を知ることが本章の目的です．本章を読む前に，まず次の演習をやってみてください．

演習9-1 ● 介護職者の現状に関する演習

介護職に関して以下の質問に答えてみてください（もしみなさんが介護職についていらっしゃるのであれば復習として，以下の演習を行ってみてください）．
(1) 現在日本で介護職に就いている人は何人ぐらいでしょうか？　また，今後10年間でどれくらいの人数の介護職者が必要とされていると推測しますか？
(2) 介護職者の離職率はどれほどでしょうか？

さて，この演習にどう回答されましたか．

世界に例をみないほどの速さで高齢化が進む日本で，施設で生活することが必要な高齢者の数も増加しています．2000年に公的介護保険が施行され，施設から在宅への移行が目指されたにもかかわらず，施設需要は減少していません．現に特別養護老人ホームの待機者は今も平均して2010年には42万人といわれ，厚生労働省は，今後10年間で新たに40～60万人の介護職員が必要になると予測していますが，労働条件などが原因となり，介護職者に就く人々が減少しているうえに離職者も多く，介護施設は人材不足に悩んでおり，その状況のはやい改善が望まれています．

2006年度の統計によれば，特別養護老人ホームなどの高齢者福祉施設で介護職員として働く人々の離職率は約20.2%に達し，国内の他の産業に比べてその離職率の高さが指摘されています．これは，5人に1人が毎年やめていくということです．そしてこのような状況をつくり出す原因のなかで，その給与の低さや労働条件の悪さが問題視されています．男性の介護職員の給与を一般の同年代の人々と比べると約60%にしかならないのです（2008年4月20日毎日新聞）．「介護職者不足」が深刻化し，外国人介護職者受け入れの是非をめぐって議論が戦わされる一方で，厚生労働省でも介護職員の給与体系を見直しましたが，その結果は目立った改善とはいえないようです．

このような状況においても高齢者の福祉に深い関心を抱き，施設で生活する高齢者の人々の毎日を少しでもよいものにしていきたいと考えて，介護職を選択する人々も少なくありません．給与の低さなどといった基本的な問題を解決するためには，制度の根本的な見直しが必要ですが，現場で働いている人々が何を考え，どのような状況にあるのかを明らかにしていくことも必要です．そこで本章では，特別養護老人ホームで介護職員として働く人が，どんな状況にあるのかを「燃えつき」と「ソーシャルサポート」の両面からみていきます．

❶ アンケートデータからみる特別養護老人ホーム介護職員の現状と課題
―「燃えつき（バーンアウト）」「上司・先輩，同僚からのサポート」

人は仕事に疲れ，「もうこんな仕事は続けたくない」とか「職場に行くのが嫌だ」とか「人の顔を見るのも嫌だ」と思うことがあります．仕事をしている人なら程度の差こそあれ，このような思いを何度かしたことはあるでしょう．しかしこのような思いが長く続くと，8章で紹介した「燃えつき（バーンアウト，以下燃えつき）」といわれる状況に陥り，本当に離職してしまう可能性が高くなるといわれています．

燃えつきを予防することは，決して容易なことではありませんが，それらを緩和するひとつの要因として，上司や先輩あるいは同僚から仕事に関する的確なアドバイスをもらったり，精神的にサポートをしてもらったりするという「ソーシャルサポート」とよばれる行為があるといわれています．このソーシャルサポートの効果に関しては，これまでの研究で，その程度や効果の出る場合などに関してさまざまな議論

が行われてきました．実際のデータを分析した研究では，必ずしもソーシャルサポートが職務満足や燃えつきに大きく影響していないという結果もあれば，ソーシャルサポートをだれがしてくれるかによって結果が変わってくるという報告もあります．さらに状況が悪化してストレスが高い人にとっては，ソーシャルサポートが有効に働くけれども，そうでない人にはそれほど有効に働かないという報告もあります．

〈調査の背景と調査対象者〉

高い離職率が指摘されている介護職の人々は，どれほど仕事で疲れているのでしょうか．また，仕事で疲れたときそれを緩和するといわれる同僚や上司・先輩のサポートを得ているのでしょうか．

これから紹介するデータは2001年に実施されたアンケート調査をもとにしています．その調査を行ったときからすでに長い年月が経ち，そのあいだに，さまざまな変化が起こったものの，2001年に実施した調査で介護職員たちに尋ねた質問項目のいくつかに関する回答は，いまでも施設の職員の人たちの現状を理解するのに有益だと考えられます．

この調査の対象となったのは，近畿地方のA県の特別養護老人ホーム35施設です．2001年の9月20日にアンケート用紙を一部ずつ封筒に入れ，調査のお願いと回収方法の説明をつけて各施設に郵送をし，その後各自封をして封筒に入れた調査票を，施設に設けてもらった回収箱に入れてもらい，10月1日から10月15日のあいだに，調査者が手配した宅配業者によって一括返送してもらうという方法をとりました．調査では軽費老人ホーム，養護老人ホームなどの老人福祉施設も含まれており，常勤と非常勤をあわせて，2,350人に調査票を郵送しました．最終的に回収された調査票は1,705でした（回収率72.6％）．ここで紹介するのは，特別養護老人ホームの常勤の介護職員のデータのみです．調査票は，大きく分けてⅠからⅧの8パートに分かれていて，調査票の質問項目は全部で152項目です．

調査対象者は，前述したA県のある老人福祉施設連盟に加入しているすべての特別養護老人ホームの介護職員であり，この地域には，都市部，山間部，沿岸部，といったさまざまな条件をもった都市が存在しています．そのため，このデータから得られた分析結果には，一般性が高いというメリットもあるため，調査結果をみなさんに紹介しながら，特別要老人ホームの介護職員がおかれている現状と課題を，考えていきたいと思います．

●介護職員はどのくらい疲れているのか？
―燃えつきを測定した尺度

自分のやっている仕事をどんなに楽しいと考えている人でも，ときには嫌なことにも出会い，疲れてしまい，「明日は仕事に行きたくない」と思うことがあるでしょう．しかしながら，ほとんど毎日「仕事をしたくない」と思ったり，「職場にいる人の顔を見るのが嫌だ」と考えたり，さらには，頭痛がしたり，実際に，朝起きることができなくなるといったような身体症状にまで発展すると，深刻な状況です．8章で述べたように，仕事におけるこのような状況を「バーンアウト（以下，燃えつき）」とよび，とくに社会福祉，看護，教育など人間相手の仕事に多くみられるといわれ，これまで多くの研究が行われてきました．

日本では，田尾・久保 (1996)[注1]の二人の研究者が，8章で紹介したマスラックのバーンアウトの研究を継続し，日本人用に，17項目からなる燃えつき尺度を開発しています．以下，本調査で用いられた田尾・久保が開発したバーンアウト尺度を簡単に説明します．

〈燃えつき尺度〉

本調査で使用した17項目からなる日本版バーンアウト尺度は情緒的消耗感，脱人格化，個人的達成感の3つの下位尺度からできています．アンケートでは，『あなたは現在従事している職場で，最近6か月のあいだに，次の17項目のようなことをどの程度経験されましたか．「1＝ない」「2＝まれにある」「3＝ときどきある」「4＝しばしばある」「5＝いつもある」のなかから当てはまる数字を選びお答えください．』と尋ね，回答をしてもらっています．

17の質問を順番にあげると，「①「こんな仕事もうやめたいと」と思うことがある，②我を忘れるほど仕事に熱中することがある，③こまごまとした気配りをすることが面倒に感じることがある，④この仕事は私の性分にあっていると思う，⑤同僚や利用者の顔を見るのも嫌になることがある，⑥自分の仕事がつまらなく思えて仕方のないことがある，⑦一日の仕事が終わると「やっと終わった」と感じることがある，⑧出勤前，職場に出るのが嫌になって，家にいたいと思うことがある，⑨仕事を終えて，今日は気持ちのいい日だったと思うことがある，⑩同僚や利用者と何も話したくなくなることがある，⑪仕事の結果はどうでもよいと思うことがある，⑫仕事のために心にゆとりがなくなったと感じることがある，⑬今の仕事に，心から喜びを感じることがある，⑭今の仕事は，私にとってあまり意味がないと思うことがある，⑮仕事が楽しくて，知らないうちに時間が過ぎることがある，⑯身体も気持ちも疲れ果てたと思うことがある，⑰我ながら，仕事をうまくやり終えたと思うことがある」です．うち，「情緒的消耗感」は1，7，8，12，16，「脱人格化」は3，5，6，10，11，14，「個人的達成感」は2，4，9，13，15，17で測定されます．情緒的消耗感と脱人格化はその得点が高ければより燃えつき度が高く，個人的達成感はその得点が低ければ燃えつき度が高いと解釈されます．

〈調査結果〉

(1) 他の対人援助職者の調査結果との比較

では，本研究の調査結果を読む前に，みなさんご自身で以下の演習に答えてみてください．

注1) 田尾雅夫・久保真人 (1996)「バーンアウトの理論と実際」(誠信書房) は，バーンアウトに関心のある方にはぜひお読みいただきたい．日本の看護師を対象にした調査結果も含まれている．

演習9-2　●介護職者の燃えつきに関する演習

(1) 介護職者が，仕事で疲労しきってしまい「燃えつきる」割合は，その他の社会福祉職者に比べて高いと考えますか？　もしそうならば，その理由は何だと考えますか？

(2) 年齢，性別，年収，職場での勤続年数，最終学歴，配偶者の有無（結婚しているかしていないか）の6つの要因は，介護職者の燃えつきに関連していると考えますか？　その理由は何ですか？

表 9-1 は，この調査の回答で年齢，性別に欠損値のなかった常勤回答者 510 人分を選び，回答者の年齢，性別，(4 段階に分けた) 収入，(4 段階に分けた) 職場勤続年数，最終学歴，配偶者の有無，の 6 つの属性別に，「燃えつき」の 3 つの下位尺度「情緒的消耗感」「脱人格化」「個人的達成感」の総合得点の平均値を示したものです．

本調査における燃えつき得点の構成要素である情緒的消耗感，脱人格化，個人的達成感，の 3 つの下位尺度は，情緒的消耗感は 5 点から 25 点まで，脱人格化と個人的達成感は 5 点から 30 点までの得点が得られるようにできています．表の一番上の列に記した全体の平均点をみてみると，情緒的消耗感は 17.09（S.D. = 4.35），脱人格化は 14.39（S.D. = 4.45），そして個人的達成感は 19.84（S.D. = 4.27）でした．

では，この平均点はどのように解釈することができるのでしょうか？ 介護職者は他の職種と比べて燃えつき度が高いといえるのでしょうか？ この問いに答えるために，これまで日本で研究が行われ燃えつき得点が報告されている社会福祉士と看護師の調査結果と比べてみましょう．

(2) 社会福祉士との比較

清水・田辺・西尾（2002）が，1998 年末から 1999 年 3 月にかけて実施した社会福祉士を対象にした調査（郵送）は，有効回答 675 人で，その属性は，4 年生大学卒 9 割，指導員が 229 人で最も多く，年齢は 20，30，40 歳代がそれぞれ 200 人前後，性別は男性 284 人で女性 388 人でした．介護職調査のサンプルに比べると学歴が高く，男性が多いという違いがありますが，比較をしてみると，この調査の，情緒的消耗感，脱人格化，個人的達成感それぞれの平均得点は，12.54（S.D. = 4.17），11.15（S.D. = 3.92），16.77（S.D. = 4.58）でした．単純に平均点を見比べると，介護職者のほうが，情緒的消耗感，脱人格化の両方で平均値がより高いことがわかります．興味深いのは，個人的達成感では，社会福祉士よりもその得点が高くなっています．

(3) 看護師との比較

田尾・久保（1996）は，京都府下の病院に勤務する看護師を対象にした調査において，976 名の看護師のデータ分析で，燃えつきの 3 つの下位尺度得点の自己診断基準を「まだ大丈夫」から「危険」までの 5 段階に分類を試みました．この自己診断基準得点によると，「注意」「要注意」「危険」領域は，情緒的消耗感では 19 点以上，脱人格化では 15 点以上，個人的達成感では 15 点以下と設定しました．本調査の介護職員得点をこの「注意」得点で区切ってみると，情緒的消耗感では約 37％，脱人格化得点では，約 49％が，個人的達成感では，15％のみが「注意」「要注意」「危険」領域にあったことがわかります．燃えつきをどの側面からみるかによって，介護職員のおかれている状況が異なって解釈されるでしょうが，脱人格化の「注意」得点以上が 49％いたということは，課題としてとらえる必要があるでしょう[注2]．少なくともここでいえることは，「こまごまと気配りをすることが面倒に感じる」「同僚や利用者の顔を見るのも嫌になる」「自分の仕事がつまらなく思えて仕方ない」「同僚や利用者と何も話したくなくなる」「仕事の結果はどうでもよいと思う」「今の仕事は自分にとってあまり意味がないと思

注2) この 3 つの下位尺度のなかでは，「情緒的消耗感」が最も「燃えつき」を代表するといわれていますが，3 つの下位尺度のそれぞれがどれほど独立性をもつかどうかに関しては，まだ議論の余地が残されています（レビュー論文は文献 1 を参照のこと）．

表 9-1 基本属性別燃えつきの 3 つの下位尺度得点

	情緒的消耗感	脱人格化	個人的達成感
全体の平均値（標準偏差）	17.09 (S.D. = 4.35)	14.39 (S.D. = 4.45)	19.84 (S.D.=4.27)
田尾・久保の自己診断基準得点で区切った度数（パーセンテージ）	5〜15　　191 (37.5) 16〜18　　132 (25.9) 19〜20　　73 (14.3) 21〜23　　69 (13.5) 24〜25　　45 (8.8)	6〜11　　142 (27.8) 12〜14　　120 (23.5) 15〜17　　107 (21.0) 18〜20　　105 (20.6) 21〜30　　36 (7.1)	25〜18　　375 (73.5) 17〜16　　59 (11.6) 15〜13　　56 (11.0) 12〜10　　14 (2.7) 9〜 5　　6 (1.2)

	M	S.D.	M	S.D.	M	S.D.
年齢　　　　　　（N＝510）			☆P＝0.021 (1) と (2) P＝0.044, (2) と (4) P＝0.022 に有意な差あり P＝0.002		☆P＝0.016 (2) と (4) に有意な差あり　P＝0.012	
25 歳未満　　　　 (n＝170)	17.17	4.56	14.04	4.38	20.02	4.25
25 歳以上 30 歳未満 (n＝121)	17.76	4.05	15.42	4.55	18.92	3.55
30 歳以上 40 歳未満 (n＝59)	17.30	4.27	14.61	4.02	19.41	4.34
40 歳以上　　　(n＝160)	16.41	4.44	13.89	4.51	20.49	4.67
性別　　　　　　（N＝510）	☆P＝0.004					
男性　　　　　　(n＝109)	16.02	4.23	14.95	4.78	19.47	4.33
女性　　　　　　(n＝401)	17.38	4.35	14.24	4.36	19.94	4.26
年収　　　　　　（N＝455）						
100 万円未満 (n＝13)	15.08	4.77	14.00	3.96	18.92	5.41
100 万円以上 200 万円未満　(n＝128)	17.14	4.61	13.85	4.41	19.79	4.55
200 万円以上 300 万円未満　(n＝221)	17.47	4.17	14.81	4.40	19.78	4.06
300 万円以上 (n＝93)	17.16	4.40	14.25	4.60	20.73	4.34
現在の職場勤務年数（N＝502）	☆P＝0.026 (1) と (3) に有意な差あり P＝0.049		☆P＝0.018 (1) と (3) に有意な差あり P＝0.038			
3 年未満　　　(n＝238)	16.53	4.33	13.76	4.47	19.84	4.25
3 年以上 6 年未満 (n＝157)	17.52	4.48	14.80	4.52	19.48	4.15
6 年以上 11 年未満 (n＝80)	17.98	4.14	15.29	4.13	20.01	4.25
11 年以上　　　(n＝27)	16.52	3.87	15.11	4.32	21.11	5.11
最終学歴　　　　（N＝469）						
高校　　　　　　(n＝173)	16.93	4.18	14.09	4.21	20.21	4.32
専門学校・短期大学 (n＝228)	17.48	4.42	14.53	4.45	19.52	4.21
大学　　　　　　(n＝68)	17.28	4.30	15.60	4.79	20.15	3.66
配偶者　　　　　（N＝509）						
有　　　　　　　(n＝173)	16.80	4.08	14.00	4.41	19.94	4.34
無　　　　　　　(n＝336)	17.23	4.49	14.58	4.48	19.76	4.24

注）M＝平均，S.D.＝標準偏差，☆はグループ間に統計的な有意差があったグループを表記している．

う」といった質問項目で図られる「脱人格化」得点でより得点が高くなり，仕事や職場で出会う人間（同僚・利用者の両方）が困難になっている介護職者の現実がみえるということです．

(4) 本調査での基本属性グループの間の差

これまで本調査に回答してくれた介護職全員の燃えつき得点をみてきましたが，次に年齢，性別，年収，勤続年数，学歴，配偶者有無の違いによる燃えつき度をみていきましょう．

【年齢：25歳以上30歳未満が脱人格化で高い得点，個人的達成感で低い得点を示す】

4段階に分けた年齢別グループでは，脱人格化と個人的達成感の両方の得点で，グループ間に有意な差があることがわかりました．すべてのグループのなかで，脱人格化の得点が最も高く，個人的達成感の得点が最も低かったのは25歳以上30歳未満グループでした．このグループは，脱人格化得点に関しては25歳未満グループと40歳以上グループとのあいだで有意に高く，個人的達成感得点に関しては40歳以上グループに比べて有意に低い結果でした．なお3つの下位尺度すべてで燃えつき得点が低かったのは40歳以上グループでした．年齢的に職業に対する熟成度が高くなるこの時期は，職場からの期待も高まり，より多くの仕事を与えられる可能性があります．そのようななかでの疲労感，ジレンマが，このような結果につながっていったのではないかとも解釈できます．

【性別：女性は男性よりも情緒的消耗感得点が高い】

男性と女性を比べてみると，情緒的消耗感においてグループのあいだで差がみられ，女性のほうが男性よりも情緒的消耗感が高いことがわかりました．この結果は，一般にいわれている，女性のほうが男性より共感性が高い，といったような性別特性がこのような消耗感となって現れているのかもしれませんし，あるいは女性と男性とでは期待されている役割が異なるためと解釈できるかもしれません．

【年収：年収で差はみられない】

4段階に分けた年収グループのあいだでは，3つの下位尺度のどれにも統計的に有意な差がみられませんでした．

【職場勤続年数：勤続年数が一番短い2年以下グループで情緒的消耗感と脱人格化得点が低く，6年以上11年未満で高い】

職場の勤続年数を4段階に分けてそれらのグループのあいだで，燃えつきの違いをみたところ，情緒的消耗感と脱人格化の両方に，☆印で示した2組のグループのあいだで有意な差がみられることがわかりました．情緒的消耗感と脱人格化が最も低かったのは，勤続年数が3年未満のグループで，情緒的消耗感と脱人格化の両方が最も高かったのは，勤続年数が6年以上11年未満のグループでした．この結果は第一番目の年齢グループの結果と一部似ています．このような結果は，若く経験が浅ければ，仕事内容を覚えるのに必死で仕事本来の大変さに気づかないから，また，もうひとつ考えられる解釈として，勤続年数の長さは，さまざまな問題をクリアしてきて，あるいは，適度に仕事をすることを学び「生き延びてきた人々」を意味しているのではないか，ともいえます．しかし，どちらの解釈が妥当かは，継続研究をして，「離職していった人々」のデータが分析される必要があるでしょう．

【最終学歴：グループ間で差は見られない】

3つの最終学歴ごとに分けたグループのあい

だでは，燃えつきを表す3つの下位尺度得点に有意な差はみられませんでした．

【配偶者の有無：グループ間で差はみられない】

介護職者に配偶者が入るかどうかによって，燃えつき感に差がみられるかどうかをみたところ，有意な差はみられませんでした．

【基本属性と燃えつきの関係のまとめ】

基本属性別の燃えつき得点をみてきたことでわかったのは，第一に，これらの6つの基本属性グループ間で，有意な差がみられたのは年齢，性別，勤続年数の3つで，基本属性による違いはそれほど多くなかったということ，第二に，個人的達成感にはあまり大きなグループのあいだでの差がみられなかったこと，第三に，仕事を始めたばかりのときにはそれほど燃えつき感を感じないが，一定の年数がたつことによって，より燃えつきが高くなり，勤続年数が非常に長くなると燃えつきが低くなるということでした．

●介護職員はどの程度先輩・上司，同僚からサポートしてもらっているのか？：ソーシャルサポートの効果

〈ソーシャルサポートとは〉

援助職についている人なら，一度は「スーパービジョン」という言葉を聞いたことがあるでしょう．すでに8章で説明したように，スーパービジョンの「支持的機能」や「教育的機能」を提供してくれるのが，仕事上でのソーシャルサポートと考えられます．本調査では，先輩・上司，同僚からどの程度ソーシャルサポートを得ているのかを測定するためにグリーソン-ウィンとミンデル (Gleason-Wynn, & Mindel, 1994)[4] の作成したサポート尺度を翻訳して本調査で使いました．

スーパービジョンに代表される職場でのソーシャルサポートの効果については，すでに多くの研究者がその成果を報告しています．たとえば，エバンズとホヘンシル (Evans, & Hohenshil, 1997)[5] は，職務満足度とスーパービジョンの関連を調べ，スーパービジョンの時間やスーパーバイザーの学位といった要因が，職務満足度の予測要因となることを報告しています．また，ルークティスとコースキー (Rauktis, & Koeske, 1994)[6] は，スーパービジョンがソーシャルワーカーのストレス処理に与える影響を研究した結果，仕事量自体は職務満足に関係していなかったこと，支持的なスーパービジョンが職務満足と正の相関関係をもつこと，しかし，仕事からの要求が高くなると，支持的なスーパービジョンもその効果を失ってしまうことなどを見つけ，サポートの必要性とサポート内容の重要性を示唆しました．

本調査では，以上のような研究結果をふまえ，グリーソン-ウィンとミンデルの研究にあった「サポートの提供者」と「その内容」にも踏み込んだ形で，仕事上のサポート状況を尋ねました．質問は下の演習9-3に示すとおりの5問と7問で，上司・先輩および同僚が提供してくれるサポートの種類（的確な判断，仕事の方向性の示唆，やる気，大変さの理解，問題発生時の支援，人間としての気遣いなど）です．実践家の方は，一度ご自分でも以下の演習の質問に答えてみてください．答え終わったら，回答の点数をすべて合計し，それを回答数（上司・先輩のサポートに関しては5，同僚のサポート得点は7）で割って自分の得点を出してください．

演習9-3 ●以下の（A）と（B）の「上司・先輩サポート尺度」にお答えください

(A) 上司や先輩が，あなたに対して下に記述したようなことをしてくれる度合いはどの程度ですか．1～5までの数字で最もあてはまるものに○をつけてください．もし上司や先輩がいないならば，一番右欄の0に○をしてください

	1=まったくしてくれない	2=あまりしてくれない	3=どちらともいえない	4=たいていそうしてくれる	5=いつもそうしてくれる	0=上司・先輩がいない
①仕事上どのようにすればよいかという的確な判断をしてくれる	1	2	3	4	5	0
②担当の仕事をどのようにしていけばよいか方向性を示してくれる	1	2	3	4	5	0
③やる気を起こさせてくれる	1	2	3	4	5	0
④仕事量や仕事の大変さを理解してくれる	1	2	3	4	5	0
⑤仕事に関連して問題が起こったときには助けてくれる	1	2	3	4	5	0

(B) 同僚があなたに対して下に記述したようなことをしてくれる度合いはどの程度ですか．「1＝まったくしてくれない，2＝あまりしてくれない，3＝どちらともいえない，4＝たいていそうしてくれる，5＝いつもそうしてくれる」の5段階で最も適切な数字に○をつけてください．もし同僚がいないならば，一番右欄の0に○をしてください

	1=まったくしてくれない	2=あまりしてくれない	3=どちらともいえない	4=たいていそうしてくれる	5=いつもそうしてくれる	0=同僚がいない
①私を一人の人間として気づかってくれる	1	2	3	4	5	0
②うまくいかないことがあったとき援護してくれる	1	2	3	4	5	0
③情緒的なサポートをしてくれる	1	2	3	4	5	0
④私にやる気を起こさせてくれる	1	2	3	4	5	0
⑤私に何が必要か考えてくれる	1	2	3	4	5	0
⑥建設的なコメントをしてくれる	1	2	3	4	5	0
⑦信頼できる雰囲気をつくってくれる	1	2	3	4	5	0

注）職場に上司や先輩，同僚がいないときは非該当と回答している．

(出典：Gleason-Wynn & Mindel, 1994.)

【結果：上司・先輩および同僚から得ているサポート】

さて，みなさんの演習の結果はいかがだったでしょうか？ 図9-1，9-2は，アンケート調査回答者の平均得点をグラフにしたものです．上司・先輩のサポートおよび同僚のサポートに関する質問には491名からの回答が得られました．

図9-1，9-2から，サポートについて2つのことが明らかです．(1) 上司・先輩からのサポートをあまりしてもらっていない，という回答は全体のおよそ30％以上あること，(2) 同僚からのサポートをしてもらっていないという回答はおよそ10％ほどであることです．つまり同僚からのサポートが得られない人は，少ないのですが，仕事上の経験や知識をより多くもっている「先輩や上司」からのサポートは，十分提供されていないことがわかりました．

●「燃えつき」の予測要因：重回帰分析

これまで，アンケートの回答者である介護職者の燃えつき度と上司・先輩および同僚からのサポートをみてきました．その結果，「情緒的消耗感」と「脱人格化」の両方で，40％前後の人が「注意」が必要な状況にあること，また，それにもかかわらず先輩・上司からのサポートが不十分なことがわかりました．次に，「何が燃えつきに関係しているのか？」という質問に答えるための分析を行ってみましょう．表9-2は，「燃えつき」の下位尺度の情緒的消耗感，脱人格化，個人的達成感のそれぞれを「年齢」

図9-1 上司サポートの平均値（N＝491）

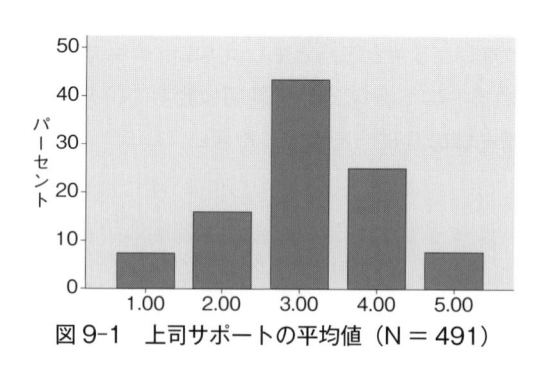

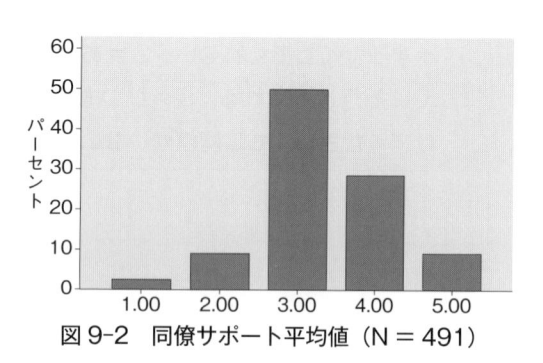

図9-2 同僚サポート平均値（N＝491）

表9-2 情緒的消耗感，脱人格化，個人的達成感の3つの情緒的消耗感の下位尺度を従属変数とした重回帰分析の結果（N＝425）

	情緒的消耗感 ベータ / t	脱人格化 ベータ / t	個人的達成感 ベータ / t
性別	.176 / 3.677**	−.032 / −.676	−.040 / −.812
年齢（4分割）	−.167 / −3.323*	−.070 / −1.388	−.053 / −1.012
収入（4分割）	.039 / .775	−.004 / −.075	−.042 / −.818
上司・先輩サポート	−.194 / −3.814**	−.205 / −4.000**	−.013 / −.248
同僚サポート	−.126 / −2.441*	.155 / −2.979*	−.125 / −2.318*
	R^2乗＝.100 (d.f.＝5, 419) F＝9.325**	R^2乗＝.090 (d.f.＝5, 419) F＝8.322**	R^2乗＝.011 (d.f.＝5, 419) F＝1.933

＊＝$p<.05$，＊＊＝$p<.01$

「性別」「収入」「上司・先輩サポート」「同僚サポート」からどの程度予測できるかを重回帰分析でみた結果です．

この表から何がわかるのでしょうか？ 表中で＊印をつけたものが燃えつきの有意な予測変数です．ここでわかったことをまとめてみましょう．

(1) 情緒的消耗感，脱人格化，個人的達成感の3つの下位尺度はそれぞれ異なる予測要因をもっています．「情緒的消耗感」は，自分をこれ以上使うことができないと感じる感情的な側面での疲労感を測っていますが，収入以外のすべてが予測変数でした．ところが，否定的でシニカルな態度と感情をクライアントに対して抱く「脱人格化」に関しては，性別や年齢といった基本属性は予測変数とならず，上司・先輩のサポートと同僚のサポートのみが予測変数でした．「自分の仕事を否定的にみて達成感に不満をもっているかどうか」を表す「個人的達成感」の予測変数は，同僚サポートのみでした．

(2) 情緒的消耗感，脱人格化に比べて，個人的達成感のR2乗はきわめて小さく個人的達成感は上の分析で使った変数ではあまり予測ができないようです．

(3) 情緒的消耗感，脱人格化の両方で上司・先輩サポートも同僚サポートも有意な予測変数でしたが，上司・先輩サポートのほうが同僚サポートより強い関係を示しています．つまり，上司・同僚のサポートの働きのほうが有用であるかもしれないということです．

(4) 基本属性のうち，性別と年齢のみが情緒的消耗感に有意な予測変数でした．つまり，基本属性は他の2つの燃えつきの尺度の予測変数にはならなかったということです．

この結果は，8章でレビューした先行研究結果とも合致している内容が多くあります．第1に，先行研究で個人的特性はそれほど大きな予測要因にならない，ということでしたが，この研究の結果をみても，同様のことがいえます．第2に上司・先輩サポートの重要性があげられます．このことに関してはこれまでの研究で必ずしも完全に統一した見解は出ていないのですが，多くの研究が，燃えつきには同僚サポートよりも，上司・先輩サポートがより大きな影響力をもっていた，という結果を示しています．そして，その説明として，仕事上の問題から引き起こされるストレスの軽減には，実際に仕事にどう対処すればよいのかという具体的で効果的な方法を示してくれるサポートが有用だという考えかたが一般的に受け入れられています．本調査で用いた同僚サポート，上司・先輩サポートの質問項目をみればわかるように，上司・先輩サポートには「仕事上，どのようにすればよいかという的確な判断をしてくれる」「担当の仕事（入所者のケース・仕事の仕方など）をどのようにしていけばいいか方向性を示してくれる」という項目があり，同僚サポートとの違いである「必要な判断，具体的な方向性の提供」が，燃えつきとより関連しているということができるようです．

注釈）
　本調査結果はすでにその報告書が出版されている．調査の詳細に関しては，渡部律子，澤田有希子，月田奈美 (2003)「高齢者福祉施設職員の職務意識調査—公的介護保険の影響，ソーシャルサポート，職務満足，ストレスを中心にして—」Working Paper Series, No.29, School of Policy Studies, Kwansei Gakuin University.
を参照してほしい．
　なお，この調査に先立って2000年1月（公的介護保険導入前）に同様の調査も実施している．その結果に関しては，渡部律子，澤田有希子，設楽英美，月田奈美 (2002)「老人福祉施設職員の職務意識に関する研究 (1)：特別養護老人ホーム職員の持つ資格と職務意識との関係」Working Paper Series, No.24, School of Policy Studies, Kwansei Gakuin University.
を参照してほしい．

② 事例検討会を使った施設における処遇困難事例へのアプローチ

　2000年4月から施行された公的介護保険制度は，在宅，施設という居住状況の違いにかかわらず，要介護認定を受けたクライアントに対しては，介護支援専門員が「ケアプラン」を作成し，そのプランに基づいてサービスすることを決めました．このことは，すべての実践現場で働く人々が，よりよい実践に必要な知識や技術を再確認するよい機会にもなりました．クライアントとクライアントがおかれている状況を統合的に理解し，共同作業を通してよりよいケアのありかたを考えていくアセスメント，ケアプラン作成・実践には，相談面接力が重要であることも明らかになったようでした．しかし，現実問題として「いったいどうしてこんなことが起こったのだろう，このような問題を今後どうすれば解決していけるのだろう」などという悩み自体はそう簡単に解決されるわけではなく，現場の人々は常により有効な問題解決の方法を探し続けています．

● 事例検討会の背景

　本節では，兵庫県の東播磨地域にある老人福祉施設の介護職員を対象にした「スキルアップ研修」の事例検討でとりあげられた事例の一部を，月刊「総合ケア」（医歯薬出版刊）2005年5月号から約1年にわたって連載したシリーズのなかから2事例を選び，事例検討会を行うことで，どんなふうに問題解決に近づけるのかを紹介していきます．

　この研修会は，1クールを4回として，年に2回，2年間継続されました．つまり，4回連続の事例検討会が4回実施されたということになります．この事例検討会では，参加者全員が3章で解説したアセスメント項目に従って，自分が担当している事例のなかで困難を感じている事例を整理したものを提出し，1事例におよそ2時間半ほどかけて，事例理解を深めていく話し合いを行いました．研修のテーマは「日常の援助業務を振り返り，対人援助職としてプロフェッショナルになるための知識・技術の向上を図る」と設定しました．そして事例理解を深めるというゴールを支えるサブゴールとして以下の5つ（表9-3）が設定されました．

表9-3　処遇困難事例検討会のゴール

① クライアントの抱える問題と問題の背景の総合的理解（アセスメント）の力をつけること．
② 援助職者とクライアントとの援助関係のプロセスの理解（援助プロセス）ができる知識および観察のポイントを習得すること．
③ アセスメントや援助プロセスを整理して記述し（要約記録と一部逐語記録），他者に伝える力を養うこと．
④ 事例をより深く理解するために，どのような点からどのように問いかけをしていけばよいのか（理解を深める質問のポイント）を，グループディスカッションを通して習得し，支持的な事例検討の視点を理解していくこと．

⑤ ロールプレイなどを使って，事例検討会で発見したことを実践できるように実践力を高めること．

●介護職にソーシャルワークの知識や技術がどう役立つのか

　上の5つのサブゴールをみて，「日々の業務で忙しい介護職員が，このような研修に参加して得た知識や技術を，職場に帰って本当に有効に活用していけるのだろうか」という疑問を抱かれる方もいらっしゃるでしょう．たしかに，5つのサブゴールは介護職に特有なものではなく，諸外国で「ソーシャルワーク」とよばれ，社会福祉実践に携わるすべての人に有効な知識や技術を習得することを意図してつくられたものです．しかし，経験の豊かな介護職者は，現場で出合う数々の問題を解決するためには，このソーシャルワークの知識や技術が必要になることを実感していると思います．

　介護職といえば，身体ケアが中心であると考えられることも少なくありません．そのため，職員がクライアント理解のために行っている会話は，「無駄話をして遊んでいる．そんな時間があるならば，さっさと○○（例：おむつ交換，入浴，食事介助など）をすればよい」という非難を受けたりします．しかし，人間の介護とは，機械的な作業で終わらないものであることを私たちは知っています．食事，入浴，移動などの介助をするさいにも，相手のことが理解できているのとそうでないのとでは，大きな違いがでてきます．クライアントが人間らしく生きていくということは，その人がもつ「固有性」を理解したうえでの介護が提供されてできることです．これから紹介していく事例検討会も，すべてこのような視点に立って進められました．

　もちろん，実践家がクライアントをより深く理解したうえで援助を提供するだけでは解決不可能な問題もあります．8章で紹介したように実践家の質の向上とともに，彼らを支える組織の構造や運営方針，さらに組織の運営に影響を与える政策といったものの充実が必要不可欠です．たとえば，実践家が所属している施設が，クライアントの個別性を尊重した介護に必要なクライアントとのコミュニケーションの時間や，個別の活動の実施を阻むような体制であれば，実践家がどれだけ豊かな知識や技術をもっていても，その知識や技術を表現することが阻害されてしまいます．また，施設が前述したような実践家の活動を促進したいと考えていても，制度上一人の職員が過剰労働せざるを得ないような人員配置しかできないのであれば，やはり質の高い介護実践は不可能になってしまいます．本節では，このようなことを理解したうえで，事例検討を通して，実践家の資質向上を図る思考方法を探究していきます．

●事例検討会の意義

〈事例検討会は準備が大変か〉

　ここで，紹介する事例検討会には，「事例をまとめてくる」といった準備が必要でした．そのため，当初，参加者のなかには，「研修会に提出する様式を埋めることさえ時間的にむずかしい」とコメントする人もいました．しかし，事例検討会の回を重ねるごとに次のようなことが明らかになってきました．

> **事例検討会参加者が見つけた事例検討会の意味**
>
> ① 時間のかかる事例報告書作成という作業そのものを通して，実践家自身が発見する新たな視点が数々あること．
> ② たとえ事例記録のさいに，様式に記入できるだけの情報を思い出せなくても，事例検討会で参加者たちがいろいろな角度からケースに関する問いかけをしてくれることで，思い出したり気がついたりする重要な事柄がたくさんあること．
> ③ 事例検討会で発見した事柄をもとに，新たに自分の個別実践でのクライアントとのかかわりかたに変化をもたらすことで，事例検討会の意義が理解できること．

　この事例検討会は，ケアプラン作成をよりスムーズにするという目的で行ったものではありません．むしろ，ケアプラン作成を第一に考えるのではなく，援助の基本に立ち返ることを目的に行ったものです．つまり，クライアントとしっかりと向き合い，クライアントがどのような生きかたをしてきた人なのか，今その生きかたのどのような部分に問題が生じたり，今までのやりかたが継続不可能になったりしているのか，クライアントを取り巻く家族や友人たちは本人をどのようにとらえ，どんな形でクライアントの生活に関与していきたいと考えているのか，クライアントは何を大切に考え，何があれば少しでも自らの生活に潤いが出ると思うのか，といったようなクライアント理解を基本に据えています．とりあげる事例は施設入所者が中心となっていますが，実際には在宅か施設かという援助の場所に関係なく，実践家すべてが応用できる思考方法をとりあげています．

　事例検討は，サービス提供者がクライアントによりよいサービスを提供していく方向性を学んでいくために重要なものですが，事例検討はあくまでもクライアントへのケア，クライアントの福利の向上を目指して行われるものであり，そのことを常に心にとめておく必要があります．本節ではプライバシーの保護に十分配慮し，クライアントが特定できないように，本人の名前や年齢，その他の情報を本来のものとは変えてあります．また，事例検討会が行われてからかなりの年月が経過しており，クライアントや事例提供者への影響も，より少ないと思われる事例を選択して，事例提出者の了解も得たうえで，実践家が今後よりよいケアを提供していくための学びの機会を共有できることを願って事例を報告しています．

　以下，事例検討会の意義と概略を簡単に紹介していきます．

〈事例検討会の意義と概略〉

　事例は，研修会の講師であった筆者が作成した「事例発表用紙」に記入してもらいました．この様式は，ヘプワースとラルセン（Hepworth & Larsen, 1983）というアメリカのソーシャルワークの研究者がつくり上げた，クライアントを多面的に，総合的に理解するためのアセスメントの方法をもとにして，筆者が日本語訳および再構成したものです．詳細は本書の3章のアセスメントの部分（71頁〜）にあるので，興味のある方は再度そちらを参照してください．本節では，本来はすべての年齢，問題をもつ対象者に用いることができるアセスメント項目を，施設入所者理解に応用しやすいように修正を加えてあります．事例報告表用紙は合計8ページにわたるもので，大きく分けると以下の

ような7項目を含んでいます．

事例報告用紙に含まれた内容

① 事例発表理由（なぜこの事例が自分にとってむずかしい事例であったのか）
② 事例の概要（入所の経緯，クライアントやクライアントを取り巻く問題の要約，クライアントの家族構成とジェノグラム，病歴，ADL，IADL，クライアントの一日の生活）
③ アセスメントに必要な情報（13項目，クライアントの問題理解の仕方など，詳細は後述）
④ 援助職者がみたクライアントの印象
⑤ アセスメントをもとにした援助職者が考える援助の方向性
⑥ クライアントとのやりとりの逐語録（援助職者が重要だったと思うクライアントとのやりとりをそのまま再現する．会話のみでなく，お互いの表情やその会話がなされた背景も記述すること）
⑦ 援助経過の要約

〈なぜ，この13項目の情報がアセスメントに必要なのか〉

上記の7項目のうち，事例検討会の理解に重要な③のアセスメントに関して少し詳しく説明をしていきます．アセスメント表は，援助職者が13の項目に関する情報を記入していくように構成してあります（表9-4）．ここで紹介されている項目は，その項目をひとつずつ尋ねて情報を得ていくためにあるのではなく，一人の人間を理解するために少なくともこのような種類の情報が必要であるということを意味しています．援助のさいには，クライアントの問題に関する情報のみでなく，本人のまわりにある資源や，本人の強さ・長所，クライアントが通常こうするのではないかと考えられる問題の解決方法，そしてクライアントの価値観を考慮に入れて援助の方向性を決めていこうとするものです．最近話題になっているストレングスモデル（Strength Model）とよばれる実践モデルは，すでにアメリカのソーシャルワークで長年重要視されてきたアセスメントの姿勢と同様です．

そのため，ここで使っているアセスメント項目にも，クライアントのもつ技術や長所，強さ，および価値観や人生観が重要な情報としてとりあげられています．

3章でも説明しましたが，このような情報が必要な理由は，情報があって始めてクライアントがどのような人であるかが明らかになり，問題解決への道筋がみえてくるということにあります．実践家は，職務上さまざまな書類作成を要求されています．そのなかには，アセスメント表とよばれるものもすでに入っており，ここで紹介するアセスメントの項目と必ずしもすべてが一致していないでしょう．ここで紹介するアセスメント表はクライアントの全体像理解を促進するようにつくられています．アセスメントとは，一見ばらばらにみえる情報を統合していくことで，それらを意味のあるものにしていくプロセスを含んでいるのです．

アセスメントで得た情報は，クライアントの問題の解決に役立つものでなければ意味がありません．援助職者，クライアント，その家族な

表9-4 クライアントの問題を理解するための必要不可欠な情報

①	クライアントは現在の状態をどのようにとらえているか
②	援助職者が問題だと考えることの具体的な説明（いつから始まったのか，どのくらいの期間，続いているのか，問題の起こる頻度，問題が起こる場所や時間など）
③	援助職者が問題だと考えていることに関するクライアントの考え，感情，および行動は何か（クライアントは問題をどのように感じ，考え，それに応じてどのような行動をとっているのか）
④	この問題はクライアントが日常生活を営むのに，どれほど障害になっているのか
⑤	この問題を解決するためにクライアントが使える人的，物的資源（クライアントを取り巻く環境で，クライアントの問題解決に有効だと思われるもの）
⑥	この問題の解決のために，クライアントはすでに何らかのことをしたか．それは何か
⑦	問題が起きるのに関連した人や出来事．それらの出来事は，問題をよりわるくしているか，あるいはよくしているか（現在抱えている問題以外のストレッサーの存在）
⑧	クライアントは，どのようなニーズや欲求をもっているのか
⑨	クライアントのもつ技術，長所，強さは何か
⑩	問題を解決するために，何か外部の資源を必要としているか．それは何か
⑪	クライアントの身体状況・病状などと，現在その病気に関連して起こってきている問題．また，今後の見通し（予後）など
⑫	クライアントの簡単な生育歴（どのような生きかたをしてきた人なのか，家族や親戚，友人とのつきあいかたをも含めて）
⑬	クライアントの価値観，人生のゴール，思考のパターン

上記のアセスメント項目に関して，初回面接で得られた情報を記述する．記述は，実際にクライアントが述べたことのみを記述する欄と，クライアントが述べてはいないが，援助職者が想像したり類推したこととに分ける

どが，多くの時間を費して見つけ出した情報が，クライアント支援の段階でほとんど使われていないということもよくあります．このようなことを避けるためにも，本書で強調する「思考しながら実践する」ことを習得していっていただきたいと思います．3章と重複するのですが，ここでとりあげた13のアセスメント項目が，どんな意味をもっているのか，以下に解説をしていきます．

①はクライアントが現在の状態をどのようにとらえているのかということです．そして，②ではクライアントの抱える問題の具体性（いつから始まり，どのくらい続き，どこで・いつ起きるのかなど）を知り，援助職者が問題の本質を把握していくことができます．また，③援助職者や施設職員にとって問題であると思われる行動を本人がどう思っているのか，そして④本人の日常生活にどのような影響を及ぼしているのかを明らかにすることで，「本人にとってこのことはどれほどの問題なのか」が理解できるようになっています．援助職者にとって問題だと思われることが，クライアントにとって必ずしも問題だととらえられるわけではありません．しかし，とくに施設という場所で共同生活を送るクライアントは，本人が「あること」を問題だと思っていなくても，その「あること」が共同生活をしている人や，施設の職員に影響を及ぼし，「問題」ととらえられることがままあります．そのため，援助職者や他のクライアントが「問題」とよぶ言動がいったい何であり，本人にどうとらえられているのか，在宅であれば問題ではないのかなどを考えなければなりません．

次に，⑤このような問題を解決するために使うことができる人や物といった資源がどれほどあるかを確認し，さらに⑥本人や施設がこれまでどのような解決方法を試みたのかをみていき

ます．⑦では問題をよりわるくしたり，よくしたりすることにかかわっている人や出来事をチェックします．たとえば，一人のクライアントが「飲酒」により健康を害しているにもかかわらず，仲のよい友だちが親切のつもりで，その人のためにお酒を買ってきてあげるという行動は，友人という本来有効な働きをするはずの資源が，本人の問題をさらに悪化させる結果になっているということができます．これは，ソーシャルサポートのネガティブなサポートとよばれる行為です．

⑧はクライアントのニーズの理解です．ここでは，クライアントのニーズを「クライアント自身が欲していること，必要だと感じているもの」すべてを含めて考えていきます．つまり，クライアントのニーズは援助職者や家族などが問題だと感じている内容とまったく関係がないこともあります．また，クライアントのニーズは，今後の援助で満たすことができるものもあれば，満たすことが不可能なものもあります．

⑨は，前述したように，このアセスメントの特徴であり，かつ，最近脚光を浴びているクライアントの強さに着目したアセスメント項目です．私たちは，応々にしてクライアントの「問題」は何かということにとらわれ，クライアントの力を見逃しがちです．これは援助職者が陥りがちな落とし穴です．本来，ソーシャルワークの援助は，クライアントがもっていながら何らかの理由で発揮することができていない力を引き出したり，また，力をつくり出したりすることで問題解決を目指すものです．この本来の意図が実行に移されるためには，援助職者がクライアントのもっている長所や強さを，きちんと把握しておく必要があるのです．たとえば，戦争で配偶者を失い，その後一人で子育てをしてきた人，経済的に困難な状況のなかでやりくりをしてきた人，体の自由を失っても友人との交流を継続しようとする人，ほとんど身寄りがいないにもかかわらず，何かが起こったときにはだれかが必ず助けの手を差し伸べてくれる人など，さまざまな形の強さや長所というものがあります．このような強さや長所は，自然に見つかるものもあれば，援助職者がしっかりとクライアントの生育歴を理解したり，クライアントの行動を観察したりすることで，初めてわかるものまでさまざまです．

この⑨の「本人のもつ力・長所」とともに，⑬のクライアントの「価値観，人生のゴール，思考のパターン」は非常に重要な情報です．私たちは，それぞれが人生で大切にしている考えかたがあります．少しでも自分でできることを自分でしていくということに価値をおいている人がいる一方で，できるだけ他人に手伝いをしてもらって暮らしていくことを好む人もいます．援助職者は，クライアントのこのような価値観と相容れない価値観をもち，ジレンマに陥ることもあります．重要なことは，援助職者がクライアントに自らの価値観を押しつけるのではなく，クライアントの価値観を活かしながら，その価値観がどうすれば現実的なものになりうるかを，一緒に考えていくことなのです．この価値観と同様に，クライアントが人生で目指しているゴールや考えかたのパターンを理解し，現実的なケア計画に活かしていくことが大切です．

前後しましたが，⑩はクライアントが問題を解決するために，必要としている外部の資源は何か，ということです．たとえば，クライアントに認知症の兆候が現れたとき，援助職者がそれをいちはやく察知することは必要不可欠ですが，必要に応じて専門医の診断を仰がなければならないことがあります．これは，施設の内部の資源にとどまらない外部の資源です．在宅のクライアントの場合と異なり，施設内には多く

の必要なサービスが備わってはいますが，本当にそれらのサービスが，クライアントの現在の問題解決に最適なものかを判断しなければなりません．

⑪は，身体状況・病状に関する情報で，施設では必ずこの情報を収集していますが，クライアントの身体状況や病状などが現在のクライアントの生活にどう影響しているか，さらに今後どんなふうに変化していく可能性があるか，という見通しまでも含めた情報にしておくことが大切です．疾病に関する情報は，ともすれば「××の病気があるので仕方がない」とか，「××の病気は△△になっていくだろう」といった，悲観的な予測に使われがちです．もちろん，疾病のもつマイナスの側面を知り，危機管理に役立てることは重要なことではありますが，疾病をこのような面からだけとらえるというみかたは改める必要があるでしょう．たとえば，認知症あるいはパーキンソン病がどのような特徴をもつのかという一般的な知識とともに，そのような診断名がつけられたにもかかわらず，一般的な経過をたどらず高い機能を保ち続けている人々の症例を理解しておくことも必要です．

⑫の生育歴は，クライアント理解には欠かせないもので，この生育歴を理解することで，ここにあげたアセスメント項目の多くが自然にわかってくることもあります．生育歴は，単に「聞くべきものだから聞く」のではなく，現在のクライアントの状況を過去・将来とのかかわりのなかで理解するためのものです．人はしばしば「ある一定の考えかたや行動」をするものです．現在施設で問題視されていることが，急に始まったことなのか，あるいはその人が長いあいだもっていた生活パターンの延長線上にあるのかを理解して，何をすべきかを考えることが「本人の特性を考慮した援助」になります．さらに，現在は多くの機能を失ってしまった人であっても，過去の歴史を知ることで，その人が今なぜこれだけ苦しんでいるのか，あるいは快活でいられるのか，といった現在の行動・考えかた・気持ちの理解が深まるはずです．

「アセスメント」とは，「評価」という意味の英語です．社会福祉のみでなく他の多くの職業でこのアセスメントという用語が用いられていますが（例：環境アセスメント），本事例検討では，アセスメントという用語を「社会福祉援助のゴールであるクライアントの生活の質の向上を目指した援助計画を作成するために，必要なクライアントの全体像の理解に役立つ情報の収集と分析」と考え，そこで必要とされる情報はクライアントの問題や身体機能にとどまらないものという前提のもとに，このようなアセスメント項目を選択しました．

本来クライアント援助のために，援助職者がアセスメントを行うときには，クライアントとの面接を想定しています．そしてその面接において「クライアントの言葉」で，本人のもつ問題やそれに関連する状況を語ってもらうことが前提となっています．しかし，老人福祉施設に入所しているクライアントの場合には，自らこのような情報を語る力を十分もたない方もいらっしゃいます．

そこで，この事例検討では，⑬のアセスメントの項目記入欄を2つに分割して，「クライアントが述べたこと」と「援助職者が想像したり類推したりしたこと」を分けました．事例発表をしてくださった方々は本人がクライアントのアセスメントを行っていない場合も多く，二次的な手段で情報を入手したりしているので，すべての項目が埋まっているわけではなく，空白の部分も多いのですが，事例検討会では，ここにある情報をもとにして，さらに必要な情報に関して発表者に質問をするという形で進められました．そこで，新たに得られた情報はここに

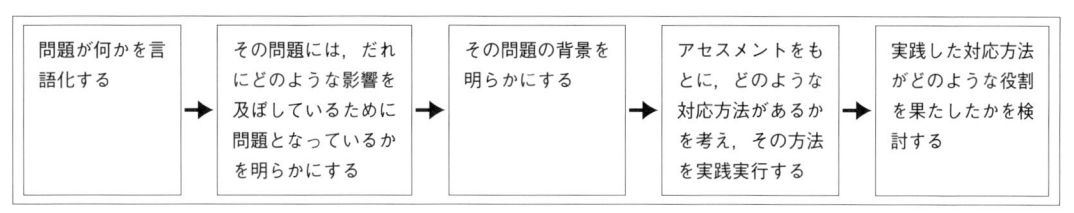

| 問題が何かを言語化する | → | その問題には，だれにどのような影響を及ぼしているために問題となっているかを明らかにする | → | その問題の背景を明らかにする | → | アセスメントをもとに，どのような対応方法があるかを考え，その方法を実践実行する | → | 実践した対応方法がどのような役割を果たしたかを検討する |

図 9-3 援助で問題に遭遇した場合の解決方法のプロセス

あえて加筆していないことをご了承願いたいと思います．この事例検討を通じて，いかにクライアントに関する情報が不十分にしか得られていなかったかということに気づかれた参加者もいました．そして，そのような気づき自体が事例検討を持つことの意義です．

● 日常業務でぶつかる問題の解決と事例検討会の関連

本節では，実際の事例検討会で行われた質疑応答，話し合いの内容を書き込むことができていません．事例のまとめを読むだけではわかりにくいところもあると思われるので，この欠点を補うために，読者のみなさんへの「演習」を加えました．さらに事例発表を行った本人による事例報告で何を感じたかということとその後の事例の展開などのフィードバックの2点を書いていただいたものに，私の解説をつけ加えてあります．私の解説には，当該事例のポイント，問題の解釈，今後の方向性に関するコメントもつけ加えてあるので，参考にしてください．

すでに述べたように，老人福祉施設でケアワークに携わる人々は，日々の仕事のなかで「これはいったいどうしたらよいのか」と考え込むことがあります．事例検討会では，参加者が問題・課題を共有しあい，さらにその解決方法を考えるさいのプロセスを習得していくことを大きな目標にしました．問題は一見同じようにみえても同じ対応方法で解決するとは限りません．これが人間を対象とする仕事のむずかしさでもあり，また醍醐味でもあります．問題解決のためには，しっかりとしたアセスメントが必要になってきます．「死にたいとばかり言われ生活に対する意欲がみられない」「他のクライアントと喧嘩ばかりしている」などといった問題に，まったく同じ対応方法で応じることはできないはずです．もちろん似たような対応方法が効果を発揮することもありますが，そうでないときも多いのです．

図 9-3 は，援助職者が何らかの問題にぶつかったときに，その問題の解決に至るプロセスを図式したものです．このようなプロセスをたどり，もし自分がとった問題対処方法が何の効果ももたらさないとわかった時点で，再度アセスメントのプロセスに戻って，何ができるのかを考えます．このようにして初めて，筋道を立てて日常業務を考えることができます．そして，このような筋道を使って「なぜこのような形でクライアントに接するのか」という援助の仕事の意味を他の人々に伝えることが必要になってくるのです[注3]．では，これから事例検討会の内容を紙上で再生していきましょう．

注3) 謝辞
この研修の企画・実施の牽引役となってくれた，当時の東播磨ブロック老人福祉施設連盟会長の渋谷哲氏，役員の大西博文氏，高木俊博氏，山口紀子氏，並びに他の役員の方々，貴重な就労時間を使って継続研修に職員が出席することを快く受け入れてくださった施設長および職員の方々，長時間にわたる研修で自らの経験を他の受講生と共有してくれた受講生の方々，そして何よりも私たちがこのように学べるきっかけを与えてくれたクライアントの方々に，この場を借りて御礼申し上げます．

事例 9-1：認知症の進行にともない，生活意欲の低下をみせる 88 歳女性

[なぜ，この事例を発表したいのか（自分がどこで悩み，事例の発表を通して何を得たいのか）] Aさんは生活にリズムがなく，残存機能が十分活かせていない．精神的に不安が大きく意欲へとつなげることがむずかしいため，他の人の意見を聞き，その意見を取り入れていきたいと考えている．

●事例の概要

(1) クライアントが事例提出者の所属機関に来た経緯

Aさん，女性，88歳．1年前に長男を肝臓がんで亡くし，長男の嫁が一人で介護していたが，主たる介護者である長男の嫁は，介護を続ける気力も自信もなく，不眠症になり，精神内科へ通院するようになる．また，Aさんの訴えが多くなり，介護をしていくことが困難となり，6か月前に当施設へ入所となる．

(2) クライアントおよびクライアントを取り巻く問題のまとめ

3か月ほど前より，寂しさからか同室者とのトラブルがふえ，認知症の進行も急速にみられ，つじつまのあわないことを言ったり不穏状態が強くなる．以前の生活習慣も忘れ，居室にこもりがちである．話をすることが好きだが，"目がわるい"，"しんどい" ので何もできないと思い込み，意欲も低下してきている．家人の面会もほとんどなく，実の子ども二人もすでに亡くなっているため，寂しさや孤独を感じ，精神的に不安定である．

職員が訪室したさい，大きな声で喜んだり，ナースコールを鳴らすさい，同室者から「寮母さんも忙しいのだから，甘えてはいけない」と言われたりしている．

(3) 家族構成

本人との関係	年齢	現在の住まい
長男の嫁	61歳	市外
孫	不明	市外
孫	不明	不明

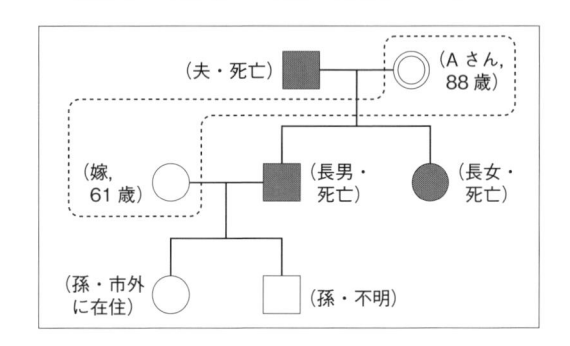

(4) クライアントの病歴

- 認知症
- 便秘症
- 骨炎
- 腰椎左迫骨折
- 左大腿部骨折

(5) クライアントの ADL，IADL，および精神状態（認知症の症状など）

言語：ゆっくりと話せば理解できる

視力：左右とも 0.3 以下，見えにくく，ぼんやりとしている

歩行：車いす，自走可能

移乗：何かにつかまれば可能．立位もつかまれば可能

		月	火	水	木	金	土	日
早朝	4:00							
	6:00	おむつ交換	おむつ交換	おむつ交換	おむつ交換	おむつ交換	おむつ交換	おむつ交換
		洗面	洗面	洗面	洗面	洗面	洗面	洗面
		離床	離床	離床	離床	離床	離床	離床
午前	8:00	朝食	朝食	朝食	朝食	朝食	朝食	朝食
	10:00	トイレ誘導	トイレ誘導	トイレ誘導	トイレ誘導	トイレ誘導	トイレ誘導	トイレ誘導
			喫茶, レク参加			喫茶, レク参加		
	12:00	離床	離床	離床	離床	離床	離床	離床
		昼食	昼食	昼食	昼食	昼食	昼食	昼食
午後	14:00	着床		着床	着床		着床	着床
		トイレ誘導	入浴	トイレ誘導	トイレ誘導	入浴	トイレ誘導	トイレ誘導
	16:00	おやつ	おやつ	おやつ	おやつ	おやつ	おやつ	おやつ
		トイレ誘導		トイレ誘導	トイレ誘導		トイレ誘導	トイレ誘導
	18:00	離床		離床	離床		離床	離床
夜間		夕食, うがい	夕食, うがい	夕食, うがい	夕食, うがい	夕食, うがい	夕食, うがい	夕食, うがい
	20:00	着衣交換, 臥床	着衣交換, 臥床	着衣交換, 臥床	着衣交換, 臥床	着衣交換, 臥床	着衣交換, 臥床	着衣交換, 臥床
		おむつ交換	おむつ交換	おむつ交換	おむつ交換	おむつ交換	おむつ交換	おむつ交換
	22:00	消灯	消灯	消灯	消灯	消灯	消灯	消灯
		おむつ交換	おむつ交換	おむつ交換	おむつ交換	おむつ交換	おむつ交換	おむつ交換
深夜	24:00							
	2:00	巡回	巡回	巡回	巡回	巡回	巡回	巡回
	4:00							
週単位以外のサービス								

図9-4 利用者の一日の生活

排泄：おむつ使用．尿意・便意の低下がみられる

食事：主食は粥，副食はキザミ．自力摂取可能．入れ歯なし

入浴：座いす式入浴リフト使用

記憶障害：あり．最近ひどくなる

失見当：ときどきあり

行動障害：なし

寝返り，起きあがり：何かにつかまれば可能

(6) クライアントの一日の生活

図9-4 参照．

(7) クライアントの問題を理解するための情報

表9-5 参照．

(8) 援助職者がみたクライアントの印象

寂しがりやで自分から他者とうまくかかわることができないので，依存心が強くみられることがある．一人ぼっちで不安になると情緒不安定となり，大きな声で担当職員の名前を何度もよんだり，興奮気味になる．他の入所者から本人の意思に沿わないことを言われると，「うるさい」「ふとどきもの」とどなったり，負けず

表9-5 クライアントの問題を理解するための情報

アセスメント項目	事例に関する情報（ワーカーの類推は含まない）	特記事項（ワーカーが想像したり類推したこと）
① クライアントは現在の状態をどのようにとらえているか	腰・胸のあたりが痛いため，病院へ入院している．	体の調子がわるいので入院していると思っており，不安をもっている．
② 援助職者が問題だと考えることの具体的な説明（いつから始まったのか，どのくらいの期間，続いているのか，問題の起こる頻度，問題が起こる場所や時間など）		話し好きであるも，他者とのかかわりに消極的でうまくかかわることができず，活気ある生活につながらない． 職員が近くにいると依存的になり，移乗，自走など，自分でできることも「できない」と言う．3か月ほど前より認知症の進行が認められ，夕食後より入眠する深夜まで，頻回にナースコールを鳴らし，「今から何をすればよいのか」など，同じことを何度も繰り返し訴える．
③ 援助職者が問題だと考えていることに関するクライアントの考え，感情，および行動は何か（クライアントは問題をどのように感じ，考え，それに応じてどのような行動をとっているのか）	直接クライアントから聞けていない．	日中は人の出入りも多いためにぎやかだが，夕食後より臥床がち．同室者も寝たきりの方なので同室者からの刺激もなく，孤独を感じ不安感が大きいように思われる． 以前の居室は，寮母室から遠かったのでストレスになっていたようだが，今は寮母室の隣で食堂も近いので，体に無理なく過ごせると安心している．
④ この問題はクライアントが日常生活を営むのに，どれほど障害になっているのか	夜間不眠のため日中ぼんやりとし，臥床がちになる．精神的なストレス．	精神的な不安が大きく，他者とのかかわりも薄い．生活にもはりがなく向上心へとつながらず，ADLの低下の恐れがある．
⑤ この問題を解決するためにクライアントが使える人的・物的資源（クライアントを取り巻く環境で，クライアントの問題解決に有効だと思われるもの）		【人的資源】他の入所者，職員とのコミュニケーション．クラブ行事などの参加．家人の面会 【物的資源】音楽，ラジオ
⑥ この問題の解決のために，クライアントはすでに何らかのことをしたか．それは何か	職員たちは，クラブ・行事の際に呼びかけを行い，参加を促した．食べることが楽しみであるため，居酒屋クラブや喫茶には喜んで参加している．	

表9-5 クライアントの問題を理解するための情報（つづき）

⑦	問題が起きるのに関連した人や出来事．それらの出来事は，問題をよりわるくしているか，あるいはよくしているか（現在抱えている問題以外のストレッサーの存在）	入所後，同室者はADLの自立された方ばかりであったため，夜間のおむつ交換時，職員に「来てくれて嬉しい」と大きな声で言ったり，ナースコールを鳴らすことについて，同室者に「寮母さんも忙しいのだから甘えたらだめ」と言われていた．認知症の進行もあり，その部屋では同室者との生活がお互いむずかしくなり，急遽居室を変更し現在に至る．現在は寝たきりの方1名と同室．	現在の居室はストレスを受けることはなくなってきたように思えるが，同室者から刺激を受けることもなくなってきている．
⑧	クライアントは，どのようなニーズや欲求をもっているのか	「何もわからなくなったけど，甘いものが好きなのでおいしいものをたくさん食べたい」と言っている．	生活に活気はないが，他者とのかかわりをもち，楽しく生活を送りたいと考えているように思われる．さらに，もっと，周囲の人にかまってほしいという思いがあるのかもしれない．
⑨	クライアントのもつ技術，長所，強さは何か	話し好き．素直に自分の気持ちを言う．	
⑩	問題を解決するために，何か外部の資源を必要としているか．それは何か		家族の面会が役立つと考えられる．
⑪	クライアントの身体状況・病状等と，現在その病気に関連して起こってきている問題．また，今後の見通し（予後）など	認知症が進行し，ときどき今自分が何をしようとしていたのか，わからくなる．3か月前まではリハビリパンツ対応で自分でトイレに行っていたが，尿意・便意が低下し，トイレに行かなくなる．トイレに行こうと言葉かけするも，体調不良を理由に嫌がり，おむつ対応となる．	
⑫	クライアントの簡単な生育歴（どのような生きかたをしてきた人なのか，家族や親戚，友人とのつきあいかたをも含めて）	30歳前に夫が戦死．その後，工場に勤め，内職しながら二人の子どもを育てる．長男夫婦と同居していたが，本人が別居を希望し10年ほど一人暮らしをする．その後また同居するが，長男の嫁との関係はあまりよくなかった．	二人の子どもを亡くし，気丈にしているが精神的なショックが大きいと思われる．長男の嫁は，家が遠いこともあり面会もほとんどなく，寂しい思いをしている．
⑬	クライアントの価値観，人生のゴール，思考のパターン	コミュニケーションの多い生活．楽しい生活を送りたい．	家族もなく一人ぼっちであるという不安や寂しさを取り除き，穏やかに生活してもらいたいと考えている（ワーカーの思い）．

注：表の空白部分は事例発表時には，記入されていなかったことを表す．

嫌いな面もある．職員が言葉をかけるととても喜び，面倒見もよいが，甘えた部分も大きいと思われる．

●アセスメントをもとにした相談援助の方向性（援助全体の計画）

※これは，クライアントに対してどのような援助をしていくかという「援助計画」にあたるものです．本来は援助計画を作成したうえで援助活動に入るのですが，それができていないことがよくあります．そのため，担当者が仕事を振り返ってみて，何か援助計画らしいものをもちながら援助を始めたのであれば，それを記入していくようにしてあります．

① 話し好きであるが，「目がわるくてしんどい」と居室にこもりがちになっているため，本人の興味ある居酒屋クラブ，喫茶に，話し好きな入所者と一緒に参加してもらう．

② 若い頃，流行歌，民謡が好きだったとのことなので，食事前，みんなで歌をうたうときに参加してもらう．訪室時「歌を教えて」と言うと，照れながらも歌を教えてくれる．

③ 尿意・便意が低下し，おむつ対応となる．ADL低下の恐れがあるためトイレの声かけを行うが，「しんどい」と拒否するので，居室にポータブルトイレを設置し誘導を行う（日中のみ）．日中はおむつをはずし，リハビリパンツにシート，パッドに変更になる．

④ 夕食後，すぐ居室に戻ってしまうので口腔清潔が保てない．夕食後は洗面所まで誘導し，声かけして自力で口腔洗浄を行ってもらう．

⑤ 一人になると不安になり依存心が強くなるため，訴えのあるときはゆっくり話を聞いて落ち着いてもらうようにする．

●クライアントとのやりとり（担当者にとって大切だと思われるやりとりの逐語録）

※クライアントと援助職者のやりとりを思い出して，なるべくそのとおりに再生するようにしてあります．また会話とともにそのときのお互いの表情や背景も記述しています．

午前11時30分頃
Aさん
ワーカー
「夜はよく眠れた？」
「あんまり寝られへん．あんまり寝られへん人やわ，私」
表情もぼんやりとしている．
「若い頃はよく寝よったと思うけど……．なぁ？」
とワーカーに聞いてくる．
「Aさんのこと，いろいろ教えてもらおうと思って話にきたんやけど」
「本当？　うれしいわぁ．あんただれ？」
表情が少し明るくなったように思われる．
「かおるです」
「かおるちゃん？　あんたのことずっと探しとってんで．きてくれてうれしいわぁ」
と喜ばれる．
「看護師さんがくるたびに，あんたかおるちゃんかってみんなに聞いてるんやで」
とワーカーの手を握る．
「Aさん，今何か困っていることある？」
「一人になるのが一番怖いの」
突然大きな声で言う．
「主人，親，兄弟，子ども，みんな死んでしまってだれもおらへん，一人や」
と寂しそうな顔をする．

「看護師さんや寮母さん,みんな A さんのことちゃんと考えてくれるよ! みんな,優しいでしょ?」
「優しいけど,心やすい人じゃないと一緒におっても寂しい.私は目がわるいからだれの顔見てもだれかわからんし,あほになって何もわからんようなってきたし……」
と,うつむき加減で言われる.少し間を開けて,
「毎日,顔見にきて」
と手を握ってくる.
「私,A さんの顔見たいから,会いにくるよ.他の看護師さんも,同じこと言ってるよ」
「そう……」
と,また表情ぼんやりとされている.昼食の時間になり,
「そろそろ昼ご飯に行こうか」
と言うと,
「ご飯? ご飯はおいしいなぁ」
と笑顔がみられるが,すぐに困ったように
「はやく死にたいのに,たくさん食べるから死なれへんねん」
と言う.
「そんな,寂しいこと言わんといて.もっともっと長生きして」
と言うと,

「おおきに.ありがとう」
と軽く頭を下げる.

[事例を使った学習の方法]

事例検討会では,ここまでの部分を事例提出者に話してもらってから,参加者が「事例提出者が困っている問題を解決するために,どのような情報がさらに必要か?」を考えて,質問を行っていきました.しかし,本書ではそのやりとりを再現していません.そこで,事例を使ってみなさんが学習できるように以下に演習課題を作成しました.この演習をするにあたってまず,以下の説明を読んでください.

[演習に先立つ留意点]

事例検討会での質問や質問に対する答えというのは,単なる一問一答ではなく,事例の内容を深めるとともに,その事例の担当者である事例提出者が,自分の経験を振り返りその経験にともなう事実,感情,思考を再体験し,それにより「より深いクライアントとその問題理解」をするために行われるやりとりです.事例提出者は事例検討を一緒にしてくれている人たちからの質問に答えるために,記憶をよび起こそうとします.そのさい少なくとも以下の 2 つのパターンが想像できます.

---

① 質問されたような内容に関する情報をまったくもっていなかった.何も答えられない.
② 質問された内容に関する情報をもっていたが,自分にとっては大切だと考えられなかったので,事例発表のさいに話さなかった.事例検討会で尋ねられることで情報を提供できる.

上の①の場合で,その情報が重要だと気づけば,事例検討会を終えてからその情報をもう一度しっかりと収集する必要がある場合もあります.また,②の場合には,その情報を提供することで,「自分の考えていたクライアント像や問題のとらえかたが変わる」ことも起ります.情報を十分にもっていなかったために,「なぜ,そんな問題が起こっていたのか」を適切に理解できていなかったことがわかることもあります.さらに,事例検討を一緒にしてくれる人た

ちの問いかけに答えるためには、「記憶をたどる」という作業が必要になります。たとえば、「○○さん（クライアントの名前）が何度も何度もナースコールを押したとき、あなたは最初、どんなふうに感じられましたか」という質問がきたとしましょう。事例提出者がこの質問に答えようとすれば、まずクライアントがナースコールを何度も押した日のことを思い出すでしょう。そして、その場面とともに自分がどんな気持ちだったかも思い出そうとします。とても忙しいときにナースコールが押されたので、いらいらしたのかもしれません。このような自分の反応を、正直に他人の前で話すのは勇気が必要です。しかし、事例検討をするメンバー全員が同じような仕事での大変さを知っていて、おたがいの仕事の力が向上することを願って事例を検討し、さらに決して相手を非難しない、ということがわかっていれば、素直にマイナス感情や行動を話すことができます。情報が正直に提供されて初めて問題の背景が明らかになり、問題解決の方法も考えることができるようになるのです。

では、上述したことやこれまで学習してきたことを使って、事例に関するコメントを読む前に下の演習を行ってみてください。

演習9-4 ● 事例を読んで何が本当に問題なのか，どんな情報がさらに必要なのかを考える

これまでわかった情報を聞いて、以下のことに答えてください．
(1) この事例を理解するためにとくに必要な知識がありますか．あればそれは何でしょう？
(2) クライアントはこれまでどんな生きかたをしてきて、どんな人間関係を築き、何を大切に考えて生きてきたのでしょうか？ 言い換えれば、クライアントはどんな人でしょう．
(3) クライアントはどんな理由で施設入所したのでしょう．入所したことについてどのように考えているのでしょうか？
(4) クライアントの問題はなぜ起きているのだと考えますか？ それを理解するためにさらに必要な情報は何ですか？
(5) 事例提出者が問題だと考えているクライアントの行動をあなたは問題だと考えますか？ 考えませんか？ その理由は何ですか？
(6) あなたがこのクライアントの担当であって、もし何でも可能だとすれば、何をしますか？

事例を読んで、演習の回答が、どの程度おわかりになったでしょうか。じつは、事例検討会で提出される事例概要だけでは、クライアントやクライアントを取り巻く環境が十分にわからないことが、よくあります。もし事例概要を読んだだけで、クライアントやクライアント取り巻く問題がすべてわかるようであれば、事例検討会は、非常に短時間で終わってしまうでしょう。こんなことは、よほど経験を積んだ優秀な援助職者であれば、まれにあるかもしれません。ときには、事例提出者が、事例概要をまとめているあいだに自分自身の考えの整理を行い、新たにクラ

イアント像を再確認し、事例概要を書くことで、直面している問題の解決法にも気づくことがあります。しかしこのようなことはそう頻繁には起こりません。援助職者が十分にクライアントを理解していると思っていても、見過ごしていることがあったり、自分自身の価値観に引っ張られてある結論に導いてしまったりすることはよくあります。事例検討会を行って、事例を再検討することの意味は、ここにあります。

演習9-4でお尋ねした6つの質問に答えるために必要なことは、すでに説明をした「アセスメントをきちんと行うこと」です。事例検討会に提出してもらった「クライアントの問題を理解するための情報」を総合してみると、これらの演習の答えが、ある程度みえてくるはずです。しかし、そこで十分に得ることができなかった情報は、事例提出者の思考の流れに沿いながら、問いかけて見つけていかなければなりません。本書では事例検討会でのやりとりを記述することができなかったので、この事例概要で不足している情報はいったい何なのか、ということを説明していきます。みなさんが、本書を使って学習されるさいには、事例概要にあった「アセスメント項目」を総合してみて、何がわかったかを文章化してみると、次に何を質問すべきか明らかになってくると思います。以下、事例提出者が記述してくれたクライアントの問題を理解するための情報をもとにして、クライアント像を明らかにしていきます。下の枠のなかで、括弧内に書かれている部分は、私がまだ情報が不十分なため、クライアントを十分に理解できないと考えている部分です。

［事例概要からわかったこと］

クライアントは88歳の女性で、6か月前に当該施設に入所してきました。施設入所するまでは、61歳になる長男の嫁が一人でAさんを介護していました。長男自身は、1年前に肝臓がんで亡くなっています。長女はすでに亡くなっており、Aさんの身よりは、長男の嫁だけです。Aさんが施設に入所することになった理由は、Aさんの訴えが多くなり、介護が大変になったこと、介護者である長男の嫁自身が、不眠症になり、診療内科に通院するようになったことでした。

事例提出者がみたAさんの問題は、3か月前から顕著になってきたようです。同室者とのトラブル、つじつまがあわない発言、不穏状態の継続、居室への引きこもり、意欲の低下などでした。Aさん本人は、このことを問題だと思っていないようです。表をみると、Aさんは［痛みのために病院に入院している］と思っているとのことです（事例提出者が②のクライアントおよびクライアントを取り巻く問題のまとめで、このような内容を記述していますが、このなかには事例提出者自身の推測も入っているため、なるべく事実であろうと想像されたことのみをここに記しました。このような問題が起きているのが本当に「寂しさ」や「認知症の進行」によるものなのかということはまだ明らかではありません。事例提出者がなぜそのように受け止めたのかということを事例検討会で明らかにしていかなければなりません）。

Aさんは、職員が訪れると、大きな声で喜びます。また同室者から、注意される程度の頻度でナースコールを鳴らしています。図9-4の「一日の生活」をみると、8時に離床しているにもかかわらず、お昼前にはまた離床しており、朝食がすめばまたベッドに戻るという生活

であることがわかります（つまり現在の生活ではAさんが楽しみをもてていないということです．施設で工夫すれば，このような状況に働きかけることのできる人的資源を提供できるのでしょうか．これらも事例検討会で考えていくべきポイントです）．

演習9-4の回答例 ● 演習の質問に関して，次のような答えができると考えられます

(1) この事例を理解するために必要な知識がありますか．あればそれは何でしょう？	認知症（ご本人の入所前の状況，変化がどんなとき，どれほど起こっているのかとの関連性のなかで考える）
(2) クライアントはこれまでどんな生きかたをしてきて，どんな人間関係を築き，何を大切に考えて生きてきたのでしょうか？ 言い換えれば，クライアントはどんな人でしょう．	上で説明したとおり，まだ十分な情報はない．
(3) クライアントはどんな理由で施設入所したのでしょう．入所したことについてどのように考えているのでしょうか？	理由は介護者が病気になったため．また，関係性もよくなかったため．本人は自分が病院にいると思っている．
(4) クライアントの問題はなぜ起きているのだと考えますか？ それを理解するためにさらに必要な情報は何ですか？	これまで入手できている情報から判断する限りでは，認知症に，環境の変化という要因が加わり，さらに症状を悪化させているのではないかと推測できる．まずは認知症の程度をしっかりと確認する必要がある．また，入所前には何をどこまでどれだけできていたのか，入所後も状況変化において，どの程度問題行動に変化がみられるかを確認する必要もある．

(5) 事例提出者が問題だと考えているクライアントの行動をあなたは問題だと考えますか？　その理由は何ですか？	事例提出者が問題だと考えていることは，「なぜ，この事例を発表したいのか」のところから読み取ると，生活にリズムがないこと，残存機能が十分生かせていない，精神的に不安が大きい，という3点にまとめられる．さらに，表9-4の「②援助職者が問題だと考えることの具体的な説明」からは，（職員が近くにいると）依存的になること，さらに（認知症の進行により）夜間の頻回ナースコール，の2点がでてきている．これら5点は相互に関係が深く，「精神的な不安が高い」ことが根本原因として存在し，そのために夜間の頻回ナースコール，依存心，生活のリズムのなさ，があり，結果として残存機能を発揮できていない可能性がある．そのため，事例提出者が問題ととらえた問題は確かに問題であると思われるが，現時点では，真の問題は明確ではない．逐語録からは，本人が孤独感，喪失感を感じていること，自分の存在の肉体的な側面と精神的な側面との葛藤（早く死にたいのにたくさん食べるから死ねない，という発言），が読み取れる．認知症の進行それ自体がどの程度このような問題に影響を与えているのかが明らかにならないと真の問題理解には至らないと考える．
(6) あなたがこのクライアントの担当であって，もし何でも可能だとすれば，あなたは何をしますか？	専門医の診断をあおぎ，医学的アプローチで変化可能な問題行動が何かを明らかにする．少なくとも，2～3日間，しっかりと行動観察をし，どんな時間題行動が増減するかをみる．

このようなことを少しずつみんなで問いかけて，詳細を明らかにしていく流れの検討会です．この事例検討会が終わったあとに，事例提出者が，事例検討会を振り返り，提出してくれたコメントが，下の囲みの中に入っています．このような形で，事例検討会が終了したあと，実際に事例検討会で出た新たな知識や疑問をどのような形で使ったり，問題を解決しようとしたかということを発表してもらうことは，とても重要です．

[解説]
〈認知症について：二重の喪失経験と症状の関係〉

本事例を考えていくうえでポイントとなるのは，認知症の進行していく入所者に対して，今までの本人の特性を持続させていける面と，そうでなくなってきた面の見極めと，それに応じた対応法の発見でしょう．認知症が進行していくことは，本人にとっても，また施設の職員にとっても受け入れにくいことです．「今までで

きていたから，まだもう少しできるのではないか」「なぜこれができなくなったのだろう」という思いを常にもちながらケアをされ，ケアをしていくことになるのでしょう．

　認知症といった問題をもつクライアントを担当した場合，本人の能力を適切に評価することができず，不安を抱えたままのケアになり，援助計画作成を妨げることがあります．同様に，うつ傾向があると一般的にいわれている場合にも，それが何らかの疾病の表現なのか，環境に対する反応性のものであるかの見極めがむずかしいときがあります．そのような場合，専門職による適切な判断と対応法に関するアドバイスを得ることが不可欠でしょう．本事例でも，事例発表中，精神科受診の必要性が討論されました．

　本事例は認知症の症状をもつ入所者に対する一般的なケア計画作成のポイントとともに，ケアを受ける本人の個別性に注目する必要があることを教えてくれています．本人は88歳ですが，すでに長男も長女も失っています．高齢社会になり，親が長生きをすれば，こんなことも起こりうるのですが，子どもの喪失という，親にとって非常につらい経験をしているのです．周囲から「依存心が強い」ととらえられていますが，何ゆえに他者に頼ろうとするのかといったクライアント個有の背景理解が不可欠です．

　本事例を発表した担当職員は，この二重の喪失に気づいていました．Ａさんは3か月ほど前から，同室者とのトラブルや寂しさが引き金となり，急速に認知症が進行し，夜間不眠による頻回なナースコールで職員をも当惑させるようになってきていました．このような，「ある問題行動」のきっかけがわかれば，それに対して何ができるかが考えやすくなります．

〈クライアント理解に必要な情報〉

　⑦のアセスメント項目からみえてくるＡさん自身の現状のとらえかたは，今自分は病気で入院しており，おいしいものを食べることが楽しみだ，というものです．ご本人は歌も好きなようで，施設のなかでの生活に喜びを見出す力をもっています．また話好きで，職員とのやりとりにもみられるように，素直に自分の気持ちを表現する強さをもっていると，担当の職員によって指摘されています．

　Ａさんが病院にいると思っているのであれば，今起こっている問題の一部である「介護職者に依存する」という行動はＡさんのなかでは病院に期待する当然の行為かもしれません．事例提出者はＡさんの問題行動は「孤独」「不安」からきているのではないだろうか，と推測しています．この推測が正しいかどうかは，Ａさんの問題行動がどのようなときにおさまるかを観察していくことで確認できます．表9-4の⑥の情報からは，職員からの「呼びかけ」「食べることに関する活動」がともにあるときには，「喜んで参加する」とのことで，「職員からの関心」と「本人が好きな活動」がともにあれば問題が軽減していることがわかります．

　「精神的な不安」と事例提出者が記述している不安は，環境の変化によるところが大きいのか，もともと施設にくる前からのものなのか，もう少ししっかりと把握する必要があります．そのためには，Ａさんを理解するための⑪から⑬までの情報がかなりわかっていなければなりません．少なくともＡさんがお話をすることは好きで，素直な方だということは日々のやりとりを通してわかっているようです．

　生育歴は，ご本人からもっと聞かせていただく必要があるようです．忙しい施設での仕事で時間を割くのは大変でしょうが，「生育歴」を聞かせてもらうことは今後の応対に大いに役立

つことですし，さらに，その「会話」がAさんにとって嬉しいものとなることは想像できます．Aさんは，だれかと「よい関係」を築いてきた方なのか，あるいは，他者と（家族も含めて）関係を築くのが困難な方だったのか，などを知る必要があります．いわゆる女手ひとつで子どもを育て上げられたことをどうとらえていられるのか，これは誇れることであり，介護職者がAさんに「自己評価」を高めていただくために話し合う価値のあることに思われます．息子さんが自分より先に亡くなることは，さぞかし残念なことであったことも想像に難くありません．このような情報を押さえられなければ，表9-4の⑤に書き込むべき「問題解決に使える人的・物的資源」がみえてきません．

〈今後の支援の方向性〉

では，Aさんにとって，今後どのような支援の方向性が考えられるでしょうか．頻度の多いナースコールは，本人の寂しさ，不安の表現かもしれません．そのため単純な行動制限が，その解決法でないことは自明です．事例提供者が「アセスメントをもとにした相談援助の方向性（援助全体の計画）」の①②⑤にリストアップしたことで，この課題への対処法の第1ステップは踏み出せると考えられます．しかし，どのような場合でも，ある対応法が「絶対有効」とは断言できません．その試みがどのような効果を示したかを今後フォローしていくことで，初めて，この対応策が適切であったかが判断できます．

③と④の援助の方向性は，「生活意欲の低下」が課題となっているクライアントに対する対応方法として注目に値します．クライアントの意欲の低下は，ある働きかけによって変えうるものとそうでないものがあります．加齢や症状の悪化による意欲の低下を，自然なものとして共有していく必要が出る場合もあります．

本事例では，事例提出者は排便・排尿および口腔洗浄に関して本人の能力があると判断し，その力を引き出す援助計画を立てています．ポータブルトイレへの誘導や口腔洗浄の介助は，そのプロセスで介護者がクライアントと密な言葉のやりとりをしたり，行動観察ができるという点で，プラスの役割を果たすでしょう．しかし，前述したように，介護職者からの働きかけがクライアントの心理的・身体的能力を超えたと判断されるような状況になったときには，再アセスメントと援助方向性の再考が必要になります．

「クライアントとのやりとり」の最後のほうで，意識をぼんやりとさせながらも「はやく死にたいのに，たくさん食べるから死なれへんねん」というAさんの言葉は意味深長です．現在の生活につらさを感じながらも，やはり生きていきたいというAさんの相反する気持ちが表現されているようです．

この言葉を聞かされた職員は，Aさんの生きる意欲をも聞かされたと思うことができるでしょう．Aさんとのやりとりのなかからは，職員がAさんに受け入れられ，その関係がよいものであることがみてとれます．このような関係性をもとにして，Aさんの言動を追っていくことで，今後の変化にどのように対応していくことができるのかを考えていくことができます．

[事例提出者による事例検討会終了後のコメント]

> 　Aさんは生活にリズムがなく，残存機能が活かせていない．精神的な不安も大きく，意欲の向上へとつなげることがむずかしい．
> 　事例発表後，精神的な不安について，精神科を受診した．その結果，睡眠もよくとっており，昼夜逆転傾向もなくなっている．以前はナースコールを頻繁に鳴らし，寂しいと訴えていたが，同室者がふえたことで落ち着き，また寮母室に近い部屋へ移動し，職員の訪室の回数が多くなったので表情も穏やかになっている．
> 　ADLの低下については，トイレ誘導を行って3か月記録をするも，尿意・便意がなくなっており，おむつ内排泄で，自尿は一度もなかった．トイレに移動する動作はしっかりとしており，リハビリテーションにもつながると考えられたが，「出ないのにトイレに行くの？」と言われることが多く，車いすからベッドへの移乗，車いすの自走などがスムーズに行えていることから，生活リハビリができているので，排泄に関してはおむつ対応で徹底している．
> 　Aさんに活気のある，はりのある生活を，と望んで援助してきたが，クラブ行事などのよびかけの反応から，ゆったりとした生活，マイペースな生活を望んでいると考えられるため，Aさんのペースを尊重し，無理なく行えるプランで職員の対応を行っている．

[最終コメント]

　事例発表後，スーパーバイザーや事例検討会の参加者からのコメントなどをもとに，クライアントの精神科受診が実施され，睡眠に関する問題の改善をみています．また，いわゆる「問題行動」としてとらえられていた頻回のナースコールも，その底に寂しさがあるのだろうというアセスメントに基づいて，部屋の移動と職員の接触頻度の増加があり，改善をみたと報告がなされました．ADL低下に関しては，先のコメントで筆者が指摘したとおり，本人の残存能力維持のみに着目するのではなく，そうする部分とクライアント本人の望む生活ペース尊重にも着目していこうという結果になっています．
　このように，事例検討会はそこで出てきたスーパーバイザーや事例検討者とのやりとりを通して，事例提供者自身が今後の対応方法を考え，実践することを目的としています．今回の事例提供者のコメントにみられたように，事例提供者自身がコメントをもとにしていくつかの改善を行い，その結果，対応策の継続や方向変換を決定しています．このような相互交流とその結果の実践への応用，振り返りがあって，初めて事例検討会は実践に役立ちます．

まとめ

　本章では，高齢者介護職員に焦点を当てて，職場における課題やその問題解決の方法をアンケート調査と事例記述を通して見てきました．第1節では，アンケートのデータから，特別養護老人ホーム介護職員の現状と課題を考察しました．この調査は，公的介護保険が始まってすぐに行われたもので，その後制度変更があったため，この結果をそのまま現在の介護職員の状況に当てはめることはできません．しかし，全体として介護職員が抱えている課題そのものには，大きな変化がないと言えるでしょう．「上

本節は，「月刊総合ケア」（医歯薬出版発行）2005年5月号 p.54～60，6月号 p.78～84，に発表されたものを大幅に加筆・修正したものである．

司・先輩からのサポートがたくさんもらえていると，介護職員の「燃え尽き」が軽減される」という結果は，実践現場にいる人にとっては，納得のいく結果であり，今後の職場研修体制のあり方を計画する際に考慮すべき結果と言えそうです．第2節では，高齢者介護職員の抱えている課題を「事例」を通して検討してきました．ここでは，私が実際に行ってきた事例検討会の意義や実施方法，事例報告用紙に，記入していく内容などの解説をし，その後，実際の事例の紹介をしています．そして，読者のみなさんが実際に，このような事例検討会を行うときの学習方法や，学習をする際の留意点をあげ，最後に，ここで提出されている事例にみられる課題解決のために，どのようなことを考える必要があるかということを解説しました．

参考文献

1) 田尾雅夫, 久保真人：バーンアウトの理論と実際. 誠心書房, 1996.
2) 清水隆則(著), 西尾祐吾(著), 田辺毅彦(著)「ソーシャルワーカーにおけるバーンアウト―その実態と対応策」中央法規出版, 2002.
3) Dean H. Hepworth, Ronald Rooney, Jo Ann Larsen : Direct Social Work Practice : Theory and Skills, Wadsworth Pub Co ; 5th. Edition. 1996.
4) Gleason-Wynn, P. & Mindel, C. H. : A Proposed Model for Predicting Job Satisfaction. *Journal of Gerontological Social Work*. 32 (3), 65-79, 1999.
5) Evans, W. N. & Hohenshil, T. H. : Job Satisfaction of Substance Abuse Counselors. *Alcoholism Treatment Qarterly*, 15, 1-13, 1997.
6) Rauktis, M. E. & Koeske, G. F. : Maintaining Social Worker Morale : When Supportive Supervision Is Not Enough. *Administration in Social Work*, 18, 39-60, 1994.

10章 ケアマネジメント

9章では，介護職に焦点をあて，アンケート調査と事例から具体的な実践上の課題とその解決法を検討してきました．本章では焦点を高齢者援助に携わるケアマネジャー（介護支援専門員，以後ケアマネジャー）にあて，ケアマネジメントをより複合的に理解するためにケアマネジメントの歴史，さまざまなモデル，課題，日本のケアマネジャーの現状を考察していきます．

2000年に公的介護保険が始まってから，多くのケアマネジャーの実務者研修受講資格合格者が生まれ，要介護高齢者ケアマネジメントと要支援高齢者の介護予防ケアマネジメントを実践しています．2006年には，地域包括支援センターが創設され，主任介護支援専門員（以下，主任ケアマネジャー）という新たな役割もできました．

日本でケアマネジャーという名前が多くの人になじみのあるものになり，実践経験と研鑽を重ねて，対人援助職者として相談面接力をつけてきた人たちが増えつつある一方で，ケアマネジャーとは，本来どのような仕事をするべきなのか，ソーシャルワークとケアマネジメントの関係は何か，などといった重要かつ基本的な内容が明確にされないまま，年月が過ぎているのが現状です．そのため，ケアマネジャーに期待されている役割がわからないまま悩み，その結果燃えつきて離職する人たちも少なくありません．

実際ケアマネジメントと総称されている実践にはいくつかのモデルがあり，実践方法や，ケアマネジャーの役割などは，拠って立つ理論やモデルに左右されます．そのため自分の実践がどのような考えかたに基づき，何を目指しているのかを理解しておくことが必要です．そこで本章では，1節で「ケアマネジメントとは何を意味するのか」を再度振り返り，その基本的な考えかたをしっかりとみていくことで，日本の公的介護保険下におけるケアマネジメント実践の課題を理解します．2節では，ケアマネジャーを対象に実施したアンケート調査の結果から，ケアマネジャーたちの現状とその現状への対応策を考えていきます．

1 ケアマネジメントとは本来，だれに対して何をすることを意図して始められたのか？[注1]

演習 10-1　●ケアマネジメントとは？

（a）ケアマネジャーのみなさんへ

これまでの実践経験を振り返って，「これはケアマネジャーの仕事ではないはずだ」と考えつつ，実践せざるを得なかった業務内容があれば，その内容とそう考える理由を書き出してみてください．

（b）ケアマネジャー以外のみなさんへ

あなたが想像する「典型的なケアマネジャーの仕事」をできるだけわかりやすく説明してください．「どんな人に対して」「どんなこと」をするのが，ケアマネジャーの仕事でしょうか．

さて，みなさんの回答はどんな内容だったでしょうか．

これから，ケアマネジメントのさまざまなモデルを紹介していきますので，みなさんがどんなモデルに最も近い実践を想定していたのかを考えてみてください．

●ケアネジメント登場の背景
―脱施設化による地域生活支援の必要性の高まり

ケアマネジメントと同義語として使用される用語に，ケースマネジメントという言葉がありますが[注2]，ソーシャルワークでは，このケースマネジメント（以下，ケアマネジメント）は数あるソーシャルワークの実践方法の一方法としてはやくから用いられてきました．ケアマネジメントの実践・理論研究が盛んなアメリカで，ケアマネジメントが注目を浴びた理由のひとつは，施設で生活していた精神障害者が地域で生活することを促進しようとした「脱施設化」にありました．施設にいれば，個人が必要な医療，食事，住居，整容，などのケアが，その場所でコーディネートされ提供されますが，地域に戻り生活を始めるとそれら数々のすべてのケアを手配し，適切に提供されるようにする必要が出てきます．言い換えれば，地域での自立生活支援のため，複雑なサービスのコーディネーションを継続的に行う必要性が高まったことが，ケアマネジメントの登場のきっかけでした．

ケアマネジメントの登場以前は，サービスを提供する人々やシステムのあいだで適切な連携をとれずにサービスが分断化されるという問題，さらに，健康，医療といった領域でのコストの上昇という課題がありました．そこで，このような課題に対処するために，ケアマネジメントが登場したのです．日本では，ケアマネジ

注1）1節は兵庫県介護支援専門員協会13回パワーアップセミナー「ケアマネジメントの理論と実践」2006年11月11日（土）の講演を基にしています．

注2）日本のケアマネジメント研究の第一人者である白澤（1996）[1]は，ケースマネジメントとケアマネジメントを同義語として論じていますので，ここでも従来ケースマネジメントとして論じられてきた内容をケアマネジメントと考え解説を加えていきます．

メントの最初の対象者は要介護状態にある高齢者でした．特別養護老人ホームなどの施設から在宅介護へとシフトさせていこうという意図で，「公的介護保険制度」のもと，ケアマネジメントで提供するサービスをパッケージにして提供したことが，アメリカのケアマネジメントと日本のケアマネジメントとの違いでしょう．アメリカには，公的介護保険が存在しないため，ケアマネジャーがサービスを探し出したりつくり出したりするプロセスに，多くのエネルギーと時間を使います．

では，ケアマネジメントとは具体的にだれに対して，どのようなことをする仕事なのでしょうか．実はこの問いに対する答えは，ケアマネジメントを実践する人たちがどのような「モデル」に従って仕事をするのかによって変わってきます．次に，ケアマネジメントの2つのモデルを紹介します．

●ケアマネジメントモデル

2分類：利用者主導モデル対サービス提供者主導モデル

最も大きな分類法は，ケアマネジメントが提供するサービス内容，結果の評価の仕方を「だれ」を中心にして考えるか，で分類できるもので，「利用者主導モデル」と「サービス提供者主導モデル」の2つがあげられます．ローズとモアー（Rose, & Moore, 1995）[2]の議論をもとに，この2つのモデルを説明していきます．

(1) 利用者主導モデル

利用者主導モデルでは，ケアマネジメントとは「ケアマネジャーがクライアントの強さを見出し，利用者とケアマネジャーの信頼関係を基礎にしてどのようなゴールに向かっていくのかをともに導き出していくこと」を意味します．ケアマネジャーは，利用者が自分の望むゴールに向かって段階的に変化していくことで，利用者が自信をもつことをサポートしようとします．そのため，ケア計画作成段階で考慮される資源は，公的資源や既存の資源に限定されない包括的なものであり，とくにインフォーマルなソーシャルネットワークが，資源としてしっかりと考慮されます．モニタリングでは，単なる身体機能の変化をみるのではなく，ケアマネジメントのプロセスでどんな変化があったかをケアマネジャーと利用者がともに評価します．最終的な評価基準は自立性や自己評価の向上，インフォーマルなネットワークへの参加といったような質的なものが中心になります．利用者の身体的な自立だけではなく，精神的な自立度が高まったり，自分に対して肯定的な考えかたができるようになったり，みずから他者とのかかわりを求めていくようになったりするという，目に見えにくい出来事が評価されます．

(2) サービス提供者主導モデル

サービス提供者主導モデルでは，ケアマネジメントとは，「ケアマネジャーがクライアントの問題や病理に着目し，利用者がケア計画に従いサービス提供に適応するように働きかけること」を意味します．ケアマネジメントの目的はサービスを利用することであり，ケア計画作成段階で考慮される資源は既存の資源に限定されます．そして，モニタリングでは，利用者がケア計画に従っているかどうかに焦点があたり，最終評価はおもにサービス利用数や入院日数の減少などの量で評価されることになるのです．

サービス提供者主導型でケアマジメントを実施するとどうなるかを，少し極端な形で示してみます．

事例10-1：サービス提供者主導モデルによるケアマネジメント例

> Aさんは，90歳になる独居の女性です．彼女は歩行が困難であり，日常生活に支障をきたしているため，ケアマネジメントが導入されました．担当になったケアマネジャーは，Aさんに会ってすぐ「何が問題か」「何ができないのか」「障害は何か」を見つけ出すための質問を行いました．そして，公的介護保険の支給範囲内で適切であろうとされているサービス内容に照らし合わせて，利用者に必要であると考えるサービスをAさんに告げ，ケア計画が作成されました．Aさんは，そのケア計画に従って生活するようにと言われました．1か月後，モニタリングのさいに，AさんはケアAに従ってサービス利用を継続していたため，ケアマネジャーはAさんが暗い表情をしているにもかかわらず「ケアマネジメントはうまく進行している」と評価しました．

いかがでしょうか．上の事例を読んでケアマネジャーはこんなふうにAさんの思いを無視してはいけない，とお考えになられたでしょうか．しかし，その反応は(1)で紹介した「利用者主導モデル」に立って考えているコメントかもしれません．確かに問題を残してはいますが，サービス提供者主導でケアマネジメントを実施することが目的であれば，上の事例のケアマネジャーは，先に述べた条件は満たしているといえます．

「何をどこまですればよいのか」に焦点をあてた3つの分類

上で紹介したケアマネジメントのモデルの違いは，「だれのニーズが中心になるのか」とも言い換えられるかもしれません．次にご紹介するのは，「ケアマネジャーがどこまで利用者のケアをすればよいのか」に焦点をあてた分類です．これはロス（Ross, 1980）[注3]が行った分類で，最小限モデル，コーディネーションモデル，包括モデルの3種類です．

注3）文献3, P51, 表3-1.

(1) 最小限モデル

このモデルでは，ケアマネジメントの必要性のある利用者を発見したら（アウトリーチ），利用者のおかれている状況をアセスメントし，ケース計画を作成し，サービス提供者を紹介するという一連の流れで終了します．サービス利用者に紹介したあとの支援には，かかわらないものです．

(2) コーディネーションモデル

このモデルでは，最小限モデルに加えて，ケアマネジャーが利用者のために代弁する（代弁＝アドボカシー），直接ケースワークを行う，利用者に必要なサポートシステムを開発する，再アセスメントをする，というプロセスが含まれます．

(3) 包括モデル

このモデルでは，コーディネーションモデルに加えて，資源開発のための弁護的機能，サービスの質の監視，一般市民の教育，危機介入というプロセスまでをも含めています．

（備考：線を引いた部分は，その前のモデルより増えた機能を示す）

ケアマネジメント利用者が必要とする支援の程度に焦点をあてた3分類

前項でご紹介したのはケアマネジメントをだれのニーズを中心にどこまで実践していくのか，ということで分類されたモデルでした．これらとは別に，ケアマネジメントの利用者がどの程度の支援を必要とするのか，に着目して，提供するケアマネジメントを分類することも可能です．サマーズ（Summers, ○○○○年）は，管理的ケアマネジメント，資源コーディネーションケアマネジメント，集中的ケアマネジメントの3種類に分類しています．

(1) 管理的ケアマネジメント

管理的ケアマネジメントは，非常に機能の高い利用者に対して実施するもので，ケアマネジャーが制度の案内役の役割を果たせば，他にはほとんど支援が必要でない利用者に適したものです．日本の公的介護保険制度でも「セルフケアプラン」というものが存在し，利用者がみずからのケアプランを作成することが可能になっていますが，このような利用者に制度の道案内をしたような場合があてはまるといえるでしょう．

(2) 資源コーディネーションケアマネジメント

これは，資源をコーディネーションするというものです．「資源コーディネーションケアマネジメント」の利用者たちは，緊急状態にはないものの，何らかの慢性的な問題を抱えそれらに対する支援を必要としています．上のモデルと比べると，管理的ケアマネジメントは最小限モデルであり，資源コーディネーションはコーディネーションモデルと言い換えることができるでしょう．

(3) 集中的ケアマネジメント

集中的ケアマネジメントとよばれ，非常に多くの時間を要する危機的な状況の利用者のケアマネジメントです．上のモデルと比較した場合，必ずしもこれが包括モデルと同様とはいえませんが，包括モデルを必要とする可能性があるとはいえるでしょう．このような利用者に含まれるのは，入院を必要とする人，自分自身や他人に危害を加える可能性のある人で，「リスクの高い危機的状況を繰り返す人」（p48引用）です．集中的ケアマネジメントを必要とする利用者を担当しているケアマネジャーは「たくさんのケースを担当できない」（p48引用）のはもちろんのことです．

ここまでを振り返ると，日本のケアマネジャーが直面している問題と問題の原因がいくらかみえてきます．第1に，日本では利用者主導とサービス提供者主導の相反するともいえるモデルが混在して研修や実践が行われているようです．第2に，日本のケアマネジャーたちは，管理的ケアマネジメントから集中的ケアマネジメントまですべてのレベルの支援を必要とする利用者の担当をしています．管理的ケアマネジメントの対象者のような利用者がほとんどであれば，ケアマネジャーの仕事はそれほど困難ではないでしょう．しかし，現実はそうではないはずです．「困難事例」とよばれる事例はしばしば，集中的ケアマネジメントが必要になってきます．しかし，そこで使うべきエネルギーが多いということが認識され，それを考慮したケース担当数になっていなければ，ケアマネジャーが燃えつきてしまう可能性は大きくなることが想像できます．

●ソーシャルワーク，ケアマネジメント，ケアマネジャーの役割の関係

　2006年に創設された地域包括支援センターは，上で述べたような「困難事例」への対応とともに「ソーシャルワーク」といった機能を発揮することが期待されています．みなさんは，ソーシャルワークと聞いて，具体的に何をすることかおわかりになるでしょうか．「ソーシャルワーク」という用語はケアマネジメントの研修などではよく聞かれるのですが，ケアマネジメントと同様に，その意味が明確に理解されて使用されているかどうか疑問です．ソーシャルワークは，対象とする問題領域が広範でソーシャルワーカーの果たす役割も問題領域に応じてさまざまです．このことが，ソーシャルワークの理解をむずかしくしているともいえますが，前述したように，ケアマネジメントはソーシャルワーカーが果たす役割のひとつとして，はやくからソーシャルワークに存在したものです．そこで，ソーシャルワークとは何かをケアマネジメントと比較しながらみていきましょう．

[プロセスと役割]

　ケアマネジメントとソーシャルワークのプロセスは，理論的にはほとんど同じであるといえます．ケアマネジメントのプロセスは，「問題発見 → 契約 → アセスメント → ケアプラン作成 → ケアプラン実施 → モニタリング → 再モニタリング → 評価」となっていますが，この「ケアプラン」を「支援計画作成」，「ケアプラン実施」を「支援計画実施」に変えればソーシャルワークのプロセスとなります．言い換えれば，ソーシャルワークのプロセスを「ある特定領域」に応用したものが，ケアマネジメントと言えるでしょう．

　ソーシャルワーカーの役割分類は研究者によって少しずつ異なりますが，ホフマンとサリーの研究論文（Hoffman & Sallee, 1994）などをもとにした14の役割は (1) 心理社会的カウンセラーあるいはセラピスト，(2) ブローカー（クライアントに最適のサービスをクライアントが有効に利用できるようにその道筋をつけていく），(3) ネットワーカー（システムとソーシャルワーカー，クライアントと資源のあいだでの共同精神を高める），(4) ミディエーターあるいはコンフリクトマネジャー（利害の衝突するシステム間に介入して違いの建設的な解決を促進する），(5) エネブラー（クライアントやターゲットシステムの長所を見つけ，それを相手が認識するように相手にフィードバックして伝え，利用可能な資源を活用できるようにする．情報提供も含まれる），(6) 教育者（クライアントが技能を伸ばしたり，情報や知識を得たりしていくことを推進する．クライアントの向上の機会の提供者），(7) アドボケーター（援助を必要とする人々の権利や尊厳のためにそれらを手に入れるために活動すること），(8) 評価者（情報の収集をして，個人，グループ，コミュニティーの問題を評価する），(9) モービライザー（問題対処のためにグループづくりや活性化をする），(10) コンサルタント（他のワーカーや機関と協同して，人や機関が技術を高めたりクライアントが問題を解決したりすることを援助する），(11) コミュニティープランナー（近隣計画，グループ，政府などがコミュニティーのプログラムを発展させていくのを援助する），(12) データマネジャー（社会福祉関連機関においてデータを収集，分類，分析すること），(13) アドミニストレーター（機関，制度，プログラムの管理運営），(14) ケアギバー（具体的で継続的な身体的，経済的，親権ケアを施

設や地域環境で提供する）注4) です．

注4) Hoffman, & Sallee, 1994, Northen, 1995, Persons, Jorgensen, & Hernandez, 1994, Popple, Leighninger, 1990, の研究を筆者がまとめたものである．

演習10-2　● ケアマネジメントとは？

> 上で説明した14個の役割について具体的に「どのような問題」を担当したとき,「どんな形」で示すことができるか，例をあげてみてください．複数の役割をとることが必要とされる場合を想定してくださって結構です．

上の演習の回答は，実践経験がないと，少しむずかしいかもしれません．これから，それぞれの役割を具体的に説明していきますが，「よい実践」は，前述した分類のひとつだけの役割で達成するのはむずかしいものです．中心になる役割はあっても，他の役割も適宜用いることができて可能となっていきます．

事例10-2：ケアマネジメント実践をソーシャルワーカーの役割からみる

> 　Aさんは，2年前に夫を亡くして以来，一人暮らしをしている75歳の女性です．2人の子どもたちはおのおの他県で生活しています．ここ半年ほどのあいだに2度ほど，なべを火にかけたことを忘れて，契約をしていたセキュリティ会社が駆けつけるということがあり，それがきっかけで，母親を心配した子どもらが病院へ連れて行ったところ，認知症であると診断されました．また軽度であり，要介護度は要支援の段階でした．Aさんの担当ケアマネジャーのBさんは，Aさんとの初回面接に先立って，Aさんの娘さんから電話をもらい，子どもたちとしては一人暮らしが心配なので，ぜひとも施設あるいは自分らとの同居を望んでいるが，Aさんは頑として聞き入れない，ということを聞いていました．Aさんは，高校の家庭科の先生として定年退職までつとめあげ，教え子にもしたわれ，卒業生などが頻繁に訪れている人でした．初回面接でBさんが心がけたことは，Aさんの不安を十分聞き，可能な今後の生活方法を一緒に考えることでした．そのさい，公的介護保険サービスとの結びつきだけを考えるのではなく，経済的な資源，また，教え子も含めた人的資源などを使って，本人の希望する生活を維持できるかのアセスメントをしっかりすることが必要であると考えました．
>
> （展開例1）
> ▶初回面接で，ケアマネジャーのBさんはAさんに自己紹介したあと，自分の訪問の目的は，Aさんの望みを聞かせてもらい，それが可能になる方法を一緒に考えていくことであると伝えました．そして，ここしばらくのあいだAさんが不安な思いですごされたのではないか，とAさんの思いをフィードバックしました．ケアマネジャーのBさんがこのようにした理由

は，Aさんが受診，診断のプロセスで認知症であるとわかり，そのことで動揺したり，また否定したい思いなどがあっただろうと考えたためでした．そのため，まずAさんが，今の状況をどう考えるのか，一人で暮らし続けていくことで気にかかることは何か，どんなサポートがあれば生活しやすくなると思うかを尋ねました．

▶Aさんは，不安がつのり，考えもまとまりませんでした．ケアマネジャーはこのことを理解して，今はまずAさんに心理的なサポートをして（1：心理社会的カウンセラー役割），理解を示すことが最優先だと考えました．そこで，Aさんが問題を整理していくのを手伝いました．Aさんは，「このままだと施設に入らなければならなくなる．それだけは絶対に嫌だ」と言い続けました．Aさんに，このような気持ちが強いことを理解したケアマネジャーは，Aさんが，自分自身の力を再認識する必要性を感じました．そこで，今，Aさんが，実際に問題なくできていること，そして，その力を使ってどんな生活ができるかを整理して，伝えました（5：エネブラー，4：コンフリクトマネージャーの役割をとっている）．

▶さらに，今後の生活に関してAさんが子どもたちと話し合いをすることを提案し，子どもたちにもその必要性を伝達しました．そのさいにAさんの子どもたちに，この話し合いは，「Aさんと子どもたちにとって最善の方法を考えるための話し合い」であり，そのためにケアマネジャーがどんなことができるかを一緒に考えていくための場であるということをきちんと伝えました．それは，子どもたちが一方的にケアマネジャーから責任を追及されたり，大変なことを押しつけられたりすることが目的でない話し合いであるということを，わかってもらうためでした．ケアマネジャーが，家族全員で話し合いをするというと，多くの場合，介護者である家族は，自分たちが一方的に責められたり，仕事を押しつけられたりするのではないかという心配をしがちです．そのことがよくわかっていたケアマネジャーは，家族がこのような不安をもつことなく，防衛的にならずに話し合いに参加してほしいと思い，とくに気をつけてこのようなことを説明したのです（このようなケアマネジャーの役割は，3：ネットワーカー，とよぶことができる）．

▶Aさんが，今後現在の生活を少しでも長く，心おきなくすごすことができるためには，地域の人とのよい関係を保っておくことも重要だということがわかっていたケアマネジャーのBさんは，近隣の人にどのような働きかけをすればよいかを考えました．幸い，これまでの付き合いのなかでは，近隣の人たちも，Aさんのことを快く受け入れてくれ，よい関係を保つことができていました．しかし，今後Aさんが近所に迷惑をかけるような行動をし始めると，このようなよい関係も壊れてしまう可能性があると考えました．そのため，火災を起こす危険のない調理器具に買い替えることを提案しました．Aさんは，自分にとって火事を起こさないことが重要であることを理解し，この提案に賛成してくれました．さらに，もしものことを考えてセキュリティ会社と契約を結び，万が一のときには，すぐに駆けつけてくれるように手配をしました．これらの準備がおわった段階で，Aさんの承諾を得て，Bさんは，近隣の人たちへの状況説明と協力のお願いをしました．（7：アドボケーター役割）

▶調理をすることが，Aさんにとってやりがいであり，また大きな楽しみであることを知っていたBさんは，1週間に2回，Aさんがホームヘルパーといっしょに食事をつくり，その

料理を冷凍し解凍して食べることを提案してみました．Ａさんは，この考えが気に入ったようでした．さらに，これだけでは不十分かもしれないと考えて，Ａさんの昔の教え子で，近所に住み，管理栄養士の資格をもつＣさんに，週１回立ち寄ってもらい，料理の献立を一緒に話し合ったり，冷凍しておいた食品の様子をチェックしてもらったりすることにしました．ＣさんはＡさんのことを長いあいだ頼りにしてきており，Ａさんも，Ｃさんを自分の娘のように可愛がっていました．Ｃさんは，Ａさんが認知症の初期症状をみせてきていることもよく理解しており，その対応もきちんとできる人でした．

▶これらの一連の支援のなかで，Ｂさんは，とくに近所の人や家族の人が，過剰な不安をもたないですむようにすることを目指しました．もし，近所の人や家族が強い不安感をもっていれば，ちょっとしたＡさんの行動に過剰に反応し，Ａさんにプレッシャーがかかり，地域生活がむずかしくなると考えたためでした．このような環境づくりをしていくことが，Ａさんの地域生活にとって必要不可欠だということをＢさんはよくわかっていました．

▶さらに，Ｂさんが気がかりであったことは，Ａさんが人に頼ることが苦手だということでした．今後の生活のなかでは，さまざまな人に自分のできないことを頼むことが必要になってきます．そのようなときに，Ａさんが卑屈に感じず，人に頼みごとができるようになることが必要だと考えたＢさんは，このことをＡさんに話し，「どうすればよいとお考えになりますか」と尋ねました．Ａさんは，本当は頼みごとをするのが嫌だけれども，そうすることによって，自分が今の生活を少しでも長く続けることができるならば，努力をしてみたいという思いを語られました．そこで，Ｂさんは，Ａさんが自分にとって苦手なことをやってみようと考えているその姿勢を高く評価したあとで，「今まで自分がしたことのないことをするのは，決して簡単ではないので，練習をしてみてはどうか」ともちかけました．これは，援助職者が，クライアントに，必要な技術などを伝達する「(6) 教育者的な役割」をとったということができます．

▶Ｂさんは，Ａさんと一緒に，今後起こってくるだろう場面を想像して，そんなとき，どんなふうに，頼みごとをするとよいのかを考えて一緒に練習しました．これは，ロールプレイといわれ，実際にある役割を演じてみることでその後の行動がスムーズにできるようにするための方法です．

上の**展開例１**で示したように，ソーシャルワーカーがとるといわれるさまざまな役割のうち，日本のケアマネジャーが果たす必要があるとして共通認識されているのは，前述した14のソーシャルワークの役割のなかの(2)の「ブローカー」から(5)の「エネブラー」かもしれません．とくに，クライアントとのかかわりのなかで，本人や家族，関係機関の力と限界をしっかりとアセスメントできること，そしてそのアセスメントから見つけ出した利用者のもっている力を相手にきっちりと伝えられることを含む「エネブラー」とよばれる役割が非常に重要です．しかし，心理療法は実施しなくても利用者支援で利用者をサポートしていく(1)の「心理社会的カウンセラー」や，(6)の系統的な教育活動ではなくとも利用者に必要なちょっとしたスキルの伝達をする「教育者」としての役割が必要になることも少なくありません．

インガソル・デイトンとキャンベル（2004）[4]は，ケアマネジメントでどのモデルを採用するにしても，「カウンセリング機能」を適切に用いることで，クライアントの福利の向上に貢献できることを数多くの実践例を通じて証明しています．

●ケアマネジャーがよく直面する課題（アメリカにおける例）

これまで紹介してきたモデルやソーシャルワーカーの機能をみて，公的介護保険制度下でのケアマネジメントはどのモデルに最も近いのか，また，自分がこれまで実践してきた仕事はそのうちのどれを目指してきたかが，ある程度おわかりになられたでしょうか．自分が目指しているケアマネジメントが，制度に定められたものと一致しなければ葛藤が生じます．このような葛藤は，じつは対人援助職者がさけることのできないものとして常に存在するといわれ，ケアマネジメントで葛藤を起こしがちな課題がすでに指摘されてきました．たとえば，ケイン[注5]は，4つの典型的なジレンマを引き起こす課題をあげています．それらは，**研究ノート10-1**に示した①経済効率と利用者の福利のどちらを優先させるのか，②利用者の自立と慈善のどちらの目的を優先させるか，③公正さを維持するためにより多くの人にサービスが行きわたることを優先させるのか，ニーズの高い利用者に他の人よりも多いサービスを提供することを優先させるか，④利用者，ケアマネジャー，サービス提供機関それぞれのあいだの力関係をどうするのか，にかかわって起こるものです．

注5) 文献3の16章，ロザリー・ケイン：ケースマネージメント―質の高い管理型ケアを行うに当たっての倫理上の問題点．pp290-303．

研究ノート10-1 ●ケアマネジメントと4つのジレンマ

① 「門番」機能　対　「弁護」機能

ケアマネジメントでの一番の悩みは，ケアマネジャーが限られた財源のなかで支援するさいに，どうやって利用者の福利と財源の公平な分配ができるかということでしょう．公的介護保険下のケアマネジメントでも，要介護度による給付額の上限が決まっているために，その限度枠内でサービス提供をすることが期待されています．財源重視の機能は「門番機能」とよばれ，ケアマネジャーは財源や資源をコントロールする役割を果たします．一方，「弁護機能」は，利用者が最高のサービスを受けることができるように，努力する役割です．利用者個々人の要求の満足と，対象者全体に必要な資源を公正に判断し配分することは，両立可能ではありますが，このバランスをとることは決して容易ではありません．ケアマネジャーとしてできることは，ある利用者にどれだけのサービスがどのような理由で必要か，そのサービスがなければ利用者にはどのような問題が起こりうるかを明確にすることでしょう．そして，ケアマネジャーがこのような努力をすれば，その努力を評価し，例外ケースを判断できる行政サイドの対応が必要となってくることは言うまでもありません．

② 自立　対　慈善

ケアマネジメントは「自立支援」がそのゴールといわれています．しかし，高齢者ケアマネジメントで身体的自立に限定せずに精神的自立を含めて考えれば，ある人が自立できたかどう

かの判断が難しくなります．そして，自立の対極にある「慈善」とのバランスにも悩まされます．利用者の判断能力が不十分なとき，利用者の何をもってして「ニーズ」ととらえ，どんな状態を「自立」とよぶのか，また，利用者の自立のために家族の自立が阻害されることをどう考えるのか，といったことを常に考えさせられます．もちろん，利用者にとって何が一番いいことなのかを判断する「明確な尺度」は存在しません．たとえば，物質的な幸福と安全を「いいこと」と位置づけることができるのかどうか，といった問題が残ります．

③　公正とケアマネジメント

限られた資源をだれに対して，どの程度使うかどうかの判断のジレンマが常に存在します．公的介護保険では利用者が介護保険サービスを利用する権利をもっており，それが真に必要であると判断されれば当然そのサービスを提供します．しかし，クライアントが望む特定のケアに多額の費用がかかるときや，要求の多いクライアントが過分のサービスを受ける，といったことがいいかどうかで悩みが生じます．このジレンマは第1番目の門番機能対弁護機能と，重なる内容の多いものです．

④　力に関する潜在的葛藤

ケアマネジメント実践で強調されることは，利用者の自己決定，尊重，対等の立場に立つといった利用者尊重の立場です．しかし，実際には，利用者，ケアマネジャー，ケアマネジャーの雇用者，サービス提供機関，行政，のあいだにはそれぞれ力関係が存在し，その力関係により，利用者の福利が最優先されない結果になることがあります．日本の公的介護保険ではケアマネジャーの多くがサービス提供機関である事業所に雇用されているため，この力に関するジレンマはほぼ日常的に感じていることでしょう．ケインは，この力に関する葛藤を「…利害に関する対立は，サービス提供機関がサービスに必要なアセスメントも行い，ケア計画も立てるさいに起こりうる．こういった場合，ケースマネジャーは自分自身の<u>組織が提供するサービスに対するニーズを識別</u>し，<u>最も理想的で，お金になる患者を自分に割り当てる</u>ことになりかねないからである．」（p209引用．下線は筆者）と述べています．

●理想的なケアマネジメントとは――利用者主導，包括的ケアマネジメントは可能か？

これまで，ケアマネジメントの分類，ケアマネジメントが構造的にもつ職務上のジレンマをみてきました．ここまで読んでこられてみなさんは，「日本の公的介護保険下で実践されているケアマネジメントは利用者主導といえるのか」「包括的ケアマネジメントは可能なのか」といった疑問を抱かれるかもしれません．この疑問に対する答えを導き出すために，ここで，これまでソーシャルワークで利用とされてきた利用者主体の包括的ケアマネジメントの特徴を，①アセスメント，②ゴール設定，③サービス利用，④ケアマネジャーの立場に関して，表10-1に整理してみます．

①　アセスメント

アセスメントを実施するさいに重要なことは，利用者のもつ個別性に着目し，ADLやIADLといった側面にのみでなく，利用者自身

を理解することを目指します．このアセスメントは，本書の3章で解説したものと同じです．「利用者はどのような人で自分が今おかれている状況をどうとらえており，その状況をどうしていきたいと考えているのか，これまでどのような生きかたをしてきて，このあと，その過去の経験がどう使えるのか」などといったことを考慮することができなければ，よい支援法はみえてこないはずです．このような統合的アセスメントは時間がかかりますが，しっかりとアセスメントをすることで，利用者のもつ力と限界の両方をしっかりと評価することができ，支援計画が利用者に適したものになる可能性が高まり，ひいては効率的な仕事となるはずです．

② ゴール設定

アセスメントで利用者を理解することができれば，支援計画の段階での迷いが少なくなります．もし利用者本人がどのように生きていきたいかが明確になっていて，かつそのような生活に必要な基本的な資源をもっているならば，ケアマネジャーは，すでに説明した「最小限モデル」に匹敵する仕事でよいことがわかるでしょう．しかし，もし利用者は自分がおかれている状況が明確でなく，どうしていいかわからないでいるならば，支援により多くの時間とエネルギーが必要になることを予測できます．利用者主体のケアマネジメントのゴールは利用者が中心となり，利用者福利の向上を目指しますが，これは必ずしも「利用者の望みをすべて実現する」ことではありません．上で説明した統合的なアセスメントを実施すれば，何が可能で，何が不可能かがみえてくるはずです．「ゴールを利用者とともにつくる」ということは，アセスメント面接のさいに，利用者自身が気づいていない力や将来の展望を引き出し，そのうえでケアマネジャーと利用者の双方が「ある方法を選んだ際に利用者に起こりうるメリットとデメ

表10-1 理想的なケアマネジメント実践の特徴

実践のプロセス	利用者主体ケアマネジメント
①アセスメント	＊個別性への着目 ＊身体機能のみでなく，個人の統合的な福利を考えた統合的なアセスメント（人間を全体的にとらえる，生きかた，価値観，心） ＊利用者のもつ力と限界の両方を適切に評価
②ゴール設定	＊利用者の福利の向上 ＊ゴールは多様 ＊ゴールは利用者とともにつくる ＊ゴール達成が利用者の生活にどのような影響を与えるのかを吟味したうえでのゴール設定
③サービス利用	①②をベースにしてどのようなサービスが利用者にとってなぜ必要か？　そのサービスが上の②で作成したゴールにいかにつながるかを判断し，公的，私的の両方のサービスを組み合わせて提供．必要不可欠で，かつ今身近にないサービスを入手する方法を考え，つくり出し，提供
④ケアマネジャーの立場	ケアマネジャーは公正中立の立場で仕事をする．そのため提供したサービス量が給与などに反映されることはない．担当ケース数は，担当する利用者の課題の困難さにあわせて増減が可能である．たとえば，集中的ケアマネジメントが必要な利用者を担当していれば，担当数を減らすなどといったことを柔軟に行える

リット」を真剣に話し合うことを意味しています．利用者のことを十分理解する時間もエネルギーも使わずに「今後どうしていきたいですか」と尋ね，そこで利用者が述べた言葉をゴールとしてとらえることではありません．<u>よい支援とは，利用者が今後自分の生活にどのような変化が起こりうるのかを，具体的にイメージできることで実現します．</u>

③　サービス利用

ケアマネジメントでは，ほとんどの場合，利用者は何らかのサービスを必要としています．そのため，ケアマネジメント業務でも，利用者のニーズを最も適切な形で満たすことができるサービスを見つけ，そのサービスを利用者が使えるようにしていく手配をします．理想は，利用者のニーズと資源とのバランスを考え，フォーマルサポートとよばれる公的サービスとインフォーマルサポートの両方を考慮することです．

④　ケアマネジャーの立場

ケアマネジャーは，本来中立公正な立場で利用者とかかわらなければなりません．そのため，「本当にこの利用者にとってこのサービスがメリットとなるのか」を第1に考える必要があります．利用者によっては他の利用者よりも時間とエネルギーを使う場合があるため，担当ケース数でそのことが考慮されなければなりません．本来はすべてのケアマネジャーに同じ担当人数を課せないはずです．

●公的介護保険のもとでケアマネジャーが直面する可能性のある理想と現実とのギャップ

では，日本において公的介護保険のもとで仕事をしているケアマネジャーにとって，これまで説明してきたような理想の仕事は可能でしょうか．現場で働く人々のなかには，勉強会，スーパービジョン，事例検討会などの機会を最大限に活用して，上で述べたような理想の実現のために努力し続けている人も少なからず存在します．このような個人努力でできることは，上で述べた「アセスメント力」や「ゴール設定力」の向上でしょう．これらの力をつけることで，利用者の将来予測ができ，大変なケースを担当しても，そのケースが多くの時間やエネルギーを要することがアセスメント段階でおおよそ予測できるようになります．そしてそのケースが自分自身の力量に見合ったものかどうかを考えることもできます．そのような予測に基づいて「現在の職場でケアマネジャーとして与えられている時間と資源ではこの利用者に最善の支援ができない」という結論に達したら，本来はそれを地域包括支援センターや行政に伝えて利用者にとって最善の支援ができるようにすることが必要になってきます．

しかし，実際に介護保険制度のもとで仕事をしているケアマネジャーが，事業所から「とにかくすべての利用者の要求するサービスをするように」と言われていれば，本来果たすべき仕事ができなくなります．困難事例の相談にのってくれる場所として地域包括支援センターができましたが，センターが本来の力を発揮するためには，ケアマネジャー，事業所，地域包括支援センター，行政のそれぞれが，自分たちの責任範囲を共通認識し，協力しあうことが必要です．<u>ケアマネジャーが中立公正の立場に立って，よい仕事ができるしっかりとしたバックアップ体制が不可欠です．</u>しかし残念ながら，現実は理想とはかなりかけ離れているようで，離職する人も少なくありません．では，ケアマネジャーは何にストレスを感じ，どの程度疲れているのでしょうか．2節では，ケアマネ

ジャーのストレスと燃えつきの現実を，データ分析を通して理解していきます．

❷ ケアマネジャーの燃えつきとストレス
―アンケート調査の分析を通して

●調査の背景とサンプル

アンケートの回答者は，2008年夏に近畿地方のA県における特別研修に参加した252人です（作為抽出）．研修会場においてアンケート用紙を返信用封筒とともに配布し，1か月以内をめどに返送をお願いし回収しました．参加者はA県の研修に一定回数以上出席した実践経験年数が比較的長い人たちです．183人分のアンケートが返送され（回収率72.2％），そのうち調査項目の半分以上に回答していなかった一人を除いた182人分を分析の対象にしています．対象者にこのグループを選択したのは，一定以上の経験年数をもっているケアマネジャーは，現状を評価できるだけの枠組みをもっていると考えたためです．

●使用された尺度

① バーンアウト

バーンアウトは，日本におけるバーンアウト研究の第一人者である，田尾・久保[5]（1996）[注6]がマスラックのバーンアウト尺度をもとにして作成した17項目からなる日本版の尺度を使用しました．この尺度は「情緒的消耗感」「脱人格化」「個人的達成感」の3つの下位尺度からできており，詳細は表10-2に示すとおりです．「情緒的消耗感」は項目の1，7，8，12，16（5項目），「脱人格化」は3，5，6，10，11，14（6項目），「個人的達成感」は，2，4，9，13，15，17（6項目）です．アンケートでは，『あなたは現在従事している職場で，最近6か月のあいだに，次の17項目のようなことをどの程度経験されましたか．「1＝ない」「2＝まれにある」「3＝ときどきある」「4＝しばしばある」「5＝いつもある」のなかからあてはまる数字を選びお答えください』と尋ねました．17問の回答の因子分析（重みづけのない最小2乗法でプロマックス回転を使用）を実施した結果は，表10-2のとおり，3因子ではなく，4因子構造となりました．脱人格化，個人的達成感は田尾・久保の研究と同じ因子構造でしたが，情緒的消耗感では，項目7が，第4の因子となって抽出されました．しかし，その他の4つの項目はひとつの因子となったので，本研究では，因子分析の結果に従い，情緒的消耗感を4項目で作成しました[注7]．それぞれの下位尺度の得点は，総合得点を質問項目数で割った平均点を用いました．

② ストレス

ストレスに関する質問は，これまでケアマネジャーの固有性を考慮したスケールが開発されていないため，今回の調査で予備的研究として53問を用いました．作成にあたっては，清水・田辺・西尾（2002）[6]がソーシャルワーカーの

注6) 田尾雅夫・久保真人（1996）『バーンアウトの理論と実際』（誠信書房）は，バーンアウトに関心のある方にはぜひお読みいただきたい．日本の看護師を対象にした調査結果も含まれています．

注7) 項目8は，他の因子における因子負荷量も高いですが，本研究では，第3因子（情緒的消耗感）に含めました．

表10-2 バーンアウト（燃えつき）尺度の因子分析結果

	因子1	因子2	因子3	因子4
⑥自分の仕事がつまらなく思えて仕方のないことがある	.770	-.301	.488	.320
⑩同僚や利用者と何も話したくなくなることがある	.638	-.042	.462	.311
⑤同僚や利用者の顔を見るのも嫌になることがある	.638	-.178	.426	.304
⑭今の仕事は，私にとってあまり意味がないと思うことがある	.637	-.224	.413	.183
⑪仕事の結果はどうでもよいと思うことがある	.552	-.234	.345	.223
③こまごまとした気配りをすることが面倒に感じることがある	.551	-.264	.532	.259
⑮仕事が楽しくて，知らないうちに時間がすぎることがある	-.157	.821	-.274	-.316
⑬今の仕事に，心から喜びを感じることがある	-.323	.808	-.319	-.308
⑨仕事を終えて，今日は気持ちのいい日だったと思うことがある	-.352	.727	-.411	-.187
⑰我ながら，仕事をうまくやり終えたと思うことがある	-.266	.642	-.173	-.171
④この仕事は私の性分にあっていると思うことがある	-.296	.556	-.284	-.330
②我を忘れるほど仕事に熱中することがある	.020	.498	.073	-.182
⑯身体も気持ちも疲れ果てたと思うことがある	.565	-.257	.824	.419
⑫仕事のために心にゆとりがなくなったと感じることがある	.505	-.193	.799	.248
①「こんな仕事もうやめたい」と思うことがある	.619	-.375	.654	.467
⑧出勤前，職場に出るのが嫌になって，家にいたいと思うことがある	.616	-.282	.618	.611
⑦一日の仕事が終わると「やっと終わった」と感じることがある	.207	-.261	.213	.611

燃えつき研究で用いた26項目[注8]をケアマネジャー用に改変したものと，筆者が実施した質的調査結果を筆者と実践・教育経験のある評価者の2名で導き出したカテゴリーをもとに作成した27項目の合計53項目です．この53項目全体の妥当性検証には，実践経験が長く研修などを通してケアマネジャーの課題に精通している3人の実践家[注9]がアンケート作成の段階でかかわってくれました．西尾らは，ソーシャルワーカーの研究でストレスに関する因子を「職場の方針や権限に関する問題」「職場環境や研修に関する問題」「社会的な評価に関する問題」「利用者に関する問題」「仕事自体の問題」「利用者理解に関する問題」の6つに分類しましたが，本調査に先がけて実施した質的調査結果から，ケアマネジャー固有の問題（例：(31)介護力が不十分なため最善の支援ができない），「制度の問題」[注10]などの質問項目が新たに付け加えられました．

これらの53項目を重みづけのない最小2乗法を使用しプロマックス回転を行い，因子負荷がどの項目に対しても0.35に満たない項目を削除した結果，合計39項目が残り，表10-3に示

注8) 項目13「利用者からの暴言」14「利用者からの暴力」はケアマネジャーを対象にしたアンケート調査の自由記述回答のカテゴリー化からは出てきませんでしたので，削除しました．一部ケアマネジャー用に文言を変更していますが，質問項目1から24までが，清水・田辺・西尾（2002）がソーシャルワーカー調査で用いた質問項目です．

注9) アンケート作成協力者兵庫県長田ケアホーム施設長で兵庫県社会福祉協議会社会福祉研修所介護支援専門員研修内容検討委員会委員長の山内賢治氏，兵庫県の「気づきの講師委員会」会長で公立神崎総合病院医療ソーシャルワーカーの谷義幸氏，朝来市在宅介護支援センター主任介護専門員の足立里江氏の3名にご協力いただきました．ここで謝意を表したい．

注10) 例：清水らの調査では独立した因子として抽出されませんでした「利用者が制度の狭間に陥っている」．

表10-3 ストレス尺度の因子負荷量（39項目）

（番号）質問項目	1	2	3	4	5	6	7
職場の方針・環境・研修に関する問題							
（18）職場の人間関係がよくない	.755	.105	.314	.336	.038	.117	.230
（23）職場のモラール（やる気）が低い	.749	.117	.058	.343	.027	.224	.364
（5）職場の援助方針の決めかたなどがあいまいである	.734	.242	.158	.300	-.080	.194	.490
（7）職務遂行上の指示系統があいまいである	.730	.222	.112	.315	-.002	.234	.617
（17）物理的な職場環境がよくない	.724	.206	.186	.431	.085	.186	.237
（4）職場の方針決定に意見を反映できない	.716	.201	.174	.366	.140	.171	.387
（22）他の専門職からの無理解	.715	.159	.246	.436	.248	.200	.265
（35）上司（管理者）が自分のやっている仕事の意味を理解してくれない	.714	.214	.263	.276	.123	.141	.393
（19）職場内部のスーパービジョン・研修体制が不備	.679	.224	.116	.275	.077	.344	.295
（47）上司（管理者）が利益を最優先する	.656	.132	.274	.258	.056	.115	.264
（21）変化や挑戦の機会があまりない	.624	.148	.134	.193	.058	.357	.290
（20）職場外部のスーパービジョン・研修への参加の機会が少ない	.619	.250	.149	.211	.156	.316	.331
（36）困ったときの相談相手がいない	.616	.137	.252	.205	.089	.154	.348
制度に関する問題							
（39）利用者が制度の狭間に陥っている	.169	.770	.341	.237	.368	.232	.123
（41）利用者の経済的理由により必要なサービスが提供できない	.059	.703	.155	.252	.350	.227	-.016
（42）制度変更にともなうサービス変更を利用者が納得しない	.112	.682	.284	.248	.316	.283	.012
（54）ケアマネジャーの権限範囲を超えた問題解決を期待される	.174	.678	.198	.304	.309	.341	.230
（3）制度や規則のしばりがあり，柔軟な対応ができない	.262	.616	.224	.383	.463	.367	.230
（48）担当している利用者に介護保険だけではカバーできないニーズがある	.163	.509	.269	.175	.320	.304	.115
（52）行政がケアマネジャーの役割・業務に理解がない	.185	.494	.141	.315	.154	.207	.209
（51）介護保険対象とならない人だが，支援が必要な人がいる	.166	.455	.020	.245	.032	.162	.187
（2）サービスや資源が不足している	.284	.434	.066	.311	.243	.403	.280
利用者の支援法に関する問題							
（32）利用者の思いが引き出せない	.199	.187	.744	.121	.115	.295	-.036
（33）利用者と十分にかかわれないままのケアプラン作成になる	.270	.179	.743	.048	.000	.322	.193

表10-3 ストレス尺度の因子負荷量（39項目）（つづき）

（番号）質問項目	1	2	3	4	5	6	7
（46）アセスメント（課題分析）が不十分なままケアプラン作成をする	.259	.240	.718	.097	.081	.223	.160
（38）介護者（家族など）の意向が優先されて支援計画がつくられる	.092	.230	.666	.050	.180	.162	-.034
（43）利用者支援に必要な知識や技術が不十分である	.380	.262	.580	.211	.076	.220	.053
（16）利用者の理解（性格，行動，価値観）に困難を感じる	.186	.449	.497	.194	.371	.369	-.077
（12）利用者の問題に改善がみられない	.286	.315	.432	.250	.244	.430	.060
社会的な評価に関する問題							
（24）仕事の社会的地位が低い	.374	.334	.149	.782	.310	.233	.157
（26）社会がわれわれの仕事に無理解である	.318	.437	.158	.769	.340	.410	.256
（25）社会の期待にこたえられない	.328	.364	.150	.590	.226	.575	.236
仕事量に関する問題							
（1）仕事が多く時間が足りない	.157	.252	.052	.260	.746	.254	.099
（29）書類上の仕事が多すぎる	.083	.507	.193	.340	.729	.247	.149
（40）仕事量が報酬に見合わない	.121	.455	-.045	.498	.563	.049	.169
コーディネーションに関する問題							
（27）必要な関係者（医師，他事業所など）との連携がむずかしい	.215	.322	.347	.275	.309	.693	.088
（28）家族や利用者を取り巻く人たちとケアマネジャーの考えが食い違う	.280	.414	.408	.277	.227	.632	.028
役割に関する問題							
（8）職務の役割の限界があいまいである	.612	.256	.179	.321	.175	.230	.862
（9）相反するような役割・業務を与えられる	.561	.196	.210	.392	.093	.040	.579

すような7つの因子が抽出されました．これらの7つの因子は，表10-3にあるように，(1)「職場の方針・環境・研修に関する問題」(2)「制度に関する問題」(3)「利用者の支援法に関する問題」(4)「社会的な評価に関する問題」(5)「仕事量に関する問題」(6)「コーディネーションに関する問題」(7)「役割に関する問題」と名づけられました[注11]．

注11）紙面の都合で因子負荷量を省略しています．

● 結果

① バーンアウト

では，まずバーンアウト得点をみてみましょう．表10-4は，バーンアウトの3つの下位尺度である情緒的消耗感，脱人格化，個人的達成感の平均点です．回答者は1点から5点までで答えているので，平均点は理論的には1点から5点のあいだにきます．情緒的消耗感と脱人格化は，その点数が高ければ高いほど，燃えつ

表10-4　バーンアウト得点[注13]（N＝182）

	平均値（標準偏差）
情緒的消耗感平均	2.66（0.96）
脱人格化平均点	1.84（0.63）
個人的達成感平均	2.64（0.79）

き度が高いと考えられます．ではこの結果はケアマネジャーのバーンアウト度が高いことを示しているのでしょうか．参考のために，清水ら（2002）のソーシャルワーカーを対象にした研究結果と比較してみましょう．清水らの研究では，情緒的消耗感，脱人格化，個人的達成感の合計得点の平均は，12.54（SD＝4.17），11.15（SD＝3.92），16.77（4.58）でした．情緒的消耗感に関しては本研究との項目数の違いがあるので，そのことを考慮して本研究で算出した平均点に質問項目数をかけて出した得点を使うと，本研究結果の情緒的消耗感，脱人格化，個人的達成感の合計得点はそれぞれ，14.53，11.05，15.82，となります．単純に数値を比較するとケアマネジャーのほうが，脱人格化は低いものの，情緒的消耗感はより高く，個人的達成感がより低いことがわかります[注12]．

② ストレス

次に，ストレス状況をみていきましょう．因子分析で抽出されたストレスの7因子の平均得点は表10-5に示すとおりです．この表からストレス得点の高い上位3つをあげると，1位は「仕事量に関する問題」で，平均が4.13です．これは「かなり感じた」の得点である4を上回っています．2位は「制度に関する問題」（3.41），3位は「社会的な評価に関する問題」（3.16）で

した．4位は，「コーディネーションに関する問題」（3.13），5位は「利用者の支援法に関する問題」（3.02），で，2位から5位までは「少し感じた」の得点である3を上回っています．そのあと6位が，「役割に関する問題」（2.95），7位が「職場の方針・環境・研修に関する問題」（2.69）でした．多くのケアマネジャーたちが，書類の多さや仕事量と報酬の不適合や，利用者が制度の狭間に陥っている，サービスや資源が不足している，といった制度の問題，社会的な評価が低いこと，に高いストレスを感じていることがわかります．

●燃えつきを予測するストレス──どんなストレスが燃えつきに関連しているのか

これまで，ケアマネジャーの燃えつきとストレスの現状をみてきました．しかし，これだけでは，何が燃えつきにつながっているかが，明らかではありません．そこで，燃えつきに関係するストレス因子があるのかをみてみましょう．表10-6は，燃えつきの3つの下位尺度である，情緒的消耗感，脱人格化，個人的達成感を従属変数にし，7種類のストレスに性別，年齢の2つの基本属性を加えた9つの因子を説明変数として重回帰分析を行った結果の，標準偏差回帰係数（β），t値，R，R2乗を示したものです．この分析は，どのストレス因子がどの燃えつきの下位尺度を予測することができるかをみるものです．

注12）単純に合計点を比較しただけですので，統計的に有意な差があるとはいえません．
注13）バーンアウト得点は、総合得点を項目数で割ったものです．

表10-5 ストレス得点

ストレスカテゴリー	平均得点(標準偏差)
(1)「職場の方針・環境・研修に関する問題」 職場の人間関係がよくない／職場のモラール（やる気）が低い／職場の援助方針の決めかたなどがあいまいである／職務遂行上の指示系統があいまいである／物理的な職場環境がよくない／職場の方針決定に意見を反映できない／他の専門職からの無理解／上司（管理者）が自分のやっている仕事の意味を理解してくれない／職場内部のスーパービジョン・研修体制が不備／上司（管理者）が利益を最優先する／変化や挑戦の機会があまりない／職場外部のスーパービジョン・研修への参加の機会が少ない／困ったときの相談相手がいない	2.69(S.D. = 0.94)
(2)「制度に関する問題」 利用者が制度の狭間に陥っている／利用者の経済的理由により必要なサービスが提供できない／制度変更にともなうサービス変更を利用者が納得しない／ケアマネジャーの権限範囲を超えた問題解決を期待される／制度や規則のしばりがあり，柔軟な対応ができない／担当している利用者に介護保険だけではカバーできないニーズがある／行政がケアマネジャーの役割・業務に理解がない／介護保険対象とならない人だが，支援が必要な人がいる／サービスや資源が不足している	3.42(S.D. = 0.72)
(3)「利用者の支援法に関する問題」 利用者の思いが引き出せない／利用者と十分にかかわれないままのケアプラン作成になる／アセスメント（課題分析）が不十分なままケアプラン作成をする／介護者（家族など）の意向が優先されて支援計画がつくられる／利用者支援に必要な知識や技術が不十分である／利用者の理解（性格，行動，価値観）に困難を感じる／利用者の問題に改善がみられない	3.02(S.D. = 0.65)
(4)「社会的な評価に関する問題」 仕事の社会的地位が低い／社会がわれわれの仕事に無理解である／社会の期待にこたえられない	3.19(S.D. = 0.95)
(5)「仕事量に関する問題」 仕事が多く時間が足りない／書類上の仕事が多すぎる／仕事量が報酬に見合わない	4.13(S.D. = 0.74)
(6)「コーディネーションに関する問題」 必要な関係者（医師，他事業所など）との連携がむずかしい／家族や利用者を取り巻く人達とケアマネジャーの考えが食い違う	3.13(S.D. = 0.83)
(7)「役割に関する問題」 職務の役割の限界があいまいである／相反するような役割・業務を与えられる	2.95(S.D. = 1.22)

　結果を文章にしてまとめたものが**表10-7**です．では，この結果は具体的に何を意味しているのでしょうか．もう少し詳しく結果をみていきましょう．情緒的消耗感では，年齢と「仕事量に関する問題」が予測因子でした．年が若く，仕事量が多く，仕事が報酬に見合わないなどと感じている度合いが高ければ，自分をこれ以上使うことができないという感情疲労である「情緒的消耗感」をより強く感じることがわかりました．脱人格化では，利用者の思いが引き出せないといった「利用者の支援法に関する問題」，「社会的な評価に関する問題」，「コーディネー

表 10-6 バーンアウトを目的変数，ストレス因子を説明変数とした重回帰分析結果

説明変数	情緒的消耗感 β	情緒的消耗感 t	脱人格化 β	脱人格化 t	個人的達成感 β	個人的達成感 t
性別	0.12	1.75	0.06	0.82	0.07	1.01
年齢	−0.14	−1.98*	−0.10	−1.47	0.06	0.79
(1) 職場の方針・環境・研修	−0.13	−0.67	−0.02	−0.24	0.01	0.08
(2) 制度	0.01	0.10	−0.05	−0.56	0.29**	3.01
(3) 利用者の支援法	0.11	1.39	0.27**	3.51	−0.24**	−2.87
(4) 社会的な評価	0.09	1.08	0.24**	2.73	0.02	0.18
(5) 仕事量	0.27**	3.46	−0.08	−0.93	−0.22**	−2.55
(6) コーディネーション	0.06	0.72	0.18**	2.30	−0.22**	−2.53
(7) 役割	0.05	0.64	0.16*	2.05	0.14	1.68
F 値	5.84		7.13		3.93	
R と R2 乗	0.48	0.23	0.52	0.27	0.41	0.17

*$p < 0.05$　**$p < 0.01$

表 10-7 バーンアウトとストレスの関係

① 年齢や性別といった基本属性は，情緒的消耗感で有意な説明変数（$p < 0.05$）であったことがわかった以外には，有意な説明変数ではなかった
② 燃えつきの 3 つの下位尺度でおのおの説明変数がことなっている
③ 「利用者の支援法」「仕事量」「コーディネーション」の問題は 2 つの燃えつきの下位尺度の説明変数である
④ 「職場の方針・環境・研修」はどの下位尺度の説明変数でもなかった
⑤ R2 乗が最も高かったのは脱人格化でこれらの説明変数で分散の 27% が説明できた

ションに関する問題」，職務役割があいまいで，相反するような役割・業務を与えられることを含む「役割に関する問題」の 4 つが予測因子で，利用者の支援法・社会的な評価・コーディネーション・役割，で問題をよく感じると否定的でシニカルな態度と感情を抱く「脱人格化」が強くなるということです．個人的達成感では「制度に関する問題」，「利用者の支援法に関する問題」，「仕事量に関する問題」，「コーディネーションに関する問題」の 4 つが予測因子で，利用者が制度の狭間に陥っている，などに代表される「制度に関する問題」状況でストレスを感じれば感じるほど，仕事から得る達成感が低く，利用者の思いが引き出せない，利用者と十分かかわれないままケアプランを作成していることなどの「利用者の支援法の問題」，仕事が多すぎ時間が足りないなどの「仕事量の問題」，必要な関係者（医師，他事業所など）との連携がむずかしいなどの「コーディネーションの問題」を経験しストレスを感じていればいるほど個人的達成感が低くなっていることがわかりました．

●アンケート調査結果からみえる課題

ケアマネジャーのストレス，バーンアウト，離職の問題は現場にいる人々にとっては深刻な問題であり，広く認識されているにもかかわらず，その実態がなかなか理解されず問題の解決に向かう動きも具体的でなかったといえます．最後にこのアンケート調査結果からみえてきた

現実をふまえて，今後の課題とその解決に向けた提案を4点述べていきます．

第1に，どんどん増えていく書類が本当に必要なものなのか，目的どおりに適切に使われているのかを再検討する必要があります．仕事を文書の形で残すこと，また，仕事の評価をしていくことは大切ですが，「書類の記入」そのものが目的になっていれば本末転倒です．書類に記入された内容が利用者およびケアマネジャーにメリットをもたらすような使いかたがされているのかを見直す必要があるでしょう．現在ケアマネジャーが使っている書類には目的を明確にすることで簡略化できるものがあります．書類は明確な目的があって記入されるべきです．

第2に，制度の狭間に陥り支援が困難な利用者に対して，どのようなことができるのかに関する方策をケアマネジャーと地域包括支援センターのみに任せてしまうのではなく，行政がそこに参加し，ケアマネジャーたちが無力感を感じにくい仕組みをつくる必要があるでしょう．

第3に，報酬などの面からわかるような労働条件に比して，制度変更などで生じる問題の責任がすべてケアマネジャーたちに押しつけられるという「矛盾」の解決が必要でしょう．この問題が，「良心的で意欲のある」ケアマネジャーを燃えつきやすくし，「形式的に仕事をする」ケアマネジャーを生み出しやすくする状況をつくっています．

第4に脱人格化の高さと個人的達成感の低さの予測要因であった「利用者支援法に関する問題」への対応として，ケアマネジャーたちが一人で問題を抱え込まないですむようなコンサルテーションやスーパービジョンの機会確保が必要です．この役割を期待されている地域包括支援センターが，予防ケアプランの業務で忙しく，思うようにスーパービジョン機能を果たせていない，という現状の改善が必要です．

冒頭で述べた離職していくケアマネジャーたちの多くは，「意欲のある」「質の高い仕事を目指している」ケアマネジャーたちです．このようなケアマネジャーの離職を食い止めるためにも，職能団体，行政が一緒になって早急にこの問題に取り組む必要を痛感します．<u>公的介護保険を有効に使い，高齢者やその家族の福利を向上させていくためには，介護保険サービスと利用者の結びつけだけでは不十分であるとの認識を明確にする必要があるでしょう．</u>最後に，本調査のアンケート対象者は，無作為抽出ではなく，すべてのケアマネジャーの代表といえないこと，サンプル数が少なかったこと，ストレス尺度が開発途中のものであることの3点の限界があることをつけ加えておきます．

まとめ

最終章となる**本章**では，ケアマネジメントを取り上げました．日本で介護支援専門員（通称ケアマネジャーと呼ばれ実践をするためには，介護支援専門員実務研修受講試験に合格しなければなりません．厚生労働省の発表によると，平成10年度から21年度までの介護支援専門員実務研修受講試験合格者の総合計は，49万人を超えています．もちろん試験に合格した人のすべてが現場に出ていくわけではありませんが，日本で高齢者援助に携わる専門職の人数としては，非常に多いということができるでしょう．また制度が始まってから10年以上の年月を経た2010年時で，一般の人々にとっても，ケアマネジャーという名称は馴染みのあるものになってきています．しかしこのような状況であるにもかかわらず，「ケアマネジメント」に関する正しい知識はあまり共有されていません．

そこで第1節では，北米を中心として発達し

てきたケアマネジメントの理論を紹介しました．ここで明らかになったことは，ケアマネジメントにはいくつものモデルがあるということ，また，ソーシャルワークとよばれる対人援助職が目指すケアマネジメントと現在日本で実践されているケアマネジメントにはかなりの違いがあるということでした．第2節では，日本におけるケアマネジャーの現状を理解するために，私が実施したアンケート調査結果の分析を紹介しました．第9章の介護職者のアンケート調査で考察した「燃え尽き」とともに，ケアマネジャー特有のストレスがあるかどうかをみていくためにストレス尺度作成を試みました．この尺度作成はサンプル数も少なくまだ試験的段階ですが，そこからみえてきたのは，日本のケアマネジャーがもっともストレスを感じているのは「仕事量」であること，燃え尽きのひとつの下位尺度である「脱人格化」は，「利用者の支援法・社会的な評価・コーディーション・役割」で問題をよく感じるとより強くなるということでした．離職をするケアマネジャーを減らし利用者により良い援助を提供するためには，現在認識されている問題に早急に取り組む必要があるでしょう．

文献

1) 白澤政和：ケアマネジャー養成テキストブック．中央法規，1996．
2) Rose, M.S., & Moore, L.V.：Case Management. In 19th Encyclopedia of Social Work, NASW, 1995, pp335-340.
3) 白澤正和，渡部律子，岡田進一（監訳）：ケースマネージメントと社会福祉．ミネルヴァ書房，1997．
4) B. インガソル・ディトン& R. キャンベル編（黒川由紀子・日本語版監修，望月弘子・訳）：高齢者のカウンセリングとケアマネジメント─ The Delicate Balance：Case Studies in Counseling and Care Management for Older Adults．誠信書房，2004．
5) 田尾雅夫，久保真人：バーンアウトの理論と実際．誠信書房，1996．
6) 清水隆則，田辺毅彦，西尾祐吾：ソーシャルワーカーにおけるその実態と対応策，中央法規出版，2002．
7) Courage, Myrna, M., & Williams, David. (1987) An Approach to the Study of Burnout in Professional Care Providers in Human Service Organization. Burnout among Social Workers. NY：The Haworth Press. 7-22.
8) Lloyd Chris, King Robert, Chenoweth Lesley (2002). Social work, stress and burnout：A review. Journal of Mental Health. 11 (3). 255-265.
9) 渡部律子：高齢者援助における相談面接の理論と実際．医歯薬出版，1999．
10) 渡部律子：ソーシャルワークとケアマネジメント．In 白澤政和・橋本泰子・竹内孝仁 監修：ケアマネジメント講座1　ケアマネジメント概論．中央法規出版，2000, pp246-269.

[付録資料]
事例のまとめかたとひとつのフォーム

　以下に，みなさんが事例のまとめ（既存のアセスメント表とは別のもの）をするさいに，使用可能な形式を示してみました．以下の記述で太字になっている部分は，解説あるいは補足資料です．普通字の部分が，みなさんにお使いいただける形式です．ただし，これはひとつの形式であり，必ずいつもこの形式が使われるものではありません．

(1) クライアントのおかれている状況とその問題点

Ⓐ [クライアントの家族構成：できれば下の表とともに「ジェノグラム」とよばれる家系図で示す]

氏名	年齢	本人との関係	現在の住まい
		本人（クライアント）	

Ⓑ [家族構成図（ジェノグラム）]

Ⓒ [クライアントが相談あるいはサービス提供を求めてくるに至った経過]

Ⓓ [クライアントが述べた現在の問題]

Ⓔ [援助職者がみたクライアントあるいはその家族の印象]

Ⓕ [クライアントの問題に関する要約：クライアントから得た情報をもとにして中核になっている問題が何かを組み入れたまとめ]

> 解説：これを記述するさいにもう一度，3章で学んだクライアント理解のための16の項目を思い出してください．必要に応じてここに，ADLのまとめや症状のまとめなどの表を使うことも考えてください．参考のために，再度16項目を表1に記します．

表1 基本的な援助職におけるアセスメントの項目

アセスメント項目
(1) 何がクライアントの問題なのか？（問題の特徴：クライアントが述べた言葉で記述のこと）
(2) 問題の具体的な説明（いつから始まったか，どれくらいの期間続いているのか，問題の起こる頻度，問題が起こる場所や時など）
(3) この問題に関するクライアントの考え，感情，および行動は何か？（クライアントは問題をどのように感じ，考え，それに応じてどのような行動をとっているのか）
(4) この問題はどのような発達段階や人生周期に起こっているのか？（例：児童期，青年期，老年期など）
(5) この問題はクライアントが日常生活を営むのにどれほど障害になっているのか？
(6) この問題を解決するためにクライアントが使える人的・物的資源（クライアントを取り巻く環境でクライアントの問題解決に有効だと思われるもの）
(7) この問題解決のためにどのような解決方法あるいは計画がすでに考えられたり，とられたりしたか？
(8) なぜ，クライアントは援助を受けようと思ったのか？ 進んで援助を受けようと思っているのか？
(9) 問題が起こるのに関連した人や出来事．それらの人間や出来事は問題をよりわるくしているか，あるいはよくしているか？（現在抱えている問題以外のストレッサーの存在）
(10) クライアントのどのようなニーズや欲求が満たされないためにこの問題が起こっているのか？
(11) だれが，どんなシステムがこの問題に関与しているか？
(12) クライアントのもつ技術，長所，強さは何か？
(13) どのような外部の資源を必要としているか？
(14) クライアントの問題に関する医療・健康・精神衛生などの情報（高齢者の場合はとくに，クライアントのADLと，実際に何ができるのか？ 何ができるようになる可能性があるか？ 認知・感情障害や問題行動の有無と状態，医療に関する情報とクライアントの住環境などに焦点があてられる）
(15) クライアントの生育歴（成長過程で起こった特記事項や家族・近親者との関係も含む）
(16) クライアントの価値観，人生のゴール，思考のパターン

(Hepworth & Larsen (1995) をもとに渡部律子が翻訳加筆・修正．3章のアセスメント項目を表にしたもの)

(2) アセスメントをもとにしたクライアントへの援助方針：援助のゴールとサブゴール

・アセスメントをもとにした相談援助の方向性に関して：援助全体の計画

　これはクライアントに対してどのような援助をしていこうかという「援助計画」にあたるものです．本来はここまでを作成して援助活動に入るのですが，担当したクライアントに対する援助活動を始めた時点でこれができていないことがよくあります．もしあなたの仕事を振り返ってみて，何か援助計画らしいものをもちながら援助を始めたのであればそれを記入してみてください．

下の表の①には，あなたがクライアントとの面接を始めたときにどのようなことを目標に，つまり何のためにクライアントの援助をしていこうと思ったのかを記述してください．大きなゴールというのは，たとえば「クライアントが退院していくのに必要な家族の理解」かもしれませんし，「クライアントが障害を理解して今後の生活の方針を立てていくこと」かもしれませんし，また「クライアントの経済的援助のための資源調整」かもしれません．

そして②では，それをしていくために必要なさらに細かいゴールを記述してください．「家族合同の話し合いの場をつくる」「主治医にクライアントの病状を話してもらう」「リハビリテーションスタッフにリハビリプログラムを作成してもらう」などが例としてあげられます．

[援助のゴールとサブゴール]

①援助の大きなゴールとそのゴールを選択した理由（あなたの理由）	
②上の大きな援助ゴールを達成するためのサブゴール	

上記のような大きな援助のゴールを念頭において，より詳細なサービス計画が立てられます．それは，どのようなサービスをどれだけの量，だれが，どんな形で，どこで，いつ提供するかという5W1Hがすべて入っていることが必要です．

サービスの詳細が決まればその実行が始まりますが，それで援助のすべてが終わったわけではありません．必要なことは「計画されたサービス提供が要援護者にとってうまく機能しているか」を確認することです．そのさい次の表2にあるようなことを再度確認してください．

表2 サービスの有効性・適切さの確認・評価表

計画されたサービスあるいは援助方法	サービスの目的（そのサービスによってクライアントの何を変化させようとしたのか）	サービス提供が目的を達成しているか	もし，されていなければ，その理由は何であると思われるか
例：介護を分担している家族のあいだで話し合いをする．初回面接で話し合いを提案し，合同面接をもち，そこで各家族に食事管理の必要性を説明する	現在，それぞれがバラバラの考えで介護に介入しているために，食事の管理（高血圧に対応する食事）ができていない．この食事に関するきまりを一定にして，要介護者の血圧を一定に保つ	していない．今も同じ	家族が，栄養管理の必要性の説明を援助職者から聞いたものの，長女を除いては「これぐらいなら」という軽い気持ちで自分たちの家族が食べるものと同じものをつくってもってきている
（このような形で自由に続けていく）			

（作成：渡部律子）

あとがき (第1版)

　私が13年間にわたるアメリカでの留学および社会福祉系の大学院での教職生活を終えて日本に帰ってきたのは1995年の3月でした．

　日本に帰ってきてすぐ大学で学部学生を教え始めましたが，私の担当科目は「老年学」や「家族福祉論」などといったもので，アメリカで教えていた社会福祉の「直接援助実践理論」や「研究方法」とは少し性質の異なるものでした．私自身も長いあいだ日本の実践の現場から離れており，実践現場で働く人々がどのような問題を抱えつつ仕事をしておられるかとか，いま何が現場で最も必要とされているのかとかいうことにも疎くなっており，今後の自分の仕事はあまり直接実践とはかかわりのない方向に進んでいくのかもしれないと思い始めていました．

　そのようなおりに，それまでもご一緒にお仕事をさせていただいていた大阪市立大学の白澤政和教授から，ある委員会で在宅介護支援のための研修会プログラムの作成および講師として参加しないかというお誘いをうけました．アメリカで仕事をしているあいだに大きな手術をしてまだ日も浅く，外に出る仕事をなるべく控えていたころでしたので，一度はお断りすることを考えました．しかし考えあぐんだ末，結局その企画に参加することになりました．そして，この仕事への参加がこの本を書くきっかけをつくってくれたのです．

　正直なところ，私はあまり気がすすまずに第1回目の委員会に出かけたのですが，この私の気持ちは，委員会の会場に着いてしばらくするとすっかりと変わってしまっていました．

　当時この委員会の担当であった全国社会福祉協議会の高年福祉部にいらっしゃった由本かおるさんのてきぱきとした運営と，すべての委員の意見を十分に聞き，委員相互の自由な討論を促す姿勢を貫かれる白澤先生の司会で，熱気に満ちた討論が戦わされました．「今日はなるべくしゃべらずに，体力を使わない

で帰ろう」と思っていた私の考えを簡単に変えてしまう環境がそこにはありました．

そしてさらに，私がこの本を書くきっかけをつくってくださった元東京都立老人医療センターのソーシャルワーカーの奥川幸子さんとの出会いもそこにあったのです．たまたま私と同じパートである「面接技術」を受け持つことになったのが奥川さんでした．奥川さんの発言を聞いていると，その臨床経験の深さとそこから学びとったことの豊かさが感じ取れるようでした．彼女と私は異なる言葉を使いながら，同じものを志向しているように思われました．

この委員会がきっかけとなり，日本の現場で仕事をする方たちに面接技法の講義をさせていただく機会が与えられました．そして研修を通してずいぶんと多くのことを学びました．研修に先立って，受講者の方たちに記入していただいた「仕事上必要だと思われる知識や技術，そして仕事でぶつかる問題」などを読ませてもらったり，研修会でみなさんに実際にお会いして話を聞かせてもらったり，ロールプレーで実践の一部を見せていただくことで，実践現場で「直接援助を支える知識・技術」とくに「社会福祉実践における面接の知識・技術」の必要性を痛感しました．

ちょうどそのようなことを感じ始め，自分がそれまで学んできたことが日本の実践家の方たちにも役立ててもらえることがわかり始めてきたころに，奥川さんが医歯薬出版の『月刊総合ケア』に「援助面接技術のステップアップ」を書いてみないかと誘ってくださり，仕事の大変さを十分わきまえずに承諾しました．編集者の岸本舜晴さんは，わざわざ大阪から1時間の距離にある兵庫県の三田市にある私の大学まで訪ねてきてくださり，何時間かにわたる話し合いで私に方向づけと勇気づけをしてくださいました．

そしてその結果，1996年の11月に『月刊総合ケア』の特集として，この本のもとになる原稿が出版されました．できればだれの目にもふれずにいてほしいと思うほど自分ではまだまだ書き足りないところのある原稿でした．しかし，日本に戻って日も浅く，かえっていろいろな思いだけはあふれるようにあったために，苦しみながら書いたわりには，「あれもこれも盛り込みたい」と意欲だけはすごいものがありました．発行後，幸いにもいろいろな方から，それも実践現場をよくご存じの方から，『月刊総合ケア』の原稿をコピーしてテキストの一部にしています，といったようなフィードバックをいただきました．

このようなことがあり，『月刊総合ケア』に書いた原稿を下敷きにして，本にまとめなおしをしないかというお誘いをうけました．

そしてこのお誘いからすでに2年の歳月が過ぎてしまいました．この2年間，

この原稿を本にするという約束は忘れたことはなかったのですが，ともすれば欲張りすぎて原稿完成をずるずると伸ばしてきました．1997年，98年の年頭にはいつも「本を書き終えること」という目標を掲げていましたが，1999年にはほかの目標を掲げたいと決心しました．

しかしこの2年間はむだではなかったように思います．この期間に，最初に原稿を書いたときよりももっと多くの実践家にお会いし，「面接技術」に関連してどのような部分でみなさんが模索していらっしゃるか，また現場のみなさんがいま何を必要としていらっしゃるかが，少しはわかったように思います．その経験から，より具体的な例を使うことと，面接技術に関する説明を増やすことにし，現場での問題により役立つように再構成ができました．またこの原稿を研修会や大学でテキストの一部として使用し，そこでみなさんが疑問に思っていらっしゃることなどを聞かせてもらうことで，自分が意図したことと，読んでくださった方の理解とが異なる部分があることなども知り得ることができ，その部分に関する説明も加えたつもりです．

本書が当初の目的である高齢者援助の実践家の方たちに役立つものとなることを願っています．

最後に，今までお名前を掲げさせていただいた以外の多くの方々のお陰で，本書ができたことに対する感謝を述べさせていただきます．

私が関西学院大学社会学部の大学院に在籍していたときの指導教授・武田建先生は，私がアメリカで勉強するきっかけをつくってくださり，さらに日本人がこの分野でPh. D.をとることが可能だというロールモデルを見せてくださいました．

宝塚の教育研究所で私が実習生として臨床の仕事を始めたときのスーパーバイザーであった高橋紀子，馬殿礼子両先生は，何ひとつわかっていなかった私を辛抱強く見守ってくださいました．

ミシガン大学の修士課程実習先のスーパーバイザーであったペニー・トロップマン（Penny Tropman, M.S.W.）先生は，ソーシャルワーカーがいかに豊かな知識と技術をもった専門職であり，その仕事がどれほど他の人の人生に影響を与えうるか見せてくださるとともに，優れたスーパーバイザーがどのような仕事をするかも実証してくださいました．

ミシガン大学の博士課程で私の指導教授であったシーラ・フェルド（Sheila Feld, Ph. D.）先生は，その経験の深さや地位の高さにもかかわらず，研究においては一介の大学院生である私とまったく同じ目線で議論を戦わせてくださ

り，私の論文が真っ赤になるほどコメントをしてくださる親身のアドバイスとともに，研究の厳しさと楽しさの両面を教えてくださいました．これらの諸先生方のご指導がこの本を書く基礎となっています．

　また，個人名を掲げることはいたしませんが，私がこの本を書くきっかけをつくってくださった多くの恩師，そして私がこの本を書き進めるのによい刺激を与えてくださった友人，同僚，研修会に参加してくださった実践家のみなさんに深く感謝いたします．

　そして私が，本書を書いているあいだ，多くの種類のサポートをしてくれた私の家族，とくに夫のリチャード・グリーンに感謝したいと思います．

1999年3月
渡部律子

索　引

あ行

アセスメント ………… 3,57,170
アセスメント面接 ……… 81,109
アメリカの社会福祉系大学院生
　たち ……………………… 177
アメリカ人 …………………… 2
愛情表現 …………………… 13
インテーク ………………… 87
インテーク面接 ……… 79,149
受け止める ………………… 36
エコマップ ………………… 70
エネルギー ………………… 24
援助 ………………………… 1
援助過程 …………………… 78
援助活動の動機 …………… 9
援助関係 …………………… 29
援助計画 …………………… 83
援助職者 …………………… 1
援助職者の倫理 …………… 16
援助職者要因 ……………… 197
恩返しタイプ ……………… 21

か行

家族 ………………………… 71
家族構成図 ………………… 99
家族図 ……………………… 70
介護職員 …………………… 221
会話 ………………………… 121
感情の反射 ………………… 136

管理的ケアマネジメント … 259
聴く ……………………… 139
共感 ……………………… 45
クライアント ……………… 3
クライアントの権利 ……… 17
クライアント要因 …… 198,199
ケアマネジメント ……… 256
ケアマネジメントモデル … 257
ケアマネジャー ………… 256
経験利用タイプ ………… 21
傾聴 ……………………… 126
傾聴反応 ………………… 131
言語介入 ………………… 133
言語技術 ………………… 121
言語反応 ………………… 131
個別化の原則 …………… 157
公的介護保険 …………… 116
高齢者のイメージ ……… 175
高齢者福祉職 …………… 177
構造づくり ……………… 62

さ行

サービス提供者主導モデル
　………………………… 257
サポーター ……………… 51
サポート力 ……………… 24
再保証 …………………… 45
ジェノグラム ………… 70,99
死生観 …………………… 14

資源コーディネーションケアマ
　ネジメント …………… 259
自己覚知 ………………… 25
自己決定の原則 ………… 39
自己評価サポート ……… 42
社会的コンパニオン …… 50
受容 ……………………… 36
集中的ケアマネジメント … 259
所属組織要因 …………… 197
情緒的客観性 …………… 18
情報のサポート ………… 43
職業選択 ………………… 10
職業満足度 ……………… 186
心理学の研究 …………… 37
スーパーバイザー ……… 204
スーパービジョン ……… 204
ストレス ………………… 268
善意 ……………………… 24
ソーシャルサポート … 40,186
組織分析 ………………… 215
組織理解 ………………… 214

た行

ダットワイラーの内的コント
　ロール指標 …………… 189
対人援助職者要因 ……… 198
地位のサポート ………… 42
知的能力 ………………… 23
電話相談 ………………… 30
道具的サポート ………… 50

特別養護老人ホーム介護職員
　………………………222

な行

日本の高齢者施設職員 ……183
認知症の高齢者 ……………185
ネガティブソーシャルサポート
　………………………54
ネガティブタイプ …………22
ノンバーバル・コミュニケーション ……………………126

は行

バーンアウト …… 196, 222, 268
バイステックの7原則 …… 31
ビジュアルアセスメントツール
　………………………70
非言語表現 ……………………126
非審判的態度 ………………… 38
秘密保持 ……………………16, 39
被援助者の気持ち ………… 29
プラス志向タイプ ………… 22
補償タイプ …………………… 22
訪問面接 ……………………… 96

ま行

マザーテレサタイプ ……… 20
マスラックのバーンアウト尺度
　………………………196
面接の準備 …………………… 89
面接の流れ ………………… 143
面接技術 ……………………… 5
モチベーション …………… 50
燃えつき …… 186, 196, 222, 268
燃えつき尺度 ……………… 224
問題面接 …………………… 157

や行

役割の二重性 ………………… 17
融通性 ………………………… 24
世直しタイプ ………………… 20

ら行

リハビリテーション ……… 106
利用者主導モデル ………… 257
ローカス・オブ・コントロール
　188
ロールプレイ ………………… 5
老親扶養 ……………………… 14
老人施設新任研修会参加者 184
老年期 ……………………… 176

【著者略歴】

渡部 律子（わたなべ りつこ）

1953 年	大阪府に生まれる
1976 年	関西学院大学社会学部卒業
1978 年	同大学大学院修士課程修了
1982 年	米国ミシガン大学大学院に留学
1983 年	社会福祉学修士（M.S.W）
1988 年	心理学修士
1990 年	哲学博士（Ph.D. 専攻：社会福祉学・心理学）

この間日米両国で臨床実践．ニューヨーク州立大学バッファロー校，シカゴ大学社会福祉系大学院で教鞭をとる．ソーシャルワーク援助技術理論，調査法・研究法，老年学を教えるとともに，老年学専攻の修士学生の実習指導および論文指導を行う

1995 年	関西学院大学総合政策学部助教授
1999 年	関西学院大学総合政策学部教授
2011 年	日本女子大学人間社会学部教授
2021 年	日本女子大学名誉教授

専門は，高齢者福祉，家族福祉，ソーシャルワーク実践理論，ストレスコーピングとソーシャルサポート，スーパービジョン，アセスメント，ケアマネジャー・ソーシャルワーカー人材育成など

主な論文：
・渡部律子．スーパーバイジーとしてのレディネス―介護支援専門員（ケアマネジャー）のスーパービジョンに必要な要件．社会福祉研究．2022;143:42-50.
・渡部律子．ソーシャルワークの本質と専門職アイデンティティ―アイデンティティをめぐる先行研究に見る現状と課題．ソーシャルワーク実践研究．2015;2:3-18.

著書：
・渡部律子．福祉専門職のための統合的・多面的アセスメント―相互作用を深め最適な支援を導くための基礎．ミネルヴァ書房;2019.
・渡部律子 編著．基礎から学ぶ 気づきの事例検討会―スーパーバイザーがいなくても実践力は高められる．中央法規出版;2007.

高齢者援助における相談面接の理論と実際
第 2 版　　　　　　　　　　　　　　　　　　　ISBN 978-4-263-71944-2

1999 年 5 月 20 日　第 1 版第 1 刷発行
2008 年 12 月 1 日　第 1 版第 12 刷発行
2011 年 4 月 20 日　第 2 版第 1 刷発行
2024 年 12 月 10 日　第 2 版第 8 刷発行

著　者　渡　部　律　子
発行者　白　石　泰　夫
発行所　医歯薬出版株式会社

〒113-8612　東京都文京区本駒込 1-7-10
TEL.（03）5395-7618（編集）・7616（販売）
FAX.（03）5395-7609（編集）・8563（販売）
https://www.ishiyaku.co.jp/
郵便振替番号　00190-5-13816

乱丁，落丁の際はお取り替えいたします　　　印刷・永和印刷／製本・愛千製本所
© Ishiyaku Publishers, Inc., 1999, 2011. Printed in Japan

本書の複製権・翻訳権・翻案権・上映権・譲渡権・貸与権・公衆送信権（送信可能化権を含む）・口述権は，医歯薬出版（株）が保有します．
本書を無断で複製する行為（コピー，スキャン，デジタルデータ化など）は，「私的使用のための複製」などの著作権法上の限られた例外を除き禁じられています．また私的使用に該当する場合であっても，請負業者等の第三者に依頼し上記の行為を行うことは違法となります．

JCOPY ＜出版者著作権管理機構 委託出版物＞
本書をコピーやスキャン等により複製される場合は，そのつど事前に出版者著作権管理機構（電話03-5244-5088, FAX 03-5244-5089, e-mail:info@jcopy.or.jp）の許諾を得てください．